2012
北京地税年鉴

BEIJING LOCAL TAXATION YEARBOOK

北京市地方税务局　编

CTP 中国税务出版社

图书在版编目（CIP）数据

北京地税年鉴. 2012 / 北京市地方税务局　编.
--北京：中国税务出版社，2014.5
ISBN 978-7-5678-0041-0

Ⅰ.①北…　Ⅱ.①北…　Ⅲ.①地方税收-税收管理-北京市-2012-年鉴
Ⅳ.①F812.714.2-54

中国版本图书馆CIP数据核字（2014）第009365号

书　　名：北京地税年鉴（2012）
作　　者：北京市地方税务局　编
责任编辑：陈金艳
责任校对：于　玲
技术设计：刘冬珂
封面设计：王凌波
出版发行：中国税务出版社
北京市西城区木樨地北里甲 11 号（国宏大厦 B 座）
邮编：100038
http: //www.taxation.cn
E-mail: swcb@taxation.cn
发行中心电话：（010）63908889/90/91
邮购直销电话：（010）63908837　传真：（010）63908835
经　　销：各地新华书店
印　　刷：北京联兴盛业印刷股份有限公司
规　　格：889 × 1194 毫米　1/16
印　　张：27　彩插：2
字　　数：480000 字
版　　次：2014 年 5 月第 1 版　2014 年 5 月第 1 次印刷
书　　号：ISBN 978-7-5678-0041-0
定　　价：200.00 元

《北京地税年鉴（2012）》编辑委员会

《北京地税年鉴（2012）》通讯员名单

（按姓氏笔画排序）

丁　峰	王国军	刘建华	任丽娟	文德生
张智慧	赵凤江	崔　犇	祁　蕾	刘　颖
沈文涛	吴　凡	张力伟	高文学	陈　芳
陈晓维	李　想	吴　澄	张红军	张　红
李亚菲	郎丽坤	谢东明	白晓风	李林慧
王　磊	李　旸	杜　鹃	李春霞	张　伟
邹红娇	赵振波	陈月明	胡岚峰	张丽莉
李静雯	唐乃清	侯燕玲	徐　翀	王勇超
沈全君	廖　敏	高文玲	陈　涛	潘国强
胡　月	曹　佳	邢志红	牛泽厚	夏宏伟
黎　阳	徐　铳	房　洁	赵　博	魏　欣
王　岩	唐　雯	胡　然		

《北京地税年鉴（2012）》编辑部

主　任　周上序

副主任　王文杰

编　辑　高海娜　王式苓

2011年1月22日，北京市委常委、常务副市长吉林出席2011年北京市地方税务工作会议

2011年1月27日，北京市地方税务局局长王晓明（前左一）慰问门头沟区斋堂税务所干部职工

2011年9月22日，北京市地方税务局党组书记刘江平（前排中）到朝阳区地方税务局调研

2011年10月20日，中共北京市地方税务局机关第二次代表大会召开。图为与会代表合影留念

2011年10月20日，中共北京市地方税务局机关第二次代表大会召开。图为出席会议的北京市地方税务局局领导合影

2011年8月30日，北京市地方税务局副局长郝硕博（中）出席北京市贯彻实施修改后的《个人所得税法》新闻发布会

2011年1月20日，北京市地方税务局副局长王京华（左一）到丰台区地方税务局对首日工会经费收缴工作进行调研

2011年12月14日，北京市地方税务局副局长任军（右二）到东城区地方税务局进行党风廉政建设责任制专项检查

2011年9月21日，北京市地方税务局纪检组长吴鼎（左二）到密云县地方税务局就纳税服务及党务公开工作开展情况进行调研

2011年1月11日，北京市地方税务局副局长吕兴渭（右二）到通州区地方税务局验收办税服务厅规范化建设成果并听取双项分类试点工作汇报

2011年9月2日，北京市地方税务局总经济师卜祥来（左二）到东城区地方税务局调研修改后的《个人所得税法》贯彻落实情况

2011年9月2日，北京市地方税务局副巡视员王勇生（左一）到北京西站分局就贯彻实施修改后的《个人所得税法》执行情况进行指导检查

2011年6月2日，北京市地方税务局副巡视员刘宝忠（左四）到昌平区地方税务局听取2011年1—5月工作汇报

2011年12月9日，北京市地方税务局副巡视员杨文俊（左二）组织召开分管单位2011年落实党风廉政建设责任制、推进惩防体系任务完成情况专项检查汇报会

2011年1月7日—8日，北京市地方税务局召开2011年工作第三阶段务虚会，听取分口务虚情况汇报

2011年1月22日，2011年北京市地方税务工作会议召开

2011年8月17日，北京市地方税务系统领导干部会议召开，通报当年1—7月地税工作完成情况，部署后5个月的工作任务

2011年3月2日，北京市地方税务局召开2011年北京市地方税务局营业税管理工作会议

2011年3月2日—3日，北京市地方税务局召开2011年税务稽查工作会议

2011年3月4日，北京市地方税务局召开2011年企业所得税工作会

2011年9月1日，北京市地方税务局召开贯彻实施修改后《个人所得税法》工作会议

2011年9月27日，北京市地方税务局召开工会经费税务代收试点推广收缴准备工作汇报会

2011年11月11日，北京市地方税务局召开2011年组织收入工作会议

2011年4月20日，北京市地方税务局、北京市投资促进局、北京市国家税务局和北京外商投资企业协会联合举办税收政策解读会

2011年8月23日，北京市地方税务局召开纳税服务“十二五”规划研讨会

2011年1月5日，北京市朝阳区地方税务局在朝阳区第十四届人民代表大会第六次会议期间回答代表咨询

2011年5月24日，北京市西城区地方税务局、西城区国家税务局在梅兰芳大剧院联合召开2011—2012年度纳税信用A级企业授牌大会

2011年8月13日，中央电视台《东方时空》栏目报道北京市门头沟区地方税务局联合办税工作模式

2011年12月9日，北京市大兴区地方税务局及时启动应急措施，确保存量房新旧政策平稳过渡

2011年4月1日，北京市地方税务局、北京市国家税务局联合丰台区委、区政府举办“总部经济企业”座谈会

2011年4月1日，国家税务总局国际税务司、北京市地方税务局和北京市国家税务局联合举办支持企业“走出去”税收政策宣讲会

2011年4月22日，北京市地方税务局联合北京市公安局、北京市国家税务局开展打击发票违法犯罪宣传活动

2011年4月12日，北京市昌平区地方税务局与昌平区国家税务局共同创立全市首个税收服务示范园

2011年4月14日，北京市密云县地方税务局、密云县国家税务局联合召开“税法宣传进校园 志愿服务我先行”税收志愿服务活动启动仪式

2011年6月10日，北京市石景山区地方税务局与石景山区科委园区举行“地税与科委园区携手共建服务平台 营造和谐发展环境”座谈会

2011年3月11日，北京市地方税务局召开领导班子和领导干部2010年度述职大会

2011年5月31日，北京市地方税务局机关召开工会第三届会员代表大会进行工会换届选举

2011年6月24日，北京市地方税务局机关召开“庆祝中国共产党成立90周年”大会

2011年11月17日，北京市地方税务局召开“全面推进优化政务流程完善管理制度”工作会议

2011年12月26日，北京市地方税务局召开新任职处级干部集体谈话会

2011年12月28日，北京市地税系统召开税务所长座谈会

2011年2月15日，北京市地方税务局组织收看“全国税务系统党风廉政建设工作”电视电话会议

2011年4月29日，北京市地方税务局召开“2011年度民主评议基层站所工作动员部署”电视电话会议

2011年5月5日，北京市地方税务局召开区县局、分局专题教育活动情况汇报会

2011年6月30日，北京市地方税务局第二稽查局召开庆祝建党90周年暨“党员示范岗”标兵表彰大会

2011年9月29日，北京市大兴区地方税务局召开预防职务犯罪专题报告会

2011年11月30日，北京市怀柔区地方税务局召开“贯彻落实党风廉政建设责任制工作”汇报会

2011年7月11日，北京市地方税务局举行学习胡锦涛总书记“七一”重要讲话精神专题讲座

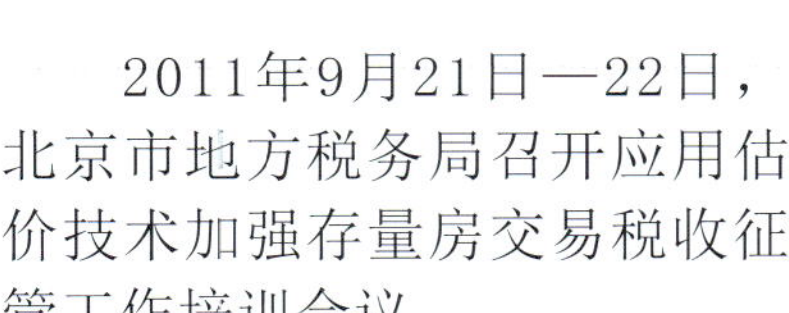

2011年9月21日—22日，北京市地方税务局召开应用估价技术加强存量房交易税收征管工作培训会议

2011年11月16日，北京市地税系统2011年税收执法资格考试举行

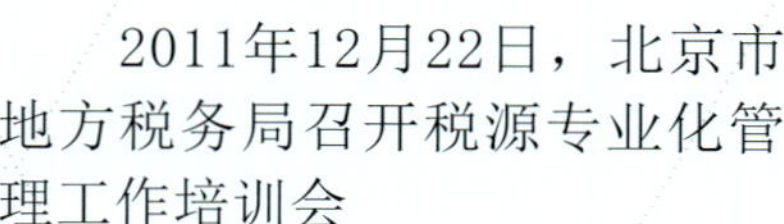

2011年12月22日，北京市地方税务局召开税源专业化管理工作培训会

2012年4月28日，北京市顺义区地方税务局组织开展税收征管暨业务流程考试

2011年8月30日，北京市丰台区地方税务局举办2011年全员更新知识培训班

2011年1月28日，北京市地方税务局机关举办春节联欢会

2011年6月29日，北京市地方税务局举行“北京地税系统庆祝中国共产党成立90周年”文艺汇演

2011年11月4日，北京市地方税务局机关工会组织登山活动

2011年5月27日，北京市海淀区地方税务局参加海淀区“颂歌献给党，建功核心区——我身边的人和事”小品大赛

2011年6月8日，北京市东城区地方税务局参加区直机关工委“颂歌献给党”纪念建党90周年歌咏比赛

2011年6月23日，北京市延庆县地方税务局参加延庆县职工第二届工间操大赛并获得第一名

编 辑 说 明

《北京地税年鉴》是记述北京市地方税收工作的资料性工具书。1996 年创刊，按年编纂，逐年反映上一年度的情况。分篇目、分目、条目三个层次，条目为基本单元和表现形式，反映基本的工作信息。

《北京地税年鉴（2012）》记述北京市地方税务 2011 年的工作情况和税收数据，设综合、领导讲话、税收政策、征收管理、税收法治、纳税服务、纳税评估、税务检查、信息化建设、队伍建设、行政管理、后勤工作、基层工作、社会团体、大事记和统计资料 16 个篇目，篇目下设分目，分别反映各个方面的工作。

本年鉴稿件由北京市地方税务局各处室、直属单位，各区县地方税务局、各地方税务分局提供。编纂工作得到了各方面的大力支持，在此表示衷心感谢。

《北京地税年鉴》编辑部

目　录

征收管理

纳税服务

纳税评估

税务检查

行政管理

后勤工作

基层工作

社会团体

大事记

统计资料

综　合

2011年北京市地方税收工作要点

根据中央精神和北京市委、市政府、国家税务总局的工作要求，结合地税实际，市局党组经过认真研究，确定2011年全市地税工作的指导思想为：在北京市委、市政府和国家税务总局的领导下，以党的十七大、十七届四中、五中全会精神为指引，深入贯彻落实科学发展观，围绕科学发展主题，服务加快转变经济发展方式主线，为国聚财、为民收税，增强“五种意识”，坚持综合治理、重在治本，以依法治税、组织收入为中心，解放思想，加快转变，夯实基础，依法行政，大力加强党的建设、领导班子建设和干部队伍建设，加快建设五型机关，圆满完成全年各项工作任务，努力做到“三个满意”，为首都经济社会又好又快发展作出新贡献。

主要工作任务如下：

一、深入学习贯彻党的十七届五中全会精神，认真谋划和落实“十二五”时期北京地方税收工作思路

（一）深入学习贯彻党的十七届五中全会精神。把深入学习贯彻党的十七届五中全会、中央经济工作会、北京市委十届八次全会、全国税务工作会议等会议精神作为重中之重，认真学习，全面领会，切实抓紧抓好。牢牢把握科学发展主题和加快转变经济发展方式主线，深刻领会其精神实质。把围绕主题、服务主线的要求贯穿于地税工作的各个领域、各个方面，解放思想，加快转变，夯实基础，依法行政，推动全市地税工作科学发展。

（二）编制和实施好地方税收规划纲要。立足于服务首都经济社会发展大局，遵循税收工作客观规律，科学把握税收工作面临的新形势，在广泛听取意见建议的基础上，认真编制和实施好《北京市“十二五”时期地方税收规划纲要》，并做好各分项工作规划的编制和实施工作。

二、坚持依法行政基本准则，有效发挥地税职能作用

（三）全面推进依法行政。牢固树立社会主义法治观念，深入贯彻全国依法行政工作会议精神，认真落实《全面推进依法行政实施纲要》和《国务院关于加强法治政府建设的意见》，把依法行政基本准则贯穿于全市地税工作各领域、各环节、全过程，依法、合规开展征管评查、减免缓退、纳税服务、票证管理以及行政管理等各项工作，进一步提高依法行政水平。

（四）坚持依法、科学、民主决策。完善决策工作规则，依法行使决策权，按照集体领导、民主集中、个别酝酿、会议决定的原则，落实好集体议事规则，防止越权决策、违法决策。落实“三重一大”制度。成立重大税务案件审理委员会，完善重大税务案件审理工作制度。

（五）加强法制建设。增强制度设计的针对性、可操作性和协调性，不断提高税收规范性文件质量。配合有关部门做好地方税收立法计划拟定和地方性税收法规、规章草案的起草工作。落实《税收规范性文件管理工作规程》，强化规范性文件日常管理。

（六）规范税收执法行为。切实加强法制宣传教育，努力增强全体干部依法行政的意识和能力，严格按照法定权限和程序行使权力、履行职责。建立梳理和优化业务流程的长效机制。完善税务行政许可程序，规范税务行政处罚自由裁量权，有效防范和化解执法风险。改进执法方式，坚持管理与服务并重、处罚与疏导结合，综合运用间接管理、动态管理和事后监督管理等手段，提高税法遵从度，保障各项税收法律、法规和政策的全面实施。

（七）强化税收执法监督。严格执行《行政监察法》《公务员法》等法律，建立健全税收执法督察管理制度。完善执法督察方式方法，科学确定督察项目，加大执法督察力度。落实税收执法责任制，强化执法责任考核和过错责任追究。改进税务行政复议审理方式，做好行政应诉工作。完善和落实投诉、信访和举报相关制度，逐步健全纳税人监督机制，拓宽纳税人监督渠道。做好人大代表、政协委员建议和提案的办理工作，自觉接受代表和委员的监督问询。

三、依法组织收入，确保圆满完成全年收入任务

（八）认真贯彻组织收入原则。坚持依法征税，做到应收尽收；坚决落实各项税收优惠政策，防止和制止越权减免税；坚决不收过头税，及时发现和处理应退不退、应抵不抵等虚增收入问题；坚决防止占压、挪用、混库、转引税款等违法违规行为。严格控制新欠，大力清缴陈欠。综合考虑首都经济发展形势、税源增长潜力和税制改革、政策调整对地方税收的影响，2011年全市地方一般预算收入计划完成1795亿元，同比增收155.9亿元，增长9.5%；国家税务总局口径收入计划完成2072亿元，同比增收189.1亿元，增长10%。

（九）完善组织收入工作机制。建立收入规划动态调整机制，完善收入规划统筹协调、征管质量评价督导、业务部门横向联动和市局、区县（分）局、税务所纵向互动的组织收入工作机制。坚持“一把手”负总责的三级收入任务目标责任制，做到收入任务指标层层分解落实，各部门齐抓共管。

（十）加强税收分析预测。加强对宏观经济政策、区域经济发展和地方税收增长趋势的研究，优化税收预测模型，改进税收分析方法。充分运用税收弹性分析、税负分析、关联分析等方法，深入开展多层次、多角度、多元化的经济税源分析、政策效应分析、管理风险分析和预测预警分析，实现税收分析重心由简单规模分析向深层次综合分析转变，提高税收分析预测的科学性、系统性和准确性。

（十一）加强重点税源监控。扩大监控范围，提高重点税源监控比重。进一步完善税收调查工作。加强对企业集团、重大建设项目、总部经济、新兴产业等税源的监控，改进重点税源数据采集方式，深化数据利用。强化重点税源风险预警工作。开展减免税统计调查，全面掌握减免税执行及政策效应情况。

四、抓基层，打基础，提高各项工作的质量和效率

（十二）着力夯实基础工作。广大干部特别是各级领导干部要在各自的工作中努力做到：职责清、情况明、数据准、要求严。职责清，即准确把握地税部门筹集收入、调控经济、调节分配的职能作用，明晰岗位责任，严格落实责任制，立足本职，服务大局。情况明，即及时了解分管工作涉及的纳税人生产经营、本地区经济社会发展、税收业务开展等基本情况，以及历史过程、面临矛盾和问题成因。数据准，即建立以准确可靠数据为基础的工作台账，全面收集税收征收、管理、检查，经济社会发展，内部行政管理等方面的基础数据。充分利用信息化技术，加强数据分析、运用，强化信息资源共享，提高科学化、规范化、专业化、精细化管理水平。要求严，即严于律己，严守政治纪律，遵守法律法规和制度规范，加强自我管理，自觉接受监督。严格管理，强化责任，注重细节，严格把关，防范风险。

（十三）加强和改进基层工作。加强基层税务所建设，编制《基层税务所建设“十二五”规划》和《“十二五”基层建设规划》，修订《基层税务所管理规范》，完善基层税务所的设置和布局，推进基层税务所标准化、规范化建设。创新目标管理考核办法，整合考核项目，细化考核标准，完善考核流程，健全符合地税工作实际的、科学合理的考核评价和激励约束机制。落实两个减负，做好优化业务流程精简涉税资料后续工作，建立工作规则和跟踪机制，开展业务流程专项执法检查，推动业务流程的持续优化，进一步减轻基层和纳税人负担。

五、提高税政管理和服务水平，发挥税收职能作用

（十四）参与税制改革。深入开展调减营业税等税制改革工作的调查研究。做好综合与分类相结合的个人所得税税制改革准备工作。进一步完善高新技术企业所得税、股权奖励个人所得税政策建议。开展房地产税税制功能定位、政策设计及相关配套制度调研，为房地产税改革做好相关准备工作。继续配合开展车船税和耕地占用税立法工作，研究城市维护建设税、印花税联动改革和契税、资源税改革，做好开征环境保护税等方面的测算和准备工作。

（十五）发挥调控作用。落实结构性减税政策，构建帮扶企业长效机制，促进企业经济效益提高。落实中关村国家自主创新示范区税收优惠政策和各项配套措施，使中央批复中关村政策先行先试工作取得突破性实效，促进高新技术、节能环保、文化创意等战略性新兴产业和现代服务业的发展。贯彻《北京市促进中小企业发展实施意见》，以落实小型微利企业所得税优惠政策为重点，完善核定征收企业所得税办法，调整应税所得率并规范工作流程；制定支持和促进就业的税收政策管理办法，落实就业税收优惠政策，全力支持首钢停产分流人员安置工作。继续落实国家有关房地产市场调控措施，严格执行差别化税收政策，落实保障性住房税收优惠政策；全面执行土地增值税新预征率，加强房地产开发企业土地增值税清算管理；与北京市住建委配合做好遏制房价过快上涨工作，促进房地产市场健康发展。研究制定高收入者个人所得税征收管理办法，加强高收入者主要所得来源监控。用准用足“三农”、廉租房、事业单位改制、非营利组织、残疾人等税收优惠政策，扶持弱势群体，促进社会和谐。有效执行限售股、股票期权、企业年金、无住所纳税人等税收政策，充分发挥税收调节分配的作用。

（十六）加强税政管理。完善税政管理工作制度，探索建立税收政策落实效果评价制度。实施《北京市地方税务局税收政策贯彻落实管理办法》，提高政策管理服务水平。核实企业所得税税源户，落实特殊行业的收入、扣除政策，夯实税源，规范税基；加强对高新技术产业、房地产行业重点税源户的管理，探索税源分类管理模式；加强对总分机构、境外所得、清算所得的征收管理。提高个人所得税全员全额扣缴申报准确率，完善年所得12万元以上个人自行纳税申报工作后续管理措施，推广个人完税证明全城通开和个人纳税信息网上查询工作。推进营业税明细申报管理，落实项目地与核算地双向管理。深化房地产税收一体化管理。推进房地产评估技术应用，加强存量房交易税收管理。建立健全城市维护建设税、教育费附加国税局、地税局基础税源数据分析比对制度。强化财产行为税税源监控平台应用。加强残保金和工会经费代征管理工作，配合有关部门完善残保金地方法规。筹备社保金代征工作。

六、着力优化纳税服务，构建和谐征纳关系

（十七）完善纳税服务制度机制。继

续开展满意度调查，完善样本抽取、指标设定、绩效评估等方面工作，落实纳税人的参与权。通过规范流程、整合渠道，建立纳税服务投诉管理工作规范，保障纳税人的救济权。从信息提供、部门共享等方面进一步完善涉税保密信息管理制度，规范涉税保密信息管理工作，维护纳税人的保密权。做好业务流程维护，扩大公开范围，建立内控机制，追究违规责任，强化纳税人的监督权。探索运用征管、评估、稽查、处罚等环节纳税人的违法信息，促进纳税遵从。

（十八）优化办税服务。实施标准化服务细分策略，根据纳税人的不同规模、不同需求、不同风险、不同信用等情况，配置不同的服务内容，积极开展个性化办税服务，满足各类纳税人合理办税需求。在以网上办税为主，上门办税、邮寄办税为补充的多元化办税方式的基础上，采取“抓两头，带中间”的形式，面向基础好、信用高的大型企业增加在线服务功能；面向新办企业侧重应知应会基础知识的纳税辅导。在规范办税服务厅和办税服务场所的基础上，逐步完善集中受理、专业服务、区域通办、国地税联办的服务格局。开展注册税务师中介服务调查研究，组织行业协会加强对涉税中介服务质量的抽查和评估，促进注册税务师行业健康发展。落实总局新修订的《纳税信用等级评定管理办法》，强化信用等级评定结果应用。

（十九）加快服务平台建设。评估检查全北京市办税服务厅建设情况，探索制定办税服务厅工作规范，在内外识别、功能建设、基本设施、岗位职责、业务流程、工作考核等方面实现全市统一。组建国家税务总局12366北京中心。进一步推进国税局、地税局合作，做好12366业务知识库维护工作，扩大业务支持库应用范围，探索咨询渠道、平台、窗口的信息共享。研究开通网上实时在线咨询服务、建立网上办事知识库、实验用户满意度测评功能、探索开展纳税场景式服务、试点疑难问题在线咨询、强化意见建议在线收集和应用、推动办税事项在线受理服务等工作，不断强化网站建设。

（二十）加强税法宣传辅导。积极开展税收法制宣传，推进“六五”普法相关工作，组织开展第20个税收宣传月主题宣传活动。做好《北京地税》编辑工作。认真开展政策发布同步解读，做好地税公告免费发放工作，增强税收宣传实效性和针对性。探索建立网上纳税辅导模式。整合纳税辅导资源，规范辅导程序、辅导频率、辅导内容，针对不同纳税人群体实施差异化的辅导。

七、实施税源专业化管理，不断提高税收征管质量

（二十一）加强税源分类分级管理。在属地管理前提下，按照纳税人规模、行业，兼顾特定业务，对税源进行科学分类，探索和把握税源管理工作规律，增强管理的针对性和实效性。积极开展大企业管理与服务工作，推进大企业个性化管理与服务。加强中小企业涉税信息分析，逐步完善中小企业税收管理方式。加强个体工商户户籍与定额管理。探索集约化、社会化管理方式，探索推进协税护税体系建设。加强国际税收管理，强化非居民税收管理，逐步开展反避税工作，适时启动企业关联申报，加大国际税收业务指导和培训力度。合理界定税务所和税收管理员工作职责。

（二十二）加强风险管理。将风险管理理念贯穿征管工作全过程，初步建立风险预警指标体系、评估模型和风险特征库，对税收风险进行有效监督和控制。扩大双项分类工作试点范围，推广2.1版税收管理员平台。通过细化具体内容、操作标准、完成时间和实现目标，实现状态跟踪、全程控管和绩效考评。优化管理资源配置，根据不同风险，分别采取纳税辅导、风险提示、纳税评估、税务稽查等应对措施，切实提高税法遵从度。

（二十三）积极推进信息管税。统一建立数据标准，及时、完整和准确地采集涉税信息，提高数据采集、加工、处理、应用、服务水平。加强部门合作和信息共享，逐步解决征纳双方、税务部门上下级之间的信息不对称问题。建立税收征管状况监控分析制度。强化涉税信息分析和利用，提高信息资源应用的有效性。

（二十四）夯实征管基础。出台《国地税联办税务登记办法》，制定《欠税管理办法》，修订《退税管理办法》，做好《减免税管理办法》《税收管理员制度》等制度修订的准备工作。贯彻落实《发票管理办法》，简并票种，分步实施发票换版，依法加强税控管理。完善税务电子档案归档管理。

（二十五）深入开展纳税评估。加强纳税评估制度建设和基础工作，明确纳税评估工作底稿制作要求，规范纳税评估证明资料的取得标准和评估集体辅导行为，建立纳税评估案卷检查通报和纳税评估工作简报制度。优化评估方法，强化系统内涉税信息整合应用，丰富纳税评估指标体系，制作建筑业、家装业、广告业、房地产中介服务业纳税评估范本。注重外部联系，采取多种方式获取第三方信息，搭建信息共享平台。加大纳税评估力度，开展重点税种、重点行业和重要涉税事项的纳税评估，强化对重点税源户的监控力度。开展日常检查试点工作。

（二十六）强化稽查检查。严格按照《税收征管法》和《国家税务总局税务稽查工作规程》等法律法规的要求，依法查处税收违法行为，维护税收秩序，促进依法纳税，保障税收收入。依法全面清理、补充、建立健全各项制度，编制《税务稽查适用文书范本》，修订《税务稽查案卷管理办法》。完善各项工作机制，加强组织协调和督促指导，切实担负起法律法规赋予的责任。深入开展税收专项检查和专项整治，严厉打击发票违法犯罪行为，切实发挥税务稽查的威慑作用。

八、全面加强党的建设、领导班子建设和干部队伍建设，充分发挥党组织战斗堡垒作用和共产党员先锋模范作用

（二十七）加强党的建设。认真落实《中共中央关于加强和改进新形势下党的建设若干重大问题的决定》，以加强党的能力建设、先进性建设为主线，以创先争优活动、学习型党组织建设、五型机关建设和“做国家利益的忠诚卫士”反腐倡廉专题教育活动为载体，全面加强思想、组织、作风、制度、反腐倡廉建设，发挥党组织在推动地税科学发展的进程中的领导核心作用。加强思想建设，构建思想政治一体化工作格局，提高思想政治工作的实效性。认真分析系统思想政治工作形势和干部队伍思想状况，召开全系统思想政治工作会，研究制定加强系统思想政治工作实施意见。加强学习型党组织建设，以迎接建党90周年为契机，大力加强党的基本理论、基本路线、基本知识学习和社会主义核心价值体系教育，坚定广大党员共产主义理想信念和宗旨意识，加强党性修养，增强政治敏锐性和政治鉴别力。加强组织建设，优化基层组织设置，扩大组织覆盖面。推进基层党组织工作创新，坚持和完善“三会一课”制度。深入开展创先争优活动，把党组织创先进与本单位创先进、党员争优秀与带动群众争优秀结合起来，以党组织和党员创先争优影响群众、感染群众、带动群众，使创先争优成为全系统的价值取向，充分发挥党组织推动发展、服务群众、凝聚人心、促进和谐的作用。加强党员培训，增强党员队伍的生机活力，使广大党员牢记宗旨、心系群众。加强作风建设，坚持党的群众路线，始终保持党同人民群众的血肉联系，弘扬党的光荣传统和优良作风，以坚强党性保证党的作风建设。加强制度建设，制定、加强和改进新形势下地税系统党建工作的实施意见等重要制度，统筹规范全系统党建工作。要形成党组统一领导、部门齐抓共管、一级抓一级、层层抓落实的党建工作格局，切实发挥基层党组织战斗堡垒作用和党员先锋模范作用。

（二十八）加强领导班子建设。加强领导班子思想政治建设。以高举旗帜、坚定信念、践行宗旨为根本，增强领导班子成员顾全大局、团结协作的自觉性，提高运用科学发展观推动地税事业不断创新发展的水平。加强领导班子和领导干部领导能力培养。全体党员、领导干部特别是各单位、各部门正职都要讲党性、重品行、作表率，敢于负责任，敢于碰难题，敢于创新，不断提高自身的党性修养和领导水平。增强法治观念和法律意识，提高运用法治思维和法律手段解决复杂问题的能力；善于运用调查研究的科学方法，提高解决实际问题的能力。进一步优化领导班子结构。按照干部“四化”方针和“德才兼备、以德为先”的用人标准加强干部选拔任用工作。坚持正确的用人导向，重学历不唯学历，不搞一刀切，对后备与非后备干部同等条件考虑，年龄上不搞层层递减，逐步实现老中青梯次配备、班子成员专业知识配套和领导经验互补，发挥各年龄段干部的才智和作用。区县（分）局要按照干部“四化”方针和“德才兼备、以德为先”的用人标准，大力加强科级班子建设，提高科级班子的领导力。加强领导班子管理。制定《处级领导班子和领导干部建设实施意见》《处级领导班子和领导干部考核实施意见》等综合性文件和相关配套制度。

（二十九）加强干部队伍建设。严格落实《公务员法》，强化对干部队伍的管理，教育干部珍惜岗位，引导干部遵守职业道德，督促干部依法履职。建立健全职责明确、分级负责、上下联动的干部经常性管理机制，加大轮岗交流、监督检查的力度。做好公务员录用工作，严把干部入口关，重点招录财会、税收、法律、信息管理等专业人才，优化干部队伍结构。加强后备干部队伍建设，保持合理数量和结构。

（三十）加大教育培训力度。加强教育培训工作的计划性、规范性，制定下发《2011—2015年干部教育培训工作规划》。加强制度建设，规范培训管理，研究制定《教育培训工作管理办法实施细则》。市局、区县（分）局分层次推进干部教育培训工作，完善分级分类干部教育培训模式，进行更新知识培训、专门业务培训、初任培训和组织调训。加强对高端人才的培养。对全体干部进行依法行政能力培训，普及法律和税收业务知识，广泛开展业务大练兵，提高应知应会能力。办好处级领导干部专题培训班。有效整合教育培训资源，夯实教育培训工作基础，逐步建立教育培训师资库，完善干部教育培训档案管理。

（三十一）加强精神文明建设。加强干部职工理想信念教育，宣传精神文明创建工作的先进典型。把精神文明创建过程变成干部职工自我教育、自我提高的过程。建立健全精神文明创建工作考核机制和表彰机制，开展巾帼建功活动和青年文明号评比活动，争创首都文明行业。开展“送温暖、送文化、送健康”活动，关心老干部，关心税务干部的身心健康，充分发挥工会、共青团等组织凝聚队伍的作用。

九、扎实推进反腐倡廉建设，构建党风廉政建设长效机制

（三十二）全面落实党风廉政建设责任制。严格落实中央《关于实行党风廉政建设责任制的规定》，推进地税系统惩防体系建设。落实一岗双责，坚持两级党组对党风廉政工作的全面领导，加强考核检查，强化责任追究。坚持将反腐倡廉的要求融入到各项工作中，与税收工作同部署、同落实、同检查、同考核。把党风廉政建设责任制考核、干部监督情况、党员领导干部廉洁从政情况、经济责任审计结果等作为单位年度考评和干部选拔任用的重要依据。

（三十三）加强廉政教育。认真学习十七届中央纪委六次全会精神，把以人为本、执政为民的理念落实到反腐倡廉建设中，以党风廉政建设和反腐败斗争的实效取信于民。深刻认识地税系统反腐倡廉建设的长期性、艰巨性，深入开展“做国家利益的忠诚卫士”反腐倡廉专题教育活动整改落实和总结验收阶段各项工作，加大检查力度，确保专题教育活动取得实效，不断巩固活动成果。

（三十四）健全监督机制。认真落实《党员领导干部廉洁从政若干准则》《全国税务系统领导班子和领导干部监督管理办法》《税务系统领导干部廉洁从政“八不准”》和《中共北京市委、市政府关于进一步加强审计工作的意见》等有关规定，加大对领导班子和领导干部监督力度。加强内控机制建设，深入推进廉政风险防范管理工作向上、向下延伸。建立健全监督协调机制，发挥纪检监察、干部管理监督、督察内审的综合监督作用，加强对领导机关、领导干部特别是“一把手”的监督。加强领导干部经济责任审计，继续做好离任审计，积极推进任中审计，促进领导干部更好地行使权力，履行经济责任。加强北京市地税局党组和驻局纪检组对区县（分）局党组及其成员的监督。建立健全与决策、执行相匹配的内部审计机制，实行专业化、系统化、常态化的审计监督，组织开展内部财务审计、建设项目审计、领导干部经济责任审计和治理“小金库”工作。加大审计整改工作力度，促进审计成果运用。

（三十五）加强政风行风建设。坚持纠建并举，重在建设，深入推进全系统政风行风建设。组织开展明察暗访活动。积极开展纠风专项治理，认真研究解决纠风工作中出现的新情况新问题，严肃查处和坚决纠正损害纳税人利益的行为，积极排查化解由损害纳税人利益引发的矛盾纠纷。做好特约监督员改选工作，充分发挥特约监督员作用。

（三十六）严肃查处违纪违法案件。建立健全案件惩处机制，加大自查案件督办力度。认真做好行政投诉和调查工作，加大行政案件的查处力度，落实“一案双查”和“一案三报告”制度，坚决惩处利用税收执法权和行政管理权牟取非法利益的行为。

十、依法规范政务流程，提高行政管理效能

（三十七）优化政务流程。大力规范行政管理，分阶段、分步骤稳步推进优化政务流程工作，全面优化办文、办会、办事工作流程，完善管人、管财、管物制度。建立健全规范、配套、高效、易行的行政办公制度体系。

（三十八）强化内部行政管理。加强

督查工作，狠抓工作落实，提高执行力，保证各项决策部署及时、有效落实。做好绩效管理工作，促进履职效率和工作水平提升。围绕科学发展主题，服务加快转变经济发展方式主线，针对依法行政、党的建设、领导班子建设、干部队伍建设等重点课题，深入开展调查研究，及时发现和解决问题，为各级决策提供支持。规范公文运行，精简会议。做好年鉴、大事记工作，启动第二轮修志工作。贯彻落实《保密法》，进一步加强信访工作，做好政府信息公开工作。完成博物馆撤展后续工作，扎实推进教育基地建设。加强北京国际税收研究会和地方税务学会税收科研工作。提高后勤保障水平。把依法行政要求贯穿到后勤市场化服务的方方面面，强化后勤管理。抓好安全维稳工作。

加强财务管理。严格执行《预算法》《政府采购法》等法律法规，严格执行财务制度，严肃财经纪律，规范财务行为，提高资金使用效能。做好经费保障，注重向基层倾斜。加强对重大项目资金的使用监督和追踪问效。

（三十九）加强信息化建设。全面清理王纪平严重违纪违法行为给信息化建设造成的恶果，把握主动，完善预案，落实责任，加强管理，确保信息系统稳定运行和网络安全。依法推进信息系统工作，将法治化、规范化要求贯穿到规划、立项、招标、开发、验收、运行、维护和管理等各个环节。做好与国家税务总局金税三期工程的衔接准备工作，做好衔接前基础、技术、数据、业务、运维、培训、组织和宣传准备，制订新旧系统过渡业务技术解决方案，积极稳妥推进信息集中处理。提高数据采集、应用和服务水平，为各项工作提供技术支持。完善国标税控明细报税功能，实现明细申报数据的采集和稽核。适时开展广域网升级改造，积极解决信息系统慢、堵、不稳定问题。做好东城区地税局、西城区地税局信息系统调整后续工作。

2011年北京市地方税收工作完成情况和2012年工作安排

一、2011年工作完成情况

2011年，在北京市委、市政府和国家税务总局的正确领导下，全市地税系统深入贯彻落实科学发展观，解放思想，加快转变，夯实基础，依法行政，圆满地完成了全年各项工作任务。

（一）坚持依法行政，税收法治水平明显提高

全系统将依法行政基本准则贯穿于地税工作各领域、各环节、全过程，坚持依法征税、应收尽收，加强组织收入工作的统筹协调和工作机制建设，进一步提高组织收入的科学性和精准度，把握了工作主动权，全年累计完成各项税费收入2666.6亿元，同比增加561.7亿元，增长26.7%；完成地方公共财政预算收入2083.9亿元，同比增加444.8亿元，增长27.1%。

强化法治理念教育和法律知识学习。坚持“三重一大”制度。注重决策执行，提高执行力，做到令行禁止。积极参与车船税、地方教育附加的地方立法工作。集中清理税收规范性文件。积极开展税收执法督察，认真落实税收执法责任制。依法开展行政复议和应诉，妥善化解涉税争议。

（二）认真落实税收政策，地方税收职能作用充分发挥

制定实施《税收政策贯彻落实工作规程》，增强税政工作合力。严格落实国家和北京市调控措施，加强土地增值税差别化预征和清算管理，调整存量房计税价格，协助有关部门审核商品房购房资格和小客车指标申请人资格，为全市实现房价“稳中有降”和控制机动车过快增长作出了积极贡献。贯彻实施中关村国家自主创新示范区“1+6”税收优惠政策。全面贯彻落实修改后个人所得税法，惠及首都470万纳税人。代征残保金20.4亿元，代收工会经费5亿元。

（三）改进纳税服务，纳税人税法遵从度不断提升

进一步深化服务理念，改进服务方式，提升服务质量。贯彻“四个服务”方针，提高服务中央在京单位工作水平。扩大区域通办业务范围，开辟快捷服务渠道，推进全功能、标准化服务厅建设。确保北京地税网站稳定运行，做好12366热线工作。办好第20个税收宣传月活动。规范政策解答口径，提高咨询服务水平。完善投诉管理制度机制，及时响应纳税人诉求。

（四）加强征收管理，征管质量和效率切实提高

积极探索税源专业化管理，开展征管状况监控分析和重点税源监控。国际税收工作取得较大进展。加强个体工商户和个人房屋出租的税收管理。做好《发票管理办法》的宣传培训辅导工作。依法妥善清理信息化项目历史遗留问题，确保核心征管系统安全运行。及时完善、升级有关信息系统，为落实新出台的各项改革措施提供技术支撑。加强纳税评估，共评估入库税款11.5亿元。深入开展税务稽查和打击制售假发票活动，共查补税款19.3亿元。

（五）大力加强党的建设、领导班子建设、干部队伍建设，广大干部干事创业

活力有效激发

全面加强党的建设。加大两级党组指导党建工作力度，落实党建工作责任制。以纪念建党90周年为契机，开展唱红歌、“五个一”等系列活动。加强党的基本理论、基本路线、党史知识学习教育，深入开展“为民服务创先争优”活动，进一步增强党员的党性修养和政治觉悟。加强党对工青妇工作的指导，关心关怀老干部，开展丰富多彩的文体活动。大力加强领导班子建设。按照北京市地税局党组确定的处级班子建设“三步走”工作部署，集中进行了第三次区县局处级干部选拔任用工作。全年共选拔114名处级干部，进一步优化了全系统各单位处级领导班子结构。全面推进干部队伍建设。落实市委关于加强全市基层公务员队伍建设的工作部署，最大限度地调动基层干部工作的积极性。严把干部入口关，做好军转干部接收安置和公务员招录工作。继续开展分级分类培训，不断增强培训的针对性和实效性。狠抓反腐倡廉建设。完成“做国家利益的忠诚卫士”反腐倡廉专题教育活动整改落实和总结验收阶段工作，实现了人人都参与、人人受教育、人人有提高。认真落实党风廉政建设责任制，推进廉政风险防范管理工作向局、处两级领导班子和区县局、分局重点岗位延伸。健全督察内审制度，规范行政管理权。继续开展“小金库”和公务用车专项治理。积极配合相关部门严肃查处违纪违法案件，注重用发生在身边的事教育和警示干部，做到关口前移，注重预防。

（六）深化制度机制建设，基础工作不断夯实

按照“职责清、情况明、数据准、要求严”的标准，不断夯实各项基础工作。完善北京市地税局会议制度体系，规范会议程序，促进依法、科学、民主、高效决策。印发绩效管理考核制度，试行对北京市地税局机关各处室的绩效考核。持续推进优化业务流程工作，新增、修改税收业务流程55个。成立北京市地税局服务基层、服务纳税人工作领导小组，统筹安排涉及基层的工作事项，修订管理考核办法。市局机关从优化财务流程入手，启动优化政务流程完善管理制度工作。深入开展调查研究，加大督查督办工作力度，加强公文审核和保密管理，进一步规范外事管理。推进“平安地税”建设，强化责任落实。加强后勤管理，提高服务保障能力。

二、2012年工作安排

全系统深入学习领会中央和北京市召开的一系列重要会议精神，结合实际进行了一个多月广泛深入的务虚，统一了思想，理清了思路，确定了2012年全市地税工作的总体要求为：以邓小平理论和“三个代表”重要思想为指导，深入贯彻落实科学发展观，全面落实中央全会和市委全会精神，把握好稳中求进的工作总基调，牢记为国聚财、为民收税的神圣使命，大力弘扬“北京精神”，全面推进依法行

政，落实结构性减税政策，优化纳税服务，创新税收征管，加强党的建设，狠抓反腐倡廉，规范行政管理，服务基层，为民服务，优化环境，促进和谐，加快建成五型机关，努力实现让上级机关满意、让纳税人满意、让税务工作者满意，为首都科学发展作出新贡献。

2012年全市地税工作的主要任务是：

（一）坚持依法征税，促进税收增长与经济发展相协调

依法大力组织收入，努力实现税收收入与首都经济增长、产业结构优化、区域协调发展的统一。强化组织收入工作机制，加强绩效考核，强化部门协同，实行上下联动，增强组织收入工作合力。加强税收分析预测，着力加强重点地区、重点行业、重点税源的分析，推动组织收入工作由计划管理向质量管理转变。

（二）有效发挥税收职能作用，服务首都科学发展和社会和谐稳定

积极参与税制改革。继续做好修改后个人所得税法、车船税法、资源税条例和营业税起征点提高等法规和政策的贯彻落实工作。全力做好部分行业营业税改征增值税试点准备。落实税制改革的要求，开展前期调研，做好数据测算，当好参谋助手。努力发挥调节作用。认真落实结构性减税政策，执行好现行高新技术、文化创意、节能环保等税收政策，研究完善中关村示范区试点和促进文化产业发展的税收政策，促进首都加快形成科技创新与文化创新“双轮驱动”的发展模式。加强高收入者个人所得税征管。落实国家对房地产业的调控政策，推进存量房评估试点工作，加强土地增值税差别化预征和清算管理，深化房地产税收一体化管理，促进首都房地产市场健康发展。贯彻落实支持小型微利企业、保障性住房、“三农”、非营利组织、促进就业等税收政策，加强残保金代征和工会经费代收工作。大力加强税种管理。以税基管理为核心，强化企业所得税后续管理，开展企业所得税税源户清理工作。完善源泉扣缴和自行申报纳税机制，做好年所得12万元以上个人申报和限售股转让所得纳税清算工作。做好货物运输业营业税管理和不动产、建筑业营业税项目管理后续工作。强化地方税税基管理，做好车船税、地方教育附加征收工作。

（三）全面推进依法行政，建设法治型地税机关

全面启动优化政务流程完善管理制度工作，持续开展优化业务流程精简涉税资料工作，构建科学规范、运转顺畅、便捷高效的“两权”运行工作机制，真正做到用好的制度管权管事管人。严格按制度和规程处理涉税事项，实现保护合法、服务守法与制裁违法的协调统一。加强和完善税务行政处罚管理，落实重大税务案件审理制度。深入开展税收执法督查，加大执法责任考核与过错责任追究力度。切实加强纳税人权益保护，健全税务行政调解

工作机制，统筹涉税救济案件信息，建立纳税人诉求快速反应机制，提升信访、投诉、举报的处理能力。继续做好调解、复议、应诉工作，妥善化解涉税矛盾纠纷。

（四）持续优化纳税服务，构建和谐征纳关系

不断改进办税服务。进一步拓展全功能、标准化办税服务厅事项，强化办税服务功能。实施标准化服务细分策略，探索建立专业化、个性化办税方式。加强纳税人自助办税服务，完善个人纳税信息网上查询工作。拓展区域通办事项，进一步规范完税证明全城通开工作，增加国地税联办事项。增强纳税服务实效。继续做好北京地税网站更新和维护工作，逐步丰富网上办税，开通实时在线服务，试点网上办税公开，推广应用预约服务。健全内部监督，强化外部监督。加强宣传咨询辅导。开展第21个全国税收宣传月活动，增强税收宣传的生动性和针对性。做好12366热线工作，深入开展纳税辅导，提高咨询的准确率和答复效率。

（五）积极探索征管创新，提升征管工作水平

积极推进税源专业化管理。实施税源分类分级管理，合理界定各层级税源管理部门职责。深化信息管税，为税源专业化管理提供重要支撑。开展风险管理，突出纳税评估，完善风险指标体系，规范风险管理流程。依法查处税收违法案件，促进税法遵从。做好征管基础工作。修订退税、欠税、委托代征管理办法，健全税收征管制度。持续优化业务流程，深入推进业务流程应用，全面落实“两个减负”。进一步加强税务登记、纳税申报、税款征收、欠税管理、缓缴税款审批、注销户纳税清算、档案管理等日常征管工作。做好发票换版工作，依法加强税控管理。提高信息系统支撑水平。做好金税三期工程各项前期准备工作，完善信息化建设标准与规范体系，加快数据资源整合。完善外部信息采集机制和共享机制，深化数据管理与应用，加强信息系统运行维护和安全管理。

（六）大力弘扬“北京精神”，切实加强干部队伍建设

提高党建工作科学化水平。推进学习型党组织建设，建立党员教育培训长效机制。深入开展社会主义核心价值体系的学习教育。加强党的各级组织建设，推进党务公开。深入开展以“三评三创”和“三比三亮”为主要内容的“为民服务创先争优”活动。增强各级领导班子领导能力。按照干部“四化”方针和“德才兼备、以德为先”的用人标准，继续加强干部选拔任用和交流调整工作，不断优化领导班子年龄、知识、能力结构。落实好领导干部个人有关事项报告、民主生活会、诫勉谈话、述职述廉等制度，加强领导班子自身建设。大力提高干部的履职能力。建立健全干部经常性管理机制。继续做好公务员招录工作。加大复合型人才、专业型人才选拔、培养力度。继续开展分级分类培

训。健全党风廉政建设长效机制。全面落实党风廉政建设责任制，强化一岗双责。加强廉政宣传教育。严格执行党内监督条例，强化对领导班子和领导干部的监督管理。深入开展经济责任审计和专项审计，强化“科技控权”，推进廉政风险防控管理。坚持执法与服务并重，制约与监督并举，公开与评议并行，推进地税系统政风行风建设。推进工作重心向基层倾斜。健全服务基层工作机制，提高两级机关下达任务、安排工作的科学性、预见性、协调性，切实减轻基层工作负担。抓好北京地税文化建设。建设符合社会主义先进文化前进方向、具有鲜明时代特征、浓郁地税特色的北京地税文化。持续激发广大干部服务纳税人、服务首都科学发展的干劲和活力，引导广大干部争做“爱岗敬业、忠于职守、廉洁奉公、顾全大局”的国家利益忠诚卫士，努力实现让上级机关满意、让纳税人满意、让税务工作者满意。

2011年北京市地方税收完成情况

2011年，全市地税系统在市委、市政府和国家税务总局的正确领导下，深入贯彻落实科学发展观，围绕主题主线，解放思想，加快转变，夯实基础，依法行政，圆满完成各项税收任务，充分发挥税收职能作用，服务首都经济社会发展，为全市“保增长、转方式、调结构、稳物价、惠民生”作出积极贡献。

一、坚持依法组织收入，充分发挥税收筹集财政收入职能

2011年，首都经济在转变发展方式上取得重大进展，实现了“十二五”开局之年经济平稳发展、社会和谐稳定的良好局面。全市地税系统深入贯彻全国和全市依法行政工作会议精神，将依法行政基本准则贯穿于地税工作各领域、各环节、全过程。坚持依法征税、应收尽收，坚决不收过头税，坚决防止和制止越权减免税，坚决落实税收优惠政策，加强组织收入工作的统筹协调和工作机制建设，加强税收收入分析预测，进一步提高组织收入的科学性和精准度，把握了工作主动权。自觉服务首都主动转方式、调结构，克服了经济增速放缓对组织收入工作的不利影响，挖掘税源潜力，加强税收征管，优化纳税服务，实现了地方税收收入持续平稳较快增长，提前65天完成年初市人代会批准的预算收入计划，全年完成各项税费收入2666.62亿元，同比增收561.73亿元，增长26.7%；完成税务总局口径税收收入2405.39亿元，同比增收522.44亿元，增长27.7%；完成地方公共财政预算收入2083.86亿元，同比增收444.8亿元，增长27.1%，对全市财政收入的贡献率为69.3%，为财政收入突破3000亿元大关作出了突出贡献，实现了“十二五”时期地税工作的良好开局。

税收收入的平稳较快增长是北京市委、市政府和国家税务总局正确领导的结果，是社会各界和广大纳税人大力支持的结果，是全系统干部职工辛勤工作、依法履职的结果。

二、转变经济发展方式的成效推动税收收入结构优化

一是以现代服务业为主导的产业结构进一步巩固和优化。全市主动调整产业结构和投资结构，积极发展信息服务、商务服务、金融服务等现代服务业，服务业增加值比重达到了76.3%。地税系统认真贯彻中央关于加强宏观调控的各项决策部署和北京市“两个调控”政策，妥善处理保增长和调结构的关系。全年，第二产业完成地方税收226.9亿元，增长31.6%，占整体地方税收的比重为10.9%；第三产业完成地方税收1854.44亿元，增长26.6%，占整体地方税收的比重达到89%。现代服务业税收贡献明显，占整体地方税收的比重达到39%，其中，金融业、信息传输、计算机服务和软件业、租赁和商务服务业、居民服务和其他服务业分别完成286.14亿元、89.27亿元、203.72亿元和233.3亿元，分别增长33.7%、29.2%、34.6%和17.6%。房地产业和建筑业税收占比下降，分别完成460.45亿元和114.85亿元，分别增长19.7%和23.3%，合计占整体地方税收的比重由29.1%降至27.6%。制造业、批发和零售业税收增长较快，分别完成92.46亿元和100.34亿元，分别增长44.8%和49.2%，合计占整体地方税收的比重由8%提高至9.3%。

二是城乡一体化发展格局在税收收入上得到体现。全市积极落实率先构建城乡一体化发展格局的目标，快速推进城乡结合部建设，农村改革发展成效显著，统筹城乡发展迈出坚实步伐。全市各区县局、分局紧密结合区域经济发展，强化税源管理，积极发挥税收职能作用，服务地区经济发展。全年，生态涵养区和城市发展新区分别完成地方税收105.32亿元和377.95亿元，分别增长31.9%和30.9%，分别高于全市平均增幅4.8和3.8个百分点；首都功能核心区和城市功能拓展区仍是全市地方税收的主体，分别完成607.9亿元和971.64亿元，分别增长24.4%和27.4%，合计占全市地方税收的比重达到75.8%，有力地支撑了全市地方税收的增长。

三是首都资源优势有力推动高端产业区税收发展。按照北京市委、市政府的统一部署，不断提高服务央企的能力和水平，落实中关村国家自主创新示范区“1+6”税收优惠政策，促进高端产业区税收持续较快增长。全年，各高端产业区共完成地方税收490.61亿元，增长30.4%，占全市地方税收的比重达到23.5%，其中，中关村一区十园完成208.73亿元，增长31.7%；金融街功能街区完成156.84亿元，增长29.5%；CBD中央商务区完成64.4亿元，增长25.3%；顺义区临空经济功能区完成60.65亿元，增长33.7%。

三、优化税收发展环境，促进首都经济社会和谐稳定

一是认真落实结构性减税政策取得明显成效。全年共减免各项税收54.6亿元，充分发挥了税收调节经济和收入分配的职能作用，全面服务首都经济社会发展。认真贯彻新修改的个人所得税法，惠及首都470万纳税人，共减轻个人纳税负担26.4亿元，个人所得税全年完成681.27亿元，增长27%，增幅较前三季度回落5.9个百分点。落实中央和我市关于扶持中小企业的各项政策，降低企业负担，促进企业发展，企业所得税完成210.52亿元，增长21.6%。做好涉外企业征收城市维护建设税和教育费附加、提高土地增值税预征率等工作，三税分别完成146.74亿元、67.6亿元和121.29亿元，分别增长73%、73.4%和41.3%。契税和营业税受房地产宏观调控政策影响，分别完成136.17亿元和1071.51亿元，分别增长1.4%和25.3%，其中销售不动产营业税仅增长5.4%。

二是着力加强税收征管和纳税服务。截至2011年12月31日，全市税源户规模达到102.5万户，全年净增9.8万户。全市地税系统着力加强税务登记管理和纳税申报管理，不断推进地税联网缴税建设，努力做到税源的全面监控；着力优化纳税服务，强化税收政策宣传辅导，满足纳税人合理需求，维护纳税人合法权益，不断提高税法遵从度和纳税人满意度。紧密结合税源区域特点和行业特点，重点监控纳税规模百万以上的重点税源户21373户，占全市税源户的2.1%，入库税款2224.21亿元，占各项税费收入比重达到83.4%，努力做到重点税源重点监控，全面提高把握税源变化和税收趋势的能力。

领导讲话

在2011年北京市地方税务工作会议上的讲话

北京市常务副市长　吉林

（2011年1月22日）

同志们：

大家上午好。昨天刚刚结束的北京市第十三届人民代表大会第四次会议，表决通过了关于政府工作报告的决议、关于北京市国民经济和社会发展第十二个五年规划纲要的决议等事项，圆满完成了预定的各项任务。这次人代会所有需要表决通过的事项，包括法院、检察院报告的得票率都比较高，一方面表明我们的工作做得不错；另一方面表明大家对依法治国、依法行政的关注度增强了。

两会结束后，市政府马上召开了全体会议，传达了两会精神，特别是把两会代表们对政府工作的意见和建议进行了综合，提出了改进措施，对做好今年的工作提出了更为全面的要求。

全市地税系统这次会议开得很及时，非常重要。同志们在第一时间领会、贯彻、落实两会精神和市委、市政府要求，总结过去两年各项工作取得的成绩，分析存在的问题，明确今后几年，特别是今年工作的方向和重点。晓明同志代表市地税局党组、领导班子作了一个很好的报告，我完全赞同，有许多话也是我想说的。结合刚才晓明同志的工作报告和我的一些思考，我讲三点意见。

一、几年来分管地税工作的体会

我从2007年7月开始分管市地税局工作。和许多同志一样，我对地税工作有一个从陌生到熟悉、从认识不多到认识比较丰富的过程。在这个过程中，学习了很多新知识、好的思想、好的工作方法，提高了工作能力和工作水平。从这个意义上讲，我感谢在座同志们。

任何事物都具有两面性。地税工作也是这样。几年来，我们在市委、市政府的领导下，克服了主客观多方面的困难，取得了优异的成绩，但是在业务工作中，特别是在队伍建设上也出现了严重问题，遇到了一些特别复杂的情况，给我们带来了非常深刻的教训，也使我们这支队伍经受了严峻的考验和锻炼。

教训是一笔宝贵的财富。我们每个人都要认真地思考，认真地反思，认真地汲取。人获得经验有两种途径，一是靠实践去获取直接经验，二是靠学习去获取间接经验，两种途径都很重要。有些经验需要我们亲身经历才能获取，别人是替代不了的。所谓吃一堑长一智，有时候不吃这一堑很难长一智。所以我们每一个人都要勇于实践，善于总结，不断提升，这样我们的境界才能升华，思想才能提高，工作才能进步。但是，我们也要培养自己另一方面的本事，不能总是吃一堑然后才能长一智，那我们一生要吃多少堑才能成熟，要经历多少失败才能成功？一个人要想成长、成熟得更快一些，学习间接经验同样非常重要。成功的人、成熟比较快的人往往注重学习别人的经验，汲取别人的教训，通过获取间接经验来不断提高自己。通过学习和观察，思考别人为什么做得好，哪些方面值得学习，为什么做得不好，为什么犯错误，认真地分析，确保我们不会犯类似错误。人不怕犯错误，但不能重复犯错，特别是犯同样的错误。别人犯过的错我们最好不犯。这就需要我们不断总结，做一个有心人。虽然我们身处和平时期，在平凡的岗位上做着平凡的工作，我们所做的每件事看似都是很小的，但是这种和平的环境和平凡的工作实际上是对人最大的考验。做好这些事，对我们同样是不平凡的，对我们的启示同样是深刻的。

地税局这几年确实不容易。前些年，在12月31日下午，市长都会亲自到地税、国税局、财政局慰问。这几年，市长和我们几位都是通过视频听取各单位的汇报，对各单位进行慰问。今年晓明同志在视频会上的工作汇报非常全面，不仅汇报了税收完成情况、增长的幅度、税源的结构，还特别汇报了队伍建设工作，包括队伍建设出现了哪些问题，市地税局党组、班子采取了哪些措施。郭市长听后频频点头，跟我讲：地税局不容易，在队伍建设面临这么大压力的情况下，能够克服国际金融危机冲击以及后国际金融危机影响等一系列复杂因素，收好税、带好队，完成好各项工作任务，为全市经济社会平稳较快发展作出了贡献，应该给予肯定。所以，郭市长在办公厅拟写的讲话稿上专门加了一段话，对地税局的工作给予了充分肯定。这次会议前，郭市长跟我说，因为他已经在视频会上充分肯定了北京市地税局所做的工作，就不再做批示了。刘淇书记和郭市长本人委托我向北京市地税局的领导班子和广大干部职工转达市委、市政府对大家的感谢和慰问！

岁末年初，大家都在总结，我自己也在总结。我已经连续两年在市委常委会民主生活会上，从履行党风廉政建设责任制和抓好队伍建设等方面，对地税系统出现的问题进行了反思，我也认真总结了几年来分管地税工作一些好的做法，对税务工作有了更丰富的认识，有了自己的体会。这些体会主要有两方面，一方面是对税收职能作用的认识；另一方面是对税收工作本身的认识。

对税收职能作用的认识

一是税收职能是政府的一项基本职能，或者说，是政府的重要职能之一。我们许多同志在区县工作过，担任过领导班子成员甚至是主要领导，我也在密云县担任过县委书记。区县工作经历有助于从各个方面，从更为宏观的角度来分析问题。政府工作包括方方面面，但其主体是由财政、市政、民政构成。财政就是你手里得有钱，你的执政理念再好，如果没钱也干不了任何事情；市政就是要建设基础设施，这是各项事业发展的基础，没有这个基础，各项事业都无从谈起；民政就是民心工作，就是为人民服务。我在去年12月份去了趟台湾，到了两个少数民族乡，给他们赠送了两台车。我问他们：这两台车对你们有什么作用？他们说，第一，可以送生病的老人去医院；第二，孩子每天上学放学的时候就不用徒步了，非常感谢北京。他们还在车上写下了这么几个字：为人民服务。我们党的宗旨是为人民服务，财政、市政、民政三项工作是最基本的，税收工作也是最基本的，财政的钱从哪里来，主要靠税收。所以，各级政府要研究税收，不能简简单单地对税务局提一个指标，要把税收作为政府基本职能之一去认真地研究，而我们有的时候研究得还不够。我们的工作就是在履行政府的基本职能，大家一定要有这个意识。

二是税务环境是一个地区最重要的环境。发展是需要环境的。随着社会的发展，政府职能需要转变。政府和市场主体是一个什么关系？一般情况下，政府创造环境，社会创造财富。财富靠谁去创造？靠企业，靠我们的人民去创造。政府的改革就要给企业、给人民创造好的发展环境，调动他们的积极性，让群众、企业通过创造得到实惠。所以一个地方要想抓好发展，就要抓好发展环境。在一个地区的发展环境中，税务环境非常重要。税务环境不仅取决于税收收入的高与低，也取决于我们的工作效率和服务水平。当经济社会发展到一定阶段以后，还真不在于能够减免多少税款。如果一个地区仅仅依靠税收优惠来吸引生产要素，只能说明这个地区的发展还处于比较原始的阶段。十多年前，我在密云县工作，担任县委书记，晓明同志是市财政局副局长，我请他来密云，晓明同志跟我讲，做好财政工作主要是四个字——开源节流。我说：话很对，如何开源，如何节流，需要好好研究。只有经济发展才能增加财源，发展到了一定阶段，要吸引投资、建设财源，群众、企业对发展环境的要求很高，特别是那些大企业。有的企业跟我说，他们到了一个地方，特别怕什么都给减免，减这个、免那个，你今天可以这么变，明天就可能那样变，他反而不放心。所以说，创造良好的税务环境，促进一个地区发展环境的持续进步是非常重要的。

三是税收是重要的经济调节手段之一。当我们要转变经济发展方式的时候，靠什么手段来促进经济发展方式的转变？靠什么手段来调整经济结构？税收是重要的手段之一。政府要研究，也正在研究如何用好这个手段来促进经济结构的调整，促进经济发展方式的转变。

对税收工作本身的认识

一是要始终围绕服务大局来谋划税收工作。政府不应该把税收工作局限为收税，我们也别把自己限制在收税，要围绕大局来谋划和推进税收工作，这是一篇大文章，而且这篇文章只有高人才能作得出来。要摆脱传统的税收工作观念，要认识到我们是为大局服务的，我们是能够为大局服务的。怎么为大局服务，需要真功夫。

二是要始终把构建和谐税收环境作为税收工作的最高境界。什么叫法？法和一般的规则有什么区别？大家都知道，法是由国家强制力来保障实施的规范，如果你不执行，国家强制你执行。没有国家强制力的规范，就是行规、纪律等。但是社会主义社会的法和剥削社会的法是不一样的，不能把人民对法的遵守建立在人民害怕国家强制力的基础上，要教育人民群众明白法律维护的是公民的利益，从而自觉地遵守法律。纳税人不依法纳税，国家会根据不同情节实施不同程度的惩罚，但这不是税收工作的最高境界，税收工作的最高境界是要让纳税人依法纳税并且获得满意。我们能不能做到这一点？我觉得能做到，就是通过我们的工作，让纳税人感到他不仅仅是在尽义务，而是在为国家、社会作贡献，所以能受到社会的尊重。既收了税，又让纳税人满意，这才是最高境界。怎么处理好这个关系非常重要，所以我们要用更高的标准来要求自己、衡量工作。就跟我们当领导一样，下级为什么服从我们，因为我们手中有权力，仅仅做到这一点是不行的，还需要我们用情感，用人格魅力，用更高的道德感染力让下级心悦诚服，这就是以德服人。

三是要始终把队伍建设作为各项工作的重中之重，常抓不懈。党风廉政建设和业务工作从来都不是两张皮，是手心和手背的关系。税务系统业务性很强，但是也必须和党的建设、队伍建设、党风廉政建设一起抓。业务工作抓得不好，出了问题，党的建设、队伍建设、党风廉政建设肯定也存在问题；党的建设、队伍建设、党风廉政建设出了问题，业务工作肯定也抓不好。所以，各项工作的重中之重是要把队伍建设好。要对干部职工经常性地进行教育，也可能同志们会比较烦，但是一定要教育，老生常谈也要谈，就像父母对我们一样。我们总是觉得父母唠唠叨叨，唠叨这个，唠叨那个，我都知道你还唠叨什么？但是父母总是不放心，见到我们总是要唠叨。当领导的就应该这样，有些问题就是要讲，讲一百句能听进一句就行，也许这一句就在关键的时候发挥作用，如果这一句在关键的时候发挥作用，我们的领导就应该感到欣慰。刚才晓明同志讲到朱凤珍写的信，这样的信我收到过很多。海淀区原区长周良洛，他写的信我们大家都看过，都很受触动，都感觉到他觉悟得太晚了，这么聪明的一个人为什么早一点没想到这些，很可惜，给家人造成灾难。夫妻俩都进去了，谁来照顾孩子？领导同志应该也必须对干部从严管理、从严教育，敢于碰硬。有的时候有些人对此很反感，就是这样的同志最容易出问题，最容易出问题的同志还最容易对组织，对领导干部提出意见和批评，埋怨我们在当时抓得不紧让他们犯了错误。因此，一定要从严管理，严格要求，这对谁都有好处。要加强防范，不是不信任，信任不能替代监督。

我到密云工作，市委主要领导同志曾经问过我，大家都说到基层工作锻炼人，你说怎么锻炼人，这个问题真不好回答。我自己的体会，深入基层你才能了解什么叫实际情况，包括对人的看法。不能想当然地认为所有的人都是共产主义者，那样的话我们制定的政策绝对无法实行，因为客观上不可能人人都是共产主义者。谁都有利益，在现实情况下，领导干部也有自己的正当利益。所以也有人讲，改革开放的进步之一就是我们对社会、对人的定位是合理的，是准确的。对人要有一个合理的定位，在此基础上制定的政策和制度才是合理的。中国历史上自古就有“人性善”和“人性恶”的争论，有了争论就产生出了不同的思想流派，人性善产生了儒家，人性恶产生了法家。法家和儒家对人的看法不同，定位不同，治国理政的理念也不同，而同一个流派里面也有人性善和人性恶的不同看法，孔子认为人性善，孟子就认为人性恶。我们则需要辨证地看待，虽然我们相信大多数人是善良的，但不能完全相信人性善，制定制度是非常必要的。因此，要靠好的制度管人、管事、管权，要加强监督，信任不能代替监督，这句话绝对是真理。所以我们在队伍建设中要考虑方方面面，要着眼于基础工作、制度建设。一定要学习别人的经验，汲取自己的教训。

四是要始终关注不断出现的新情况、新问题。我们身处一个变革的社会，新情况、新问题不断涌现，有时候使人目不暇接。前两天，《参考消息》刊登了一则消息，说美军装备很先进，能够特别快地获取非常广泛的信息，但是带来一个问题，信息太多，不知道哪个信息是正确的，无从判断。我们当领导的同志有时候也有这种体会，兼听则明，但听多了也会导致无法判明情况，无法判断哪个意见是对的，哪个意见是错的。新情况、新问题变化太快，我们一定要高度重视，坚持从实际出发，研究新情况，创造性地开展工作，还要有一双火眼金睛，能够看透表面，看到实质。刚才晓明同志讲到信息化建设，我也举一个不是地税局的例子。财政局有一个政府采购网站，按照财政部的规定，在有资质的公司里头选了一家公司来做，这家公司的名字叫“政采网”，做完了还得管着运营和维护。而担任运营和维护的人自己在这个网站上做了手脚，他对一些单位、一些企业点对点地设置这个政府采购网站，只要你点击北京市财政局政府采购网站，打开的就是他专门单独为你设计的，是假的。这个人通过这种方式，弄了多少钱呢？几百万!后来受骗公司发现总是兑现不了，就报了案，公安局去抓他，这个人就跳楼了。由此我们发现，谁对政府部门的工作最清楚，不是我们自己，而是那些为我们编制信息系统和软件的人。政府部门的工作环环相扣，我们只熟悉自己这个环节上的事，很难掌控，这套程序是他们编的，密钥被他们掌握，而且据说知识产权也是他们的，我们有一些机关的信息化建设是按照这个模式来做的，这里面就存在巨大的风险。所以我们就开会研究采取什么样的措施才能够防止问题。像这样的新情况、新问题我们要及时研究，我们的业务工作也一样。经济形势、企业的形势也在不断地变化，我们怎么办？这是一场猫与老鼠的游戏，猫是要吃老鼠的，老鼠总是要躲避的，道高一尺魔高一丈，魔高一尺道高一丈，循环往复。我们是道，魔高我们就得高，要应对新情况、新问题，必须坚持从实际出发研究对策。

二、当前的形势和今年的主要任务

“十二五”已经开局，我们已经进入“十二五”发展周期。开局20多天时间里，我们干了很多事。就大事而言，主要有两件：一是实施了交通管理的一系列措施，特别是开始对机动车总量进行控制。限制机动车总量对北京消费的影响非常大，而消费对北京经济总量的影响也很大。二是首钢停产。首钢停产使北京第二产业产值的损失比较大。我们举行了一个仪式，对此大家的心情非常复杂。这两件事情对今年经济增长影响都非常大，但市委、市政府还是毫不犹豫地决定了，这就是下决心调整产业结构，下决心加快转变北京的经济发展方式。

（一）“十二五”时期，首都面临着调整产业结构和加快转变经济发展方式的形势

去年全国的GDP增长了10.3%，北京市增长了10.2%，低于国家平均水平，这是这么多年来唯一的一次。我们很关注谁与北京情况相同，上海比北京还低，其他直辖市，重庆、天津去年都增长17%以上。国家“十二五”发展规划正在编制，“十二五”时期经济总量按多少来把握？7%到7.5%，比较一下各个省的GDP增长速度，只有四个省市低于这个数，其余的都比这个高，北京市是8%。

1. 促进经济结构调整和加快经济发

展方式转变，要更加注重科技自主创新。要下决心调整产业结构、转变经济发展方式，否则就无法解决人口、资源、能源、环境等各个方面带来的经济社会发展的不协调性和不可持续性。所以“十二五”时期北京市将更加注重科技自主创新，这就需要聚焦财力，聚集人才，促进中关村国家自主创新示范区的发展，促进科技成果不断地涌现，促进科技成果实施产业化，不仅仅要对北京的经济作贡献，对全国的经济也要作贡献。新兴经济和传统经济不一样，例如在金融领域已经遇到了一个问题，银行要向企业贷款，企业要有担保，有抵押，但是高新技术企业最鲜明的特点是没有更多的有形财产，那怎么获得贷款和金融支持呢？难就难在这里。银行贷给一个亿，但是企业还不了怎么办？一个企业的成长就像人一样，从小到大，在幼小的时候是很脆弱的。即使鳄鱼、狮子、老虎这些强大动物在幼年的时候也很脆弱，所以对这些创新型企业要在它的成长期给予更多的关注和扶持。有的企业能够扶持起来，有的可能扶持不起来，扶持起来的也可能是少数，中关村20多年了，有多少企业在非常幼小的时候我们给予过扶持？值得我们反思。这就是我们需要付出的代价，这个代价是必须要付出的。所以，地税系统要认真研究如何发挥税收的调控作用、杠杆作用，促进自主创新，这是今后一个时期面临的非常大的课题。

2. 促进经济结构调整和加快经济发展方式转变，要更加注重文化在转变经济发展方式中的作用。要在观念上转变对文化的认识。过去，大家总是纠结于北京是政治中心、文化中心，为什么中央不能给北京定位也是经济中心。天津都可以定位于中国北方的经济中心，北京为什么就不行。实际上我们可以思想更解放一点，看得更开一些。首都作为中国的政治中心，同样要围绕“四个服务”发展经济，在这个意义上讲同样是经济中心，关键是要发展适合首都特点的经济。首都作为中国的文化中心就要求我们很好地研究文化领域的经济发展，把文化经济做到家。我们以前总是把经济和文化对立，实际上文化和经济是融合的，文化本身就是经济。我们总是怕一些制造业离开北京，北京的经济总量提升不快，安排不了那么多就业。我就跟统计局讲，可不可以对比研究一下，美国是怎么发展的。美国的制造业也不是很多，那么它的经济，它的GDP是从哪里来的呢？美国的文化产业非常发达，我们也要把文化当经济来做，既提升了文化，又发展了经济。我遇到过一些搞创意的人，能够体现出文化和创意的关系。我接待过一个欧洲的团体，成员有意大利、西班牙、法国、俄罗斯人，团长是意大利人。这个团体赠送的纪念品是一个包裹，包里分三层，第一层是俄罗斯生产的，第二层是西班牙生产的，第三层里面最小的是法国生产的。我说你作为意大利人，送的纪念品是什么呢？他说，这个主意是我出的。所以，地税系统要研究在促进文化与经济的融合中能够起到什么样的重要作用，如何发挥税收职能作用促进文化创意产业的发展。

3. 加快转变经济发展方式不仅要调整结构，还要加强和推进城市的精细化管理。北京的经济、产业、企业，很大程度上是与城市的管理、运营紧密相关的，如北京的焦化厂是为了给北京供暖，燕化是为了给北京供油。这一点与上海不同，上海的造船厂、宝钢都是国家产业和国家战略。我们要加强和推进城市的精细化管理，要解决诸如污水、垃圾、交通、环保等问题，就会形成一个产业，这也是调整产业结构、加快转变经济发展方式的一个重要任务。

总之，“十二五”时期，加快转变经济发展方式是主线，我们方方面面的工作都要向这个主线来聚焦。地税怎么聚焦，怎么发挥职能作用？这是需要认真研究的。

（二）2011年首都面临的复杂形势

落实好“十二五”规划最主要的就是开好局、起好步。今年的工作很重要，面临的形势非常复杂，不仅比2010年复杂，也比2009年复杂。2009年遇到金融危机，那时我们就是一股劲，经济下行了，就让它上行。当没有选择的时候也就不选择了，大家思想也就统一了，集中精力奔向一个目标。当有选择的时候，就要顾及两个目标，选择A还是B，思想难以统一。今年就遇到这种情况，经济要增长，要保持稳定，物价还不能高。GDP的增长和通货膨胀是成正向关系的，增长得越快、通货膨胀率越高，怎么处理这个问题？难就难在这里。经济要增长，城乡居民的收入也要提高，怎么把握？今年的任务已经确定，指标已经明确。我这里再讲一下，这几个指标对大家开展具体的业务工作会有帮助。

1. 关于经济增长指标。今年GDP的增长指标安排的是8%，并不高，比去年要低，但我们完成这个任务并不轻松，因为支撑8%的投资、消费和出口都面临很大的不确定性，有些甚至面临一些困难。出口暂且不考虑，我们希望它稳定、持平、最好略增，2011年出口的形势到底怎么样还不好说。投资和消费，就消费来说，去年增长达到了17%，6200多亿元。去年的消费达到这么高的数，下一步提高的难度就大了。今年实施机动车总量控制，机动车这一项和去年相比就要差600多亿，拿什么补？并且补上这600多亿后，还要再增长10%，确实比较难。我举这个例子就是说明，要实现8%，大家不要认为很轻松，这还需要方方面面的努力。尤其目前的GDP核算方式有利于以二产为主的产业结构，不利于以三产为主的产业结构。而且许多行业在调整，比如银行业，银行贷款的增长幅度对GDP的核算，对第三产业的增长是有直接影响的。但是，今年银行贷款的增长不会高，因为实行的是稳健的货币政策。比如房地产市场，房地产的成交额对GDP的核算、对第三产业的增长有直接影响。但是目前加大保障性住房建设力度，对GDP的直接作用不大，真正到市场上交易的房屋数量在下降。当然，另一方面，相关部门应该研究怎样通过调整GDP的核算方法来促进经济结构的调整。

2. 关于物价指标。物价在去年四季度的新情况是，12月份国家公布的CPI增长了4.6%，当月北京CPI是4.7%，这也是北京CPI第一次高于全国平均水平。当然北京去年全年CPI平均是2.2%—2.3%，低于全国平均水平。今年很可能高于全国的平均水平，我们想把物价控制在4%的水平，确实有难度。但是要努力去控制，就像郭市长讲的，明知山有虎，偏向虎山行！

3. 关于收入问题。这是一个极大的挑战。党的十七届五中全会提出，“十二五”时期城乡居民收入要和经济增长同步，怎么理解这个“同步”，这是个大问题。有的人说经济增长8%，收入就得增长8%，很显然做不到，不可能把经济增长成果全分了。所以专业人士说，在一个幅度、系数之内，接近经济增长速度，这就叫同步。但社会认不认，比如在今年两会上，居民收入增长定的目标是7%，有的记者就问为什么不跟GDP增长同步。即使是要实现这个7%的增长，也需要付出相当大的努力。

大家关心公务员的收入问题，这也是一个社会更关注的问题。政府在收入中能做什么？第一，政府可以公布最低工资标准；第二，可以通过财政提高工资、提高补贴；第三，可以支持工会和各个企业去搞工资协商；第四，可以设定法律，要求企业必须执行最低工资标准，必须给职工上五险一金。“十二五”时期我们将始终面对收入分配这个问题，这是一个需要关注的问题。

4. 关于节能减排问题。“十一五”时期北京市节能减排成绩非常突出，与“十五”相比减了27%。国家可能要求北京在“十二五”时期再减16%。首钢、焦化厂、化工厂、化工二厂、有机化工全退了。我们怎么减排，要靠管理，比如说一个会场别开那么多灯，要靠新建筑技术，靠改造建筑领域等节能装置，靠完善节能标准，靠新能源、新技术使用。总之，介绍这些情况，是希望大家在做具体业务工作的时候要围绕全局，认真思考。

三、对地税工作提几点希望

（一）要坚持把握大局，跳出税务看税务

税务部门要把形势看得更清楚一些，职能作用发挥得更大一些，贡献更突出一些，在这方面，市委、市政府对大家寄予厚望。在研究财政局工作报告的时候，晓明同志提了一个非常好的意见，就是要依法理财、依法组织收入，我也叮嘱财政局。以前向市人大报告财政工作的时候，经常是讲收了多少钱，怎么花的，明年要

收多少钱，但是很少涉及钱是怎么收的，财税系统是怎么工作的，后来晓明同志提了这个意见，这个意见非常好，我们向市人民代表报告，包括这些钱是怎么依法组织上来的，我们是怎么依法有效进行工作的。

（二）要坚持依法行政

依法行政是构建和谐、化解矛盾的底线。如果这个做不到，就会出现问题，如果这方面发生了问题，就会乱了。虽然我们会面临很复杂的形势，但是再复杂，法律在这里，就要依法处理。我们鼓励创新，但是创新也要守住依法行政这条底线，否则会出乱子。创新要以法律规章为依托，当然也要与时俱进地制定法律、修改规章。总之，依法行政这条底线要守住。

（三）要坚持以人为本

要以纳税人为本，以地税系统每一名干部为本。地税系统干部队伍建设中遇到的激励机制问题，是垂直管理部门都有的问题，就是人数比较多，职数比较少，大家的收入和待遇上不去。地税局7000多人，局级领导的职数是确定的，下面都是处级单位，人员也很多，这个情况组织部门已经掌握。土地、规划部门也是垂直管理的，但是他们人不多，不像税务系统这么大。这个问题公安系统解决得比较好，因为它有警衔，工作几年警衔就调整了，随之收入就要调整。税务系统没有这个制度，晓明同志就这个事情向国家税务总局肖局长汇报过几次，建议全国税务系统可以探索推行这种职级分设的分类管理。这也从一个侧面说明各级组织对涉及干部切身利益的事是非常关心的。

（四）要坚持统筹兼顾、综合治理

地税系统要收好税、带好队、执好法、服好务，要创造良好的税务环境，这些都需要我们统筹协调好。特别是要在队伍建设上，严格教育、廉政警示、健全制度等工作要一起抓，要把业务工作和队伍建设融合在一起。要落实综合治理，坚持两手抓，两手都要硬。

总之，过去的一年大家非常不容易，顶住了队伍建设上面临的巨大压力，超额、出色完成了市委、市政府下达的税收指标。这充分体现出我们这支队伍主流是好的，大多数同志的作风是过硬的，战斗力是强的。今后五年，我们的任务依然艰巨，今年的任务尤为繁重，希望大家能够加强自身建设，放眼大局，不断地调整和适应新情况、新变化，为北京市经济平稳较快发展，为“十二五”规划开好局、起好步作出我们应有的贡献。

（根据录音整理，未经本人审阅）

全面贯彻落实科学发展观
解放思想　加快转变　夯实基础　依法行政
为首都经济社会又好又快发展作出新贡献

——在2011年北京市地方税务工作会议上的讲话

北京市地方税务局局长　王晓明

（2011年1月22日）

同志们：

今天召开2011年北京市地方税务工作会议，主要任务是：深入学习贯彻党的十七届四中、五中全会、中央经济工作会议、市委十届八次全会和全国税务工作会议精神，总结过去两年工作，部署2011年任务。开好这次会议，对于我们开好局，起好步，推进“十二五”时期全市地税工作的科学发展，具有极其重要的意义。一会儿，吉林常务副市长还要作重要指示，请同志们认真学习贯彻落实。下面，我代表市局党组作报告。

一、过去两年工作回顾

过去的两年是北京地税事业发展极不平凡的两年。2008年12月，中共北京市委调整了市地税局主要领导。面对国际金融危机爆发对首都经济的冲击影响，面对市地税局原主要领导和班子成员王纪平、苏文权、任依娜、解煜等累积性违纪违法案件集中发案造成的严重思想障碍、深重负面影响和破坏性危害，新一届市局党组在中共北京市委、市政府和国家税务总局的正确领导下，坚定不移地深入贯彻党的路线方针政策，以科学发展观为统领，坚持从实际出发，紧紧依靠群众，相信群众，团结群众，关心群众，最大限度地激发全系统广大干部的工作热情，始终坚持一手抓稳定队伍谋发展，一手抓依法组织收入保增长，狠抓思想建设和作风建设，正本清源，强基固本，全面推进2009年治标，2010年标本兼治并取得阶段性成果，为2011年综合治理、重在治本做好充分准备。

两年来，市局、区县（分）局两级党组迎难而上，带领全系统广大干部职工顶住了国际金融危机的“天灾”，克服了王纪平、苏文权、任依娜、解煜等人严重违纪违法的“人祸”，全系统各级党组织和广大干部职工团结一致，求真务实，真抓实干，实现了税收收入平稳较快增长，全面完成了各项工作任务，为“十二五”时期北京地税事业的科学发展打下了坚实基础。

（一）解放思想，实事求是，以科学发展观引领事业发展

2008年底以来，新一届市局党组按照科学发展观要求，坚持从实际出发，提出了符合地税实际的工作指导思想和一系列工作原则、目标、任务、措施、要求，主要是：深入贯彻落实科学发展观，优化税收发展环境，服务首都经济社会发展大局和服务纳税人，以依法治税、组织收入为中心，促转变，保增长，以抓领导干部、领导机关、基础工作、制度建设、基层税务所为重点，坚持抓源头、抓根本、抓基础，树立大局意识、责任意识、忧患意识、服务意识和发展创新意识，建设学习型、服务型、效能型、法治型和廉洁型地税机关，要求各级领导干部做到“爱岗敬业、忠于职守、依法行政、以德服人”，不断增强各级领导班子和广大干部“爱岗敬业、忠于职守、廉洁奉公、顾全大局”的责任感、紧迫感、使命感，努力做到让上级机关满意、让纳税人满意、让税务工作者满意。实践证明，新一届市局党组的决策是正确的，对凝聚人心、稳定队伍、克服困难，变压力为动力，做好全市地税工作起到了重要的引领作用。

（二）狠抓思想建设和作风建设，党风廉政建设和反腐败斗争取得实效

两年来，新一届市局党组按照中央精神和市委、市政府、市纪委工作要求，从地税实际出发，在全系统分阶段、分层次、分步骤开展了四大主题活动：在深入学习实践科学发展观活动中，理清了发展思路，明确了工作指导思想和发展方向；在“加强领导干部作风建设、优化地税发展环境、确保收入增长年”活动中，找准了工作定位，明确了目标任务，采取了有效措施，取得了治标成效；在创先争优活动中，加强了两级党组的领导核心力量，凝聚了人心，增强了广大党员的党性修养，发挥了共产党员的带头作用；在“做国家利益的忠诚卫士”反腐倡廉专题教育活动中，明确了抓源头、抓根本、抓基础，转变了思想作风，增强了责任意识，基础工作、制度建设、工作机制逐渐纳入正常轨道，开始步入良性循环，推进了标本兼治。

特别是2010年4月以来，按照市委、市纪委要求，深入开展“做国家利益的忠诚卫士”反腐倡廉专题教育活动，全力支

持市纪委查办案件，用身边人、身边事加强正面引导和警示教育，认真查摆问题，深刻剖析累积性违纪违法案件根源，强化源头治理，规范权力运行，狠刹损害纳税人利益的不正之风，坚决遏制累积性违纪违法案件高发态势。协助市纪委、司法机关查处王纪平、苏文权、任依娜等22人违纪违法行为，清理王纪平、苏文权、任依娜等人在组织、人事、经济等方面情况和问题，涉及信息化建设、税控机推广、基本建设、行政印刷、宣传培训等对外经济合同资料和对外资金支付凭证等2077份，从依法规范管理，严格执行预算法、政府采购法，加强人事、组织制度建设及加强档案管理等方面进行认真反思和整改。全系统将专题教育活动与创先争优、税收中心工作紧密结合，通过边学边改、边整边改，提高了广大干部依法行政、廉洁从税意识，增强了领导干部一岗双责意识，两级党组着手建立健全反腐倡廉各项制度和行之有效的工作机制，各级领导班子和广大干部“爱岗敬业、忠于职守、廉洁奉公、顾全大局”的意识逐渐形成，取得了标本兼治的阶段性成果。

（三）依法组织收入，圆满完成收入任务

为克服国际金融危机对首都经济发展造成的严重冲击，市局党组坚决贯彻执行中央应对危机的一揽子政策措施，全面落实市委、市政府保增长的要求，坚持依法征税，应收尽收，坚决不收过头税，坚决制止和防止越权减免税，坚决落实各项税收优惠政策的组织收入原则，完善组织收入工作机制，强化税收预测分析，增强组织收入工作合力，全力筹集财政资金。两级党组深入基层，带动机关干部深入一线，一线干部深入企业，做到组织收入任务层层分解落实，组织收入措施横向到边、纵向到底，全系统自上而下、内外相连，广大干部职工齐心协力，攻坚克难，连续两年超额完成市委、市政府交给我们的税收任务。

2010年，全系统完成各项税费收入2104.9亿元，同比增长18.8%；国家税务总局口径税收收入完成1882.9亿元，同比增长18.3%；地方一般预算收入完成1639.1亿元，同比增长17.5%。“十一五”时期，共完成各项税费收入7824.5亿元，是“十五”时期的2.6倍，年均增长20.2%，为首都经济社会发展提供了有力的财力保障。

（四）发挥税收职能作用，促进首都经济社会发展和企业经济效益提高

积极开展税制改革的调查研究和试点工作。全面落实市委、市政府帮扶企业工作要求，用准、用足、用好税收政策，着力帮扶企业应对金融危机，促进企业经济效益的提高。积极与有关部门配合，争取国家对中关村国家自主创新示范区各项税收优惠政策。有效落实高新技术、文化创意、节能环保、保障性住房、支持和促进就业、事业单位重组改制等税收优惠政策，两年来，累计减免税款96.8亿元。加

强对高收入者个人所得税管理，推进年所得12万元以上个人自行纳税申报工作，发挥税收调节分配的职能作用。配合税制改革，开展营业税7个税目9个行业的税收典型调查，加强货运业税收管理。落实房地产业税收调控政策，推进房地产税收一体化管理。完善税政管理制度措施，形成整体合力。

（五）持续改进纳税服务，不断提升服务水平

深化服务理念，完善服务体系，改进服务方式，纳税人满意度和税法遵从度得到提高。深入开展纳税人权益保护调查，完善落实投诉管理办法，促进征纳双方沟通渠道多元化。修订纳税服务承诺，完善申请受理手续，探索建立快速反应机制。拓展办税服务大厅、北京地税网站和12366热线服务功能，整合服务资源，为纳税人提供全方位、多层次服务。深入开展实效性强的税收宣传活动，发放地税公告和分类辅导手册，举办辅导讲座，开展网上在线答疑。区县（分）局结合实际、因地制宜开展纳税服务工作，全面规范办税服务厅建设，推进区域通办，推行网上办税、流动办税。两年来，12366热线处理话务197万件，累计回拨电话近11万次，12366热线集体荣获“2009年全国用户满意服务明星班组”称号，北京地税网站内容不断充实丰富，累计发布公告信息8.3万条，连续被市纠风办评为优秀政务网站。

（六）优化业务流程，依法合规规范税收征管

努力推进依法行政工作。深入开展优化业务流程精简涉税资料工作，通过对征管事项的全面梳理整合，共梳理优化各类涉税业务事项259个，基本覆盖主要日常税收业务，实现了政策依据、表证单书有链接，操作过程有图示，进一步规范了税收管理和执法行为，减轻了纳税人和基层负担。探索税源双项分类管理，推进信息系统资源整合和内外部信息共享。积极开展纳税评估。加大对涉税违法案件和发票违法行为的稽查力度。加强残保金代征工作，筹备社会保险费和工会经费代征工作。各区县（分）局按照市局党组部署，努力形成各项业务工作合力，提高征管工作水平。两年来，全系统税源户由77.3万户增加到92.7万户，增长20%；评估18.3万户，入库26.81亿元；检查7740户，入库62.14亿元，为保增长作出了应有的贡献。

（七）树立正确选人用人导向，全面加强队伍坚持党管干部、民主集中制原则

落实“三重一大”制度，推进依法、科学、民主决策。落实“三定”方案，优化机构设置，增设纳税服务处、审计处、工会经费处、社保费筹备处，成立直属一、二分局，顺利完成原东城区、西城区、崇文区、宣武区四城区局合并。组织开展两期主题分别为“党风廉政和领导能力”、“加强党性修养，提升领导能力”的处级领导干部培训班，有针对性地进行

科级干部培训，增强领导干部理想信念，提高综合素质。完善干部人事管理制度。坚持“四化”方针和“德才兼备、以德为先”的用人标准，坚持民主、公开、竞争、择优，分阶段、分层次推进干部选拔任用交流调整工作，为全市地税事业的科学发展选拔、储备了一大批政治上靠得住、工作上有干劲、作风上过得硬、群众信得过的不同年龄、不同层次的干部。

两年来，全系统调整处级干部260人，其中，轮岗交流137人；新提任干部143人，其中正处级领导干部20人，副处级领导干部39人。为19个区县（分）局领导班子配备了党组副书记。截至2010年年底，全系统处级领导干部平均年龄46.8岁，比2008年底有所下降。与2008年底相比，处级干部中全日制本科以上学历净增19人，硕士研究生学历增加37人，博士研究生增加2人，女干部增加6人。市局机关处级领导干部平均年龄44.3岁，比2008年底降低2.3岁，全日制本科以上学历净增21人，硕士研究生学历净增15人，博士研究生增加4人，女干部增加6人。通过调整，优化了全系统处级领导班子结构，基本形成了班子成员年龄、经历、专业、能力互补的梯次配备，树立了正确的选人用人导向，为建立人尽其才、公平公正、充满活力、科学管用的干部管理长效机制奠定了坚实基础。

两年来，全系统在极其困难的形势下取得了不平凡的成绩，这是市委、市政府和国家税务总局正确领导的结果，是吉林常务副市长给予具体指导的结果，是社会各界和广大纳税人大力支持的结果，是全体干部职工不懈努力的结果。在此，我代表市局党组对始终关心、关怀地税工作的市委、市政府和国家税务总局的领导表示衷心的感谢！对全系统广大干部职工，特别是在本职岗位上默默奉献的一线干部职工表示衷心的感谢！

过去两年的实践，为北京地税事业科学发展积累了有益经验。

一是坚持以科学发展观为指导，确立正确的发展方向。两年来，新一届市局党组始终坚持用科学发展观引领事业发展，提出了符合地税实际的工作指导思想和一系列工作原则、目标、任务、措施、要求，着手从源头、根本、基础上纠正原市局党组主要负责人王纪平等人造成的严重思想障碍、深重负面影响和破坏性危害，团结带领广大干部职工，走出了一条正本清源、强基固本的发展道路。

二是坚持解放思想，实事求是，与时俱进，推进依法、科学、民主决策。两年来，新一届市局党组始终坚持从实际出发，坚持从群众中来，到群众中去，按照地税工作客观规律，把握不同阶段工作重心、工作节奏和工作力度，努力做到原则性和灵活性相结合，增强工作的科学性、系统性、预见性、创造性，在实践中牢牢掌握推动工作的主动权，求真务实，真抓实干，确保了各项重点工作和重大主题活动积极稳妥、统筹协调、平稳有序开展，确保了中央、市委市政府、市纪委的各项工作要求在全市地税系统得到有效执行。

三是坚持以人为本，统筹兼顾，做到队伍建设与税收工作两手抓，两手都要硬。两年来，新一届市局党组始终坚持党要管党、从严治党方针，树立正确选人用人导向，严格要求、严格教育、严格管理、严格监督干部，在实践中培养、锻炼、识别、发现和选拔使用干部，发挥基层党组织的战斗堡垒作用和共产党员的先锋模范作用，充分调动不同年龄段干部积极性，引导广大干部团结一致向前看，聚精会神干事业，一心一意谋发展。与此同时，区别不同性质，最大限度地保护了一批干部，实现了市委维护干部队伍稳定、确保税收增长的要求，有力推进了北京地税事业的全面、协调、可持续发展，做到了让市委、市政府放心。

四是坚持立足首都经济社会又好又快发展大局，依法履行税务机关职能。两年来，全系统坚持依法行政，强化征管，优化服务，坚决落实各项税收优惠政策，支持首都转变经济发展方式、优化产业结构、保障和改善民生，有效发挥了税收筹集收入、调控经济、调节分配的职能作用。

在肯定成绩的同时，我们更加深刻清醒地反思过去一个时期原市局党组主要负责人王纪平等人在思想、组织、作风、制度和反腐倡廉建设上造成的破坏性危害，正视存在的问题：

王纪平集政治蜕变、经济腐败、生活腐化于一身，是累积性违纪违法案件高发的最大源头，影响极其恶劣。王纪平用假大空的错误指导思想蒙蔽组织，欺骗群众，假借诚信之名压制不同意见，掩盖其不作为、乱作为、胡作非为、违纪违法之实。王纪平与苏文权、任依娜等人沆瀣一气，有计划、有预谋地滥用手中权力，巧取豪夺，肆无忌惮地牟取非法利益，形成了官商勾结、内外串通的腐败利益链条，损害了国家和人民利益，败坏了地税干部形象，带坏了个别干部。短短两年时间，全系统就有22名干部因违纪违法相继受到处理。

王纪平等人长期的所作所为，动摇了制度根基，破坏了工作基础，涣散了队伍作风。过去一个时期，决策不依法、不科学、不民主，特别是在信息化建设过程中埋下隐患；背离党的民主集中制原则，不按党的“四化”方针选人用人进人，搞暗箱操作，破坏公平，牟取私利；忽视党的建设、领导班子建设、干部队伍建设，忽视依法行政工作；在一些单位和部门的领导班子中，党的组织生活流于形式，软、懒、散、乱、庸；少数领导干部在其位不谋其政，弄虚作假，欺上瞒下，缺乏事业心，没有责任感，热衷于搞形式主义，做表面文章，对不良行为不愿管、不敢管、不会管，互相包庇；少数干部责任意识缺失，爱岗不敬业，不思进取，不务正业；少数单位和部门不依法行政，一些纳税人和基层税务干部反映的问题长期被忽视，损害纳税人利益的问题时有发生，基础工作不扎实，职责不清、情况不明、数据不准、要求不严，一些制度形同虚设，监督、制约机制严重缺失，有令不行，有禁不止。

这些问题严重阻碍全系统依法履行职能和实现科学发展。2008年底以来，新一届市局党组在市委、市政府的领导下，旗帜鲜明地拨乱反正、正本清源，取得了标本兼治的阶段性成果，但是一些问题依然根深蒂固，少数人依然熟视无睹，麻木不仁，我行我素。面向未来，要完成好“十二五”时期各项工作任务，必须下定决心，坚持综合治理、重在治本，努力实现干部队伍思想作风和精神面貌根本好转，干部综合素质和依法行政的意识、能力不断提高，基础工作和制度机制全面完善，为“十二五”时期北京地税事业的科学发展夯实基础。

二、围绕主题，服务主线，推进“十二五”时期北京地税事业科学发展

“十二五”时期是全面建设小康社会、深化改革开放、加快转变经济发展方式的重要战略机遇期，也是推动首都经济社会又好又快发展和实现税收事业科学发展的关键时期。党的十七届五中全会审议通过的《中共中央关于制定国民经济和社会发展第十二个五年规划的建议》（以下简称《建议》），站在历史新高度，从战略全局出发，明确提出制定“十二五”规划的指导思想、基本要求、奋斗目标、主要任务，描绘了我国在新世纪第三个五年经济社会发展的宏伟蓝图。《建议》最鲜明的特点，就是明确提出制定“十二五”规划，必须以科学发展为主题，以加快转变经济发展方式为主线。《建议》提出的主题主线，关系改革开放和现代化建设全局，贯穿经济社会发展全过程和各领域，是时代的要求，是推动科学发展的必由之路。全系统要牢牢把握中央提出的主题主线，深刻领会其精神实质，把主题主线贯穿于地税工作的各个领域、各个方面。

中共北京市委十届八次全会提出了全市“十二五”时期的奋斗目标和主要任务，首都将加快实施“人文北京、科技北京、绿色北京”战略，打造国际活动聚集之都、世界高端企业总部聚集之都、世界高端人才聚集之都、中国特色社会主义先进文化之都、和谐宜居之都，向中国特色世界城市迈进，为我们在更高起点上充分发挥地方税收职能作用明确了新定位。全国税务工作会议提出，要遵循依法行政的基本准则，坚持服务科学发展、共建和谐税收的工作主题，抓好纳税服务、税收征管的核心业务，推行专业化、信息化的管理方式，完善人才强税、廉洁从税的保障机制，为新时期地税工作的科学发展指明了新方向。地方税体系逐步健全，省级地方政府将被赋予适当税政管理权限，为我们参与地方税制改革、税收政策研究制定、筹集财政资金、支持首都加快转变经济发展方式、保障和改善民生提供了更为广阔的空间。

我们必须紧紧抓住大有可为的战略机

遇期，坚定信心，顺势而为，牢牢把握地税事业发展规律，将两年来在实践中积累的有益经验一以贯之地坚持下去，解放思想，实事求是，与时俱进，创造性地开展工作。坚持以邓小平理论和“三个代表”重要思想为指导，深入贯彻落实科学发展观，围绕科学发展主题，服务加快转变经济发展方式主线，为国聚财，为民收税，增强五种意识，坚持抓源头、抓根本、抓基础，坚持依法行政，以依法治税、组织收入为中心，深化税制改革，加强税源管理，优化纳税服务，规范税收执法，推进队伍建设，狠抓反腐倡廉，强化行政保障，不断提升地税工作科学化、规范化、专业化、精细化水平，加快建设五型机关，全面实现综合治理、重在治本的目标，努力做到三个满意，为首都实施“人文北京、科技北京、绿色北京”战略和建设中国特色世界城市作出新的更大的贡献。

要在“十二五”时期珍惜机遇、抓住机遇、用好机遇、有所作为，必须始终保持清醒的头脑，充分认识北京地税事业科学发展面临的新挑战、新考验和潜在风险。

随着税制改革的深入和对特定行业宏观调控的持续进行，地方税收收入保持平稳较快增长的压力加大。随着国家税务总局金税三期工程建设的加快推进，全市地税系统现行的信息化模式与之平稳衔接的任务更为繁重。随着税源户迅猛增长，市场主体行为和税源结构日趋复杂，传统的税源管理方式存在明显不足。随着纳税人服务需求日益拓展，维权意识不断增强，纳税人对优化服务、规范执法提出了更高要求。

应对新挑战，全系统在依法行政、党的建设、领导班子建设、干部队伍建设上，还面临着重大考验，还不适应主题主线要求和地税事业科学发展的客观需要。这些考验主要表现在：如何在征管评查、减免缓退、纳税服务、票证管理各工作领域全面推进依法行政，依法履行地税职能作用；如何加强党的思想、组织、作风、制度和反腐倡廉建设，提高党的执政能力，保持和发展党的先进性，发挥党的领导核心作用；如何加强领导班子建设，提高领导科学发展、科学管理和做好新形势下群众工作，特别是群众思想政治工作的能力，做到收好税、带好队、执好法、服好务；如何加强领导机关建设，增强统筹协调能力，提高工作效能，发挥领导机关的指导和示范作用；如何加强干部队伍建设，全面提高干部队伍依法行政的意识和能力，适应新时期地税事业科学发展和干部自身发展需要。

同时，我们更要看到地税事业发展中仍然存在着潜在风险。王纪平在信息化建设等领域的严重违纪违法行为给我们埋下的巨大隐患不可低估，矛盾不可回避，危害难以预测，对此我们要做好充分准备，未雨绸缪，积极想办法采取有效措施，化解潜在风险。

基于上述形势任务，结合地税工作实际，市局党组通过几上几下，反复研究，广泛听取各方面意见，组织起草了《北京市“十二五”时期地方税收规划纲要（征求意见稿）》，这次会议印发给大家讨论，进一步征求全系统广大干部职工意见，为我们进一步编制好真正符合实际的规划奠定基础。全系统要继续深入研究，认真编制并积极实施好规划纲要。

三、全面做好2011年各项工作

2011年是“十二五”开局之年，为确保开好局、起好步，市局党组在深入学习党的十七届五中全会精神的基础上，坚持从实际出发，集中两个月的时间，在全系统开展分层次分阶段的工作务虚，充分集中民智、反映民意，确定了2011年全市地税工作的指导思想：在北京市委、市政府和国家税务总局的领导下，以党的十七大、十七届四中、五中全会精神为指引，深入贯彻落实科学发展观，围绕科学发展主题，服务加快转变经济发展方式主线，为国聚财、为民收税，增强五种意识，坚持综合治理、重在治本，以依法治税、组织收入为中心，解放思想，加快转变，夯实基础，依法行政，大力加强党的建设、领导班子建设和干部队伍建设，加快建设五型机关，圆满完成全年各项工作任务，努力做到三个满意，为首都经济社会又好又快发展作出新贡献。

围绕主题，服务主线，推进新时期北京地税事业科学发展，做好2011年各项工作，首要的是解放思想，核心是加快转变，前提是夯实基础，关键是依法行政。只有解放思想，才能实事求是地总结过去，积累经验，吸取教训，正确处理发展与继承的关系，正确处理好发展与稳定的关系，才能与时俱进地面向未来，谋划发展，破解难题，坚定科学发展的方向；只有加快转变，才能抓住和用好战略机遇期，解决发展中的主要矛盾，跟上时代发展的步伐，适应科学发展的需要；只有夯实基础，才能改进工作中的薄弱环节，逐步实现从量的积累到质的转变，打牢科学发展的根基；只有依法行政，才能防范和化解工作中的风险，才能不犯错误、少犯错误，依法履行地税职能，开创科学发展的新局面。

我们要在新的起点上推进科学发展，必须牢牢把握加快转变这个核心要求。加快转变与科学发展是内在统一、相互促进的，加快转变是科学发展的必由之路，科学发展是加快转变的重要目的。加快转变要在“加快”上下功夫、抓落实、求实效，牢牢把握住发展主动权，做到统筹兼顾，突出重点。围绕主题、服务主线，全系统要在以下五个方面破解难题，加快转变：

一是要加快思想认识上的转变。树立正确的世界观、权力观、事业观，加强党性修养，坚定理想信念。坚持解放思想，实事求是，与时俱进，在发展中促转变，在转变中谋发展，改变不符合科学发展观要求的思维方式，深刻认识地税工作发展内在规律，努力把握地税工作发展趋势，坚持从实际出发，以人为本，密切联系群众，更加注重全面协调可持续，更加注重统筹兼顾。将思想统一到深入贯彻落实科学发展观上来，统一到2008年底以来市局党组按照科学发展观要求提出的符合地税实际的工作指导思想和一系列工作原则、目标、任务、措施、要求上来，切实破除王纪平等人造成的严重思想障碍，全面纠正错误的惯性思维和不良习惯，明确是非标准，增强五种意识，筑牢思想基础，团结一致向前看。

二是要加快依法行政上的转变。深入推进依法行政，建设法治型机关，将依法行政作为基本准则贯穿税收工作的始终，着力增强税务干部依法行政的意识和能力，着力构建有利于地税事业科学发展的法治环境，着力提高征纳双方税法遵从度和纳税人满意度，严格按照法定权限与程序执行各项税收法律法规和政策，正确行使法律赋予的权力。要切实转变有法不依、执法不严、违法不究、不作为、乱作为的现象，实现有法必依、执法必严、违法必究，维护国家利益，维护纳税人利益，维护全体税务干部合法权益。

三是要加快党的建设、领导班子建设、干部队伍建设上的转变。坚持党要管党，从严治党，深入贯彻党的路线方针政策，增强党的领导核心力量，提高科学决策和执政能力、提高驾驭复杂局面和拒腐防变能力，把广大党员的思想行动统一到党的要求上来，彻底扭转全系统党的建设薄弱和各种软、懒、散、乱、庸现象。要坚持党管干部和民主集中制原则，增强领导班子的创造力、凝聚力、战斗力，坚持民主、公开、竞争、择优，形成充满活力的选人用人机制，不断优化领导班子结构。要坚持以人为本、从严管理，做到激励干部干事创业与崇尚实干用人导向并重，要求干部从严律己与加强干部日常管理监督并重，加强干部思想教育与完善干部制度约束并重，倡导干部积极奉献与关心激励干部并重，给干部交任务压担子与注意干部心理关怀并重。各级领导干部要努力做到“爱岗敬业、忠于职守、依法行政、以德服人”，各级领导班子和全体干部要努力做到“爱岗敬业、忠于职守、廉洁奉公、顾全大局”，充分调动全系统广大干部干事创业的积极性、主动性、创造性。

四是要加快基础工作上的转变。坚持抓源头、抓根本、抓基础，抓住当前全系统各项工作中薄弱环节，着力解决基础工作不牢固、制度机制不健全、制度落实不到位的突出问题，健全和完善税收工作各个领域的基础工作、制度机制，基本形成职责清晰、流程科学、监督有效的管人、管事、管权的制度体系，使制度行得通、管得住、用得好。要夯实基础，狠抓基层。在进一步优化业务流程精简涉税资料基础上，全面启动优化政务流程完善管理制度工作，确保税收执法权、行政管理权步入良性循环。

五是要加快作风上的转变。大力弘扬党的密切联系群众、求真务实、艰苦奋斗、批评和自我批评的作风，以优良党风促政风带作风。坚持解放思想，实事求是，与时俱进，坚决反对弄虚作假、僵化停滞；倡导脚踏实地、真抓实干的工作作风，根本扭转好大喜功、形式主义的不良风气；倡导爱岗敬业、忠于职守的工作作风，彻底解决推诿扯皮、浮躁散漫的不良风气。领导干部要在加快转变作风上作表率，深入开展调查研究，发现问题，总结规律，改进工作，科学决策，要坚持原则、敢抓敢管，敢于碰硬，勇于揭露矛盾和缺点、纠正错误，坚决反对和克服老好人主义，努力营造风清气正的良好氛围。

2011年全市地税工作的主要任务是：

（一）坚持依法行政基本准则，有效发挥地税职能作用

贯彻依法治国基本方略，推进依法行政，建设法治政府，是党治国理政从理念到方式的革命性变化。全系统要牢固树立社会主义法治观念，深入贯彻国务院依法行政工作会议和全国税务系统依法行政工作会议精神，认真落实《全面推进依法行政实施纲要》和《国务院关于加强法治政府建设的意见》，把依法行政基本准则贯穿于全市地税工作各领域、各环节、全过程，确保各项法律法规、税收政策、制度机制得到全面有效地贯彻落实。

1. 全面推进依法行政。依法行政是围绕主题，服务主线，有效发挥税收职能作用的关键，必须依法、合规开展征管评查、减免缓退、纳税服务、票证管理等各项工作，提高依法行政水平。加强制度建设。继续落实《税收规范性文件管理工作规程》，强化规范性文件日常管理，提高规范性文件质量，增强制度设计的针对性、可操作性和协调性。坚持依法、科学、民主决策。落实“三重一大”制度，进一步明确重大决策范围，完善决策工作规则，探索建立重大税收执法权制约机制，强化决策责任。规范税收执法行为。增强全体干部依法行政的意识和能力，严格按照法定权限和程序行使权力、履行职责。规范税务行政自由裁量权。改进执法方式，综合运用间接管理、动态管理和事后监督管理等手段提高税法遵从度。强化税收执法监督。建立健全税收执法督察管理制度。落实税收执法责任制，强化执法责任考核和过错责任追究。

2. 全力完成税收收入任务。依法筹集财政收入是税务机关的重要职能，必须坚持依法征税，应收尽收，坚决不收过头税，坚决制止和防止越权减免税，坚决落实各项税收优惠政策的组织收入原则，全力以赴，齐抓共管，确保收入平稳较快增长。明确收入任务。综合考虑首都经济发展形势、税源增长潜力和税制改革、政策调整对地方税收的影响，2011年全市地方一般预算收入计划完成1795亿元，同比增收155.9亿元，增长9.5%。国家税务总局口径收入计划完成2072亿元，同比增收189.1

亿元，增长10%。完善组织收入工作机制。建立收入规划动态调整机制，完善收入规划统筹协调、征管质量评价督导、业务部门横向联动和市局、区县（分）局、税务所纵向互动的组织收入工作机制。坚持在实践中形成的“一把手”负总责的三级收入任务目标责任制。加强税收分析预测。优化预测模型，改进分析方法，实现税收分析重心向深层次综合分析转变，提高科学性、系统性和准确性。加强重点税源监控，开展减免税统计调查工作。

3. 着力夯实基础工作。基础工作是一切工作的前提，决定税收工作的质量和效率。当前全系统基础工作比较薄弱，与依法、全面、正确、高效履行地税职能的要求相比，还有很大差距。广大干部特别是各级领导干部，务必认真补上这一课，包括我在内的各级领导干部对分管工作必须努力做到：职责清。准确把握地税部门工作职能和作用，明晰自己的岗位责任，严格落实责任制，立足本职，服务大局。情况明。对分管工作涉及的纳税人生产经营、本地区经济社会发展、税收业务开展等基本情况，以及历史过程、面临的新情况、矛盾和问题成因，做到心中有数。数据准。建立以准确可靠数据为基础的工作台账，全面收集税收征收、管理、检查，经济社会发展，内部行政管理等基础数据，充分利用信息化技术，加强数据分析、运用，强化信息资源共享，提高科学化、规范化、专业化、精细化管理水平。要求严。要严于律己，带头严守政治纪律，遵守法律法规和制度规范，加强自我约束、自我管理，要自我尊重，自觉接受监督。要严格管理，强化责任，注重细节，严格把关。

4. 加强和改进基层工作。基层是税收事业的根基，必须下大力气狠抓基层工作，切实提高基层履职能力。加强基层税务所建设。修订《基层税务所管理规范》，探索科学设置基层税务所，推进基层税务所科学化、规范化建设。提高基层考核质量。创新目标管理考核，强化监督考核，发挥考核激励作用。进一步减轻基层负担。做好优化业务流程精简涉税资料后续工作，建立工作规则和跟踪机制，开展业务流程专项执法检查。

5. 有效发挥税收职能作用。依法履行税收调控经济、调节分配的职能作用，是地税机关围绕主题、服务主线，全面推进依法行政的具体体现。参与税制改革。做好配合市政府行使地方税政管理权的设计、参谋、准备工作。深入开展调减营业税、个人所得税等税制改革工作的调查研究。深化房地产税改革试点研究工作。配合做好耕地占用税立法相关工作，落实车船税新法实施各项工作。发挥调节作用。落实结构性减税政策，进一步构建帮扶企业长效机制。全面落实中关村先行先试税收优惠政策，制定中关村国家自主创新示范区创新创业税收政策相关征管办法和实施细则，落实高新技术、文化创意、节能环保和涉及“三农”、保障性住房、支持和促进就业等税收优惠政策。严格落实房地产税收调控措施。加强高收入者个人所得税征收管理，充分发挥调节收入分配作用。加强税政管理。完善落实税政综合管理制度，规范税收减免缓退审批管理，强化政策执行情况效应分析。继续完善年所得12万元以上个人自行纳税申报工作后续管理措施，推广个人完税证明全城通开。推进营业税明细申报管理，落实项目地与核算地双向管理。深化房地产税收一体化管理。加强残保金和工会经费代征管理工作，筹备好社保金代征工作。

6. 着力优化纳税服务。纳税服务是转变行政管理方式和建设服务型政府的内在要求，是税务机关核心业务之一。必须以法律法规为依据，为纳税人依法履行纳税义务提供便利，保障纳税人合法权益。完善纳税服务制度机制。健全第三方评价机制，落实纳税人参与权。完善投诉管理制度，保障纳税人救济权。完善涉税保密信息管理制度，维护纳税人保密权。统一办税公开标准，完善同步公开项目，强化纳税人监督权。落实国家税务总局信用等级管理办法，促进纳税遵从。优化办税服务。实施标准化服务细分策略，推行个性化办税服务，加快推进纳税人自助办税服务。推行以网上办税为主的多元化办税方式，逐步扩大区域通办业务范围，增加国地税联办事项，提高综合服务水平，实现资源共享。加快平台建设。拓宽办税服务厅受理范围，逐步统一办税服务厅工作规范。研究开通网上在线服务，完善网上办税功能。组建国家税务总局12366北京中心，加强咨询远程坐席和专线建设。扩大12366业务知识库应用范围，强化咨询信息共享。加强税法宣传辅导。做好“六五”普法，开展第20个税收宣传月活动，做好政策发布同步解读，免费发放地税公告，增强宣传实效性。整合纳税辅导资源，探索建立网上纳税辅导模式。

7. 强化征收管理。税收征管是体现税务机关依法行政的核心业务之一。推进风险管理和信息管税，将风险管理理念贯穿征管工作全过程，初步建立风险预警指标体系、评估模型和风险特征库，优化管理资源配置，对税收风险进行有效监督和控制。大力推进信息管税，强化数据采集、分析和利用，努力实现征管业务与信息技术高度融合。加强税源分类分级管理。在属地管理前提下，对税源进行科学分类，推进大企业精细化管理，逐步完善中小企业税收管理方式，规范个体工商户定期定额管理，探索协税护税体系建设。加强国际税收管理。强化非居民税收管理。逐步开展反避税工作，适时启动企业关联申报。加大国际税收业务指导和培训力度。夯实征管基础工作。修订欠税管理办法。建立征管状况监控分析制度。推广税收管理员平台，扩大双项分类工作试点范围。简并票种、分步实施发票换版，依法加强税控管理，特别是要加强税控机管理。完善税务电子档案归档管理。

8. 深入开展纳税评估。纳税评估是审查纳税申报真实性、合法性的重要手段和提高征管质效的重要环节。加强评估制度建设和基础工作。明确纳税评估工作底稿制作要求，规范纳税评估证明资料的取得标准和评估集体辅导行为。优化评估方法。丰富纳税评估指标体系，制作重点行业纳税评估范本，为基层操作提供指南。

9. 强化稽查检查。税务稽查是促进税收公平正义，提高纳税人税法遵从度的重要手段，必须严格按照税收征管法和国家税务总局税务稽查工作规程等法律法规要求，依法查处税收违法行为，维护税收秩序，促进依法纳税，保障税收收入。夯实稽查基础工作。依法全面清理、补充、建立健全各项制度，完善各项工作机制，加强组织协调和督促指导，切实担负起法律法规赋予的责任。发挥稽查威慑作用。深入开展税收专项检查和专项整治，严厉打击发票违法犯罪行为。

（二）全面加强党的建设、领导班子建设和干部队伍建设，充分发挥党组织战斗堡垒作用和共产党员先锋模范作用

党的建设、领导班子建设和干部队伍建设，是实现地税事业科学发展的根本保障。实践证明，全面加强和改进全系统党的建设，就能实现优良党风促政风带作风；建设好各级领导班子，就能带出一支政治过硬、业务熟练、作风优良的干部队伍，有了这支队伍，就能围绕主题主线创一流的业绩。要着力加强党的执政能力建设和先进性建设，着力增强领导班子和领导干部的素质和能力，着力发挥党员干部推动地税事业科学发展的先锋模范作用。

1. 加强党的建设。党的建设事关地税事业发展的前途命运。要认真落实《中共中央关于加强和改进新形势下党的建设若干重大问题的决定》，以创先争优活动、学习型党组织建设、五型机关建设和“做国家利益忠诚卫士”反腐倡廉专题教育活动为载体，全面加强思想、组织、作风、制度、反腐倡廉建设，确保党组织在推动地税事业科学发展的进程中始终成为全系统的坚强领导核心。加强思想建设。构建思想政治一体化工作格局，提高思想政治工作的实效性。加强学习型党组织建设，以纪念建党90周年为契机，大力加强党的基本理论、基本路线、基本知识学习和社会主义核心价值体系教育，坚定全体党员共产主义理想信念和宗旨意识，加强党性修养，增强政治敏锐性和政治鉴别力。加强组织建设。优化基层组织设置，扩大组织覆盖。推进基层党组织工作创新，坚持和完善“三会一课”制度。深入开展创先争优活动，促进各级党组织围绕中心工作创先进，党员立足本职岗位争优秀。把党组织创先进与本单位创先进、党员争优秀与带动群众争优秀结合起来，以党组织和党员创先争优影响群众、感染群众、带动群众，使创先争优成为全系统的价值取向，充分发挥党组织推动发

展、服务群众、凝聚人心、促进和谐的作用。加强对党员的管理和培训，增强党员队伍的生机活力。加强作风建设。大力弘扬党的光荣传统和优良作风，以坚强党性保证党的作风建设，坚持党的群众路线，始终保持党同人民群众的血肉联系，加强精神文明创建，重视老干部工作，充分发挥工会、共青团等组织凝聚队伍的作用。加强制度建设。制定加强和改进新形势下地税系统党建工作的实施意见等重要制度，统筹规范全系统党建工作。要形成党组统一领导、部门齐抓共管、一级抓一级、层层抓落实的党建工作格局，切实发挥基层党组织的战斗堡垒作用和共产党员的先锋模范作用。

2. 加强领导班子建设。各级领导班子是党的路线方针政策的宣传者、贯彻者、执行者。要认真贯彻民主集中制，落实依法行政的要求，提高依法行政能力，切实担负起推进依法行政的责任。加强领导班子思想政治建设。以高举旗帜、坚定信念、践行宗旨为根本，增强班子成员顾全大局、团结协作的自觉性，提高运用科学发展观干事创业水平。加强领导班子和领导干部领导能力培养。全体党员、领导干部特别是各单位、各部门正职，都要讲党性、重品行、作表率，吃苦在前、享受在后，敢于负责任，敢于碰硬，敢于碰难题，敢于创新，不断提高自身的党性修养，提升领导科学发展、科学管理和做好新形势下群众工作的能力；增强法治观念和法律意识，提高运用法治思维和法律手段解决复杂问题的能力。进一步优化领导班子结构。按照干部“四化”方针和“德才兼备、以德为先”用人标准加强干部选拔任用工作。坚持正确的用人导向，重学历不唯学历，不搞一刀切，对后备与非后备干部同等条件考虑，在基层班子年龄上不搞层层递减，尊重能力、尊重实践、尊重群众，逐步实现老中青梯次配备、班子成员专业知识配套和领导经验互补，发挥各年龄段干部的才智和作用。区县（分）局要按照干部“四化”方针和“德才兼备、以德为先”用人标准，大力加强科所级班子建设，提高科级班子的领导能力、驾驭能力和工作水平。

3. 加强干部队伍建设。干部队伍是推动地税事业科学发展的主体力量。要坚持以人为本，遵循干部成长规律，关心干部合理需求，注重干部全面发展，激发干部队伍活力，增强干部的职业自豪感、集体荣誉感和推动地税事业科学发展的使命感。从严管理干部。严格落实《公务员法》，强化对干部队伍的管理，教育干部珍惜岗位，引导干部遵守职业道德，督促干部依法履职，建立健全职责明确、分级负责、上下联动的干部经常性管理机制，加大轮岗交流、监督检查的力度。切实做好公务员录用工作，严把干部入口关，优化干部队伍结构。加强后备干部队伍建设，保持合理数量和结构。加强干部教育培训。制定《2011—2015年干部教育培训工作规划》和《教育培训工作管理办法实施细则》。市局、区县（分）局分层次推进干部教育培训工作，完善分级分类干部教育培训模式，开展更新知识培训、专门业务培训、初任培训和组织调训，加强对高端人才的培养，认真落实全国人才工作会议上胡锦涛总书记、温家宝总理的重要讲话精神，对全体干部进行依法行政能力培训，普及法律和税收业务知识，真正做到应知应会。

4. 加强反腐倡廉建设。地税系统党风廉政建设事关国家利益、党的威信、依法行政、队伍建设和干部个人成长。必须全面落实十七届中央纪委六次全会精神，把以人为本、执政为民的理念落实到反腐倡廉建设中，以党风廉政建设和反腐败斗争的实效取信于民。深刻认识地税系统反腐倡廉建设的长期性、艰巨性，坚持标本兼治、综合治理、惩防并举、注重预防，促进依法行政、廉洁从税。全面落实党风廉政建设责任制。落实一岗双责，坚持两级党组对党风廉政工作的全面领导。将反腐倡廉的要求融入各项工作中，与税收工作同部署、同落实、同检查、同考核。加强廉政教育。深入开展“做国家利益的忠诚卫士”反腐倡廉专题教育活动整改落实和总结验收阶段各项工作，加大检查力度，确保专题教育活动取得成效，并不断巩固活动成果。健全监督机制。严格执行党内监督条例，认真落实《廉政准则》《全国税务系统领导班子和领导干部监督管理办法》和《税务系统领导干部廉洁从政“八不准”》。加强领导干部经济责任审计，继续做好离任审计，积极推进任中审计，促进领导干部更好地行使权力，履行经济责任。加强内控机制建设，深入推进廉政风险防范管理工作向上、向下延伸。加强政风行风建设。认真解决损害纳税人利益的突出问题和反腐倡廉建设中干部群众反映强烈的突出问题。严肃查处违纪违法案件。落实“一案双查”和“一案三报告”制度，坚决惩处利用税收执法权和行政管理权牟取非法利益的行为。

（三）依法规范政务流程，提高行政管理保障效能

规范内部行政管理，切实转变作风，严肃工作纪律，提高工作效率，将所有行政行为纳入法治化的轨道。

1. 全面优化行政管理。行政管理是确保税收工作平稳顺畅运行的基础和保证。建立健全制度机制。梳理政务流程，将依法行政的要求落到实处。分阶段、分步骤稳步推进优化政务流程完善管理制度工作，优化办文、办会、办事工作流程，完善管人、管财、管物制度，建立健全规范、配套、高效、易行的行政办公制度体系。推进各项行政事务高效运行。加强督查工作，狠抓工作落实，提高执行力，保证各项决策部署及时、有效落实。做好绩效管理工作，促进履职效率和工作水平提升。切实加强公文规范运行，精简会议。

做好政府信息公开和保密工作。启动第二轮修志工作。完成博物馆撤展后续工作，扎实推进教育基地建设。加强北京国际税收研究会和地方税务学会税收科研工作。提高后勤保障水平。把依法行政要求贯穿到后勤市场化服务的方方面面，强化后勤管理，做好后勤市场化后的监管工作，建设节约型机关。将安全维稳作为重中之重，抓紧抓好、抓实抓细。

2. 加强信息化建设。要按照国家税务总局金税三期工程建设和“信息管税”要求，着力破解信息化建设深层次难题。全面清理王纪平严重违纪违法行为给信息化建设造成的恶果。排查风险，根除隐患，掌握工作主动权，确保信息系统安全。依法推进信息化工作。将法治化要求贯穿到规划、立项、招标、开发、验收、运行、维护和管理等各个环节，依法合规推进各项信息化工作。做好与国家税务总局金税三期工程建设衔接工作。做好衔接前基础、技术、数据、业务、运维、培训、组织和宣传准备，制订新旧系统过渡业务技术解决方案，积极稳妥推进信息集中处理。提高安全运行和服务水平。健全完善预案，落实责任，加强管理，确保信息系统稳定运行和网络安全。提高数据采集、应用和服务水平，为各项工作提供技术支持。

3. 依法规范财务管理。要严格执行预算法、政府采购法等法律法规，严格执行财务制度，严肃财经纪律，规范财务行为，提高资金使用效能。做好经费保障，注重向基层倾斜。加强对重大项目资金的使用监督和追踪问效。

同志们，2011年任务艰巨、责任重大，让我们在市委、市政府和国家税务总局领导下，全面贯彻落实科学发展观，解放思想，加快转变，夯实基础，依法行政，以最好的精神状态、最高的工作标准，努力创造出新的业绩，为促进首都经济社会又好又快发展作出新的更大的贡献，以更加优异的成绩迎接建党90周年！

坚定不移地抓落实

——在北京市地税系统领导干部会议上的讲话摘要

北京市地方税务局局长　王晓明

（2011年8月17日）

同志们：

这次会议的主要任务是：深入学习贯彻北京市2011年上半年经济形势分析会、全国税务系统干部队伍和党风廉政建设工作会议精神，总结前7个月工作，部署后5个月任务，进一步统一思想，鼓足干劲，再接再厉，狠抓落实，确保全面完成“十二五”开局之年各项工作任务。下面，我代表市局党组讲四点意见。

一、深入领会市委市政府、国家税务总局两个重要会议精神

（一）充分认识两个会议的重要性

年初有计划有部署，年中有落实有检查，年底有总结有考评，这是我们党和政府长期以来在实践中形成的抓工作的基本方法。7月25日—26日，北京市召开上半年经济形势分析会，刘淇书记作了重要讲话，郭金龙市长作了重要报告。会议全面总结了北京市上半年贯彻党中央、国务院提出的“十二五”时期要以科学发展为主题，以加快转变经济发展方式为主线，确保经济社会平稳健康发展的总体部署所取得的成绩，分析了经济社会发展主要指标完成情况，查找了面临的困难和问题，明确了下半年工作的方向、措施、要求。

2009年以来，国家税务总局每年的半年工作会都突出一个主题，2009年的主题是做好纳税服务工作，2010年的主题是做好“十二五”时期税收发展规划纲要编制工作，今年的主题是加强干部队伍和党风廉政建设。政治路线确定之后，干部就是决定的因素，“十二五”规划制定得再好，关键还是在落实，所以，7月19日—21日在上海召开的全国税务系统半年工作会议上，国家税务总局党组强调，要完成“十二五”时期的各项工作任务，就必须全面加强干部队伍建设，努力造就一支政治坚定、业务精湛、作风优良、勤政廉洁、团结和谐的高素质专业化税务干部队伍，就必须大力加强党风廉政建设，为税收事业科学发展提供坚强保证。

这两个会议非常重要，对于我们做好当前和今后一个时期的工作具有重大指导意义。市局党组已经两次召开专题会议传达贯彻学习，并决定在这次大会上进一步传达贯彻，目的就是要把大家的思想认识统一到这两个会议的精神上来，统一到科学发展观上来，统一到“十二五”时期的主题主线上来。

（二）准确把握两个会议的精神实质

一要正确理解北京市上半年经济指标完成情况。今年上半年，北京市地区生产总值增长8%，纵向看，这是“十五”“十一五”“十二五”时期最低点，即便是受国际金融危机严重影响的2009年，经济增幅都高于8%；横向看，在各省、自治区、直辖市经济增幅排名中位于倒数第一。这一数据公布之后，引起了舆论的广泛关注，但是中科院的一份报告表明，北京市地区生产总值的增幅虽然全国最低，但综合质量效益全国最高。按刘淇书记的讲话和郭金龙市长的报告所讲，北京市上半年经济发展实现了速度与结构、质量、效益相统一，成绩来之不易，这是北京市按照党中央、国务院的部署，主动调整经济结构的结果。经济决定税收，经济发展的速度、结构、质量、效益直接决定着税收收入的增长速度。1—7月，地方财政收入完成1939.3亿，完成全年任务的75%，不仅实现了“时间过半任务过半”，而且时间没过2/3，任务进度超过2/3，充分体现了上半年全市经济发展的质量效益。

二要正确理解北京市上半年落实科学发展观要求采取的调控措施。今年上半年，北京市主动调整经济结构体现在按照科学发展观的要求，有取有舍，有保有压，有所为有所不为，一是主动调控房市，实行了全国范围内最严格的房地产调控政策，商品住宅销售面积下降19.8%，下拉经济增速0.7个百分点；二是主动调控车市，机动车销售量下降54.3%，下拉经济增速约1个百分点；三是对首钢实施全面停产，规模以上黑色金属冶炼及压延加工业增加值同比下降75.5%，下拉经济增速0.4个百分点。这些措施大体下拉首都经济增长2.1个百分点。上半年的亮点在鼓励措施上，一是加大保障性住房建设力度，二是鼓励金融业等现代服务业发展，三是加快信息传导、生物医药等新兴产业发展，这些产业的增长替代了产业结构调整中主动下降的部分。此外，节能减排降耗取得新成效，一季度万元地区生产总值能耗下降8.4%，1—5月规模以上工业能耗下降19.6%。正因为我市主动采取了一系列有利于经济发展方式转变和经济结构调整的政策措施，经济社会发展的综合质量效益得到了提高。

三要正确理解北京市的产业结构和财政结构。从产业结构上看，“十二五”时期，北京市经济结构调整总体上朝着“优化一产、做强二产、做大三产”方向发展，向高端引领、创新驱动方向发展，从这个意义上讲，中关村国家自主创新示范区得到了极大的释放，上半年增幅达到了30%，亦庄、通州、大兴等区域发展较快，新医药产业、电子信息等产业发展较好。发达国家大城市服务业增加值占地区生产总值的比重一般在70%—80%，北京市作为现代化、国际化大都市，上半年服务业增加值比重已经达到76.9%。从财政收入看，1—7月，全市地方财政收入在全国排第六，地方税收收入在全国排第五，保持了26.6%的增长，增幅居中靠下。从全市各区域地方一般预算收入增长情况来看，核心功能区增长26%，城市功能拓展区增长25.2%，城市发展新区增长30.2%，生态涵养区增长35%。

要贯彻市委精神，就要把思想认识统一到对这些具体数据的正确理解上来。做经济工作，不能只看表面数字，要看到数字背后是政治、经济、社会的发展，要真正领会、理解、消化，学以致用地指导工作。我们要坚定信心，主动而为，坚定不移地发挥好税务部门筹集收入、调控经济、调节分配的职能作用，坚定不移地贯彻好市委、市政府的各项决策和交给我们的各项工作任务，特别是各区县局、分局要主动担当，充分发挥支持区域经济发展的作用，坚决完成市局党组确定的各项目标。

国家税务总局半年工作会讲得非常清楚，干部队伍和党风廉政建设是确保全国税务系统百万大军依法行政，收好税、带好队、执好法、服好务，完成“十二五”各项工作任务的根本保证。具体到北京地税，就是要加强和改进党的建设，加强领导班子建设，加强干部队伍建设。只要有一个好的领导班子，就能带出一支好的干部队伍。唯有这样，才能做出一流的工作业绩。

二、前7个月工作简要回顾

今年以来，在北京市委、市政府和国家税务总局的坚强领导下，我们全面贯彻落实科学发展观，解放思想，加快转变，夯实基础，依法行政，主要开展了以下工作。

一是牢牢把握科学发展主题和加快转变经济发展方式主线，有效发挥税收筹集收入、调控经济、调节分配的职能作用。上半年，市委、市政府全面贯彻中央精神，聚焦转变经济发展方式，主动调控车市、房市，积极推进创新驱动，首都经济向节能降耗、优质高效的方向迈出坚实步伐，成绩来之不易。在北京市加大力度调结构、地区生产总值增速放缓的情况下，全系统坚持依法征税，应收尽收，完善组织收入工作机制，全市地方税收收入保持较快增长，成绩同样来之不易。

服务首都科学发展和加快转变经济发展方式，充分发挥税收职能作用。积极参与税制改革和税收政策调整，重点围绕个人所得税改革、房地产调控、中关村国家自主创新示范区建设建言献策。认真落实北京市“两个调控”政策，落实“京十五条”涉税条款，实行差别化土地增值税预征率，加强土地增值税清算，审核小客车和商品房指标申请人资格共约6万份，为首都加强和创新社会管理、保障和改善民生作出了应有的贡献。配合落实中关村示范区税收优惠政策和各项配套措施，为中关村“1+6”先行先试政策取得突破性进展提供了税收支撑。积极落实就业税收优惠政策，全力支持首钢停产分流人员安置工作和大学生就业。贯彻北京市促进中小企业发展实施意见。帮助纳税人用准、用足、用好 “三农”、事业单位改制、非营利组织、残疾人等相关领域税收优惠政策。加强残保金代征工作。做好工会经费代收试点工作，推动新型经济组织工会建设，促进社会和谐。

进一步优化纳税服务，满足纳税人需要。通过网站、电视、报刊等渠道广泛开展形式多样的税法宣传活动。积极发挥北京地税网站、12366热线的服务功能，推进全功能、标准化办税服务厅建设，扩大受理范围，开展事前咨询和事后救济。有效应对申报高峰时段网络拥堵问题，及时更新硬件设施，增强核心征管系统运行服务能力，为纳税人履行纳税义务提供了技术支撑。

二是全面贯彻依法行政，着力夯实基础工作。加强法制工作。广泛开展税收及相关法律法规知识培训，提高了广大干部依法行政的意识和能力。初步完成对市局1769份税收规范性文件清理工作，进一步规范抽象行政行为，保障了政策的科学性、合理性和规范性。协同开展税收执法督查和税收资金安全检查，规范税收执法行为，加强税收票证管理。做好行政复议和应诉工作，妥善化解争议。

强化制度建设。市局修订涉及征管评查、行政管理等各领域重要制度24个，已下发12个；新制定重要制度35个，已下发12个。完善市局对区县局、分局管理考核办法。建立市局机关绩效管理考核制度，形成包含十一项内容的“三效一创”考核体系。建立市局专题会议制度和折子工程、重点工作、党的建设、基层建设等工作通报制度，规范归档、台账等日常管理制度。各区县局、分局大力加强内部制度建设，增强制度的执行力和约束力，确保政令畅通。

完善创新工作机制。落实“两个减负”，成立市局服务基层、服务纳税人工作领导小组，继续推进优化业务流程工作，新增和修改完善业务流程41个，统一部署涉及基层的工作事项，切实减轻基层负担。在全面清理过去一个时期信息化建设、基本建设与修缮等方面合同基础上，以财务制度梳理为重点，全面启动优化政务流程完善管理制度工作。

夯实征管基础工作。加强风险管理，初步建立征管状况监控分析指标库。落实信息管税，积极做好税收管理员工作平台2.1版的推广应用。积极做好双项分类管理试点工作。规范税源户跨区、县迁移管理，保障纳税人合法权益。研究制作行业纳税评估范本，深入开展城市维护建设税、教育费附加比对评估。强化税务稽查，加大重大税收违法案件检查力度，严厉打击发票违法犯罪活动。

三是牢固树立以人为本、执政为民理念，加强党的建设、领导班子建设和干部队伍建设。大力推进学习型党组织建设，以党组中心组理论学习为龙头，深入学习中国特色社会主义理论体系和社会主义核心价值体系，学习贯彻胡锦涛总书记“七一”重要讲话精神，大力加强党的基本理论、基本路线、党史知识的学习教育。以纪念建党90周年系列活动为契机，组织开展先进基层党组织和优秀共产党员评选、“党在我心中”巡回演讲、主题党日活动，积极参加市直机关工委大型歌会，举办全系统文艺汇演等活动，唱响时代主旋律。深入开展创先争优活动，积极贯彻落实市委“三大工程”建设要求，普遍开展共产党员承诺、示诺、践诺活动，积极开展“三进两促”和困难党员干部职工的帮扶工作，组织“共产党员献爱心”活动。加大党组指导党建工作力度，构建党建工作新机制，成立地税系统党建工作指导小组，落实党建工作责任制，初步形成了一级抓一级，一级带一级的工作格局。大力加强机关党的基层组织建设，扩大基层组织覆盖面，截至7月底，全系统共有基层党组织505个。加强党对工青妇工作的指导，完成了市局机关工会和团委换届。

加强党风廉政建设。继续做好“做国家利益的忠诚卫士”专题教育活动，查找问题600余条，深入推进惩防体系建设、内控机制建设和党风廉政责任制建设，全面客观、实事求是地评价专题教育活动的成果，较好地完成了整改落实和总结验收阶段工作，实现了人人都参与，人人受教育，人人有转变。积极配合有关部门严肃查处违纪违法案件。协助市纪委开展关于提高廉政风险防范有效性问题的调研，从源头上深入分析，加强管理。进一步开展清理小金库工作，认真开展公务用车问题专项治理，严格清理规范庆典、研讨会、论坛等活动。

大力加强领导班子建设。市局党组广泛深入调研，汲取意见建议，指导基层工作。各区县局、分局按照市局党组部署，结合本单位实际，创造性地开展工作。各级领导班子的凝聚力、战斗力进一步增强。坚持正确的选人用人导向，推进干部选拔任用调整工作，全系统调整处级干部40人次，区县局、分局提任科级干部116名。积极参与、认真配合市、区（县）

两级公开选拔领导干部工作。按要求完成局、处级干部个人有关事项首次报告工作。

全面推进干部队伍建设。贯彻上级关于基层公务员队伍建设的工作部署，用准用足用好有关政策，最大限度地调动基层干部的工作积极性。遵循公开、公正、竞争、择优的原则，做好公务员招录和军转干部接收安置工作，严把干部入口关。深入开展分级分类培训，进一步提高干部的综合素质能力。

总的来说，今年以来，广大干部的思想认识、工作作风、精神面貌进一步转变，大局意识、责任意识、忧患意识、服务意识和发展创新意识明显增强，全系统各项工作正在发生积极的质的变化。各区县局、分局特别是战斗在一线的广大税务干部，克服了工作压力大、执法风险高等困难，将市局党组的决策部署转化为推动科学发展的实际行动，取得了出色的成绩。这是两级党组在正确的工作指导思想引领下，心往一处想，劲往一处使的结果；是好的工作机制逐步发挥作用，工作制度逐步完善的结果；是各级领导干部真抓实干、狠抓落实，全体干部凝心聚力、奋力拼搏的结果。

2008年底以来，新一届市局党组坚定不移地贯彻中央精神和市委、市政府、国家税务总局工作部署，团结全系统广大干部职工，攻坚克难，完成了三件大事：一是克服了国际金融危机造成的“天灾”和王纪平等人严重违纪违法带来的“人祸”，取得了标本兼治的阶段性成果，推进了综合治理、重在治本；二是凝聚人心，稳定队伍，初步形成了良性发展的干部队伍建设机制和全系统正常的管理机制；三是实现了地方税收收入平稳较快增长，有效发挥了税收职能作用。实践证明，只要我们紧紧依靠党的领导，紧紧依靠广大干部职工，坚定不移地贯彻上级要求，坚定不移地从实际出发，按照客观规律办事，就没有克服不了的困难，就一定能够实现“优化发展环境，共创和谐地税”。

在肯定成绩的同时，必须看到我们的工作水平距离上级要求和纳税人诉求还有不小差距，还存在很多亟待解决的问题：一些干部缺乏主动担当的意识，工作中仍然存在推诿扯皮的现象；一些领域中仍然存在躲不开、绕不过的盘根错节的历史遗留问题；一些惯性思维和做法还没有得到根本扭转，思想解放不够，工作缺乏创新；基础工作不扎实，制度覆盖面不够，特别是制度执行力和干部责任心还有待加强。

对于历史遗留问题，需要区分轻重缓急，科学谋划，统筹解决。例如王纪平在信息化建设上的累积性违纪违法问题，涉及108个项目、数亿金额，教训深刻，我们必须严格依法依规办事，不能前清后乱。再如针对王纪平等人不作为、乱作为导致的队伍建设上的问题，市局党组首先树立了正确的选人用人导向，在此基础上，分阶段、分层次地加以解决。当前和今后一个时期，推动地税事业科学发展，依法履行职能作用，迫切需要牢记前车之鉴，丢掉历史包袱，破解发展难题，继续在解放思想，加快转变，夯实基础，依法行政上狠下功夫。

三、全面贯彻中央精神和市委市政府决策部署，扎实做好全年工作

全系统要把深入学习贯彻胡锦涛总书记“七一”重要讲话精神作为各项工作的重中之重，全面贯彻好北京市上半年经济形势分析会、全国税务系统干部队伍和党风廉政建设工作会议精神，真正将中央精神、市委市政府要求融汇到思想上，紧密结合地税工作实际，落实到工作上，体现到行动上。

今年年初，市局党组以“1+9”报告的形式，提出了全面贯彻落实科学发展观，解放思想，加快转变，夯实基础，依法行政的总体要求。今年6月，市局党组下发了《北京市“十二五”时期地方税收规划纲要》，进一步明确全系统在新时期要牢牢把握主题主线，积极发挥税收职能作用，全面推进依法行政，大力加强和改进党的建设、领导班子建设和干部队伍建设，狠抓反腐倡廉等一系列工作要求。学习贯彻胡锦涛总书记重要讲话精神和市委、国家税务总局两个会议要求，同志们可以更加清楚地认识到，2008年底以来，市局党组按照科学发展观要求制定并不断完善的工作指导思想和一系列工作原则、目标、任务、措施、要求是符合中央精神和市委、市政府要求的，也是符合税收工作规律和地税实际的，当前就是要坚定不移地抓好落实。

一要在解放思想上狠抓落实。只有解放思想，才能明确发展的方向，才能摆脱错误思想的禁锢。要深刻理解解放思想、实事求是、与时俱进之间的辩证统一关系，既要坚持马克思主义的基本立场、观点、方法，坚持党的路线方针政策，又要符合首都经济社会发展大局，符合地税工作实际；既要把实践证明正确的思想方法一以贯之地坚持下去，又要在实践中不断探索，在条件变化时适时加以创新和完善。要坚决摒弃错误惯性思维，结合本单位实际，积极研究新情况，解决新问题，创造性地开展工作，确保各项工作任务顺利完成。

二要在加快转变上狠抓落实。只有加快转变，才能赢得发展的先机。加快转变概括起来有两层含义：一是加快人的转变。为政之要，莫先于用人。要坚持党要管党，从严治党，切实增强党的领导核心作用，努力把全系统干部职工团结凝聚在党的周围，聚精会神干事业，一心一意谋发展。坚持从严管理干部，注重关心爱护干部，做到从严管理与关心爱护并重。要以树立“三敢”精神为核心，加快作风转变。要敢于担当，税收工作事关全局，责任重于泰山，既然我们选择了税收工作，就要担负起责任，始终以饱满的热情投入工作，以“先干一点、多干一点、主动干一点”的态度对待工作，“不等、不靠、不绕”，真正把心思用在工作上，努力争创一流业绩；要敢于碰硬，矛盾和问题是普遍存在的，不能遇到困难绕着走，碰到难题就回避，要知难而进，迎难而上，千方百计加以解决；要敢于创新，敢闯敢试，敢为人先，敢于打破惯性思维，创造性地开展工作。要通过树立“三敢”精神，进一步教育和引导广大干部爱岗敬业、忠于职守、廉洁奉公、顾全大局，特别是各级领导干部务必做到爱岗敬业、忠于职守、依法行政、以德服人。二是加快工作方式的转变。“十二五”时期，首都转方式、调结构、保民生的任务十分繁重，纳税人数量持续增长，维权意识不断增强，一些传统的工作理念、方式难以适应形势的发展变化。我们要增强责任感和紧迫感，更新服务理念，创新服务方式，维护纳税人合法权益，积极发挥税收职能作用，为首都加快转变经济发展方式，保障和改善民生作出应有的贡献。

三要在夯实基础上狠抓落实。只有夯实基础，才能铺平发展的道路。各级领导干部要不贪一时之功，不图一时之名，多干打基础、利长远的事，带头做到职责清、情况明、数据准、要求严。一是在优化流程上狠下功夫。优化流程有利于加强过程监控，规范行政运行，减轻工作负担，提高工作效能。要全面推进、持续优化业务流程和政务流程。深入调查研究，及时发现问题，适时加以改进，确保流程顺畅运行。二是在健全制度上狠下功夫。坚持用好的制度管权管事管人，进一步建立健全工作制度、规则、程序，增强制度执行力和约束力。三是在完善机制上狠下功夫。按照综合治理、重在治本的要求，推动专题教育活动中形成的好经验、好做法常态化、制度化，形成反腐倡廉建设长效机制。强化集体领导、分工负责的工作机制，形成“统筹兼顾，突出重点”的工作方法，建立健全部门协调机制，增强工作整体合力。

四要在依法行政上狠抓落实。贯彻依法治国基本方略，推进依法行政，建设法治政府，是我们党治国理政从理念到方式的革命性变化。依法行政有两个层面，第一个层面是要学法、知法、懂法、守法，这是前提和基础，只有解决好第一个层面的问题，才能做好第二个层面的工作，即全面贯彻依法行政，严格、公正、文明、廉洁执法，真正将依法办事、依法行政落实到行动上，真正做到有法必依、执法必严、违法必究。要持之以恒地加强法制教育，完善法制建设，规范执法行为，强化执法督察，认真落实执法责任制，确保广大干部依法正确履行法律赋予的职责。

四、后5个月的重点工作任务

后5个月时间紧，任务重，要加强领导，强化监督，健全工作责任制，形成一级抓一级、层层抓落实的工作局面。

（一）加强组织收入工作，确保全年收入任务完成

当前，国内外环境仍然相当复杂，国际金融市场出现急剧动荡，世界经济复苏的不确定性、不稳定性上升，国内经济和首都经济运行中也面临一些困难，后5个月的组织收入工作面临复杂的形势。要坚决落实新时期组织收入原则，严格落实组织收入工作目标责任制和收入规划动态调整机制，强化部门协同力度，切实做到组织收入措施横向到边、纵向到底。要加强对首都经济税收发展趋势研究，提高税收分析预测的准确性。各区县局要加强与区县政府、财政部门的沟通，及时向市局反馈，统筹安排好收入进度。

（二）深入推进依法行政，依法合规开展各项工作

要认真学习贯彻北京市依法行政工作会议和即将召开的全国税务系统依法行政工作会议精神，开好我局依法行政工作会，进一步推进依法行政工作。认真落实领导干部学法用法制度和年度学法计划，增强学法、知法、懂法、守法意识，规范执法行为，提升执法水平。研究制定《重大行政决策工作规则》《行政调解工作规则》，进一步健全依法行政工作制度体系。落实市局对区县局、分局管理考核办法，加强市局机关绩效管理考核工作，提升依法履职效能。分阶段、分步骤全面推进优化政务流程完善管理制度工作，推进各项行政事务依法规范运行。进一步完善全系统预算经费管理体制，提高资金使用效率。强化后勤保障，抓好安全维稳工作，全面推进“平安北京地税”建设。

（三）发挥税收职能作用，服务首都加快转变经济发展方式

作为政府经济职能部门，我们要在推动科学发展和加快转变经济发展方式中发挥重要作用，在发展社会事业和改善民生中履行重要职责。要进一步贯彻落实中关村国家自主创新示范区先行先试税收政策。高度重视个人所得税政策调整相关工作，完善工作预案，加强协调配合，抓紧做好系统修改、标准调整、宣传辅导等准备工作，确保各项征管服务措施落实到位。进一步落实房地产税收调控措施。加强税政管理，实施税收政策贯彻落实管理暂行办法，强化政策执行效应分析。开展企业所得税税源户清理。落实建筑业、不动产营业税项目登记工作。深化房地产税收一体化管理。认真落实新车船税法。做好开征地方教育附加准备工作和工会经费代收扩大试点工作。

（四）优化纳税服务，构建和谐征纳关系

着力解决好纳税人反映强烈的突出问题，特别是要加强对系统维护工作的组织领导，全面排查风险，确保核心征管系统的安全稳定运行。推进纳税服务热线和“便利型”办税服务场所建设，完成20个标准化办税服务厅验收工作，强化网上在线咨询服务，积极参与组建国家税务总局

12366北京中心。做好纳税辅导，深化办税公开。

（五）加强税源监控分析，提高税收征管水平

积极推进信息管税，强化涉税信息采集、分析、利用，完善征管状况监控分析指标体系。加强风险管理，探索建立风险预警指标体系、评估模型和风险特征库。加强税源分类分级管理，加快探索大企业税源专业化管理模式，加强中小企业行业、特定类型等差别化管理，规范个体工商户户籍与定额管理，推进协税护税体系建设。进一步优化税收业务流程，落实“两个减负”。加强票证管理，强化税控管理。完善纳税清算管理办法。完成年度税收专项检查和大型企业集团税收检查工作。加快直属一局、二局组建工作，积极推进税源专业化管理。

（六）加强党的建设、领导班子建设和干部队伍建设，进一步激发干部队伍活力

深入开展创先争优活动，积极推进学习型党组织建设，充分发挥党组织的战斗堡垒作用和共产党员的先锋模范作用。坚持把政治思想建设放在领导班子建设首位，严明党的政治纪律，切实提高执行力，认真贯彻民主集中制。按照干部“四化”方针和“德才兼备、以德为先”的用人标准，适时启动区县局、分局领导班子调整工作，在实践中锻炼、考验、识别和选拔使用干部，优化领导班子结构。切实加强领导干部作风建设，坚持从群众中来，到群众中去，以优良作风引领群众、凝聚力量。加强干部队伍建设，对干部严格要求、严格教育、严格管理、严格监督。加大教育培训力度，坚持干什么学什么、缺什么补什么，增强教育培训的针对性和实效性。推动全系统精神文明建设，加快“五型”机关建设。全面落实党风廉政建设责任制，做好督查内审工作，加强政风行风建设，探索建立反腐倡廉建设长效机制。

同志们，做好“十二五”开局之年的工作意义重大。我们要以科学发展观为统领，按照年初工作会确定的工作指导思想、目标、任务、措施、要求，狠抓各项工作落实，努力做到让上级机关满意、纳税人满意、税务工作者满意，为推动首都科学发展作出新的更大的贡献！

在市局全面推进优化政务流程完善管理制度工作会上的讲话

北京市党组书记、副局长　刘江平

（2011年11月17日）

今天的会议很有必要，也很重要。按照年初工作会议部署，市局各部门加强调查研究，夯实基础工作，在建立健全制度机制、规则、程序方面取得了一定的成效。今年6月，按照市局党组部署和晓明局长要求，从开展优化完善财务管理制度流程着手，启动了市局优化政务流程完善管理制度的工作，各处室也相继开展了此项工作，几个月来工作进展平稳。刚才，文俊同志宣读了《北京市地方税务局关于全面推进优化政务流程完善管理制度工作的意见》，目标、任务、要求都很明确，请各部门认真抓好落实。下面，我讲五点意见：

一、优化财务流程取得初步成效

前一段时间，优化财务流程工作扎实推进，进展明显，形成了一些好经验、好做法，主要有以下特点：

一是周密计划，细心组织，积极探索工作方法。以计财处牵头，相关处室配合，经反复修改，共同研究制订了《优化财务工作流程、健全财务管理制度工作实施方案》，明确了工作任务、工作步骤、完成时限、职责分工等。各相关处室按照方案要求，细化分解任务，并制订了本部门的工作方案，工作中想方设法，有效推动工作开展。

二是领导重视，带头行动，积极推动流程优化工作。参与此项工作的局处级领导高度重视，祥来、文俊同志主抓，悉心指导制度梳理和修改工作，提思路、提要求，重指导、重落实。多次强调既要优化流程，又要简化流程，使各项工作既合法合规又简便易行，努力提高工作效率，力求做到标准统一、表述规范、结构严密。在局处领导的带领下，计财处及有关处室干部全员参与，积极行动，加班加点，保证各项工作按节点完成。

三是积极投入，密切配合，切实形成工作合力。计财处、法制处、审计处、后勤服务中心、办公室等部门打破部门界限，发挥各自优势，通力合作，按照工作方案紧锣密鼓地开展工作。法制处、审计处精心钻研业务，反复研究修改方案，保证了意见提出的有效性和准确性。工作中各小组成员和组与组之间相互理解、相互支持、相互配合，充分体现大局意识、责任意识和团队精神。

四是集中审议，精心把关，保证工作质量。按照“成熟一个、审议一个”的原则，两个多月来领导小组和协调小组共召开全体会议13次，对各项制度进行审议修改、再审议再修改，保证了工作质量。截至9月，《北京市地方税务局部门预算管理办法》《北京市地方税务局以奖代补管理办法》等12项制度和整体财务工作流程已经初步成形，标志着第二阶段工作基本完成。目前正在加紧修改完善，将向各区县局、分局、处室广泛征求意见后按程序报审。

市局优化财务流程完善管理制度前期工作取得了一定成效，为全面、深入推进优化政务流程完善管理制度工作进行了有益尝试，开了一个好头，积累了好的方法、经验。这些好方法、好经验要在下一阶段工作中继续发扬。各部门在今后工作中也要不断总结经验，有效推进本部门工作。

二、进一步提高思想认识

制度带有根本性、全局性、长期性和稳定性。市局党组在年初工作会上明确要求，在进一步优化业务流程精简涉税资料基础上，启动优化政务流程完善管理制度工作，确保税收执法权、行政管理权良性运行。希望同志们通过今天的会议，进一步认识开展优化政务流程完善管理制度工作的重要性、必要性和紧迫性，切实抓紧抓实，抓出成效。

首先，优化政务流程完善管理制度是实现地税事业科学发展的重要保障。科学发展得靠制度来保障，必须形成一整套相互衔接、配套的制度。市局党组明确提出，一方面要全面贯彻依法行政；另一方面要加强和改进党的建设、领导班子建设和干部队伍建设，以此推动地税事业科学发展再上新台阶。目前，市局优化业务流程精简涉税资料工作基本告一段落，通过对征管事项的全面梳理整合，去年梳理优化各类涉税业务事项259个，今年以来又新增和修改完善业务流程41个，基本覆盖主要日常税收业务，实现了政策依据、表证单书有链接，操作过程有图示，进一步规范了税收管理和执法行为，减轻了纳税人和基层负担。当前就是要相对集中一段时间，在优化业务流程的基础上，加快推进优化政务流程完善管理制度工作，提高市局机关行政管理工作的科学化、规范化、制度化水平。

第二，优化政务流程完善管理制度是吸取王纪平等人累积性违纪违法案件深刻教训，推进综合治理、重在治本的必然要求。市局班子原主要领导在抓班子、带队伍上不履职，造成系统内相当程度上存在制度不完善、有制度不执行、机制不健全、基础不扎实、监督不到位等问题，纵容、助长了不正之风，毁掉了一批干部，这是血的教训。按照纪委部门要求，我们集中清理出王纪平在任时期涉及信息化建设、税控机推广、基本建设、行政印刷、宣传培训等对外经济合同资料和对外资金支付凭证就有2077份，装了20多个铁皮柜，这些合同资料多数不合规。新一届市局党组坚持用身边人、身边事加强正面引导和警示教育，认真查摆问题，深刻剖析根源，强化源头治理，规范权力运行，狠刹损害纳税人利益的不正之风，取得了阶段性成果。今年7月，我们向市政府汇报了107个信息化项目历史遗留问题，当时好几家公司在这里要钱，市政府依法做出了决策，应对了信息化系统建设运行隐患，这就是成果之一。截至目前，按照纪委部门的要求，涉及王纪平等人案件的一些遗留问题仍在研究清理中，其造成的破坏性危害和后遗症没有完全消除。我们加强制度建设，加强程序建设，加强机制建设，加强依法、科学、民主决策，就是要吸取教训、举一反三、正本清源、强基固本，避免前清后乱。

第三，优化政务流程完善管理制度是保证市局机关规范、顺畅、高效运转的关键所在。市局党组一再强调，要建立健全各项制度机制、规则、程序，用好的制度管权、管事、管人、管财、管物，并下大力气建立健全了落实“三重一大”决策制度、干部人事、党的建设等重要制度，干部依法办事、依制度办事的意识有所增强，制度执行得到强化。但是，目前市局机关工作流程仍存在重复、倒置、不合理等问题，有待进一步完善和有效执行。如在印信管理方面，文件明确规定如有局领导签字的其他文件，用印单位向办公室提交复印件并登记后即可用印，某些部门明明有局领导签字的文件，仍重复报送《处（室）局章、党组章使用申请单》给局领导签字；在签报管理方面，文件明确规定工作签报事项涉及多个部门职责范围时，拟稿单位要事先分别与其他部门协商，取得一致意见并会签后再报有关局领导审批，而在实际执行中个别处室将工作流程倒置，将未会签意见的签报直接报送主管局领导审批；另外，处室在部署工作提要求时，除特殊情形需由主管局领导审批后向责任处室反馈意见外，应先由责任处室汇总情况再分别向局领导汇报，等等。今后制订流程和制度时要加强培训，使各部门负责人和经办人员熟悉掌握工作流程和要求，并严格执行。这次优化政务流程完善管理制度，要全面优化完善综合行政、调研、财务、审计、宣传、教育、基层建设、人事、安全保卫、党工团、离退休干部、公报、后勤管理、纪检监察、信息化等各项制度，着力构建科学规范、运转顺畅、便捷高效，责权利相互统一、相互协调、相互制约的运行机制和制度体系，为建设五型机关、实现三个满意提供制度保证。

三、严格实行责任制

要加强组织领导。优化政务流程完善管理制度工作系统性强，工作量大，覆盖面广，涉及部门多。为加强组织、领导、协调、推动，市局决定成立优化政务流程完善管理制度工作领导小组及办公室。领导小组组长由我担任，副组长由吕兴渭、卜祥来和杨文俊同志担任，成员由各有关处室处长组成。领导小组办公室设在市局办公室，由卜祥来、杨文俊同志负责，周上序、关小虎、王文杰同志配合，办公室、法制处、审计处、人事处、监察处、党办、征管处有关人员为成员。领导小组办公室要切实发挥统筹协调、督促检查、指导工作、审核把关的作用，确保优化政务流程完善管理制度工作稳步推进、协调开展。领导小组办公室内部要合理分工，细化职责，统筹协调，各有侧重，各负其责。法制处、审计处在保证日常运转的同时，集中人员全面投入。要建立领导小组办公室协调会制度，每月召开1次，每月底通报本月工作进展情况，研究工作中的问题，明确下月工作安排。各处室根据情况，也要随时召集有关部门研究工作，沟通情况，查找问题，扎实推进。各处室要明确一名同志为联络员，加强工作沟通反馈，及时向领导小组办公室报送工作进展动态。

要强化主体责任。按照“谁主管、谁负责”的原则，各有关处室是优化政务流程完善管理制度工作责任主体，“一把手”为第一责任人，要切实担负起责任，增强大局意识和责任意识，严格按照市局部署，明确目标任务和责任分工，精心组织，统筹推进。要安排政治素质好、业务能力强、能打硬仗的干部，专人负责。要保证工作进度。优化政务流程完善管理制度时间紧、任务重，各处室要在保证质量的前提下，倒排工期，细化完成进度，严格按照规定时限推进。要充分调动各方聪明才智，群策群力，加强协调配合，主动开展工作，共同完成好任务。

四、确保制度建设质量

邓小平同志在《党和国家领导制度的改革》的讲话中指出：制度好可以使坏人无法任意横行，制度不好可以使好人无法充分做好事，甚至会走向反面。制度有质量才能有力量，必须把流程制度的质量摆在头等重要的位置，在解决实际问题上下功夫，真正形成用制度管权、管事、管人、管财、管物的体制机制。要把是否堵塞了制度漏洞、促进了制度落实、推动了工作开展作为检查这次工作开展成效的重要标准，不搞形式主义，不走过场。对每个制度和流程都要反复推敲、精益求精，严把质量关，力求体系完备、结构严谨、内容准确、表达精炼、层次清晰，易于把握，便于操作，能够落实，做到成熟一个、研究一个、定稿一个。要把握四方面基本要求：

一是合法性。要使工作制度以法律、法规、规章和规范性文件为依据，不与上位法相冲突。按规定的权限和程序制定制度，不越位、不缺位、不错位，维护制度的统一。

二是科学性。要加强调查研究，透过现象，把握本质，使制度遵循并反映地税事业发展和市局机关运转规律。要注重制度创新，制度建设不可能一劳永逸，制度内容和形式都需随地税事业发展和形势变化，要研究新情况，发现新问题，总结新经验，探索新对策，建立新制度。

三是民主性。制定制度要坚持民主程序，多方、多层次征求意见，集中民智，反映民意。坚持民主集中制原则，凡重要制度要提请市局领导班子集体研究决定。

四是可行性。制度要管用，能解决实际问题，管得住、行得通，程序具体、可操作。既要注重基本制度，又要注重配套制度；既要注重实体性制度，又要注重程序性流程；既要依法合规，又要紧密结合市局工作实际。

五、确保制度有效执行

再好的制度，如果不去执行，就等于形同虚设，许多制度之所以没有发挥应有的作用，一个重要原因是执行不力。在推进优化政务流程完善管理制度过程中，尤其要强化制度执行的措施，提高制度执行力，维护制度的严肃性、权威性。

必须抓好领导干部的模范带头作用。领导干部的能力素质对制度的科学性、制度执行的程序等都有极为重要的影响。领导干部要不断增强制度意识，提高遵守和执行制度的主动性、自觉性，带头学习制度、模范执行制度，以制度为准绳，养成按制度办事、按程序办事的习惯。通过身体力行，引领广大干部把执行和维护制度视为基本职责，崇尚敬畏制度，严格执行制度。

必须抓好制度的宣传教育。制度制定出台以后，要认真组织干部学习、了解各项制度规范，遇到问题查制度，解决疑难依规范。要牢固树立法律面前人人平等、制度面前没有特权、制度约束没有例外的观念，切实把认真学习制度，自觉维护制度，严格执行制度的理念渗透到每个人的行为准则、价值观念之中，不断提高贯彻执行制度的自觉性和坚定性。要充分运用内网、信息、简报等多种形式，营造人人参与制度建设，人人知晓制度，人人执行制度的良好氛围。各单位要认真总结好经验、好做法，形成制度建设的长效机制。

必须抓好制度的监督检查。不受制约的权力必然产生腐败，绝对的权力导致绝对的腐败，这已经被无数事实证实，制度落实不仅在人自觉执行的程度，还在于是否对制度执行情况进行监督检查，这是制度落到实处的关键所在。要加强对制度建设、制度执行情况的监督检查，推进权力运行程序化和公开透明。要健全权力运行监控机制，形成内外监督的合力。要建立健全权力运行机制，切实抓好事前监督、事中监督、事后监督的有机结合，抓好自上而下监督与自下而上监督的有机结合，让决策权、执行权、监督权既相互制约又相互协调，落实重大决策报告制度，健全决策失误纠正机制和责任追究制度。监察、审计等部门要切实履行职责，发挥好作用。

同志们，今天的会议是对优化政务流程完善管理制度工作的再动员、再部署。各部门要切实担负起责任，严格按照市局部署，精心组织，扎实推进，狠抓落实，务求实效，使机关行政管理工作更加科学化、规范化、制度化，为北京地税事业的发展作出更大贡献。

税收政策

计 会 统 计

【综述】 2011年，收入规划核算处在北京市地税局党组的正确领导下，在国家税务总局收入规划核算司及北京市地税局主管领导的具体指导下，按照北京市地税局整体工作部署，紧密结合“做国家利益的忠诚卫士”专题教育活动和“创先争优”活动的开展，围绕科学发展主题和加快转变经济发展方式主线，进一步解放思想，加快转变，继续夯实基础，坚持依法行政。大力发扬“敢于担当、敢于碰硬、敢于创新”精神，克服经济增速放缓对组织收入工作的不利影响，实现地方税收收入持续平稳增长，提前65天完成年初市人代会批准增长9%的地方一般预算收入计划和国家税务总局下达增长10%的税收收入任务。全年累计完成各项税费收入2666.6亿元，同比增加561.7亿元，增长26.7%；完成地方公共财政预算收入2083.9亿元，同比增加444.8亿元，增长27.1%，对全市财政收入贡献率达到69.3%，为突破3000亿元大关作出突出贡献。

（白晓凤）

【组织收入工作机制】 一是全面落实“职责清、情况明、数据准、要求严”工作要求，按照各级“一把手”负总责，收入任务层层分解，落实到位，责任到人。各区县局、分局将收入任务分解到228个税务所，实现组织收入工作横向到边；继续完善收入规划核算处牵头，相关处室各司其职、纵向联动的工作模式，加强纵向督导机制，确保组织收入措施纵向到底。2011年，北京市地税局共召开3次处室组织收入工作专题会，对各处室的工作情况进行及时沟通；对全市20个区县局、分局进行实地走访调研，及时掌握各区域税源的动态变化、税收的运行情况和组织收入工作进展情况。二是全面落实国家税务总局关于“提高组织收入的统筹规划能力，实施收入目标动态管理”的精神和北京市地税局党组关于“建立收入规划动态调整机制，完善组织收入工作机制”的要求，研究建立年初下达税收预测执行计划，年底前根据实际情况进行调整的收入规划动态调整机制。在广泛调研的基础上，在丰台区、顺义区、朝阳区地税局的大力配合下，完成《关于建立收入规划动态调整机制的研究与思考》调研报告。

（白晓凤）

【预测考核机制】 一是通过考核将税收预测工作制度化。2011年4月，将税收预测准确率考核纳入北京市地税局对区县局、分局管理考核办法，各区县局、分局陆续建立本单位的税收预测准确率考核，初步形成市、区两级的税收预测考核机制。二是通过加强工作指导将税收预测工作科学化。在加强经验交流的同时，增强与区县局“一对一”的沟通指导，不仅拓展视野、提升意识，也充分发挥统计软件的作用，形成一套科学、准确的税收预测方法，为税收预测准确率的提高打牢基础。三是通过加强税源管理将税收预测工作系统化。各区县局由局领导带队走访重点企业近2000户，及时掌握第一手资料，在与业务科室、税务所充分沟通的基础上，准确分析各项因素对税收的影响，形成上下贯通的信息沟通反馈机制。

（白晓凤）

【综合税收分析】 一是优化日常分析。密切关注首都经济运行，紧跟经济税收热点，按照不同层级的需要，有侧重点地开展税收月度分析，有效发挥税收分析在组织收入工作中的支撑作用。2011年市、区两级共完成税收月度分析报告276篇，其中北京市地税局完成36篇，区县局、分局完成240篇。共报送各类税收信息近800条，其中北京市地税局报送110余条，上级采用42条。二是开展税源分析。注重探索应用重点税源相关数据，积极参与国家税务总局关于税源管理制度、营业税经济税源发展等课题的研究。指导各区县局、分局利用监控企业和调查企业报送的税收、财务指标，紧密结合宏观经济走势、区域发展特点和政策热点，深入开展税源分析工作，为领导决策提供参考。市、区两级全年共完成税源分析报告44篇，并将《北京市经济结构不断优化，第三产业健康发展》《北京市中小企业抽样样本状况浅析》等14篇上报国家税务总局。三是强化专题分析。准确把握首都经济发展热点，紧随宏观调控政策导向，结合各区域经济特点，深入开展专题分析。在全市各区县局、分局的共同参与下完成专题分析报告13篇，其中，房地产业、金融业、中关村3篇报告报送北京市地税局局领导传阅，文化创意产业报送市委和国家税务总局，有效发挥专题分析的及时性、针对性、预见性。同时加大宣传力度，在中国税务报、北京地税等刊物刊载稿件近20篇。

（白晓凤）

【税源监控管理】 一是率先实现省级国、地税务机关联合部署全国税收调查工作，避免重复调查，减轻纳税人和基层税务机关负担，此项工作受到国家税务总局表扬，也得到纳税人和基层税务工作人员的广泛认可。二是2011年，全系统按照国家税务总局的标准共监控重点税源户1827户，监控户数同比增加289户，增长

18.8%。2011年监控企业缴纳各项税费收入1093.2亿元，占全系统各项税费收入的比重达41%，同比提高4.4个百分点，监控户数与监控比重指标均居全国第6位。税收调查工作共调查一般企业8945户，调查范围同比增加500户，同时完成财政部和国家税务总局安排的对86户集团企业相关数据的收集工作。三是实现重点税源监控月报数据的“入库数据导入和同期数据导入”。数据收集方式的转变，减轻了纳税人在填报环节的工作量，降低了纳税人误填、漏填率，减轻了基层税务机关审核工作量。

（白晓凤）

【报表编制】 一是2011年全年市、区两级共编报各类报表78种10402张，查询并提供相关税收数据近千万条。二是做好报表系统完善和核算指标维护。根据国家税务总局报表制度和审核要求，拟写报表发文，编写报表需求，完善取数口径，优化数据平衡和审核公式，继续强化系统自动化、程序化功能。三是开展收入核算数据管理，严格把关数据审核，实施对核算重点数据的问题分析、追溯及核实改进，及时办理后台数据调整，2011年共处理区县局、分局的系统问题反馈单240余份，提交核算业务系统需求变更单（立项申请表）7份，查询申请4份。2011年在国家税务总局工作考评的通报中连续第十一次被评为全国税收报表优秀单位。

（白晓凤）

【财税库银横向联网】 联合北京市地税局相关处室对申请测试加入联网的8家商业银行，按不同缴税类型进行联网联调测试，其中5家新申请商业银行通过测试并获得批准上线。全市横向联网电子缴税已占全部入库税款的85%以上，开展地税财税库银横向联网业务的商业银行上升至32家。横向联网电子缴税覆盖范围的继续扩大，对方便纳税人缴税，确保税款及时、准确入库，进一步提高税收征管质量起到良好的促进作用。

（白晓凤）

【制度建设】 一是转发《国家税务总局关于严格执行税款退库办理制度的通知》和《国家税务总局关于加强印花税管理工作有关问题的通知》，对税款退库的办理流程和各部门职责分工进行规范和明确，提高各有关部门对印花税票管理工作的重视程度；拟定《北京市地方税务局税务代保管资金账户管理操作规程》，明确税务代保管资金账户的管理使用范围、资金收付、税款缴库、账务凭证工作流程和部门职责等内容，规范各环节业务操作，落实全市账户统一管理。二是开展税收规范性文件清理。按照法规文件清理要求对收入规划核算各类税收文件进行全面彻底清理，历时半年，共清理文件205份，纳入北京市地税局税收规范性文件现行有效目录的共40份。

（白晓凤）

【税收会计检查】 按照《国家税

务总局关于开展以税收资金安全为重点的税收会计检查工作的通知》（国税函〔2011〕257号）等相关文件的精神和要求，结合税收票证、税款缴库检查和北京市地税局税收执法督察工作要求，首次在全系统组织开展以税收资金安全为重点的税收会计检查工作。一是制订分解落实工作方案，积极开展自查。各区县局、分局按照北京市地税局统一要求，进行全面自查，及时整改，使整个检查工作真正做到思想到位、组织到位和检查到位。二是成立联合检查组实施重点抽查。北京市地税局共抽调业务骨干46人次参与北京市地税局联合检查组工作，重点抽查东城、西城、朝阳、海淀、丰台、通州、大兴、房山和平谷九个区县局，抽查面达47%。三是与北京市国税局组成联合检查组共同完成国家税务总局下达的对青海省国、地税的检查任务。

（白晓凤）

【减免税统计调查】 2010年12月初接到《国家税务总局关于开展减免税统计调查工作的通知》（国税发〔2010〕111号）后，北京市地税局党组高度重视，将此项工作列为2011年重点工作。一是成立工作领导小组，研究工作实施方案，按时间进度明确各阶段工作任务和具体要求。二是编制《减免税统计调查工作简报》，及时对进展情况进行跟踪、总结、通报。对各区县局建立信息共享平台、编写统计调查手册等好的工作方法进行介绍，为各局相互借鉴经验、取长补短提供条件，有力推动调查任务的圆满完成。三是此次调查共收集60.9万户企业2008年、2009年、2010年的税收减免数据，占应调查企业的99.9%。四是完成《减免税统计调查数据分析及工作研究》调研。

（白晓凤）

【业务培训】 结合收入规划核算工作职责和实际工作需要，邀请国家税务总局领导、统计学专家、房地产业专家和北京市地税局业务骨干，利用专题讲座、税收会计检查、以会代训、业务交流等方式，分别举办税收调查、重点税源监控、税收预测、税收分析、税收收入质量分析、税收会计、税收统计和票证管理等各类业务培训，覆盖全市各区县局、分局收入规划核算部门的相关人员、各税务所相关人员，参训总人次超过1000人次，有效提升收入规划核算部门税务干部的综合业务素质，为进一步解放思想，加快转变，圆满完成各项工作提供有力保障。

（白晓凤）

营业税 文化事业建设费管理

【营业税综述】 2011年全市共组织入库营业税1071.5亿元，完成年度计划937亿元的114.36%，同比增收216.1亿元，增长25.26%，占全系统各项税费收入2666.6亿元的40.18%。在营业税征收管理方面主要开展以下工作：①坚持依法组织收入，为北京经济社会发展提供财力保障。2011年营业税超额完成全年收入任务并突破千亿元，占国家税务总局口径税收收入2405.4亿元的44.55%，占地方公共财政预算收入2083.9亿元的51.42%，充分发挥主体税种作用，为首都财政收入提供有力保障。全年全市共减免营业税39.96亿元，同比减少2.18亿元，下降5.17%。其中，报批类减免营业税19.77亿元，备案类减免营业税20.19亿元。②推进营业税改征增值税试点工作。立足首都经济，着力推动本地区税改工作，会同多部门召开专题会议，研究北京市参与税制改革的可行性。及时成立税改工作小组，草拟工作实施方案，开展全市数据测算，为稳步推进税改工作做好充分准备。③圆满完成营业税起征点调整工作。2011年11月正式实行北京市新的起征点标准。调整后的营业税起征点是国家允许范围内的最高限，在22.85万户的基础上，又有1.34万个体工商户享受到最新的税收优惠政策，减免营业税 774万元，最大限度地减轻北京个体工商户的税收负担。④协调配合小客车治堵工作。参与《〈北京市小客车数量调控暂行规定〉实施细则》的修订工作，解决当年新办户资格申请的实际困难。2011年，共受理企业购车申请数据34426条，审核合格数据18560条；受理上门申请复核企业63户，复核通过4户。在做好咨询工作的同时，帮助企业解决在申报小客车环节出现的涉税问题。⑤开展调查研究工作。完成《加强营业税税源结构分析与思考》《演出行业营业税政策执行情况的调查与研究》《货运管理办法的贯彻落实情况的调研》和《加强营业税减免税管理的思考》，着力解决营业税热点、难点问题，上述调研报告均在北京市地税局《调查与研究》上发表。⑥做好两会提案答复工作。稳妥处理各类提案工作22件，主要涉及抑制房价、支持文化产业发展等社会民生问题，得到人大、政协代表的肯定，为两会后续工作的完成起到促进作用。⑦编写《全国营业税执法督察操作手本》。按照国家税务总局督察内审司的工作要求，与部分区县局人员组成编写小组，编写《全国税务系统营业税执法督察操作手本》，共计10万余字，获得国家税务总局好评。⑧服务中央单位工作受好评。按照现行有效的营业税政策，向中央单位提供及时的政策服务，研究办理“团中央中青印刷厂享受污染扰民企业外迁相关税收优惠政策问题”和“北京市服务中央单位和驻京部队年度满意度调查有关事项的请示”，得到有关单位的充分肯定。⑨积极落实项目管理工作。通过广泛深入的调查研究，在相关处室的密切配合下，与北京市住建委进行沟通，获取第三方信息，满足国家税务总局的基本要求，做到项目有登记，评估有数据，从而达到税源监控的目的。⑩抓好基层税政干部培训工作，在2011年开展的20余次系统内培训中，基层受训人员超过2000人，运用12366、行风热线等渠道解决政策业务问题97件，不断提高税政服务质量和水平。同时，开展涉及营业税的执法检查工作；完成税收规范性文件清理工作。

（邢志红）

【开展营业税税源结构分析与思考的调研】 为全面反映北京市营业税税源结构，进一步加强税源管理，北京市地税局对建局以来营业税收入规模和税源分布状况进行归集整理，并着重探讨营业税收入增长与经济发展之间的内在规律，以期为促进地方税收和相关产业国内生产总值和谐发展提供决策依据，并就“十二五”时期营业税税源变动趋势提出科学预测：①建设世界城市，北京服务业发展首当其冲。“十二五”规划纲要明确了服务业的发展方向和目标，服务业增加值比重2015年将达到47%，年均增长高于过去五年，规划目标的实现，势必为服务业营业税保持两位数的增长速度提供保障。②金融业发展将为营业税收入增长注入新动力。金融业的营业收入主要来源于贷款利息收入，历经2009年和2010年两年的大规模放贷，金融业迎来了一个长期稳定的收益期，这将成为北京市营业税收入的一个稳定税源增长点。未来几年个人消费结构升级、私营企业和三资企业的发展将成为金融业税源的重要支撑力量，外国银行和外币贷款将得以迅速发展和增长，它与保险业务一起，也将成为北京市营业税一个重要税收增长点。③推动文化大繁荣和轨道交通建设，提升非主体税目增速。从文化体育业发展态势和面临的发展机遇来看，“十二五”时期可能成为文化体育业发展的最快时期。此外，交通运输这一国民经济大动脉的立体发展，也将加快北京市交通运输业营业税发展步伐。④建筑业和销售不动产收入比重稳中有降。自2011年起，商品房的投资锐减，建筑业和销售不动产业在全市营业税结构中所占比例不断减小。综合分析当前房地产销售形势和北京城市建设的客观需要，两税目在营业税收入比重中将稳中有降，同时不排除销售不动产收入出现负增长的局面。⑤构建重点税源监控机制，提升分析预测水平。“十二五”时期，要继续加强对重点税源纳税人涉税信息、各期入库情况管理，及时发现和解决影响营业税收入的因素，有针对性地实施税收征管措施，保证计划任务的完成；同时，通过对重点税源动态研究，发现税源结构和分布变化，为地方政府科学决策和发展税源经济创造有利条件。

（邢志红）

【开展公路、内河货物运输业税收政策执行情况的调研】 货物运输业税收管理是一项综合性的管理工作，公路内河货物运输业统一发票的开具直接决定着增值税进项税额抵扣，认真加强其税收政策执行情况的调研对于全面做好税政管理工作有着重要的意义。北京市地税局结合2010年8月1日新修订的《北京市地方税务局公路、内河货物运输业税收管理操作规程(试行)》，在对区县局调研的基础上，针对新规程的出台背景、新旧规程变化以及日常管理等问题进行分析，提出有针对性的建议：①提高税控器具质量及管理水平。针对基层仍有反映质量问题的情况，建议在向总局反馈税控器具存有质量问题的同时，有关责任处室还需要进一步协调税控器具供货商、发票系统运行维护商、安全服务商三家协作关系，提高工作效率，最大限度地减少纳税人因检测、维修、更换以及初始化税控器的等候时间。②优化货运代开发票系统。据悉，总局对货运代开发票系统的补丁升级工作，初期是因系统需要不断补充完善问题进行补丁升级。现在是遇重大政策调整时进行相应的补丁升级。就基层反映的一票多税系统优化问题，建议待系统再次升级前适时向总局反映解决。③加强对货运发票写盘操作的管理。鉴于货运开票系统独立于地税核心系统之外。要从根本上解决手工写盘误操作问题，需要核心征管系统中的发票发售系统与货运写盘系统进行必要接口完善，将发票号码写盘权限限定在本所或本局范围内，彻底解决人为因素的问题，此项工作相关部门已着手开展。在系统尚未完善前，只有进一步强调基层干部的责任心，在发票发售写盘环节必须与实务票的物理号段进行必要的校对，确保无误后方可将税控器具退还纳税人。④实现货运发票信息资源共享。曾多次反映建议总局建立全国货运发票查询平台，实现资源共享，以解决地税系统营业额抵扣凭证真伪甄别难题，但未能解决，北京市地税局将适时再次促请总局予以解决。

（邢志红）

【开展文艺演出活动适用营业税政策问题的调研】 近年来文艺演出产业蓬勃发展，现行营业税政策已难以满足文艺演出经营行为的需要，为调查和规范文艺演出活动营业税政策的执行情况，北京市地税局组织开展对文艺演出单位经营模式及营业税政策执行情况的调查，并就涉及的相关问题提出具体建议：①明确演出举办方适用税目问题。对于举办方采取全部外请演员方式进行演出活动，取得演出票款收入，应适用“文化体育业”税目。还是适用“服务业”税目的问题，存在一定争议，需上级明确，建议统一适用“文化体育业”税目。②研究演出举办方差额计算营业额的可行性。按照现行政策，演出举办方取得演出票款收入，应全额计算缴纳营业税。但文艺演出行业有其特殊性，建议上级部门从繁荣文化演出市场角度出发，研究对演出举办方差额计算营业额的可行性，以演出举办方取得的全部演出票款收入减除支付给其他单位的演出场所租金、外请文艺团体演出费、票务代理费用等必要支出项目后的余额为营业额。③明确演出经纪机构签约演员提供表演服务的营业税问题。建议签约演员委托演出经纪机构向第三方提供表演服务时，根据不同情况对签约演员、演出经纪机构确定不同的营业税适用税目。④有针对性地加大行业征管力度，加强政策宣传、辅导力度，同时积极与文化局等行业主管部门加强联系，实现信息共享，掌握纳税人实际经营情况。

（邢志红）

【开展加强营业税减免税管理的调研】 正确运用减免税是贯彻执行税法，发挥税收杠杆调节作用的一个重要手段。为优化营业税征收管理，完善营业税的减免税政策，北京市地税局在对全市营业税减免情况介绍的基础上，就当前营业税减免征管工作中存在的问题进行分析，提出加强营业税减免税管理的工作建议：①简化审批流程。对于政策界定清晰、条件简单的减免税事项，简化审批环节或者改为备案管理，真正意义上方便纳税人，同时也减轻基层税务机关工作压力，切实提高管理效率。②加强减免税执行情况的监控力度。对于非审批和备案类减免税，要加强日后评估、稽查的工作，防止管理真空。这样既打消了纳税人对减免税没有经税务机关认定从而心理不踏实的顾虑，又大大降低了税务机关的行政风险。③加强计算机系统支持。对减免税管理系统进行调整，确保减免税模块与现有的业务流程相匹配，每项减免税均能录入减免税模块中。同时，强化系统的查询和导出功能，将减免税审批结果录入与减免税申报统计模块、发票管理模块、减免税台账建立链接，设置逻辑制约关系，增加减免税申报提醒功能，使信息系统更好地服务于税收管理；加强对纳税人的减免税申报辅导，提高纳税人的减免税申报意识和申报效率，同时也降低税务机关的执法风险，提高管理效率。④尽量统一同类型税收优惠政策，保证政策公平性。建议将自主择业军队转业干部、退役士兵自谋职业和随军家属就业三项再就业优惠政策的减免条件，由现在的对符合条件企业的全额减免，改为参照下岗再就业和安置残疾人就业的减免税规定，按照安置人员定额减免；同时对无范围限定的减免税政策增加范围限定，不仅增加同类优惠政策的公平性，也切实减少各税务机关以及与纳税人之间对政策理解的分歧，降低基层税务人员的执法风险。⑤积极加强部门间的沟通协作。在减免税政策的贯彻实施中应着力加强各部门之间的协调配合，认真研究政策规定，制定切实可行的操作办法，使得国家各项优惠政策有效地落实到位，从而保证纳税人及时享受到国家相关的税收优惠政策。另外，涉及政策规定变化时，各部门应及时互相沟通，对文件做出修改或者清理，以便使符合规定条件的纳税人充分享受相关税收优惠政策。

（邢志红）

【开展艺术品市场税收政策执行情况的调研】 近年来艺术品市场蓬勃发展，交易行为日趋多样，在艺术品交易过程中对营业税政策的适用出现了分歧。为规范艺术品市场适用的营业税政策，更好地促进艺术品市场的发展，北京市地税局配合北京市国税局开展艺术品市场税收政策执行情况的调研。针对拍卖行现行营业税政策及执行情况，了解到以下情况：①拍卖行现行营业税政策，包括手续费收入和图录册收入两部分政策。②政策执行情况。拍卖行的营业税政策执行情况比较严格，但由于存在取消交易、跨期结算问题、佣金比例不固定等因素造成拍卖行实际缴纳的营业税与其对外公布的成交额推算的手续费应纳营业税相背离。③画廊业享受营业税优惠政策的相关情况。上述情况会同北京市国税局，形成《关于艺术品市场税收政策执行情况的调研报告》（京国税发〔2011〕268）上报国家税务总局。

（邢志红）

【配合总局督察内审司编写《全国营业税执法督察操作手本》】 为适应全国营业税执法督察、内审评估等业务指导和岗位培训工作的需要，国家税务总局委托北京市地税局编写用于基层税务干部稽查、征管等多种用途的《全国税务系统营业税执法督察操作手本》。北京市地税局在组织编写相关政策和典型案例的过程中，抽调六个局的业务骨干进行集中编写，完成包括营业税政策规定、督察要点、案例分析和疑难辨析、督察文件依据四部分、共计10万余字内容。

（邢志红）

【货物运输业营业税自开票纳税人年审工作】 按照《国家税务总局关于加强货物运输业税收征收管理的通知》（国税发〔2003〕121号）、《北京市地方税务局公路、内河货物运输业税收管理操作规程（试行）》的通知（京地税营〔2010〕129号）等文件规定和工作要求，全系统于2011年11月1日至12月31日期间，完成2011年度货物运输业自开票纳税人年审工作。截至2011年12月31日，全市汇总统计情况数据：自开票纳税人2305户，其中当年新认定的自开票纳税人248户，按照有关规定不参加当年年审。应参加年审2057户，实际参加年审2034户，占应参加户数的98.88%；有23户未参加年审，已经取消自开票纳税人资格。参加年审的2034户结果如下：年审合格1879户，合格率为92.38%；进入整改72户；通过货运业日常征管、审验工作发现并取消资格的106户（包括未参加年审的23户）。

（邢志红）

【确认山东山工租赁有限公司等企业为第七批融资租赁试点企业】 为建立健全监管机制，督促试点企业依法缴纳税收，商务部、国家税务总局印发《关于确认山东山工租赁有限公司等企业为第七批融资租赁试点企业的通知》（商建函〔2011〕23号），明确第七批内资融资租赁试点企业名单。2011年3月5日，北京市商务委员会和北京市地方税务局联合印发京商务交字〔2011〕39号进行转发，要求西城区商务委和朝阳区地税局按照通知要求和《关于做好本市内资融资租赁试点和外商投资融资租赁企业管理工作的通知》（京商务交字〔2010〕112号）规定，督促试点企业积极稳妥开拓业务，依法纳税，严格按规定上报经营情况。

（邢志红）

【公布免征营业税中小企业信用担保机构名单】 按照《国务院关于进一步促进中小企业发展的若干意见》（国发〔2009〕36号）和《工业和信息化部、国家税务总局关于中小企业信用担保机构免征营业税有关问题的通知》（工信部联企业〔2009〕114号）的要求，工业和信息化部、国家税务总局联合印发《关于公布免征营业税中小企业信用担保机构名单有关问题的通知》（工信部联企业〔2011〕68号），明确中小企业信用担保机构免征营业税有关事项。2011年3月29日，北京市经济和信息化委员会、北京市地方税务局印发京经信委发〔2011〕35号，进行转发，并补充规定：本市北京中关村科技担保有限公司等4家中小企业信用担保机构获得批准，按照规定标准取得的担保业务收入，自主管税务机关办理免税手续之日起，三年内免征营业税。已批准享受免税资格的中小企业信用担保机构，在免税期间内，企业基础信息和免税条件发生变化时，应及时向各区县中小企业主管部门和主管地方税务机关报告。经审核后，对不符合免税条件的中小企业信用担保机构，本市将如实上报工信部和国家税务总局，中止其继续享受免税的资格，如有违规行为，一经发现，取消其免税资格。各区县中小企业主管部门和地方税务局要加强对中小企业信用担保机构免征营业税工作的监督管理，切实发挥政策的导向作用，每年度将中小企业信用担保机构减免税执行情况上报北京市经济信息化委和北京市地税局。本市将重点针对享受免税政策的担保机构开展绩效考核与信用评价工作，对担保机构实施动态监督，适时对担保机构免税政策执行情况进行检查。

（邢志红）

【明确酬金制物业管理服务有关营业税政策】根据《中华人民共和国营业税暂行条例》的规定，2011年6月13日，北京市地方税务局发布《关于酬金制物业管理服务有关营业税政策问题的公告》（北京市地方税务局公告2011年第8号），对物业管理企业以酬金制方式开展物业服务业务有关营业税政策进行明确：①对物业管理企业开设单独账户专项存放为业主委员会代管资金的行为，不征收营业税。②业主委员会直接与提供劳务的单位或个人签订合同，且该提供劳务的单位或个人直接为业主委员会开具结算发票，对物业管理企业从代管资金账户代付劳务价款的行为不征收营业税。

（邢志红）

【明确跨境设备租赁合同继续实行过渡性营业税免税政策】对2008年12月31日前签订的并在此前尚未执行完毕的境外向境内出租设备合同（以下简称跨境设备租赁老合同），财政部、国家税务总局印发《关于跨境设备租赁合同继续实行过渡性营业税免税政策的通知》（财税〔2011〕48号），明确有关营业税政策。2011年7月21日，北京市财政局、北京市地方税务局印发京财税〔2011〕1490号进行转发，并补充规定如下：①请各主管税务机关做好对纳税人的政策宣传工作，以便符合规定的纳税人于2011年9月30日前办理备案手续，逾期主管税务机关将不再受理备案申请。②具体备案手续应按照《北京市地方税务局关于印发〈北京市地方税务局税收减免管理实施办法（试行）〉的通知》（京地税征〔2006〕287号）相关规定办理。③主管税务机关应按照减免税管理有关规定，加强对减免税的日常监督和管理，及时登记《减免税台账》掌握具体减免情况和金额，当减免税期满后，主管税务机关应监控其恢复缴税的有关情况。④对符合征管法第五十一条规定的，纳税人可以申请退税。扣缴义务人代纳税人办理退税手续的，应出具纳税人授权代办退税事项的授权委托书（原件作为退税申请资料留存税务机关），经退税审批批准后退税款退至扣缴义务人账户，扣缴义务人收到退税款后应及时退还纳税人。

（邢志红）

【明确邮政企业代办金融业务继续免征营业税政策】为减轻邮政企业改组改制后增加的营业税负担，经国务院批准，财政部、国家税务总局印发《关于继续对邮政企业代办金融业务免征营业税的通知》（财税〔2011〕66号），明确继续对邮政企业为邮政储蓄银行代办金融业务免征营业税。2011年9月22日，北京市财政局、北京市国家税务局、北京市地方税务局联合印发京财税〔2011〕2060号进行转发，并明确《北京市财政局 北京市地方税务局转发财政部 国家税务总局关于邮政企业代办金融业务免征营业税的通知》（京财税〔2009〕204号）到期停止执行。

（邢志红）

【明确员工制家政服务免征营业税政策】 为支持家政服务行业发展，增加就业，改善民生，经国务院批准，财政部、国家税务总局联合印发《关于员工制家政服务免征营业税的通知》（财税〔2011〕51号），明确员工制家政服务营业税政策。2011年11月15日，北京市财政局和北京市地方税务局印发京财税〔2011〕2403号进行转发，并补充规定如下：一、家政服务企业依法与员工制家政服务员签订半年及半年以上的劳动合同或服务协议，应当在合同签订后三个月内，持以下资料到主管税务机关办理备案手续，经过备案的企业方可申请《通知》规定的营业税优惠政策。具体备案资料包括：①家政服务企业《营业执照》副本；②家政服务企业《税务登记证》副本；③《减免税备案表》；④《减免税申请资料清单》；⑤家政服务企业与员工制家政服务员签订的劳动合同或服务协议及复印件；⑥家政服务企业社保主管部门出具的其为员工制家政服务员缴纳社会保险费的缴费记录及复印件，或员工制家政服务员出具的不再缴纳社会保险的书面材料及其所在乡镇或原单位开具的已缴纳相关保险的证明及复印件；⑦家政服务企业向员工制家政服务员通过银行等金融机构实际支付工资的凭证及复印件。二、家政服务企业与员工制家政服务员续签劳动合同或服务协议以及新增员工制家政服务员，应当在合同签订后三个月内，持上述第③、④、⑤、⑥、⑦项资料到主管税务机关办理备案手续。

（邢志红）

【北京调整增值税和营业税起征点】 按照《财政部 国家税务总局关于修改〈中华人民共和国增值税暂行条例实施细则〉和〈中华人民共和国营业税暂行条例实施细则〉的决定》（财政部 国家税务总局令第65号）规定，经北京市政府同意，2011年11月30日，北京市财政局、北京市国家税务局和北京市地方税务局联合印发《关于调整我市增值税和营业税起征点的通知》（京财税〔2011〕2601号），规定自2011年11月1日起对北京市增值税、营业税起征点进行调整：一、增值税起征点①销售货物的，为月销售额20000元；②销售应税劳务的，为月销售额20000元；③按次纳税的，为每次（日）销售额500元。二、营业税起征点①按期纳税的，为月营业额20000元；②按次纳税的，为每次（日）营业额500元。

（邢志红）

【开展营业税改征增值税试点工作】 为建立健全有利于科学发展的税收制度，促进经济结构调整，支持现代服务业发展，2011年11月16日，财政部、国家税务总局联合印发《关于印发〈营业税改征增值税试点方案〉的通知》（财税〔2011〕110号）和《财政部、国家税务总局关于在上海市开展交通运输业和部分现代服务业营业税改征增值税试点的通知》（财税〔2011〕111号），明确自2012年1月1日起，在上海市开展交通运输业和部分现代服务业营业税改征增值税试点。北京市财政局、北京市国家税务局、北京市地方税务局联合印发《关于营业税改征增值税的试点方案和在上海市开展试点工作的实施方案的通知》（京财税（2011）2573号）进行转发。北京市地税局立足首都经济，着力推动本地区税改工作，积极研究北京市参与税制改革的可行性，开展数据测算，及时对税制改革工作动向进行跟踪、通报，为稳步推进税改工作做好充分准备。

（邢志红）

【确认天津天保租赁有限公司等企业为第八批融资租赁试点企业】 为建立健全监管机制，督促试点企业依法缴纳税收，商务部、国家税务总局联合印发《关于确认天津天保租赁有限公司等企业为第八批内资融资租赁试点企业的通知》（商流通函〔2011〕1083号），明确第八批内资融资租赁试点企业名单。2011年12月27日，北京市商务委员会、北京市地方税务局联合印发京商务交字〔2011〕246号进行转发，要求朝阳区、海淀区、平谷区、密云县商务委和地税局按照通知要求和《北京市商务委员会、北京市地方税务局关于做好本市内资融资租赁试点和外商投资融资租赁企业管理工作的通知》（京商务交字〔2010〕112）规定，督促试点企业积极稳妥开拓业务，依法纳税，严格按规定上报经营情况，加强对试点企业的指导和监管，确保企业的规范运营。

（邢志红）

【文化事业建设费综述】 2011年，全市共组织入库文化事业建设费24.17亿元，同比增收4.73亿元，增长24.38%，完成年度计划20.2亿元的119.67%。本期文化事业建设费中央级收入10.5亿元，同比增收1.3亿元，增长14%，占全市文化事业建设费的43.45%；本期地方级收入13.67亿元，同比增收3.45亿元，增长33.73%，占全市文化事业建设费的56.55%。从全市文化事业建设费增幅情况上看，丰台区、昌平区、石景山区三个区增幅超过60%；平谷县、怀柔县、西城区、大兴区、密云县增幅超过40%；东城区、海淀区等六个区增幅没有达到全市平均增幅水平；开发区、延庆两局由于广告、娱乐业收入减少出现减收。本市文化事业建设费收入主要集中在海淀，本期入库13.85亿元，同比增收2.18亿元，增长18.7%，占全市收入的57.28%；东城、朝阳、西城分列第二至第四位，收入比重分别为14.1%、13.8%、12.44%，以上四个区合计完成22.09亿元，占全市文化事业建设费收入总额的91.4%。

（邢志红）

企业所得税管理

【综述】2011年，全市地税系统共组织企业所得税收入210.52亿元，完成年度计划183亿元的115%，同比增收37.34亿元，增长21.56%。其中，国有企业所得税完成16.07亿元，同比下降0.08%；集体企业所得税完成5.02亿元，同比增长16.11 %；股份合作企业完成2.57亿元，同比下降10.24%；股份公司企业所得税完成144.46亿元，同比增长21.22%；私营企业所得税完成36.95亿元，同比增长39.74%；其他企业所得税完成5.45亿元，同比增长26.85%。主要开展以下工作：（1）有效发挥调控作用。在支持科技发展方面，大力贯彻中关村示范区试点税收政策。在北京市地税局党组的直接领导下，创新服务方式，做优纳税服务，编印示范区税收政策宣传辅导手册，集中组织政策宣讲18场，组织纳税人辅导约3000人次；在一区十园所在区县局设立绿色通道，为企业办理减免税手续提供快捷优质的服务；组织开展政策执行情况的分析和评估，积极与上级领导部门沟通，研提进一步完善中关村试点税收政策的建议，并完成调研报告。一年来，贯彻实施示范区试点税收政策取得初步成效，269户企业享受研发费用加计扣除和职工教育经费税前扣除试点政策，（按15%折算）减免企业所得税税额近3900万元。在鼓励文化发展方面，落实十七届六中全会精神，积极支持首都文化产业发展。按照文化创意产业涉及的九大行业，编写印制《文化创意产业税收优惠政策汇编》，免费发放纳税人。2010年汇算清缴落实文化转制单位、动漫企业减免企业所得税政策，减免税额1.23亿元。积极研究提出加大科技类文化企业扶持力度等政策建议，为上级领导决策提供参考。在改善民生方面，制定支持和促进就业税收政策实施办法，有效落实符合条件的失业人员、高校毕业生就业，鼓励以创业带动就业的政策导向。市区两级实地调研，解决首钢职工分流安置、资产置换有关税收问题，为首钢转型提供政策支持。落实以小型微利企业优惠政策为重点的中小企业税收政策，2010年汇算清缴，惠及1.7万户小型微利企业，减免税额2576.6万元，为中小企业发展助力。完善非营利组织资格认定管理办法，2011年会同相关部门共认定302户非营利组织，促进公益事业发展。（2）不断提高征管水平。认真落实国家税务总局“分类管理，优化服务，核实税基，完善汇缴，强化评估，防范避税”二十四字工作方针，不断规范完善管理措施，改进管理质量和效率。规范资产损失税前扣除管理。针对资产损失由审批调整为申报的情况，会同北京市国税局研究起草企业申报资产损失税前扣除有关问题的公告，明确企业资产损失申报的项目、证据资料、流程和管理要求，便于基层操作执行。完善核定征收管理。为进一步规范中小企业所得税管理，调整核定征收纯益率，完善核定征收操作规程，为支持和促进中小企业发展创造公平竞争的环境。为加强后续管理，企业所得税处依据政策规定，提出不征税收入、业务招待费税前扣除和跨年度弥补亏损项目的预警指标，交由评估处具体组织区县局实施，2011年共完成对538户纳税人的评估，补缴税款、加收滞纳金283.43万元。编写行业操作指南，协助国家税务总局，组织编写《综合零售业企业所得税管理操作指南》，为全国加强综合零售业企业所得税管理做出指引和示范。（3）加强税源管理基础。为夯实税源户基础工作，企业所得税处积极出主意、想办法，创新工作方式，在西城、朝阳、顺义、密云4个区县局开展纳税户税源标识添加工作，2011年共有3.7万户新办企业添加企业所得税税源标识。在此基础上，企业所得税处会同征管处及时总结试点工作经验，研究编写税源清理工作流程，为在汇算清缴期内、全面掌握北京市企业所得税税源户情况做好必要准备，较好地解决由于取消企业所得税税种核定带来的税源底数不清的问题，为整体提高企业所得税管理水平奠定基础。（4）完善制度管理体系。为进一步加强税政管理制度机制建设，企业所得税处牵头起草《北京市地方税务局税收政策贯彻落实工作规程》。工作规程从税收政策贯彻落实的组织实施、宣传服务、执行管理、问题反馈、效果评估等环节进行系统规范，完善税政问题反馈和解决制度，明确与评估、稽查等部门的协调配合机制，建立税收政策落实效果评价制度，形成税收政策贯彻落实机制。（5）加强税收政策服务。积极配合市政府及其委办局研提政策建议，通过跟踪问效机制和纳税服务平台及时解决纳税人反馈的问题，有效落实好各税收政策。全年共参加北京市委、市政府及其各委办局会议191次，向北京市委、市政府及相关委办局汇总政策、反馈综合性税政意见152件；办理人大、政协提案15件；回复区县局反映的问题98件，回复纳税服务平台反馈的问题60件。此外，按照北京市地税局统一部署，对2010年以前415件文件进行清理，对不合法、不合时宜的规定予以修改、废止，为提高政策服务水平和依法行政奠定基础。（6）稳步提升干部素质。2011年，企业所得税处继续落实分阶段、分层次、分类型的干部培训制度，重点对企业所得税税基基础知识、重大税收优惠政策、重点行业政策等方面组织三次培训，直接参训的基层科所干部达1000人次。经过国家税务总局考查筛选，8名北京市地税局、区县局干部被列入国家税务总局人才库。

（白建平 牛泽厚）

【明确促进节能服务产业发展税收政策】 3月11日，北京市财政局、北京市国家税务局、北京市地方税务局联合转发《财政部 国家税务总局关于促进节能服务产业发展增值税、营业税和企业所得税政策问题的通知》（京财税〔2011〕320号），明确符合条件的节能服务公司实施合同能源管理项目给予企业所得税税收优惠，对有关资产税务处理予以明确，此项政策于2011年1月1日起正式实施。

（涂 珍）

【明确企业所得税核定征收流程】 3月16日，北京市地方税务局发布《北京市地方税务局关于发布〈企业所得税核定征收鉴定操作规程〉的公告》（北京市地方税务局公告2011年第3号），明确核定征收流程等问题，于2011年4月16日正式施行。

（付晓彬）

【明确非居民企业所得税管理若干问题】 3月28日，国家税务总局发布《国家税务总局关于非居民企业所得税管理若干问题的公告》（国家税务总局公告2011年第24号），明确关于到期应支付而未支付的所得扣缴企业所得税、担保费税务处理、土地使用权转让所得征税、融资租赁和出租不动产的租金所得税务处理等问题。公告自2011年4月1日起施行。

（王天文）

【明确企业资产损失所得税税前扣除管理办法】 3月31日，国家税务总局发布《企业资产损失所得税税前扣除管理办法》的公告（国家税务总局公告2011年第25号），明确申报管理、资产损失确认证据、货币资产损失的确认、非货币资产损失的确认、投资损失的确认、其他资产损失的确认等内容。公告自2011年1月1日起施行。为进一步做好企业资产损失所得税税前扣除管理工作，12月28日，北京市国家税务局、北京市地方税务局发布《关于企业资产损失所得税税前扣除有关问题的公告》（公告〔2011〕16号），明确企业资产损失税前扣除申报的管理、程序、应提交的资料等内容。公告从2011年1月1日起施行。

（王素江）

【规范非营利组织免税资格认定管理工作】 5月17日，北京市财政局、北京市国家税务局、北京市地方税务局联合印发《关于规范我市非营利组织免税资格认定管理工作有关问题的通知》（京财税

〔2011〕813号），规范非营利组织免税资格的申请、免税资格的认定及非营利组织的企业所得税后续管理事项。通知自印发之日开始执行。

（王旭刚）

【明确促进就业有关税收政策实施办法】 9月2日，北京市地方税务局、北京市国家税务局、北京市人力资源和社会保障局发布《关于支持和促进就业有关税收政策实施问题的公告》（北京市地方税务局公告2011年第13号），明确促进就业税收优惠政策的审批范围、审批期限、审批部门、资格认定、纳税人应提交的资料以及管理要求。公告于2011年1月1日起实施。

（王旭刚）

【明确中关村国家自主创新示范区企业所得税试点政策】 10月14日，北京市财政局、北京市国家税务局、北京市地方税务局、北京市科学技术委员会、中关村科技园区管理委员会联合印发《关于进一步落实中关村国家自主创新示范区企业所得税试点政策的通知》（京财税〔2011〕2207号），进一步明确中关村国家自主创新示范区企业所得税试点政策的适用范围、执行程序以及纳税人应提交的资料等内容。

（涂　珍）

【明确专项用途财政性资金企业所得税处理问题】 11月4日，北京市财政局、北京市国家税务局、北京市地方税务局联合转发《财政部　国家税务总局关于专项用途财政性资金企业所得税处理问题的通知》（京财税〔2011〕2295号），明确企业从县级以上各级人民政府财政部门及其他部门取得的应计入收入总额的财政性资金，凡同时符合3个条件的，可以作为不征税收入，在计算应纳税所得额时从收入总额中减除政策，自2011年1月1日起执行。

（王旭刚）

【发布《中华人民共和国企业所得税月（季）度预缴纳税申报表》等报表的公告】 11月30日，国家税务总局发布《中华人民共和国企业所得税月（季）度预缴纳税申报表》等报表的公告（国家税务总局公告2011年第64号），修订《中华人民共和国企业所得税月（季）度预缴纳税申报表（A类）》《中华人民共和国企业所得税月（季）度和年度纳税申报表（B类）》《中华人民共和国企业所得税汇总纳税分支机构所得税分配表》及其填报说明。12月22日，国家税务总局发布《中华人民共和国企业所得税月（季）度预缴纳税申报表》等报表的补充公告（国家税务总局公告2011年第76号），对《〈中华人民共和国企业所得税汇总纳税分支机构所得税分配表〉填报说明》进行补充。上述文件自2012年1月1日起执行。

（郭　淼）

【明确小型微利企业所得税优惠政策】 12月26日，北京市财政局、北京市国家税务局、北京市地方税务局联合转发《财政部 国家税务总局关于小型微利企业所得税优惠政策有关问题的通知》（京财税〔2011〕2932号），明确自2012年1月1日至2015年12月31日，继续对小型微利企业实施税收优惠。

（王旭刚）

个人所得税管理

【综述】 2011年，个人所得税处按照北京市地税局党组工作部署，在主管局长带领下，解放思想，加快转变，夯实基础，依法行政，全面落实修改后的个人所得税法，持续优化纳税服务，切实加强对高收入者征管，圆满完成全年各项任务。一是落实新个人所得税法，确保中央惠民政策落到实处。新个人所得税法及其实施条例公布后，北京市地税局和区县局、分局党组高度重视，举全系统之力，迅速动员，广泛宣传，全面培训，扎实稳妥做好核定征收标准调整和申报信息系统完善工作，着力加强督查反馈，以坚强的组织领导、周密的计划部署、健全的制度机制、一流的工作风貌，确保新税法的平稳顺利实施。二是坚持依法行政，个人所得税职能作用充分发挥。强化税政管理，认真贯彻各项税收政策，坚决落实税收优惠政策，全面清理规范性文件，实行税收政策跟踪问效，依法妥善处理热点难点政策问题，强化税收收入分析预测，抓好全员全额扣缴申报和年所得12万元以上个人自行申报两项基础工作，加强高收入者征管，税收职能作用得到充分发挥。三是优化纳税服务，个人所得税征管环境和谐稳定。坚持把保稳定、促和谐放在更加突出的位置，根据纳税人需求，加强税法宣传辅导，继续做好完税证明发放工作，加大完税证明全城通开力度，妥善处理敏感问题，依法化解涉税矛盾纠纷，着力营造和谐征纳关系。四是狠抓工作落实，服务首都改革发展稳定大局。认真落实北京市委、市政府控房控车政策，加强购车购房申请人纳税资格审核，依法为北京市住保办提供保障性住房申请人纳税信息，加强对个人转让自用5年以上家庭唯一生活用房申请免税资格的审核，保障和改善民生。积极落实支持中关村企业发展、就业再就业、残疾人优惠政策，加强对中央在京单位和涉外企业个人所得税政策宣传辅导，配合北京市委相关部门做好引进人才个人所得税纳税情况统计核实工作，服务首都科学发展。立足首都改革发展稳定大局，加强个人所得税制改革调查研究，提高向上级部门建言献策水平。

（夏宏伟）

【圆满完成个人所得税收入任务】 全年累计完成个人所得税681.3亿元，同比增收145亿元，增长27%；占北京地税各项税费收入的25.5%，占全国个人所得税收入的11.25%。从税目来看，工资薪金所得实现税款574.4亿元，占全市个人所得税收入的84.3%，同比增收120.7亿元，增长26.6%；财产转让所得实现税款22.8亿元，同比增收6.2亿元，增长37.2%，成为各所得项目增幅最大亮点。从区域来看，首都功能核心区和城市功能拓展区分别完成税款204.9亿元和360亿元，分别占全市个人所得税收入的30.1%和52.8%，同比分别增长25.9%和28.8%；城市发展新区和生态涵养区分别完成税款77.9亿元和16.8亿元，分别占全市个人所得税收入的11.4%和2.5%，同比分别增长33.6%和17.2%。从税源规模来看，纳税百万元以上扣缴单位8022户，同比增加1219户，增长17.9%；入库税款584.5亿元，同比增收135.8亿元，增长30.3%；占全市个人所得税收入的85.8%，同比提高2.1个百分点。

（夏宏伟）

【全面做好新个人所得税法贯彻实施准备工作】 新个人所得税法及其实施条例公布后，北京市地税局迅速启动各项贯彻实施准备工作。一是加强领导，统筹安排。北京市地方税务局局长王晓明多次主持召开党组会、局长办公会、局长专题会，科学分析贯彻新个人所得税法对税收收入的影响和社会各方反应，制订详细的工作方案，增强工作的前瞻性和预见性。二是迅速动员，明确责任。为落实好北京市委、市政府和国家税务总局的工作要求，北京市地税局及时召开全系统专项工作会议，对贯彻实施工作进行全面动员部署，做到任务明确，责任到人，确保万无一失。三是健全机制，发挥合力。在时间紧、任务重的情况下，全局上下“一盘棋”，抢时间，抢进度，协同完成受惠人群分析、税收收入影响预测、印发宣传材料、对外对内宣传培训、核定征收标准调整、信息系统改造、计算机设备更新以及税收规范性文件起草等各项工作，保证新个人所得税法在北京市的平稳顺利实施，确保中央惠民政策得到及时准确地贯彻落实。

（夏宏伟）

【依法调整核定征收标准】 依法依规、科学合理做好个人所得税核定征收标准调整工作，是此次新个人所得税法贯彻落实工作的难点和焦点，事关首都改革发展稳定大局。北京市地税局经充分调查研究，并向北京市政府专题报告后，依法及时对全市30万个体工商户业主个人所得税核定征收标准和个人承包建筑安装工程所得个人所得税征收率统一下调40%。鉴于出租车行业人群的特殊性和敏感性，北京市地税局多次就出租车驾驶员个人所得税事宜会同北京市发展和改革委、市财政局、市交通委运输局进行研究，并联合市财政局向市政府专门请示后，将单班驾驶员和双班驾驶员每人每月个人所得税定额分别调整为15元和10元，使这部分纳税人切实享受到此次税法调整带来的实惠。

（夏宏伟）

【确保信息系统准时上线】 个人所得税法调整后，北京市地税局核心信息系统和明细申报信息系统都要作相应调整，涉及税种税目、税率、申报纳税期限和客户端申报软件等多项内容。按照信息化工作程序，信息系统的调整大约需要3个月时间。为确保纳税人和扣缴义务人正常申报纳税，北京市地税局按照特事特办、急事急办的原则，各部门通力合作，对27项工作内容倒排工期，加快开发进度，及时完成信息系统立项、开发、测试、上线及硬件设备更新等各项工作。

（夏宏伟）

【营造良好贯彻实施氛围】 北京市地税局及时召开新闻发布会，开展网上在线答疑活动，印发宣传材料35万份。各区县局、分局加强对税务干部的培训，及时将个人所得税政策调整、征管变化和信息系统修改内容传达到每名税务干部，确保给所有纳税人和扣缴义务人准确一致的政策解释；并通过集中培训、大户走访、播放宣传片、印发海报等形式，加强对新个人所得税法的宣传解释，妥善处理个体工商户业主和出租车驾驶员等敏感人群税收问题。全系统广大税务干部牢记保稳定这个政治任务，密切关注社会各方反应，依法对社会各界普遍关注的问题予以回应和澄清，积极引导新闻舆论导向，营造良好的贯彻实施工作氛围。

（夏宏伟）

【密切关注新税法实施效应】 11月，在北京市地方税务局副局长任军带领下分别在密云县地方税务局、房山区地方税务局和通州区地方税务局组织召开个人所得税工作交流会议，总结贯彻实施新个人所得税法工作，并对2012年个人所得税工作进行务虚。同时，加强全员全额扣缴申报信息利用，密切关注新个人所得税法实施情况和对税收收入的影响。按照郭金龙市长批示精神，会同市发展和改革委、北京市统计局，积极开展实施新个人所得税法对城镇居民人均可支配收入的拉动效应分析。

（夏宏伟）

【全面落实个人所得税新政策】 强化政策宣传辅导，加大为基层服务力度，认真做好税政管理工作，切实抓好《国家税务总局关于企业年金个人所得税有关问题补充规定的公告》（国家税务总局公告2011年第9号）、《国家税务总局关于个人所得税有关问题的公告》（国家税务总局公告2011年第27号）、《国家税务总局关于雇主为雇员承担全年一次性奖金部分税款有关个人所得税计算方法问题的公告》（国家税务总局公告2011年第28号）和《国家税务总局关于个人终止投资经营收回款项征收个人所得税问题的公告》（国家税务总局公告2011年第41号）等个人所得税新政策的贯彻落实工作。

（夏宏伟）

【大力推进依法行政】 对北京市地税局制发的163个个人所得税文件进行清理，全文废止29个文件，废止11个文件的部分条款。会同市财政局印发《北京市财政局　北京市地方税务局关于调整个人独资企业和合伙企业投资者个人所得税核定征收方式鉴定工作的通知》（京财税〔2011〕625号），把个人独资企业、合伙企业投资者个人所得税征收方式核定备案环节，由科、所两级调整为税务所一级，减少审批层级。加强对个人所得税政策的培训辅导，提高税务干部依法行政意识和处理个人所得税复杂、敏感问题的能力。对全市3.5万家个人独资企业、合伙企业投资者个人所得税征收方式鉴定和申报纳税情况进行分析评价，并进行核实。配合审计处开展股票期权所得备案、残疾人税收减免审批及房屋转让环节和企业注销环节申报纳税等涉税事项专项执法检查。同时，加强对个人所得税减免税情况的统计分析。

（夏宏伟）

【切实加强高收入者征管】 继续开展个人所得税工薪所得与企业所得税税前列支工薪费用比对核实，入库税款650万元。严格把握外籍人工薪所得税前扣除补贴标准，加大征管力度。加强对限售股转让所得代扣代缴税款资料和清算资料的审核，切实做好限售股转让所得征管工作，入库税款6.9亿元，退税3.5亿元。利用工商管理部门信息，加强对股权变动涉税行为个人所得税征管，入库税款2075万元。加大对自然人股东从企业借款未归还企业的评估稽查力度。

（夏宏伟）

【利用明细申报数据强化年度自行申报管理】 在保持较高明细申报率的同时，着力加强申报数据管理，提高数据质量，发挥源泉扣缴制度在税源管理中的职能作用。截至2011年年底，全市全员全额扣缴申报户数已达到63万户，每月约为900万人进行申报。继续做好年所得12万元以上个人自行申报纳税工作，全市共有59.4万人进行申报，同比增加12万人，增幅为25.3%。申报期间，北京市地税局在北京电视台、北京广播电台、城市电视播放宣传片，发放宣传手册40万份、宣传海报1万份和申报表15万份。

（夏宏伟）

【依法化解涉税矛盾纠纷】北京市地税局坚持从加强和创新社会管理、促进和谐首都建设的高度出发，着力防范和化解个人所得税方面涉税矛盾纠纷。依法解决因单位明细申报信息不准确或纳税人身份信息变更而影响纳税人申请购房、购车资格问题。研究解决自行申报纳税人无法取得个人所得税完税凭证问题。妥善处理部分纳税人到全国总工会反映单位代扣税款后未开具完税证明问题。耐心做好政策解释，妥善解决纳税人到国家税务总局反映拍卖公司代扣拍卖所得个人所得税后提供不规范的《代扣代收税款凭证》问题。

（夏宏伟）

【做好个人所得税完税证明开具工作】 对完税证明进行改版。发布《北京市地方税务局关于发布个人所得税完税凭证索取指引的公告》（北京市地方税务局公告2011年第4号），明确个人所得税完税凭证的具体种类及取得的途径，满足不同纳税人对完税凭证的需求。集中发放年度完税证明443万份，同比增加51万份。继续推进完税证明全城通开和个人纳税信息网上查询工作，全市通开税务所数量已达到129家。根据纳税人申请开具完税证明37万份，同比增加22万份。

（夏宏伟）

【积极落实控房、控车政策】 与北京市政府主管部门紧密配合，认真研究购房、购车申请人纳税信息审核工作方案，积极开展购房、购车申请人纳税情况审核工作，年内累计审核购车申请8.9万人和购房申请3.3万人。配合北京市住建委在4月份实现购房申请人纳税信息自动审核，缩短工作时限，提高工作效率。进一步规范工作流程，认真做好初审未通过申请人复核工作，维护这部分纳税人权益。会同地方税处联合北京市住建委发布《北京市地方税务局　北京市住房和城乡建设委员会关于进一步加强房地产市场调控有关税收问题的公告》（北京市地方税务局公告2011年第5号），规定转让自用5年以上、并且是家庭唯一生活用房个人，申请享受免征个人所得税政策的，应向主管税务机关申报售房人及家庭成员情况，如实填写《售房人家庭唯一住房承诺表》，主管税务机关通过北京市房屋交易权属系统对售房人及其家庭成员住房登记记录进行查询和核验。全年为市住保办提供5批涉及64万人次的税收信息，配合做好保障性住房申请人收入状况核实工作。

（夏宏伟）

【用好用足税收优惠政策服务首都科学发展】 为中关村管委会、北京市科委等相关部门和试点单位提供政策服务，对股权激励所得个人所得税试点政策执行情况进行统计调查。全面落实残疾人、再就业人员、军转干部、随军家属和城镇退役士兵等方面税收优惠政策，促进再就业，维护首都安全稳定。加强对中央在京单位和涉外企业个人所得税政策宣传辅导，帮助企业防范税收风险，推进“走出去”和“引进来”战略的加快实施。研究提出政府部门补发绩效奖金和提前发放督查考核奖计税意见，力争用好用足个人所得税政策。同时，按照市委组织部工作部署，认真开展相关个人所得税政策研究，积极做好引进人才个人所得税纳税情况统计核实工作，自觉服务首都人才战略的加快实施。

（夏宏伟）

【积极配合上级部门做好税改调研】 配合全国人大预算工委开展个人所得税制改革调研工作，充分征求区县局、分局意见，并认真准备汇报材料，如实向上级部门反映基层征管实际和对税改建议。配合国家税务总局开展税制改革相关政策研究和数据测算工作，组织不同行业人员参加全国人大常委会新个人所得税法（草案）征求意见会。按照国家税务总局部署，作为牵头部门，会同上海、河南等兄弟单位，开展减并修改个人所得税申报表研究，在北京组织召开研讨会，主笔完成调研报告。积极配合国家发展和改革委开展发挥税收职能调节居民收入分配研究工作。对各类明星和演职人员取得劳务报酬所得缴税情况进行调查，提出强化征管建议，服务国家税务总局决策。会同研究室圆满完成国家税务总局交办的个人所得税新税制下征管模式课题研究工作。

（夏宏伟）

土地增值税、城镇土地使用税、教育费附加、印花税、城市维护建设税、资源税、房产税、车船税、契税、耕地占用税、外商投资企业土地使用费管理

【综述】 2011年，地方税管理处认真落实北京市委、市政府、国家税务总局工作部署和北京市地税局党组各项工作要求，依法组织税收收入，配合推进税制改革，充分发挥税政职能，深入实施信息管税，建立健全制度机制，认真落实依法行政，扎实开展素质建设，圆满完成全年各项工作任务。全年累计组织地方税“九税两费”收入658.6亿元，完成年度计划552.2亿元的119.26%，占全局地方公共财政预算收入2083.86亿元的31.6%，增收155.87亿元，增长31.01%。除城镇土地使用税和外商投资企业土地使用费以外，其余税费均超额完成年度计划。土地增值税因调整预征率和加强清算管理，完成121.29亿元，增收35.43亿元，增长41.27%，提前5个月完成年度收入计划；城市维护建设税和教育费附加由于将外资

企业和外籍个人纳入征收范围，同比增幅均超过70%。为首都经济社会又好又快发展提供财力保障。九税两费收入完成情况见下表：

2011 年北京市地方税九税两费收入完成情况表

单位：万元

项　　目	年度计划	本期累计收入				
		本期累计	同期累计	占年度计划（%）	比上年同期累计	
					增减额	增减（%）
资源税	3000	3444	3666	114.80	–222	–6.06
城市维护建设税	1170000	1467372	848033	125.42	619339	73.03
房产税	900000	994011	838256	110.45	155755	18.58
印花税	330000	396733	321352	120.22	75381	23.46
城镇土地使用税	162000	160693	161283	99.19	–590	–0.37
土地增值税	900000	1212901	858569	134.77	354332	41.27
车船税	155000	185803	149217	119.87	36586	24.52
耕地占用税	90000	115661	101853	128.51	13808	13.56
契税	1270000	1361716	1342746	107.22	18970	1.41
教育费附加	530000	675953	389797	127.54	286156	73.41
外商投资企业土地使用费	12000	11396	12171	94.97	–775	–6.37
合计	5522000	6585683	5026943	119.26	1558740	31.01

注：“九税两费”：资源税、城市维护建设税、房产税、印花税、城镇土地使用税、土地增值税、车船税、耕地占用税、契税、教育费附加、外商投资企业土地使用费。

2011年，主要完成以下工作：参与车船税立法和地方教育附加政策研究；贯彻落实新车船税法和修改后的资源税暂行条例；落实房地产市场宏观调控税收措施，加强土地增值税差别化预征和清算管理，积极推进存量房评估试点工作，建立存量房交易计税价格体系，加强存量房交易税收征管，贯彻落实保障房税收优惠政策，促进首都房地产市场健康发展；深化房地产税收一体化管理；明确涉外税务分局集中管辖的纳税人适用城市维护建设税税率问题；明确法院判决执行房地产权属转移相关涉税问题；明确农村商业银行股份有限公司改制过程中契税、土地增值税问题；明确国有企业重组改革中契税、土地增值税问题；编制财产行为税“十二五”发展规划纲要；建立地方税收入月度情况分析通报制度，加强税收收入预测和分析；完善拆迁补偿减免税管理工作；继续做好地方税业务流程优化和业务文件清理工作；加强财产和行为税税源监控平台功能推广应用，推进信息管税；贯彻落实城市维护建设税、教育费附加国地税数据比对工作；贯彻落实国家支持和促进就业税收政策；做好地方教育附加开征前的各项业务准备工作；修订耕地占用税纳税申报表和耕地占用税减免申报表；积极做好车船税征收工作；加强地方税干部队伍素质建设。

（钱剑兰）

【参与车船税立法工作】 配合国家税务总局参与研究讨论和修改完善《中华人民共和国车船税法实施条例》。前期与北京市财政局、市交管局、北京保监局等联合开展车船税基础数据的调研和税负测算，根据北京市交管局提供的车辆基础数据，按照车船税法规定的税额幅度，提出北京市高、中、低档三个税额标准设计方案，分别完成相应税收收入测算。落实国家税务总局要求，组织承办华北地区贯彻落实车船税法准备工作座谈会，重点就华北地区各省市的车船税税额标准，特别是对2.0排量以下乘用车的单位税额标准进行讨论协调。根据会议讨论意见，北京市地税局会同市政府法制办、北京市财政局提出拟向北京市政府建议的税额标准设计方案，形成北京市实施车船税法办法及立法说明草稿。

（张　寒）

【贯彻落实新车船税法】 贯彻落实《中华人民共和国车船税法》（中华人民共和国主席令第四十三号）《中华人民共和国车船税法实施条例》（中华人民共和国国务院令第611号）《北京市人民政府关于印发北京市实施〈中华人民共和国车船税法〉办法的通知》（京政发〔2011〕77号）等文件精神。一是制定《北京市地方税务局关于贯彻落实〈中华人民共和国车船税法〉工作方案》，明确内部12个处室的责任任务，提出外部11个单位协调配合的工作建议。二是将新购车辆、单位车辆纳入保险机构代收代缴范围，实现全部车辆“一车一档”精细化管理。加强车船税管理的社会化协作，建立协查把关工作机制。三是研提北京市地税局车船税征收系统业务需求，配合完成招标业务文件说明等工作；确认保险机构车船税代收代缴系统开发业务需求，并与北京保监局、北京市保险协会完成联合验收。四是充分利用北京市地税局网站开展网上宣传，通过发放宣传手册、电子屏幕播放等方式提高宣传实效。五是加强培训，举办两批区县局贯彻车船税法培训和保险公司代扣代缴车船税政策培训。六是先后召开贯彻车船税法准备工作动员会和2012年征收工作部署视频会，进行思想和准备工作的动员以及讲解征管文件，明确工作要求，为车船税法顺利实施打好思想和业务基础。

（赵　玮）

【贯彻落实修改后的资源税暂行条例】 根据修改后的《中华人民共和国资

源税暂行条例》的相关规定，结合工作实际，就税收政策宣传及加强征收管理等工作，对各区县局、分局提出明确要求。研提核心征管系统功能完善的业务需求，组织相关区县局对所辖纳税人进行政策宣传辅导，确保资源税征管工作顺利实施。就北京市矿泉水、地热资源是否开征资源税问题向国家税务总局进行政策请示，提高资源税征管工作水平。

（姜　华）

【落实加强房地产市场调控税收工作要求】 为贯彻《国务院办公厅关于进一步做好房地产市场调控工作有关问题的通知》（国办发〔2011〕1号）要求，配合北京市政府研究制定《关于贯彻落实国务院办公厅文件精神进一步加强本市房地产市场调控工作的通知》（京政办发〔2011〕8号）中三条涉税条款，即根据市场情况及时动态调整存量房交易最低计税价格；实行差别化土地增值税预征率；加强对土地增值税清算情况的监督和检查。并与北京市住建委、北京市财政局等部门加强协调配合，确保各项措施要求落实到位。2011年，北京市房地产市场总体运行呈现出稳中有降的势头，国务院落实房地产市场调控政策措施检查组对北京市地税局积极实行差别化税收调控政策和基层征管工作细致扎实给予肯定。

（张　旺）

【实行土地增值税差别化预征率】 为进一步巩固北京市房地产市场调控成果，促进房地产市场健康发展，北京市地税局与北京市住建委联合发布《北京市地方税务局、北京市住房和城乡建设委员会关于进一步加强房地产市场调控有关税收问题的公告》（北京地方税务局公告2011年第5号），明确实行差别化土地增值税预征率，即对房地产开发企业按规定销售各类保障性住房的收入，暂不预征土地增值税；对销售新开盘商品房的收入，按照开发项目预计增值率实行2%—5%的差别化预征率，有效引导房地产开发企业合理定价。2011年，北京市共有241个房地产开发项目上报预计增值率，其中，适用5%、4%、3%、2%预征率的项目数量分别为7个、19个、43个和172个。

（丁　琳）

【强化土地增值税清算管理】 通过落实土地增值税差别化预征率政策、下达清算考核指标、加强对区县局的业务辅导，有效发挥土地增值税对房地产业的调控作用。对已达到清算标准但不申请清算、定价明显超过周边房价水平的开发项目，进行重点清算，并将清算工作列入年度重点工作及区县局考核项目中。2011年完成清算项目279个，清算净入库税款27.65亿元，同比增长12.71%。

（马　萌）

【推进存量房评估试点工作】 为落实《北京市财政局、北京市地方税务局转发财政部、国家税务总局关于推广应用房地产估价技术加强存量房交易税收征管工作有关文件的通知》（京财税〔2011〕1822号）文件，防范存量房交易“阴阳合同”所形成的税收风险，北京市地税局印发《北京市地方税务局关于做好存量房评估试点工作的通知》（京地税地〔2011〕143号），对稳步推进全市应用房地产估价技术加强存量房交易税收征管工作提出具体要求：一是各区县局要制定本局实施方案，扎实做好各项准备工作；二是优化业务人员岗位设置，建立应用房地产估价技术加强存量房交易税收征管工作机制；三是制定化解存量房交易税收征管征纳矛盾处理应急预案，妥善化解征纳矛盾；四是做好政策宣传，规范相关问题的解释辅导；五是通过业务辅导、座谈培训等多种方式，引导房地产经纪机构依法依规开展业务；六是利用电子台账等方式，做好相关数据的收集及统计工作。

（张　旺）

【建立存量房交易计税价格体系】 在前期进行调查研究和数据测算的基础上，会同北京市财政局和北京市住建委测算、研究、建立覆盖全市114个片区、1212个特殊小区的综合修正系数存量房交易计税价格体系。不再区分商品住房、已购公房再上市和经济适用房再上市的类型，统一确定为存量住房。将二手办公用房、二手商业用房统一确定为存量商业用房。与北京市财政局、北京市住建委联合印发《北京市财政局、北京市地方税务局、北京市住房和城乡建设委员会关于加强存量房交易税收征管工作的通知》（京财税〔2011〕418号），明确运用房地产估价技术确定的存量房交易价格评估值，对纳税人申报的存量房交易价格进行评估并核定计税价格，建立存量房交易价格评估值随房地产市场交易情况动态更新机制，使计税价格体系更加贴近北京市房地产市场发展实际。文件自2011年12月10日起执行。11月份，召开北京市地税系统存量房评估试点工作启动部署会议和存量房评估试点工作片会，对区县局进行政策解读、业务培训，并做出工作部署。

（佟云飞）

【调整北京市享受优惠政策普通住房平均交易价格】 为避免计税价格调整造成普通住房税收优惠政策覆盖面收窄的问题，确保优惠政策落实到位，根据《国务院办公厅转发关于做好稳定住房价格工作意见的通知》（国办发〔2005〕26号）的相关规定，结合北京实际，与北京市住建委联合印发《北京市住房和城乡建设委员会、北京市地方税务局关于公布本市享受优惠政策普通住房平均交易价格的通知》（京建法〔2011〕22号），将北京市享受优惠政策普通住房平均交易价格调整为按照全市住房平均交易价格结合区位调整系数确定，并公布北京市享受优惠政策普通住房平均交易价格区位调整系数。购买新建商品住房的纳税人在2011年12月10日（含）以后申报缴纳契税的，以及存量住房交易的纳税人在2011年12月10日（含）以后办理存量房买卖合同（网上）签约的，按照此通知规定标准认定是否享受相关税收优惠政策。

（佟云飞）

【落实契税差别化税收政策】 加强与北京市住建委配合，利用其房屋交易权属系统查核纳税人家庭唯一住房情况，在满足基层窗口征管工作需要的同时，确保家庭唯一普通住房契税差别化税收优惠政策准确适用。

（佟云飞）

【落实保障房税收优惠政策】 严格执行廉租房、经适房、公租房、棚户区改造安置住房等各项税收优惠政策，减轻保障性住房开发企业税收负担。与北京市住建委联合印发《关于贯彻落实公共租赁住房税收优惠政策有关问题的通知》（京建发〔2011〕227号），就公共租赁住房的政策认定、提交材料、部门配合、信息共享、税收优惠等方面进行细化，有效支持公共租赁住房建设，保障和改善民生，维护社会稳定。

（何　跃）

【深化房地产税收一体化管理】 履行牵头处室职责，会同相关处室制定2011年度工作计划，明确12个重点工作事项。通过部门配合、协调解决房地产交易环节中的实际征管问题，加强房地产交易各税种间的有机衔接。组织编印“房地产行业政策汇编”系列宣传手册，配发基层约8万份。

（张　翼）

【明确涉外税务分局集中管辖的纳税人适用城市维护建设税税率问题】 为贯彻落实《国务院关于统一内外资企业和个人城市维护建设税和教育费附加制度的通知》（国发〔2010〕35号）和《财政部、国家税务总局关于对外资企业征收城市维护建设税和教育费附加有关问题的通知》（财税〔2010〕103号）文件要求，根据《中华人民共和国城市维护建设税暂行条例》和《北京市实施〈中华人民共和国城市维护建设税暂行条例〉的细则》有关规定，北京市地税局发布《北京市地方税务局关于北京市地方税务局涉外税务分局集中管辖的纳税人适用城市维护建设税税率问题的公告》（北京地方税务局公告2011年第2号），明确北京市地方税务局涉外税务分局集中管辖的北京市范围内纳税人（扣缴义务人）适用城市维护建设税税率以不同情况下登记的地址为判定标准。

（王红艳）

【明确法院判决执行房地产权属转移相关涉税问题】 为明确法院判决执行房地产权属转移相关涉税问题，北京市地税局印发《北京市地方税务局关于法院判决执行房地产权属转移相关涉税问题的通知》（京地税地〔2011〕44号），明确已经发生法律效力的民事判决办理纳税手续时所需提供的资料；税务机关对法院强制拍卖、法院判决执行房地产权属转移的，不开具土地增值税涉税证明及税务机关依法享有对房地产权属转移涉及应纳税款的追征权等事项。

（佟云飞）

【明确农村商业银行改制过程中契税、土地增值税问题】 加强对北京农村信用社改制的政策支持，印发《北京市地方税务局关于北京农村商业银行股份有限公司承受农村信用社房地产有关契税、土地增值税问题的通知》（京地税地〔2011〕140号），明确北京农村商业银行股份有限公司改制过程中承受北京市各区县、乡镇农村信用社房产、土地权属，适用免征契税和土地增值税政策的规定。

（佟云飞）

【明确国有企业重组改革中契税、土地增值税问题】 支持国有企业重组改革，北京市地税局印发《北京市地方税务局关于北京房地集团有限公司无偿承受非经营性房地产有关契税、土地增值税问题的通知》（京地税地〔2011〕181号），明确北京房地集团有限公司重组改革中，非经营性房地产产权转移过程中适用不征契税及不征土地增值税政策的规定。

（佟云飞）

【编制“十二五”时期财产行为税工作规划纲要】 根据国家税务总局《“十二五”时期税收发展规划纲要》和有关财产行为税的各项工作目标要求，编制《北京市地方税务局“十二五”时期财产行为税工作规划纲要》，科学规划今后五年财产行为税各项目标任务，为服务主题主线，发挥税收职能作用明确方向，打好基础。

（谢　云）

【加强税收收入预测和分析】 在完成国家税务总局财产行为税税收变化月度、季度分析的基础上，建立财产行为税收入月度情况分析通报制度，完善工作方式方法，提高税收收入预测和分析工作水平，更有利于市、区两级掌握组织收入进度和税源的变化及趋势，更好地满足服务决策、强化征管的现实需要。

（沈　媛）

【完善拆迁补偿减免税管理工作】 为明确契税政策和执行中的有关问题，北京市地税局发布《北京市地方税务局关于完善拆迁补偿减免税管理工作的公告》（2011年第7号），针对办理有关减免税审批（核）手续的被拆迁人不能提供拆迁补偿协议原件的情况，做出进一步的补充规定。

（佟云飞）

【落实依法行政工作要求】 根据北京市地税局依法行政各项工作任务要求，严格按照制度、程序制发或参与制发规范性文件53件。优化业务流程6项，清理规范性文件486个，清理行政强制性文件7个，切实做到“两个减负”。参与北京市地税局税收执法检查，规范基层执法行为，提升执法水平。

（王红艳）

【贯彻落实城市维护建设税、教育费附加国地税数据比对工作】为贯彻落实《国家税务总局关于做好增值税、消费税信息接收和利用工作的通知》（国税函〔2007〕89号）文件，北京市地税局印发《北京市地方税务局关于印发〈北京市地方税务局加强城市维护建设税、教育费附加国地税数据比对工作暂行办法〉的通知》（京地税地〔2011〕68号），对积极做好城市维护建设税和教育费附加国地税数据比对工作建立制度规范。对夯实税（费）源基础，提高科学化、精细化管理水平，实现依法征收、应收尽收提出具体工作要求。全年全市共核实11285户，有问题率31.1%，补缴税费、滞纳金共计1220.5万元，同比增长近3倍。

（王红艳）

【加强财产和行为税税源监控平台功能的推广应用】 配合国家税务总局开展财产和行为税税源监控平台税收分析子系统试运行工作，将海淀区地方税务局作为试点单位，制订实施方案，做好系统运行、测试、验收各阶段工作，实现监控模型的收入分析功能。加强部门协作，将税源监控平台模型有关指标纳入北京市地税局“征管状况监控分析工作指标体系”，将税源监控平台比对的异常信息纳入日常评估检查工作。加强对税源监控平台应用情况的统计分析与效果反馈，印发《北京市地方税务局关于印发〈北京市地方税务局财产与行为税税源监控管理平台应用管理暂行办法〉的通知》（京地税地〔2011〕126号），形成长效工作机制。积极开展税源监控平台本地化建设，优化、完善平台录入界面和有关功能。分七期对全系统343人举办监控平台操作应用培训会，编印《财产与行为税税源监控管理平台操作手册（精简版）》，发至各区县、分局近千册，满足基层征管工作需要，推进信息管税。

（张　翼）

【贯彻落实国家支持和促进就业税收政策】 为进一步做好北京市支持和促进就业工作，根据《财政部、国家税务总局关于支持和促进就业有关税收政策的通知》（财税〔2010〕84号）《国家税务总局、财政部、人力资源和社会保障部、教育部关于支持和促进就业有关税收政策具体实施问题的公告》（2010年第25号），北京市地税局与市国税局、北京市人力社保局联合发布《北京市地方税务局、北京市国家税务局、北京市人力资源和社会保障局关于支持和促进就业有关税收政策实施问题的公告》（2011年第13号），对办理支持和促进就业减免税审批的范围、期限、部门、程序等进行公告。

（王红艳）

【做好开征地方教育附加各项准备工作】 按照《财政部关于统一地方教育附加政策有关问题的通知》（财综〔2010〕98号）《财政部关于同意北京市开征地方教育附加的复函》（财综函

〔2011〕57号）的有关规定，做好地方教育附加开征前的准备工作。一是制订北京市地税局开征地方教育附加工作方案及任务分解表，明确部门职责。二是配合市财政局制定《北京市人民政府关于印发〈北京市地方教育附加征收使用管理办法〉的通知》（京政发〔2011〕72号），从地方教育附加的开征时间、征收范围、计征依据、征收标准等方面进行明确。印发《北京市地方税务局、北京市国家税务局、北京市财政局、中国人民银行营业管理部关于做好城市维护建设税、教育费附加、地方教育附加征收管理工作有关问题的通知》（京地税地〔2011〕178号），对营业税集中汇缴有关单位以及代开增值税发票零散税源部分的委托国税局代征工作进行明确。三是做好核心征管系统功能调整涉及的需求研提、测试。四是召开地方教育附加开征工作动员部署视频会，做好对区县局的辅导培训，配合市财政局统一开展网上宣传，确保地方教育附加开征工作平稳实施。

（王红艳）

【修订耕地占用税纳税、减免税申报表】 按照《国家税务总局关于做好耕地占用税契税收入核算上报工作的通知》（国税函〔2011〕685号）的有关要求，结合北京市耕地占用税征管工作实际，北京市地税局发布《北京市地方税务局关于修订耕地占用税纳税申报表和耕地占用税减免申报表的公告》（2011年第19号），重新对耕地占用税纳税申报表和耕地占用税减免申报表进行修订，该申报表于2012年1月1日起正式启用。

（刘　月）

【做好车船税征收工作】 为做好2012年度车船税征收工作，北京市地税局发布《北京市地方税务局关于征收2012年度车船税的公告》（2011年第21号）和《北京市地方税务局关于做好车船税征收工作有关问题的通知》（京地税地〔2011〕182号），对车船税纳税人、申报纳税期限、纳税地点、税额标准、征收场所、代收代缴机动车车船税保险公司等具体事项进行公告。与北京市财政局联合发布《北京市财政局、北京市地方税务局关于车船税申报纳税期限的公告》（京财税〔2011〕2987号），与中国保险监督管理委员会北京监管局联合发布《北京市地方税务局、中国保险监督管理委员会北京监管局关于发布〈北京市保险机构代收代缴机动车车船税工作管理办法〉的公告》（2011年第20号），从部门责任、工作内容及流程、运行维护、手续费返还及使用、法律责任等方面进行明确，进一步加强保险机构代收代缴机动车车船税的监督管理。

（张　寒）

【加强地方税干部队伍素质建设】 制定并落实地方税干部培训五年计划，探索实施分类管理机制。按照业务专家、业务骨干、岗位能手和新任岗位人员四类，在全系统遴选577名人才培养对象，建立地方税人才信息库并实施动态管理。加强分级分类培训，先后举办税源监控平台操作、土地增值税、存量房评估、车船税“小教员”等业务培训会，参训人员达700余人次，努力提升地方税干部综合素质能力和依法行政水平。

（杨　頔）

残疾人就业保障金管理

【综述】2011年残疾人就业保障金（以下简称“残保金”）代征工作在北京市地税局党组的领导下，紧紧围绕服务用人单位缴费，开展对社会用人单位的宣传、辅导培训和温馨提示，协助残联催审催缴。在各有关单位、部门的支持配合下，截至2011年12月31日共有36.6万户（次）用人单位缴纳当年或补缴以前年度残保金20.37亿元，同比增收2.7亿，增长15.4%。入库户增加30189户，增长8.9%。入库率为99%。

（赵振波）

【加强部门联动】为确保任务落实，征期前残保金处与北京市残联有关部门先后3次召开联席会，研究草拟政府通告，签发《做好2011审核征缴工作的通知》。5月25日北京市地税局组织召开2011年全系统残保金代征工作电视电话会议，回顾总结2010年残保金代征工作，对2011年残保金代征工作进行部署。6月22日，北京市残联、北京市地税局、北京市财政局联合组织召开“北京市2011年残保金审核征缴启动仪式暨培训工作会议”，就残保金审核工作、代征系统操作流程等业务进行培训，全市300余名审核、征缴工作人员参加培训。各区县地税局、地税分局结合本地实际制订残保金代征工作方案，与区残联共同召开会议贯彻三部门会议精神。

（赵振波）

【加强宣传辅导】在现行法规强制性措施不到位的情况下，利用宣传、辅导、温馨提示等办法提升社会道德水准，营造社会氛围，引导社会用人单位依法履行安置残疾人就业、缴纳残保金义务是做好残保金代征工作的重要手段。北京市地税局印制下发《关于2011年残保金代征宣传工作方案》；印制45万册《北京市残疾人就业保障金缴费指南》；并与残联共同完成公益广告制作，征期内在北京电视台黄金时段播出；在地税网站挂出征缴通告；对外网信息和内网信息交流平台进行更新维护；利用各种会议、短信提示、电话提示、电子邮件提示等方式提醒社会用人单位及时办理审核、缴费业务。

（赵振波）

【组织落实北京市扶残助残先进单位、个人评选活动】 根据《北京市残疾人联合会、北京市人力资源和社会保障局关于开展北京市残疾人自强模范暨扶残助残先进集体和先进个人评选表彰工作的通知》（京残发〔2011〕4号）的要求，按照自下而上、充分发扬民主的推荐要求，北京市地税局按要求完成推荐、评选、初审、申报工作，评选出西城区地税局为北京市扶残助残先进集体、西城区地税局金融街所李红艳同志为先进个人。朝阳区、石景山区、门头沟区、房山区、昌平区等地税局经所在区县推荐，被评为北京市扶残助残先进集体。

（赵振波）

【提高代征数据审核质量】 为解决北京市地税局审核数据与市残联审核数据不一致的问题，先期挑选3个区县局对审核数据与残联进行全面比对分析，初步确定数据差异的原因，加大审核数据的提取刷新频次。针对问题对审核数据进行更新，进一步提高数据质量，为数据利用奠定基础。

（赵振波）

【加强指导和政策调研】 全系统市、区两级主管代征工作的部门，及时了解残保金代征工作进展情况，答复或协调解决代征一线工作中遇到的问题。北京市地税局协调残联为全系统基层单位交换残联刊物——《挚友》，使一线同志更多地了解残疾人生活工作状况和相关政策。积极配合市人大、市政府有关部门对修订《北京市贯彻残保法办法》，完善残保金征收地方立法的调研。随市残联赴福建考察残保金征收情况，开展对征缴模式、方法的研究探讨。针对基层反映的残保金代征工作法律、法规缺失、征缴标准一刀切、残联和地税局数据不一致等问题进行研究探讨。完成2010年残保金收入分析报告和关于福建省残疾人就业保障金征缴工作的考察报告，反映市地税局代征工作的状态；比较外省市征缴模式，为探讨适合北京市的代征机制提供参考。

（赵振波）

工会经费代收管理

【综述】 在北京市地税局党组领导下，在主管局领导的具体指导下，工会经费管理处充分发挥主观能动性和创造性，与北京市总工会相关部门密切配合，分为试点、试点推广、全市推广三个阶段平稳有序地推进工会经费代收工作，2010年7月1日起开展西城区南片街道、丰台区、昌平区的试点工作，2011年1月启动试点收缴工作；2011年7月1日起将试点工作推广至东城区、西城区、朝阳区、门头沟区、顺义区，2011年10月启动试点推广收缴工作；2011年11月起开展全市推广的准备工作，并于2012年1月启动全市推广工作。代收工会经费和促建工会工作取得历史性突破。截至2011年12月31日，费源户已达58010户，试点区代收工会经费（筹备金）累计申报5.09亿元，入库5.03亿元，入库率98.9%。与代收工作开展前相比，七个试点区总工会入库金额2.66亿元，是代收前1.25亿元的2.1倍；工会组织32191个，是代收前9060个的3.55倍；覆盖法人单位62008个，是代收前26458个的2.34倍。代收工会经费、工会组织建设和覆盖法人单位数量三项指标均创历史最高水平。

（李春霞）

【完善代收管理制度】 在总结试点和试点推广经验基础上，联合北京市总工会、人民银行营业管理部共同制定《北京市工会经费（筹备金）税务代收工作管理办法》（京工发〔2011〕70号）、《北京市工会经费（筹备金）税务代收工作催缴管理办法》（京工发〔2011〕71号）和《北京市工会经费（筹备金）税务代收工作国库收缴管理办法》（京工发〔2011〕74号），明确地税和工会的职责分工以及代收管理工作的收缴范围、标准、期限、程序等事项。与北京市总工会签订《工会经费（筹备金）委托代收协议》，下发《关于明确工会经费（筹备金）税务代收部分区划管理的通知》，对需要明确的工会组织管辖范围、与地税分局对应关系进行明确。

（李春霞）

【稳妥部署代收工作】 为贯彻落实北京市委、市政府关于分步推进工会经费代收工作的要求，进一步统一思想，深入贯彻2011年系统工作会议精神，坚持“规范、统筹、依法有据”地做好工会经费税务代收试点工作，北京市地税局联合市总工会积极争取各级党委、政府及相关部门支持，认真研究、制定、实施试点、试点推广、全市推广工作方案和应急预案，制定工作计划时间倒排表，积极稳妥部署代收各项工作。3月16日，工会经费管理处在昌平培训中心召开2011年工会经费税务代收试点工作会议。2011年7月7日、11月25日，分别组织召开试点推广、全北京市推广动员部署会，北京市委、市政府相关领导，各区县党委、政府主管领导，北京市地税局和北京市总工会相关领导、部门主要负责人等参加会议。北京市委常委、市总工会主席梁伟同志充分肯定了地税局在工会经费代收工作中所做的努力和取得的突出成绩。试点和试点推广启动收缴工作前，召开收缴工作部署会，逐项布置费源核实、培训辅导、缴费服务、缴费提示、数据统计、申报入库分析、沟通反馈等工作。

（李春霞）

【完善代收信息系统功能】 为进一步完善信息系统建设，在试点和试点推广取得经验的基础上，经过广泛深入征求试点局和试点推广局意见建议，工会经费管理处分两期提出进一步完善代收信息系统的业务需求，从操作人性化、业务系统化、功能全面化等方面对操作类、查询类、统计类共计十一个功能模块提出修改完善意见。2011年6月底，第一期完善需求已通过测试上线运行；2011年11月，完成第二期需求研提并交付开发。

（李春霞）

【开展业务培训】 工会经费管理处联合北京市总工会相关部门，分别于2011年1月、8月、11月举办试点局、试点推广局、推广局小教员业务培训，重点培训三个管理办法、工会经费收缴相关政策和代收信息系统操作。编发针对地税干部和缴费人的两类演示教材，下发代收工作一揽子通知，通知随附的十二个附件包括应急预案、培训课件、《银行端查询缴款凭证（工会）》电子版、模拟用户信息、信息系统技术支持人员联系电话等内容，设计简单、易学、易操作的申报缴费流程，编发缴费指南折页，制作缴费流程演示视频，为区县局、分局开展代收工作提供系统、完整的业务资料。

（李春霞）

【做好舆情处理工作】 2011年，共处理《中国经营报》《北京民营企业情况反映》刊物以及个别微博博主关于工会经费税务代收舆情相关事项17件。工会经费管理处在认真分析舆情反映的渠道和内容，总结处理工作的方式方法基础上，下发《关于做好工会经费代收舆情处理工作的通知》，要求区县局加强与区县总工会的沟通协作，再次强调要按照职责分工依法、规范做好舆情处理工作。

（李春霞）

国 际 税 收

【综述】 2011年，国际税务管理部门在北京市地税局党组的统一部署和国家税务总局的指导下，积极开展国际税收工作，在税收协定执行、非居民税收管理和特别纳税调整等方面稳步推进。加强非居民税源控管，全系统年内共开具对外支付税务证明12145份，征收税款28.69亿元；开展转让定价调查和关联申报试点，签订预约定价执行协议，通过特别纳税调整补征税款352.76万元；执行非居民享受协定待遇的规定，做好审批和备案工作；按照国家税务总局的统一部署，开展居民企业境外所得税收调查、非居民企业所得税专项检查，填答全球税收论坛同行审议问卷；联合北京市国税局为企业进行国际税收政策解读；举办全系统国际税收工作培训和专项研讨；整理编撰《国际税收业务手册》。

（唐敬春）

【组织开展特别纳税调整工作】 一是办结一起国家税务总局全国联查北京地税所辖企业转让定价调整案。某企业集团内部通过支付咨询服务费等不合理关联交易进行避税，法制处（国际税务管理处）协调第一直属分局、企业所得税处、稽查处和朝阳区地税局对所辖企业的转让定价情况进行集体研判。经过与企业协商谈判，最终由朝阳区地税局调整入库企业所得税345万元。二是与北京市国税局共同处理一起转让定价调整案。根据北京市国税局调整的一起涉及企业所得税的转让定价调整案，地税局对其涉及的营业税问题进行研究。法制处（国际税务管理处）协调营业税处、海淀地税局，坚持依法行政，积极请示，数次会商，集体研判，慎重推进。三是与北京市国税局共同签订北京市首例预约定价安排——马士基公司中丹双边预约定价安排，并指导朝阳区地税局监督执行，补缴入库营业税7.76万元。四是在西城区地税局开展关联申报试点工作。组织操作培训并指导企业按时做好关联申报表的填报。经过对财务数据和境内境外缴税数据等的核对，发现疑点，取得预期效果。

（唐敬春　张清松）

【严格执行国际税收协定】 一是迎接国家税务总局非居民享受税收协定待遇专项检查。二是把握国际税收工作机制内在规律，探索部署关联机制比对核查方法推进协定执行日常化。已成功办理完成自2009年国家税务总局发布新办法以来北京地税系统第一起非居民享受协定待遇申请审批。继此陆续完成3起审批，正在处理5起审批。三是办理德国居民申请相互协商程序退税积案。

（张清松）

【组织开展居民企业境外所得税收调查】 按照国家税务总局的部署，法制处（国际税务管理处）联系北京市商务委，协调企业所得税处和征管处，采取先锁定企业名单填写部分数据、再由基层补充数据、最后进行数据汇总比对核实的方法，开展所辖居民企业境外所得税收调查。调查结果表明，北京地税所辖企业对外投资的国家（地区）37个，投资总额28.72亿元人民币，2010年境外所得申报5.88亿元，境外所得申报补缴企业所得税695.35万元，境外所得申报已缴外国税款抵免1.96亿元；对外承包工程和提供劳务的国家（地区）14个，合同金额198.95亿元人民币，2010年境外所得申报6232.45万元，境外所得申报补缴企业所得税292.24万元，境外所得申报已缴外国税款抵免174.73万元。

（唐敬春）

【做好对外支付税务证明开具工作】 结合对外资企业开征城市维护建设税、教育费附加，加大对基层开具对外支付税务证明的指导力度，及时解决工作中遇到的问题。2011年全系统共开具对外支付税务证明12145份，同比增加650份，征收税款28.69亿元，同比增加8.12亿元，增长39.5%，有效控管非居民税源，为全市组织税收收入作出积极贡献。

（张清松）

【组织开展非居民企业所得税专项检查】 按照国家税务总局文件精神，按照“打基础、长经验、带队伍、利长远”的思路，第一次探索开展金融行业非居民企业专项检查调查。在全系统国际税务部门调查摸底的基础上，北京市地税局法制（国际税务）处联合企业所得税处、稽查处、顺义区地税局共同完成41家金融行业非居民企业专项检查调查，摸清源泉扣缴状况及存在问题，为今后加强相关工作打下良好基础。

（张清松）

【开展国际税收政策宣传】 在第20个全国税收宣传月之际，北京市地税局首次承办两项涉及国际税收的大型宣传活动。一是与国家税务总局国际税务司及北京市国税局联合举办“走出去”税收服务宣讲会。二是与北京市投资促进局、北京市国税局联合举办外商投资企业税收政策解读会。

（张清松）

【开展国际税收业务培训和研讨】 一

是组织国际税收业务培训。鉴于税收协定的条款较为生涩，涉及非居民税收的文件十分庞杂，为便于基层理解和操作，将国际税收业务归结为实操“五步法”，对相关概念和规定进行讲解，取得较好的培训效果。二是选择区县局反映较为集中的热点焦点问题，就境内企业香港上市派发个人股息享受协定待遇、新闻资讯类机构申请集中开具付汇证明等进行专项研讨。三是组织编纂《国际税收业务手册》，为查阅和掌握相关文件规定提供便利。

（唐敬春　张清松）

征收管理

征 管 工 作

【综述】 2011年，征管处在北京市地税局党组的正确领导下，在国家税务总局征管科技司及北京市地税局主管局长的具体指导下，按照北京市地税局整体工作部署，紧密结合“做国家利益的忠诚卫士”专题教育活动和创先争优活动的开展，围绕主题主线，进一步解放思想，努力加快转变，继续夯实基础，坚持依法行政，积极探索税源专业化管理，完善制度体系建设，强化基础管理，深入落实“两个减负”，扎实推进“五双工程”，使征管工作呈现出新的面貌。截至2011年年底，北京市地税局共有税务登记户102.5万户，全市税务登记率99.76%，年平均申报率99.54%、入库率99.71%，新增欠税率0.18%，全年共清缴欠税8.53亿元。

（周非平）

【召开优化业务流程工作会议】 1月12日，北京市地税局组织召开优化业务流程工作会议，共18个成员单位参会。会议总结了税收业务流程推广应用以来的各项工作情况，并就下一阶段工作安排及《业务流程新增及修改的简易操作办法》（讨论稿）进行研讨。

（周非平）

【召开减轻基层工作负担专题会议】 1月27日，北京市地税局征管处、基层工作处组织召开减轻基层工作负担专题会议。北京市地方税务局副局长吕兴渭参加会议并讲话。

（周非平）

【三部门联合召开2011年征管系列工作会】 2月22日—23日，北京市地税局征管处、档案处、票证管理中心三部门在昌平培训中心联合召开2011年征管系列工作会。北京市地税局副局长吕兴渭出席会议，北京市地税局三部门主要负责人及相关人员，各区县局、分局主管局长和征管科有关人员参加会议。

（周非平）

【征收管理专用税务检查证的换发工作】 一季度，北京市地税局开展征收管理专用税务检查证的换发工作。此次共换发证件2663份，新办证件1424份，作废证件958份，确保基层税务人员日常检查工作的正常有序开展。

（周非平）

【印发企业跨区县迁移管理有关事项的补充通知】 3月16日，印发《北京市地方税务局关于进一步加强企业跨区县迁移管理有关事项的补充通知》（京地税征〔2011〕39号），明确税源户裁定通报制度、重大财税利益协调机制、监督考评机制，进一步加强企业跨区县迁移管理。

（周非平）

【转发《税务行业标准的结构和编写规则（试行）》的通知】 3月21日，印发《北京市地方税务局转发国家税务总局关于印发〈税务行业标准的结构和编写规则（试行）〉的通知》（京地税征〔2011〕43号）。

（周非平）

【印发2010年四季度税收征管状况监控分析情况的通报】 4月2日，印发《北京市地方税务局关于2010年四季度暨年度税收征管状况监控分析情况的通报》（京地税征〔2011〕50号），北京市地税局税收征管状况监控分析工作小组对全系统2010年度征管状况进行全面分析通报，提示管理风险点。

（周非平）

【印发减轻基层工作负担问题的通知】 4月8日，印发《北京市地方税务局关于进一步减轻基层工作负担问题的通知》（京地税征〔2011〕52号），进一步落实“两个减负”要求。针对各局反映的问题，明确减轻基层工作负担的原则、工作措施、工作机制和工作要求。

（周非平）

【召开全系统征管业务流程修改情况说明会议】 4月20日，北京市地税局组织召开全系统征管业务流程修改情况说明会议。各区县局、分局征管科相关同志参加会议。会议介绍北京市地税局新增及变更业务流程整体工作情况，同时就征管处流程变动情况进行说明，确保新修改征管业务流程在基层的及时、准确应用。

（周非平）

【召开联系税务所所长座谈会】 4月22日，北京市地税局征管处组织召开联系税务所所长座谈会。征管处、票证中心、征管处联系税务所相关同志参加会议。会议就基层单位反映的有关“两个减负”的问题进行解答；征管处、票证中心就更新后的税收业务流程进行讲解。

（周非平）

【印发《2011年一季度税收征管状况监控分析情况的通报》】 6月14日，印发《北京市地方税务局关于2011年一季度税收征管状况监控分析情况的通报》（京地税征〔2011〕84号），对2011年一季度税收征管状况进行分析和通报。

（周非平）

【召开税收业务流程管理办法（试行）研讨会】 6月17日，北京市地税局在丰台区地方税局组织召开《北京市地方税务局税收业务流程管理办法（试行）》研讨会。进一步规范税收业务流程管理，贯彻落实北京市地税局提出的建立税收业务流程管理的长效机制的工作要求。部分区、县局的同志参加会议，与会同志结合工作实际就《管理办法》进行研讨，提出完善意见和建议。

（周非平）

【印发有关治理和规范企业纳税环节相关收费问题等文件的通知】 6月20日，印发《北京市地方税务局关于转发有关治理和规范企业纳税环节相关收费问题等文件的通知》（京地税征〔2011〕88号）。文件自2011年4月1日起实施。

（周非平）

【印发北京昌恒盛达物业管理有限公司等五户走逃失踪纳税人欠税情况的通告】 6月24日，印发《北京市地方税务局关于北京昌恒盛达物业管理有限公司等五户走逃失踪纳税人欠税情况的通告》（京地税征〔2011〕90号），对相关走逃、失踪纳税人的欠税情况进行通告。

（周非平）

【印发扩大委托银行代征个体工商户有关税费范围的通知】 7月11日，印发《北京市地方税务局关于扩大委托银行代征个体工商户有关税费范围的通知》（京地税征〔2011〕96号），进一步加强个体工商户税收征收管理，方便纳税人申报缴纳税款，减轻基层税务机关工作负担。

（周非平）

【印发完善税务登记管理有关问题的通知】 7月28日，印发《北京市地方税务局关于完善税务登记管理有关问题的通知》（京地税征〔2011〕105号），进一步落实《国家税务总局关于进一步完善税务登记管理有关问题的公告》（2011年第21号）的要求，规范市地税局税务登记管理工作。文件自2011年7月28日起实施。

（周非平）

【召开参与实施居住证制度调研立法工作会议】 7月28日，北京市地税局组织召开参与实施居住证制度调研立法工作会议。北京市地税局副巡视员刘宝忠主持会议并讲话，征管处、法制处、计财处、票证中心及税政处室主管领导参加会议。会议对北京市地税局拟上报市流管办关于参与实施居住证制度调研立法工作的汇报材料进行研讨。

（周非平）

【财税银横向联网联调测试工作】 7月25日—29日，北京市地税局征管处、收规处、科技处、信息中心及安保中心五部门联合开展财税银横向联网联调测试工作。对天津银行北京分行等8家商业银行开展财税银横向联网联调测试工作，为下一步扩大联网商业银行的数量及电子缴税业务的安全平稳发展奠定良好基础。

（周非平）

【印发2011年二季度税收征管状况监控分析情况的通报】 9月26日，印发《北京市地方税务局关于2011年二季度税收征管状况监控分析情况的通报》（京地税征〔2011〕133号）。对2011年二季度税收征管状况进行分析通报。

（周非平）

【税务登记户数量突破百万户】截至2011年9月27日，北京市地税机关税务登记户达到1000001户，同比增长9.7%，成为继浙江、广东、江苏、山东、四川之后又一管户数量突破“百万户”的省市，在全国地税系统中排名第6位。

（周非平）

【完成个人所得税新法实施后的第一次个体工商户批量扣款数据生成工作】9月29日，完成个人所得税新法实施后的第一次个体工商户批量扣款数据生成工作。本月批扣的71192户个体工商户全部扣税金额达5708122.12元，其中个人所得税批扣金额占78.51%，达4481224.02元。

（周非平）

【印发推进税源与征管状况监控分析一体化工作的通知】10月9日，印发《北京市地方税务局关于推进税源与征管状况监控分析一体化工作的通知》（京地税征〔2011〕142号），建立税源与征管状况监控分析一体化工作机制。文件自2011年10月9日起实施。

（周非平）

【印发税收业务流程管理办法（试行）】11月14日，印发《北京市地方税务局税收业务流程管理办法（试行）》（京地税征〔2011〕153号），进一步规范税收业务流程管理，优化纳税服务，减轻纳税人和基层税务机关的负担。文件自2011年11月14日起实施。

（周非平）

【召开税源专业化管理工作专题会】12月1日，北京市地税局召开税源专业化管理工作专题会。各相关处室和直属一局主要负责人、相关同志参加会议。会议就北京市地税局开展税源专业化管理有关工作部署进行研讨。北京市地方税务局副局长吕兴渭到会并提出具体要求：一是要解决好长期规划与现实工作的问题；二是税源专业化管理要具备信息化、专业化、规范化这三个前提；三是在税源专业化管理中要根据总局思路把握好方向；四是各个处室根据“三定”方案明确在税源专业化管理中的职责；五是尽快整合现有资源，实现现有资源的共享。

（周非平）

【召开三个层次的2012年工作务虚会】12月12日—16日，北京市地税局征管处组织召开三个层次的2012年工作务虚会。一是结合文件下发的讨论题，积极开展处内务虚会，总结2011年工作，提出2012年初步设想；二是组织召开联系税务所所长会，了解基层税务所工作状况，听取相关工作意见和建议；三是组织召开部分征管科长务虚会，听取参会单位务虚工作进展情况汇报，征求对2012年全市征管工作建议。

（周非平）

【印发2011年三季度税收征管状况监控分析情况的通报】 12月19日，印发《北京市地方税务局关于2011年三季度税收征管状况监控分析情况的通报》（京地税征〔2011〕172号），对2011年三季度税收征管状况进行分析通报。

（周非平）

【印发北京华康装饰有限公司等七户走逃失踪纳税人欠税情况的通告】 12月21日，印发《北京市地方税务局关于北京华康装饰有限公司等七户走逃失踪纳税人欠税情况的通告》（京地税征〔2011〕173号）。

（周非平）

【召开税源专业化管理工作培训会】 12月22日，北京市地税局组织召开税源专业化管理工作培训会。邀请国家税务总局征管司司长李林军为专题做辅导培训。北京市地税局局领导任军、吕兴渭、卜祥来、杨文俊出席培训会。会议由北京市地方税务局副局长吕兴渭主持，北京市地税局相关处室人员和区县局、分局班子、全体科所长分别在主会场、分会场参加培训。

（周非平）

发　票　管　理

【综述】 2011年，票证管理中心深入贯彻北京市地税局党组提出的“解放思想、加快转变、夯实基础、依法行政”的工作要求，围绕税收中心工作确保发票和税收票证的正常供应，做好发票换版前期准备，贯彻落实新修订的《中华人民共和国发票管理办法》及其实施细则，加强发票管理制度建设，促进税控管理工作良性健康发展，有效提升发票管理工作水平，圆满完成全年各项工作任务。

（吴　澄）

【完善普通发票的印制、供应和库存管理】 合理制订印制计划，做好普通发票印制和供应，加强库存动态管理，充分考虑2012年发票换版工作对发票供应的影响，最大限度地降低因发票换版造成的损耗。2011年安排印制普通发票15.53亿份，同比增加5.45亿份，增长54.1%；发票出库13.66亿份，同比增加2.05亿份，增长17.66%；发票销售13.4亿份，同比增加2.08亿份，增长18%。

（安宏志　程艳琳）

【保障税收票证供应】 2011年共印制税务登记证57.1万张，税收票证1291.7万份，各类申报表1548.2万份。

（刘　嘉）

【完成2010年度个人所得税完税证明的印制和发送工作】 组织完成北京市2010年度个人所得税完税证明443.75万份套封、个人完税证明打印用纸73.53万份的印制和发送工作，为税收征管工作提供有力保障。

（安宏志）

【保证票证印制经费使用安全】 严格遵守审批规定，严格执行结算工作流程，完成2010年7—12月和2011年1—12月普通发票印制经费的结算工作。2011年，票证印制经费支出总计为14446.48万元，其中：普通发票印制经费支出13512.98万元，税收票证、普通印刷品等支出印制经费933.5万元。

（安宏志）

【组织废旧税务登记证的清理、盘点和缴销工作】 为缓解区县局票证库房压力，组织对本市废旧税务登记证进行全面清理、盘点和缴销工作。共对4大类8个品种的废旧税务登记证件进行清理、盘点、缴销，其中：税务登记证正本4.58万张，税务登记证副本芯4.63万张，税务登记证副本皮5096本，镜框336个。

（刘　嘉）

【开展发票换版前期准备工作】 按照国家税务总局“简并票种、统一式样”的工作要求做好发票换版的各项前期准备工作。充分调研征求意见和借鉴外省市税务部门的经验，制订北京市地税局工作实施方案，各项准备工作有序开展。

（朱　宁）

【贯彻宣传新《发票管理办法》】 编写《新旧发票管理办法及实施细则条款对照表》下发各区县局，通过北京市地税局内网《依法行政工作简报》介绍新修订的《中华人民共和国发票管理办法》及其实施细则的主要变化点，便于北京市地税局机关和基层及时掌握最新政策。做好对社会公众的宣传辅导工作，编写印制《税收宣传系列手册——发票常用知识》，在全国税收宣传月活动中向广大纳税人发放；对纳税人提出的热点问题统一进行宣传。

（朱　宁）

【梳理修订发票税控管理制度】 按照新修订的《中华人民共和国发票管理办法》及其实施细则，结合清理税收规范性文件和优化税收业务流程相关要求，依法对发票税控制度进行全面梳理、修订，进一步优化税收业务流程。共完成对130个文件的清理工作，全文废止文件48个，现行有效文件82个（其中修订文件10个）。修订“指定企业印制发票”和“印制有本单位名称的发票”行政许可程序规定并予以公告。

（朱　宁）

【编制《发票税控操作手册》】 本

着合法实用、查阅便捷、便于基层干部操作的原则，组织编写《发票税控操作手册》，作为《税收业务流程指导手册——发票管理部分》的有益补充。专门召开系统发票税控管理业务培训会，对《发票税控操作手册》和发票鉴定知识进行培训。

（朱　宁）

【保障税控安全服务平稳运行】 与监察部门联合成立工作组，认真梳理税控安全服务工作历史情况，在北京市纪委、北京市财政局的支持下，就降低服务费用问题与原安全服务商谈判，确定2011年的税控安全服务费用为220万元，比原合同约定的564万元减少344万元。税控安全服务工作平稳运行，保证税收征管工作的顺利开展。

（云　鹏）

【税控服务管理状况明显改善】 对本市国标税控服务场所进行检查，重点对纳税人反映较强烈的税控服务场所进行暗访，对发现的服务问题要求及时整改，纠正售后服务违规行为。全市税控服务情况得到明显改善，2011年外网税控服务投诉单大幅下降，由以往的平均每月5件减少为全年仅11件且已全部得到圆满解决，有效维护税务机关的执法形象和纳税人的合法权益。

（云　鹏）

【发挥发票税控数据的基础作用】 鉴于发票税控数据集中管理，基层税务机关调取手续较繁琐的情况，协调信息中心及发票税控系统运营维护单位，于每季度末对全市国标及非国标税控收款机的小额高频开票纳税户开票数据进行查询，并将调取的数据向全市征管部门回放，为征管评查各工作环节提供数据支持，有效打击税收违法行为，维护良好的纳税环境。

（云　鹏）

【执行免征小型微型企业发票工本费工作】 为切实减轻小型微型企业负担，促进小型微型企业健康发展，北京市财政局、北京市发展和改革委员会转发《财政部、国家发展改革委关于免征小型微型企业部分行政事业性收费的通知》（京财综〔2011〕2780号）。为贯彻落实文件精神，及时与国家税务总局和北京市财政局沟通，紧急协调技术部门调整核心征管系统中税务登记证收费方式并及时向纳税人公告；各区县局积极组织传达、落实培训，并采用短信、电子邮箱、宣传海报等方式达到良好的宣传效果，为2012年1月1日如期执行文件打下了坚实基础。

（安宏志）

【落实取消税务登记证工本费工作】 按照《国家税务总局关于转发〈财政部　国家发展改革委关于取消部分涉企行政事业性收费的通知〉的通知》（国税函〔2011〕97号）的文件规定，积极沟通、协调技术部门调整核心征管系统中税务登记证收费方式，以公告形式向纳税人告知自2011年2月1日起，本市纳税人办理税务登记核发税务登记证时，不再收取税务登记证工本费。

（刘　嘉）

【完善发票工本费管理】 根据《中华人民共和国发票管理办法实施细则》的有关规定，印发《北京市地方税务局关于加强普通发票工本费管理的通知》（京地税票〔2011〕98号），进一步调整完善发票销售部门普通发票工本费管理措施，规范全系统发票销售工作的管理流程，保证及时足额缴库。

（安宏志）

【完善承印企业的监管机制】 修订《北京市地方税务局票证管理中心承印企业管理考核办法修订方案》，将考核模式改为三级，一是北京市地税局票证管理中心重点考核承印企业的日常管理工作；二是各区县局、分局协助北京市地税局主要考核承印企业的服务质量；三是将纳税人反映的印刷质量问题的投诉作为重要考核内容。考核时间改为每季度考核，建立考核结果与承印企业印刷任务分配相挂钩的联动机制。

（安宏志）

【落实政府采购制度】 严格执行国家税务总局关于发票印制企业数量的规定，结合地税局普通发票、税收票证和业务印刷品印刷工艺及印制管理要求，完成北京市地税局印刷品定点供应商招标需求起草工作。按照北京市政府采购办的要求，配合财务处完成2012—2014年印刷品定点供应商的招标工作。

（安宏志）

【做好发票鉴定工作】 配合稽查部门有效地开展打击发票违法犯罪整治活动，2011年共查验各类普通发票196496万份，发出协查通知113份，热情、高效的服务得到协作单位和纳税人的好评。

（丛树茂）

业务档案管理

【综述】 2011年，档案处积极参加“做国家利益的忠诚卫士”反腐倡廉专题教育活动和创先争优活动，进一步夯实税务档案基础工作，加强原四城区合并后税务档案的管理，协助做好税务档案扫描系统后续开发工作。继续开展税务档案接收入馆和馆藏档案的移库，不断丰富、优化档案馆库藏，开展税务档案借阅利用工作，完成对原博物馆筹备处税收史料物品的接收工作。

（邹红姣）

【做好原四城区地税局合并后税务档案管理工作】 为确保原四城区地税局合并后税务档案管理工作有序、平稳过渡，档案处紧密结合原四城区合并征管工作总体部署，做好原四城区合并后税务档案系统的整合和切换。根据实际情况制定系统整合和档案接收计划，结合北京市地税局核心征管系统和税收管理员征收系统的数据迁移情况，相应完成原四城区税务档案管理系统的合并工作，确保系统运行正常。在此基础上，按计划接收原四城区税务局的2008年度、2009年度非扫描税务档案13635卷，确保原四城区税务档案的安全和完整。

（邹红姣）

【开展税务档案管理综合检查】 为促进税务档案管理各项制度规定的落实，档案处组织开展全市地税系统税务档案管理综合检查。根据各区县局、分局工作进度及完成情况，制订详细计划，统筹安排检查时间，集中对各局的税务档案归档质量、档案系统数据备份情况、档案借阅管理、档案归档目录和库房情况进行综合检查。从检查结果看，全系统各局税务档案管理工作总体情况较好，管理制度落实到位，归档质量普遍提高，借阅手续完备，库房管理安全有序。综合检查工作有效督促各局归档工作的开展，有力地促进北京市地税局各项管理制度的落实，全系统税务档案管理工作规范化水平明显提升。

（邹红姣）

【协助做好税务档案扫描系统的后续开发工作】 档案处配合科技处开展税务档案扫描系统后续开发工作，分层次、分阶段召开调研会，听取各区县局、分局对扫描系统建设的意见和建议，结合工作实际，重新拟写扫描系统业务需求，为扫描系统的后续开发做好准备。

（邹红姣）

【完成税务档案接收入馆和移库工作】 档案处按计划开展并顺利完成对各区县局、分局税务档案的接收入馆工作。截至12月31日，共接收2006年度、2007年度非扫描档案及原四城区税务局税务档案12551箱（盒），共计14.78万卷，交接手续完备，档案安全完整。目前，馆藏税务档案数量已达到293.73万卷。与此同时，继续按计划、分步骤开展馆藏档案移库工作，对两个库房的档案进行整理合并、抽真空打包后迁移。截至12月31日，共调整税务档案127674盒，抽真空封包后形成税务档案3572包，释放两个库房的密集架，为今后档案接收入库提供空间。

（邹红姣）

【积极开展税务档案利用】 北京市区两级税务档案管理部门在确保档案安全、保密的基础上，积极开展税务档案借阅工作，为税收工作提供服务。档案处根据实际情况完善借阅审批流程，全年共向基层提供借阅服务33批次，借阅96卷，复印1170页。各区县局、分局全年共接待借阅805批次，借阅7156卷，借阅案卷数量比上一年度增加24.6%。从借阅用途看，以系统内部借阅为主，占86.6%，外单位借阅和纳税人借阅占13.4%；从借阅目的看，依然是以发挥其查证作用为主。档案借阅利用工作为征管、稽查和公检法调查取证工作提供重要的凭证和依据。为更好地体现税务档案的价值，为北京市地税局征管评查工作提供服务，档案处积极开展调研、编研工作，完成馆藏指南的续编工作和《从档案数据看税务登记证失效户管理》编研材料；结合税收征管工作实际开展调查研究，完成《税务档案管理位置前移的必要性与可行性分析》调研课题。

（邹红姣）

【完成对原博物馆筹备处税收史料物品的接收工作】 根据2011年5月11日《北京市地方税务局党组关于撤销北京税务档案博物馆筹备处的通知》（京地税党〔2011〕55号）文件精神，撤销北京税务档案博物馆筹备处，其原有职责全部划归档案处负责。档案处与原博物馆筹备处开展历时一个多月的税史资料及有关固定资产移交工作。截至6月30日，档案处顺利完成对原博物馆筹备处税收史料物品的接收。分别对印花税票、凭证、奖章证书、磁介质照片、公文告示、图册书画等八大类16576件税收史料及账册，以及2863件账外物品逐包逐件进行清点核对，确保账实相符和史料物品安全。

（邹红姣）

公告编辑发行

【综述】 2011年，《北京地方税务公告》（以下简称《公告》）编辑部按照北京市地税局年初税务工作会议的要求，以党的十七大、十七届四中、五中、六中全会精神为指引，全面贯彻落实科学发展观，进一步解放思想、加快转变、夯实基础、依法行政为主题，坚持以宣传、服务纳税人为中心的原则，做好《公告》编辑赠阅工作。2011年共出刊12期，累计出刊96期，共编辑法规性文件81件，累计编辑

1048件，完成年度出刊任务。全年累计向纳税人免费赠阅发行312000册，印刷合订本5050册，发布电子版《公告》12期，在税法宣传、服务纳税人、服务基层方面发挥重要作用。

（王　岩）

【《公告》编辑情况】2011年，《公告》全年出刊12期，编辑税收法规性文件81件。全年《公告》编辑出刊具有以下特点：一是从实际出发，北京市地税局转发总局的文件较往年少，打破每期固定32页码的惯例，改为根据文件多少确定页码。二是配合新政策的出台及时刊登相关文件发行两期专刊，即9月配合新个人所得税法实施，刊发新个人所得税法及其实施条例和相关税收规范性文件专刊；2月份配合年所得12万元以上个人自行纳税申报的宣传，就相关政策、流程及流程图刊登一期专刊。三是增加新栏目。为方便纳税人学习阅读、掌握国家税务总局发布的最新政策信息，对总局发布的公告进行筛选编辑，全年共刊登相关公告6件。在出刊质量上，坚持按编辑工作规程操作，认真做好筛选、编辑、审核、校对工作，做到保质保量按时出刊。

（王　岩）

【《公告》赠阅工作】为加强《公告》赠阅管理工作，更好地服务基层，编辑部开展调研，落实各区县局、直属分局对免费索取《公告》数量的需求工作。每期印刷26000册，全年累计向纳税人免费赠阅发行312000册，发布电子版《公告》12期。在开展调研时发现，随着新增人员的不断增加，合订本的数量不能满足基层需求。2011年将合订本由4400本增加到5050本，基本满足一线干部的工作需要，为基层税务干部提供税收政策支持和服务。

（王　岩）

税收法治

税收法治工作

【综述】2011年，在北京市委、市政府和国家税务总局的领导下，全市地税系统按照科学发展观要求，认真贯彻落实国务院《全面推进依法行政实施纲要》，全面推进依法行政工作。形成“党组统一领导，法制部门组织协调，相关部门齐抓共管”的依法行政工作格局。全系统在制度体系建设、规范执法行为、权益保护等方面取得明显成效。全系统审计部门按照北京市地税局党组“解放思想、加快转变、夯实基础、依法行政”的工作要求，积极发挥督察内审查错纠弊、防范风险、促进管理、服务大局的职能作用，研究构建督察内审制度体系，积极参加优化政务流程完善管理制度有关工作；不断加大执法督察和内部审计工作力度，推进执法责任制，落实过错责任追究；协调配合外部审计机关、财政监督机关开展工作，促进整改落实，进一步规范税收执法权和行政管理权。

（高文学　陈晓维）

【健全工作机制】2011年，北京市地税局进一步健全依法行政工作机制，起草《北京市地方税务局“十二五”时期推进依法行政工作规划》，制定绩效管理考核依法行政专项考评细则，确定8个子项及26个考核指标；在基层工作考核体系中设置规范执法的11项考核内容。各区县局、分局均制定本局推进依法行政的计划或工作要点，明确依法行政的具体工作和要求，及时调整推进依法行政领导小组成员，为依法行政的推进奠定组织和制度保障，形成推进依法行政的整体合力。

（高文学）

【法治意识明显提高】2011年，北京市地税局以组织刑法问题专题讲座、行政强制法培训及考试为重点，认真落实领导干部学法用法制度。主管局领导、法制处领导和北京市地税局法律顾问先后到朝阳、房山、大兴、石景山、东城等区县局和稽查局、直属分局为基层一线执法人员举办依法行政专题讲座近30场，召开科所长依法行政座谈8次。围绕“税收·发展·民生”主题开展各类税收宣传活动。编发依法行政工作简报9期，发放《行政强制法》学习手册近8000册，积极营造自觉学法、用法、守法的良好氛围。组织开展依法行政专题讲座，组织全系统23个区县局、分局的全体公务员（包括业务岗位和行政岗位）、北京市地税局28个处室和直属单位开展行政强制法考试。坚持认真做好北京地方税收法规库维护和文件清理标识工作，为纳税人和税务干部提供方便快捷的税法税收政策服务。2011年共新增入库文件153件，做全文失效或废止文件标识334件，部分条款失效或废止标识106件，部分修改文件标识16件。

（周惠平　高文学）

【制度建设】 2011年，北京市地税局代拟《北京市实施〈车船税法〉办法》（草案）及其立法说明。在北京市政府法制办的指导下，组织相关政府部门召开修订《北京市征收外商投资企业土地使用费规定》专题研讨会，进一步明确处理意见和工作思路。开展税收规范性文件的集中清理工作，首次以公告形式向社会公布现行有效税收规范性文件1040件，全文废止失效规范性文件325件，修改部分税收规范性文件16件，进一步明确税收执法的政策依据。此外，按照北京市政府法制办的要求，开展涉及行政强制的北京市政府规章、北京市政府文件、税收规范性文件和市区两级实施主体的清理工作。

（周惠平　高文学）

【法律支持和参谋助手作用】 2011年，法制处参加局党组会3次，参与研究议题4项；参加局长办公会22次，参与研究议题63项，为领导决策提供有力的法律支持。完成北京市地税局自行制定及北京市地税局与其他委办局联合制定的文件审核48件次，上级机关、其他政府部门和机关内部各类征求意见稿320件，会签文件34件，审核合同文本161件次。协助北京市总工会开展税务机关代收工会经费及筹备金的扩大试点工作，制定相关工作制度7个。认真落实市政府“行刑衔接”工作要求，严格执行《税务稽查案件移送工作办法》，向公安机关移送税务违法犯罪案件1起，并已立案。

（周惠平）

【规范复议、应诉工作】 2011年，制发北京市地税局《税务行政调解工作规则》，建立信访工作联席会议制度，研究起草北京市地税局《行政复议委员会工作规则》，健全行政复议工作机制。确保纳税人知情权、参与权、表达权、监督权和法律救济权等各项权利得到充分保障。全系统共发生行政复议案件24起，依法不予受理的1起，因申请人在复议期间撤回复议申请而终止审理的2起，因相关政策规定不明确需请示国家税务总局而中止审理的1起，20起案件依法维持决定；发生行政应诉案件24起，13起正在办理中，维持原具体行政行为的3起，不予赔偿的3起，驳回起诉的5起。已审结的案件中未发生变更、撤销原具体行政行为或确认原具体行政行为违法的情况。

（陈双格　高文学）

【召开地税系统审计工作会议】 3月24日，北京市地税局组织召开北京市地税系统审计工作会议，北京市地税局总经济师卜祥来、各区县局、分局主管局长和北京市地税局、区县局审计部门负责人参加会议。会议总结2010年督察内审工作，交流工作经验，研究和明确“十二五”时期督察内审的工作思路，部署2011年工作任务。

（陈晓维）

【税收执法督察工作】 为进一步加强执法监督，市、区两级地税机关制定税收执法督察工作方案，成立领导小组，将企业注销清算、稽查案件管理、减免税政策执行、房地产行业税收管理、税收业务流程执行情况和税收资金管理工作情况等九方面工作列为重点检查项目，同时组织开展注销户税控装置和发票缴销专项执法督察。据统计，2011年全系统共计检查各类执法文书及案卷近10万份（卷），发现各类问题3933项（次）。北京市地税局对有关情况进行通报，对10个区县局、分局下发《税收执法督察处理决定书》。

（陈晓维）

【落实过错责任追究】 2011年，大兴区地方税务局、怀柔区地方税务局、平谷区地方税务局和延庆县地方税务局共对19名干部和1个税务所进行过错责任追究。其中，4人被批评教育，15人和1个税务所被通报批评。通过开展责任追究工作，强化执法人员的责任意识。

（陈晓维）

【优化政务流程完善管理制度】 着力构建北京地税系统督察内审制度体系，起草和修订建设项目审计办法、内部财务审计办法、领导干部经济责任审计办法及联席会议制度等制度，并在工作实践中试行并不断完善，在优化政务流程完善管理制度工作中取得初步成效。与相关部门共同草拟北京市地税局采购管理办法、建设项目管理办法，并多次参加对北京市地税局预算管理办法、财务管理办法等8项制度的研讨和审核，提出修改意见和建议，有效推动优化政务流程，完善管理制度工作。

（陈晓维）

【完成《全国税务系统营业税执法督察操作手本》编写工作】 受国家税务总局委托，北京市地税局审计处、营业税处共同牵头，抽调区县局审计和税政部门业务骨干组成编写小组，集中编写《全国税务系统营业税执法督察操作手本》，完成包括营业税政策规定、督察要点、案例分析和疑难辨析和督察文件依据四部分，共计10万余字内容。《手本》填补了全国营业税执法督察工作的空白，得到总局督察内审司和北京市地税局有关领导的充分肯定。

（陈晓维）

纳税服务

概 况

2011年是“十二五”开局之年，北京市地方税务局在北京市委、市政府和国家税务总局的正确领导下，紧扣“优化发展环境，共创和谐地税”的工作主题，坚持“为民服务、创先争优”，通过解放思想，突破体制对服务的约束；通过加快转变，促进行政管理方式的转型；通过夯实基础，完善纳税服务工作的模式；通过依法行政，促进征纳双方税法遵从度的提高。在“双渠道”建设、“双机制”实践、“双监督”管理、“双信息”共享和“双分类”探索等方面取得新的突破，努力实现“让上级机关满意，让纳税人满意，让税务工作者满意”的工作要求。北京市地方税务局有纳税服务专门机构18个，税务所228个，在权益保护、办税服务、网站建设、办税公开等方面建立相关制度，在全市范围内建立起全程服务、预约服务、提醒服务等多元化办税服务方式，为纳税人履行义务提供便利，有效维护纳税人的合法权益。

（程 鹂）

网站建设情况

【综述】北京市地方税务局网站（www.Tax861.gov.cn）于2002年5月23日正式开通以来，首页年均访问量在1000万以上，全市近70万纳税人实现网上申报，近6万人网上缴税，85%以上的纳税人首先选择从网站获取涉税资料。自2002年以来连续被北京市政府评为优秀政府网站，在国家税务总局组织的全国省级税务机关网站评比中一直名列前茅。

（王小虎）

【建立健全网站工作机制】 2011年，为进一步明晰全局办网站的工作思路，落实好重新修订的《北京市地方税务局网站更新维护管理办法》，针对纳税人需求、上级部门要求和税务管理的工作需要，纳税服务处本着简化、明确、统筹原则，制定实施网站管理考核指标，具体包括：是否按规定范围、时限在网站进行信息公开；是否按规定管理用户维护权限；是否有上网内容出现虚假信息或有较多错误及违反保密规定出现上网信息泄密等情况。同时，纳税服务处、纳税服务中心成立网站日常检查工作小组，对制度落实情况进行检查和通报，发出日常检查工作单427份，推动解决941个问题。通过加强日常的督察检查，不断强化政务公开，持续增强征纳互动，推动拓展网上办税，确保网站信息安全，形成网站持续发展的合力。

（王小虎）

【创新网上辅导模式】 按照北京市政府在政务网站开展“三个在线”服务和国家税务总局加强互联网宣传的要求，结合北京地税实际情况，以开展网上纳税辅导作为推动网上办税的突破口，通过“事前了解需求、事中收集建议、事后统计反馈”与纳税人实现网上全程互动，通过“全局规划，资源共享；专题分类，分工负责；由简到难，逐步完善”不断丰富网上辅导资料内容，按照“统筹规划、规范统一、网站为主、多位一体”的思路，推动网上、网下工作的协调统一。全年共推出并在网上发布税务登记、税收优惠政策、个人所得税全员全额扣缴、发票办理、个人机动车车船税征收、企业所得税政策变化要点、常用文书填写范本等七个全市统一、规范的辅导专题计218个文档。共受理、反馈纳税人网上留言188条，包括申请辅导留言170条，辅导建议留言10条，辅导反馈留言8条。

（王小虎）

【设立纳税人权益保护平台】 为方便纳税人行使参与权、表达权、监督权、救济权等合法权利，北京地税通过整合网站前、后台服务资源，在网站发布纳税人权益保护网页，详细公开纳税人的权利和义务，使纳税人可以随时对全市各级税务机关、工作人员和税控服务商侵犯其合法权益的行为进行投诉或提出行政复议申请。

（王小虎）

【推出“服务央企”网页】 在试行分类管理过程中，以基础好、信誉高的重点企业作为突破口，依托网络平台优势，推出服务中央在京企业网页，内容涵盖最新政策、重要提示、纳税辅导、在线答疑、申报纳税、需求调查、诉求留言等栏目，建立“内外联系、上下结合、高效运行”的工作平台。

（王小虎）

【确保网站运行安全】通过认真分析当前网络系统的安全形势以及存在的安全隐患，结合全系统实际情况，采取多项措施保障网站安全运行，全年未发生任何安全事故。一是加强培训教育，不断提高工作人员安全意识；二是严格落实网站管理工作制度，明确工作人员职责权限，一律采用实名制登录网站管理系统；三是做好日常检查和防范工作，确保网站信息的安全发布以及电子邮箱的安全使用；四是在节假日和特殊时期网站工作人员实行24小时值班制度，对通过网站发布信息的准确性进行监控检查，避免出现网路中断或信息发布错误等情况。

（王小虎）

【北京地税网站再次被评为优秀政府网站】在北京市纠正行业不正之风办公室、北京市经济、信息化委员会组织的2011年度北京市政府网站考评工作中，北京地税网站再次被评为优秀政务网站。

（王小虎）

【开展需求调查】在回应2010年纳税人网上调查需求的基础上，结合新推出的纳税服务承诺与流程梳理同步公开、网上辅导两个网页，继续借助网络平台，以开放的姿态征集纳税人意见和建议，共有26000人参与网上调查，部分纳税人提出宝贵意见和建议。同时，借助总部经济座谈会，就服务重点企业的方案对173家企业开展调查，征集建议，增强征纳沟通的效果。

（程　鹂）

【及时更新网站信息】全年共66197人次使用“网站维护管理信息系统”对北京市地方税务局网站进行更新、维护操作，平均每个工作日285人次；各单位提出各类网站更新维护需求共2790项，自行上传发布各类信息、公告36873条，合计11810000字。合计17900000人次访问北京市地方税务局网站首页，累计访问量达1.2亿人次。

（张博　王玉）

【开展网络互动】注重加强与纳税人的日常交流互动，北京市地方税务局网站设立“网上咨询”“网上投诉”“网上举报”“留言板”等多个栏目与纳税人进行互动交流，为纳税人排忧解难。全年北京市地方税务局网站共受理网上咨询14101件，网上举报1025件，网上投诉30件，留言板544件，局长信箱来信147封，均已按规定时限和工作流程处理、回复纳税人，严格做到职责清、情况明、数据准、要求严。

（曲　婷）

【结合税收热点及时组织在线答疑】纳税服务中心陆续邀请朝阳区地方税务局、海淀区地方税务局、西城区地方税务局、丰台区地方税务局、石景山区地方税务局、门头沟区地方税务局、燕山分局、通州区地方税务局、昌平区地方税务局、顺义区地方税务局、房山区地方税务局、平谷区地方税务局、个人所得税处等10多家单位做客北京市地方税务局网站，举行13期网上在线答疑活动。据统计，平均每次答疑活动网友提出问题80余个，平均在线浏览量达1100余人次。对两小时答疑活动中纳税人提出的所有问题，除现场即时解答外，其余问题答案均在活动后于规定时限内通过网上公布。

（张　博　王　玉　曲　婷）

【强化网站监管职能】为方便纳税人及社会各界了解相关企业情况，在北京市地方税务局网站设置“欠税户查询”“非正常户查询”“税务登记证件失效户查询”“税务登记证件违法户查询”“纳税信用A级企业查询”等栏目。全年对外公布纳税信誉A级企业3305户，对外公布87批共计7574户非正常户信息；通报166户欠税企业。

（张　博　王　玉）

【开展网上实时在线咨询测试工作】根据北京市经济和信息化委员会在北京市地方税务局开展“网上实时在线咨询”系统测试工作的安排，纳税服务处、纳税服务中心制定详细方案、抽调专门人员组织系统测试运行，解答纳税人的涉税问题，为进一步扩宽纳税服务渠道进行尝试。

（张　博　王　玉）

【开展网站维护日常检查】纳税服务处、纳税服务中心共同组织人员开展网站维护日常检查，全年共检查出网站问题941个，其中发现处室网站问题237个，区县局网站问题704个。做出网站日常检查单427个，其中安全隐患单48个，建议事项单81个，内容错误单62个，未及时更新单216个，催办事项单20个。所有检查单均转交相关处室和区县局，大多数问题已解决并反馈。

（张　博　王　玉）

【确保国庆期间网站安全平稳运行】在国庆前夕认真总结并分析当前网络系统的安全形势以及存在的安全隐患，制定应急预案，提高工作人员安全意识，做好防范和日常检查工作；加强对网站操作人员及电子邮箱用户的安全使用教育，严格落实网站邮箱、网站后台操作管理等工作制度，并对网站后台操作权限和电子邮件系统用户进行清理，删除长期不使用的权限及用户，明确各权限管理人员及各邮箱使用人员，并一律采用实名制登录，确保北京市地方税务局网站信息的安全发布以及电子邮箱的安全使用；两会及国庆期间网站工作人员实行24小时值班制度，对通过网站发布信息的准确性进行监控检查，避免出现网络中断或信息发布错误等情况。两会及国庆期间北京市地方税务局网站运行正常，未发生安全事故。

（张　博　王　玉）

12366服务热线情况

【12366服务热线平稳运行】全年北京市地方税务局12366纳税服务热线共处理话务871029件，其中纳税服务中心坐席工作人员接听处理263242件（含主动回拨话务20085件），远程坐席工作人员自行接听处理话务249663件，系统自动处理358124件。

（王　萌　李思峰）

【建立工作机制有效化解矛盾】积极采取措施，化解纳税人涉税投诉。一是建立服务投诉前化解的统筹协调机制，发现苗头及时向征管处、科技处、信息中心等处室反馈，发挥12366热线为北京市地税局相关处室提供税情预警信息的作用；二是健全内部工作机制，全力化解矛盾。年内，12366热线向各区县局、直属分局及北京市地税局相关处室移交投诉记录单350件，上述投诉均已按时限转办；三是加强化解服务投诉培训工作，增强热线岗位干部做好调解工作的能力和素质。

（王　萌　李思峰）

【宣传个人所得税惠民政策】8月25日北京地税系统贯彻实施修改后个人所得税法工作会议召开后，纳税服务中心迅速将工作会精神传达给每一位干部，充分领会此次修改个人所得税法的重大意义，树立“首都稳、全国稳”的大局意识。业务科多次开展相关政策培训，统一口径，认真做好咨询解答工作。通过12366热线和北京地税网站网上咨询、留言板、热点问题栏目、今日热线栏目等渠道，积极向广大纳税人宣传政策变化，将没有明确规定的问题及时反馈给个人所得税处。8月30日，纳税服务中心组织多部门以“修改后个人所得税法有关问题”为主题开展网上在线答疑活动。与个人所得税处联合开展业务专项培训一次，与个人所得税处、科技处联合开展申报系统培训一次。按照工作会的要求，积极发挥北京地税网站、12366服务热线的渠道作用，搭建税务机关与纳税人沟通的桥梁，对纳税人的问题及时反馈、快速回复，确保新旧税法平稳过渡。

（王　萌　李思峰）

【加强教育培训】2012年，纳税服

务中心组织内部业务培训95次，服务技巧培训10次，保证每周集体学习时间不少于5小时。结合全系统“为民服务创先争优”活动的要求，作为纳税服务窗口单位之一，纳税服务中心开展以修改后个人所得税税法相关政策为主题的业务知识竞赛，通过“比技能、比作风、比业绩”提高干部业务能力，提升12366热线服务质量，充分发挥出团队协作精神。

（王　萌 李思峰）

其他纳税服务工作情况

【办税服务厅规范化建设】 2011年，北京地税全面推动各区县局、分局的综合办税服务厅规范化建设。在统一内外标识、窗口设置、基本设施和岗位职责的基础上，拓宽办税服务厅受理范围，强化办税服务厅功能，将办税服务厅规范化建设与办税公开、流程梳理、内部监督相结合，建成集“事前咨询辅导、事中办税服务、事后救济服务”为一体的综合型办税服务场所，并成为本辖区规范服务的示范窗口和促进廉政建设的有形载体。经过验收，全市19个办税服务厅均达到规范化建设要求。

（程　鹂）

【探索建立服务中央在京企业工作新模式】 为落实北京市政府履行“四个服务”职能要求，以服务123家一级央企为突破口，探索建设包括“一个平台、两个渠道、三个环节、四个重点”为主要内容的服务央企新模式。“一个平台”是依托网站优势，整合与服务央企相关的内容，开辟一个服务央企的专区，提供最新政策、重要提示、纳税辅导、在线答疑、申报纳税、需求调查、诉求留言等服务项目。“两个渠道”是在传统沟通渠道以外开辟央企与北京市地税局沟通的快捷渠道，探索由牵头部门组织对央企服务需求的快速反应。“三个环节”是统筹兼顾事前、事中、事后的服务环节，探索提高服务央企的整体水平。“四个重点”是通过丰富服务内容、整合服务资源、提升服务质效、挖掘服务潜能四个方面完善分类服务的工作模式。

（程　鹂）

【编制纳税服务“十二五”工作规划】 2011年，按照“积极稳妥、实事求是、科学创新、民主决策、注重联系”的原则，编制本系统《纳税服务“十二五”工作规划》，力求全面反映北京地税系统纳税服务工作的现状、问题、形势和任务，通过加快平台体系建设、完善制度体系建设、加强税法宣传，提高税法透明度、规范纳税咨询辅导、优化办税服务、强化权益保护、完善信用体系建设、开展社会协作、推进保障体系建设和考评体系建设等方面实现未来5年的工作目标，即：基本形成平台完善、制度健全、业务标准、保障健全、反应迅速、考评规范为主要特征的“始于纳税人需求、基于纳税人满意、终于纳税人遵从”的现代纳税服务体系。

（程　鹂）

【落实和细化《投诉管理办法》】 针对落实总局投诉管理办法工作中发现的新情况和新问题，结合具体工作实际进行认真分析研究、深度调研，仔细梳理，从程序上入手，对原有制度进行细化和规范。一是明确纳税服务投诉的受理范围；二是增加纳税服务投诉的登记管理；三是保障纳税服务投诉的及时办理；四是增加纳税服务投诉简易程序；五是统一纳税服务投诉的文书送达；六是建立纳税服务投诉的统计分析机制。全年市区两级共受理服务投诉326件，回复率100%。

（程　鹂）

【制发《涉税保密信息查询管理工作内部指导手册》】 针对各区县局、分局在执行总局《纳税人涉税保密信息管理暂行办法》过程中陆续反映的具体问题和意见建议，进一步梳理和制发《涉税保密信息查询管理工作内部指导手册（试行）》，对此项工作在受理范围、办理程序、文书使用等方面进行明确及细化。《手册》进一步界定查询工作的业务边际，完善查询管理工作在各环节的办理程序，增加基层税务机关在内部操作环节的文书模板，在更好地维护纳税人合法权益的同时更加便于基层税务机关执行操作。

（周　聪）

【完成2011—2012年度纳税信用A级企业评定】 2011年上半年，在历经纳税人申请、主管税务所初审、各区县局评审委员会审核评定、各区县局国地税交互审核、北京市国地税局名单统一比对、联合公示公告、证牌制作等相关程序后，北京市地方税务局完满完成自2010年11月启动的与北京市国税局联合开展的纳税信用A级企业评定工作。本次共评定出北京市2011—2012年度纳税信用A级企业3305户，并在北京地税网站和《北京地方税务公告》进行公告。

（周　聪）

【12366纳税服务热线税收业务知识库维护工作】 为向税务人员提供全面准确的业务支持，统一宣传咨询口径，继完成国家税务总局业务知识库初装工作后，按照国家税务总局的有关要求，以保证运维质量为前提，以维持知识库生命力为目

标，坚持“全面、准确、规范、及时、有效”的工作标准，全力做好税收业务知识库维护工作。成立以纳税服务处、纳税服务中心处级领导为负责人，资深业务骨干为成员的税收知识库运维工作小组，全年共维护总局知识2348条。

（林　娜）

【筹备地方业务知识库推广运维】 以业务知识库为枢纽，搭建覆盖系统内的政策咨询平台，将热点问题、政策批复、专题解答、业务流程、表单证书等内容纳入知识库，为全市提供统一、规范的政策解答口径，切实提高对外咨询服务水平。经与国家税务总局和相关部门协调，11月初完成知识库服务器的配置和软件安装，为北京地税的知识库推广运维工作做好准备。

（林　娜）

【受理北京市政风行风热线138件】 全年纳税服务中心共受理北京市纠正行业不正之风办公室转来北京市政风行风热线138件，其中咨询类信件128件，投诉举报类信件10件，以上全部信件均在规定时限内签收，按照工作流程处理或者转交相关负责部门进行核查处理，并在规定时限内回复纳税人。纳税人对北京市地方税务局回复信件的满意率为99%。

（刘玲玲）

【受理北京市非紧急救助中心转来信件208封】 全年纳税服务中心共受理北京市非紧急救助中心转来信件208封，均在规定时限内签收，按照工作流程处理或者转交相关负责部门进行核查处理，并在规定时限内回复纳税人。

（李洋　吕量）

【受理国家税务总局纳税咨询系统转来信件796封】 全年纳税服务中心共受理国家税务总局纳税咨询系统转来信件796封，均在规定时限内签收，按照工作流程处理或者转交相关负责部门进行核查处理，并在规定时限内回复纳税人。

（王　坚　刘　涛）

纳税评估

纳税评估工作

【综述】 2011年作为“十二五”的开局之年，全市纳税评估部门坚持以“科学发展观”为指导，在北京市地税局党组的正确领导、主管局长的带领和全体纳税评估干部的共同努力下，围绕2011年北京市地税局工作会所提出的“解放思想，加快转变，夯实基础，依法行政”和纳税评估专业工作会议上所确定的工作思路和工作任务，按照法治化、规范化的总体要求，以健全完善纳税评估工作制度，优化评估工作方法，实现纳税评估工作专业化为目标，紧紧抓住“依法行政、夯实基础、优化方法、实施评估”四条主线，积极稳妥地推进纳税评估各项工作。截至2011年12月31日，全市共对69089户纳税人实施纳税评估，占北京市地税局现有税务登记户数103万户的6.7%；发现有问题户27374户，有问题率为39.6%；经过评估，入库税款、滞纳金和罚款共计11.5亿元，占各项税费收入2666.6亿元的4.3‰。

（张　伟）

【召开2011年纳税评估工作会议】 2011年2月11日—12日，组织召开北京市地方税务局2011年纳税评估工作会议，北京市地税局党组成员、副局长任军，各区县局、分局主管纳税评估工作的副局长，纳税评估科科长，部分税务所所长及纳税评估处全体干部参加会议。会议认真贯彻2011年北京市地方税务工作会议的相关精神，在总结回顾2010年纳税评估工作的基础上，全面部署2011年纳税评估工作。任军副局长就如何开展好评估工作讲话。海淀局第四税务所和丰台局第四税务所做经验交流。会议邀请北京市地税局总经济师卜祥来作《关于依法行政的几个问题》的专题讲座。

（张　伟）

【制定下发《纳税评估文书填写要求》】 纳税评估处总结近年来有关纳税评估文书填写在审计工作、执法督查和案卷检查中发现的问题，根据现行文件依据和应规范的问题，研究起草《纳税评估文书填写要求》，从文书编号、时间顺序、填写要求等九个方面进行规范，在充分征求区县局、分局意见的基础上，于4月8日正式下发各局依照执行。

（张　伟）

【制定下发《评估辅导操作规程（试行）》】 为提高纳税评估工作效率，扩大纳税评估监控范围，规范工作流程，纳税评估处研究制定《北京市地方税务局评估辅导操作规程（试行）》，对评估辅导工作的组织部门、实施人员、方法步骤及归档等方面进行规范。规程经充分征求和吸纳区县局、分局的意见后，于6月29日下发各局依照执行。

（张　伟）

【制定下发《纳税评估证明资料指南》】 纳税评估处为有效降低评估工作中的行政风险，结合系统内评估工作开展的现状，研究制定《北京市地方税务局纳税评估证明资料指南》，对纳税评估工作中所需涉税证明资料的内容和形式进行明确和规范。该指南在充分征求和吸纳区县局、分局的意见后，于6月29日下发各局依照执行。

（张　伟）

【规范纳税清算管理工作】 北京市地税局明确纳税清算管理职责由纳税评估部门来承担。为了规范全市地税系统纳税清算工作的开展，纳税评估处于年内开始着手起草《北京市地方税务局纳税清算管理办法》。

（张　伟）

【开展纳税评估案卷检查】 纳税评估处自一季度起按季组织开展纳税评估案卷的检查工作。全年共检查案卷471卷，查出有问题卷321卷，平均有问题率68%，有问题点623个。纳税评估处对检查中发现的问题进行通报，各区县局、分局根据通报情况分别提出具体的整改措施并积极落实。

（张　伟）

【开展日常评估工作】 全年北京市共计完成日常评估28418户次，占整体评估户次的41%，入库税款6.3亿元，占整体评估入库的55%。

（张　伟）

【开展专项评估工作】 全年北京市共计完成专项评估2284户次，占整体评估户次的3%，入库税款3.8亿元，占整体评估入库的33%。

（张　伟）

【开展评估辅导工作】 全年评估辅导作为纳税评估工作的一项新手段，7月1日起在全市开始普遍应用。截至12月31日，全市共计完成评估辅导38387户次，入库税款1.3亿元，占整体评估户次比重达56%，占整体评估入库比重为11%，体现评估辅导工作便捷高效的优势。

（张　伟）

【深化无税申报企业纳税评估工作】 纳税评估处在对无税申报企业进行分类的基础上，结合企业登记时间、发票开具等情况，筛选出涉税疑点突出的无税申报企业3628户，并组织各区县局、分局进行评估核实，补缴税款159.43万元。与2009年开展的摸底式的无税申报纳税评估工作相比，评估户数中补税户数占比由1.37%提高到3.58%，提高两个百分点，户均补税12264元，户均补税金额增加5833.68元。

（张　伟）

【稳步推进日常检查试点工作】纳税评估处为完善纳税评估疑点核实手段，根据工作职责，积极稳妥地推进日常检查试点工作。在充分征求区县局、分局意见的基础上，制定《日常检查试点工作方案》，对日常检查工作予以规范，并确定东城、西城、海淀、丰台、大兴、延庆等6个区县局为日常检查试点局。在试点过程中，与各试点局先后召开两次工作座谈会，部署试点工作，交流进展情况，探讨存在问题。截至2011年11月底，各试点局基本完成试点工作，共对21户纳税人实施日常检查，有问题率为71%，入库税款、滞纳金、罚款近40万元。

（张　伟）

【开展汽车保险中介业专项评估工作】2011年2月，纳税评估处通过与北京市保监局产险处协调，获取北京市汽车保险中介业发票开具的详细数据，并将数据与地税局发票系统、核心征管系统中的原有数据进行比对，发现其中485张发票的中介机构名称与实际购买发票企业名称不一致，存在代开发票或使用假发票的嫌疑。经过14个区县局对涉及的162户企业进行核实，发现有问题企业11户，涉及发票15张，入库税款、滞纳金、罚金共计7.1万元。

（张　伟）

【开展家装行业专项评估工作】2011年3月，纳税评估处分别走访北京市装饰协会、北京市室内装饰协会和居然之家建材市场，充分利用相关单位获取的数据，选取12户家装企业下发至相关区县局进行专项评估。通过核实，发现有问题企业8户，转日常检查1户，转稽查1户，入库税款、滞纳金、罚款共计150.33万元。

（张　伟）

【加强纳税评估调查研究】纳税评估处以国家税务总局《“十二五”时期税收发展规划纲要》和北京市地税局《北京市“十二五”时期地方税收规划纲要》为指导，以积极稳妥地推进税源专业化管理、提高纳税评估工作水平为目标，结合区县局、分局工作开展的实际情况开展调研，撰写《由“十二五”时期新税收征管改革的要求引发对纳税评估工作的思考》，与丰台区地税局联合撰写《浅谈纳税评估工作中的税收执法风险及其应对》，与石景山区地税局联合撰写《税收滞纳金加收有关问题探析》。

（张　伟）

【研究编写行业纳税评估模型】为适应风险管理的要求，不断提升行业评估的专业化水平，纳税评估处在东城区、西城区、海淀区、丰台区、石景山区、通州区、平谷区地税局的协助下完成房地产开发与经营业、广告业、保险业、建筑业四个行业纳税评估模型的研究编写。

（张　伟）

【组织业务培训】 2011年6月9日—10日，为提高纳税评估干部业务技能，丰富干部的知识储备，纳税评估处邀请知名会计师事务所的资深专家，在昌平区培训中心集中对各区县局、分局纳税评估科、专业评估税务所、税源管理所的纳税评估业务骨干进行财会知识方面的培训。

（张　伟）

【刊发《纳税评估工作简报》】 2011年1月17日，《纳税评估工作简报》第1期发布。全年共计完成4期《简报》的刊发工作，编发评估工作动态30余条，交流评估工作经验17条，刊发评估案例8篇，介绍外省市经验1篇，发布系统内评估调研4篇，并对全市纳税评估工作开展情况和评估案卷的检查结果进行及时的通报。通过编发简报，建立全市纳税评估工作情况沟通和经验交流的平台。

（张　伟）

【加强与北京市国税局纳税评估部门工作沟通】 2011年8月19日，根据国家税务总局《关于进一步加强国家税务局、地方税务局合作的意见》（国税发〔2011〕77号）及北京市地税局的有关工作要求，纳税评估处与市国税局负责纳税评估工作的第一直属分局就国税局、地税局纳税评估工作合作事项进行沟通交流。经过座谈，取得初步成效，并达成四点共识，为后续工作的开展奠定基础。

（张　伟）

【北京市地税局领导走访基层，指导评估工作】 2011年4月19日，纳税评估处陪同北京市地税局党组成员、副局长任军到丰台区地税局第四税务所调研指导评估工作。丰台区地税局有关局领导、纳税评估科和第四税务所有关人员参加座谈。

（张　伟）

【总局征管科技司到北京市地税局调研】 2011年8月17日，纳税评估处陪同国家税务总局征管和科技发展司征管质量监控处司京民处长一行到密云县地税局就纳税评估工作进行调研。密云县地税局有关局领导、纳税评估科和部分税务所有关人员参加座谈。

（张　伟）

【配合开展对部分重点税源企业的分析检查】 根据《国家税务总局关于对部分重点税源企业开展专项分析检查工作的通知》（国税函〔2011〕577号）的相关要求，纳税评估处配合收入规划核算处组织区县局、分局对4户高风险和64户纳税异常企业开展专项分析检查。

（张　伟）

【配合开展个人工资薪金所得与企业工资费用支出的比对工作】 按照国家税务总局要求，纳税评估处配合个人所得税处开展个人工资薪金所得与企业工资费用支出的比对工作。各区县局、分局根据北京市地税局下发的34814条比对数据，对

21139户有问题疑点企业实施评估核实，调增企业所得税应纳税所得额1095.08万元，共入库税款、滞纳金、罚金790.28万元。

（张　伟）

【配合开展城市维护建设税、教育费附加与增值税、消费税两税比对工作】 为落实国家税务总局相关通知精神，纳税评估处配合地方税处组织区县局、分局开展2010年度城市维护建设税、教育费附加与增值税、消费税两税比对工作，共完成核实户数11285户，同比增加5171户；补缴税款户数2994户，有问题率31.09%，同比提高16.39%；共入库税款、滞纳金1220.45万元，同比增加911.87万元，入库金额增长近3倍。

（张　伟）

【配合开展全市不动产及建筑业涉税情况研究】 纳税评估处配合营业税处开展全市不动产及建筑业涉税情况研究，并与北京市建委城研中心就两个行业项目管理数据的共享达成意向。

（张　伟）

【配合开展执法督查工作】 2011年7月25日至8月25日，纳税评估处参加由审计处组织的执法督查检查组，对东城区、昌平区和开发区三个区县局、分局2009—2010年度企业注销清算工作的管理情况进行检查。共检查三个局注销清算档案36份，对检查过程中发现的问题，向三个局做了反馈，各局进行相应整改。

（张　伟）

税务检查

税务检查工作

【综述】2011年，按照北京市地税局党组提出的工作指导思想、主要任务和总体要求，在北京市地税局党组和国家税务总局稽查局的正确领导下，全市地方税务稽查工作全面顺利开展，圆满完成年度稽查工作任务。2011年，全市稽查系统共对各类纳税人立案实施检查3736户，有问题3364户，有问题率90%，结案3745户。查补收入共计193156万元（其中：税款141220万元，滞纳金35623万元，罚款16312万元）；入库收入合计139979万元（其中：税款112170万元，滞纳金19333万元，罚款8474万元），入库率72%。

为深入贯彻落实北京市地税局税收工作会议和国家税务总局稽查工作会议精神，稽查处组织召开系统税务稽查工作会议，传达北京市副市长吉林在北京市地税局税收工作会议的重要讲话和国家税务总局稽查工作会议精神，深刻领会国家税务总局对税务稽查工作提出的要求和北京市地税局提出的“深入贯彻落实科学发展观，解放思想，加快转变，夯实基础，依法行政，为首都经济社会又好又快发展作出新贡献”的工作要求，进一步明确全市地方税务稽查工作在“十二五”时期的发展方向和2011年度的工作任务。北京市地税局结合全市稽查力量和辖区经济规模的实际情况，统一调节、确定各稽查局年度稽查任务并进行全面的安排部署。各区县局、直属分局稽查局认真贯彻落实北京市地税局稽查会议精神，组织召开本单位稽查工作会议，结合北京市地税局稽查工作部署，科学合理地制订本单位年度稽查工作计划。

全市地税稽查系统认真贯彻以查促查、以查促收、以查促管、以查促政、以查促廉的工作要求，科学配置稽查资源，实行分级分类管理，采取调研式、集中式、交叉式和审计型稽查方法，积极推进电子查账软件在稽查工作的使用，实现税务稽查由数量扩张向质量提升转变，由宏观指导向系统控制转变，由被动稽查向重点稽查转变，全面提高税务稽查工作科学化水平。

（孟　刚）

【重大税收违法案件查处】 2011年，全市稽查系统共受理中纪委、国家税务总局和北京市委市政府等上级领导、机关督办（交办）案件28件。在查办的案件中，有中央领导批示的重点案件，为加强案件的指导协调，保证查处任务圆满完成，北京市地税局成立由北京市地税局副局长郝硕博为组长，稽查、法制和税政等相关处室负责人组成的督导小组，由办案单位抽调业务骨干成立专案组，在案件查办过程中，及时将案件查办进程和遇到的情况向上级督办（交办）机关和北京市地税局党组汇报，确保案件查处符合中央领导批示精神，案件的查办工作得到上级督办（交办）机关和领导的高度肯定。全市各稽查局上报查补税款50万元以上的重大案件共172件，查补收入合计38695万元。

（王顺麒）

【税收专项检查】 按照国家税务总局明确的税收专项检查的指令性计划和指导性计划，全市各级稽查局重点开展对资本交易项目和广告业的税收专项检查。2011年，国家税务总局部署的指令性和指导性检查项目共立案检查1014户；各稽查局自行开展其他项目专项检查1524户（包括以往年度未结案件）。组织69户企业开展自查，自查有问题20户。已结案1600户，发现有问题企业1448户，查补收入共计71487.9万元（其中税款52095.40万元，滞纳金12090.58万元，罚款4133.06万元，自查补税3168.83万元），入库收入合计65402.92万元。

（马　昕）

【重点税源企业检查】 按照国家税务总局工作部署，联合北京市国税稽查局共同组织对奥凯航空有限公司开展税收专项检查，制订专项检查工作方案，成立北京市地税局协调督导组和区县局联合检查组，对奥凯航空有限公司及其在北京的分支机构奥凯航空有限公司北京营业部2009年至2010年两个年度的税款缴纳情况开展检查，要求做到“税种查全、环节查到、项目查清、问题查透”，有效防范重大税收流失。通过自查共补缴营业税、城市维护建设税、教育费附加、个人所得税、印花税合计254.14万元，全部足额入库。在对重点税源企业检查中，积极探索审计型检查工作方式，制定《关于对奥凯航空有限公司实施审计型检查的工作方案》，在学习借鉴辽宁、天津等省市税务局开展审计型检查工作经验的基础上，组织顺义区地税局稽查局联合会计事务所、审计事务所，围绕企业的生产经营、财务核算、财务凭证、计税依据等内容，以税种为切入点，以企业财务运转的六大循环为依托，制订地方税务系统适用的审计型检查工作底稿，对奥凯航空有限公司试点开展审计型检查，查补收入共计274.3万元。按照《国家税务总局稽查局关于延长海南航空集团有限公司、深圳航空有限公司自查及抽查时间的通知》《国家税务总局稽查局关于下发部分重点税源企业省外成员名单的通知》《国家税务总局稽查局关于2011年度第二批重点税源企业检查工作安排的通知》的要求，组织开展对海南航空集团有限公司等企业及在京分支机构17户企业的税收专项检查。上述企业自查共计查补税款1377.99万元。向国家税务总局稽查局报告企业自查情况后，经与北京市国税局稽查局共同研究后，确定对大新华运通国际旅行社有限公司等5户企业2009—2010年度纳税情况进行抽查检查。

（李 颖）

【税收专项整治】 按照《北京市人民政府办公厅转发市交通委关于开展规范占道停车企业经营管理专项检查工作方案的通知》的要求，作为规范占道停车企业经营管理专项检查成员单位，参与并组织开展检查工作。由北京市地税局副局长郝硕博带队，牵头组织由北京市交通委、公安局、工商局等部门参加的市级督查检查2次，对西城区、海淀区的5个占道停车场进行检查，对发现的问题现场进行纠正，并要求被查企业立即制定切实可行的措施，有效落实整改。参加市级督查检查14次，对东城区等六区的32个占道停车场进行现场督查检查，检查各类发票40余本共计4000余份，个别企业使用发票不规范的行为得到有效整改。

（谢东明）

【打击发票违法犯罪活动】 为进一步贯彻落实全国打击发票违法犯罪活动工作协调小组第四次会议精神，根据《国家税务总局关于做好2011年打击发票违法犯罪活动工作的通知》的要求，北京市打击发票违法犯罪活动各项工作积极、稳妥、扎实地推进并取得较为显著的成绩。稽查处牵头组织召开由北京市公安局、北京市国税局等15个成员单位参加的“北京市2010年打击发票违法犯罪活动工作总结会暨2011年工作部署会议”，明确打击发票违法犯罪的工作目标。利用“税收宣传月”等契机，广泛开展以“打击发票违法犯罪行为、构建首都和谐经济秩序”为主题的宣传活动。通过新闻发布会、宣传日等形式，全方位、多角度、深层次宣传发票知识，及时曝光大案要案。在全市开展的打击发票违法犯罪活动中，把创新驱动战略贯穿于打击工作整体过程，成功破获“5.18”特大贩卖虚假发票案件、“6.25”特大虚开增值税专用发票案，受到公安部经侦局、国家税务总局稽查局领导的高度评价和表扬，称赞“北京为打击整治发票违法犯罪开创了新的思路。”全年向国家税务总局、北京市委市政府和有关部门报送工作简报69期，报告反映30次，组织公安、国税、工商等部门召开联席会议21次。全市共查处各类发票违法案件2833起，公安机关抓获犯罪嫌疑人581人，检察机关起诉案件115件172

人，审判机关审判案件95件判决128人，捣毁印制假发票窝点120个，收缴各类假发票540万份，治理短信群发器81台、发票违法短信905万条，违法受票企业查补税款23847.6万元，加收滞纳金6105.9万元，罚款11508万元。（其中北京地税查补税款14576.6万元，加收滞纳金3050.9万元，罚款9908万元）。

（谢东明）

【全面清理稽查积案】 为将依法行政作为基本准则贯穿税务稽查工作的始终，夯实稽查基础工作、推进稽查依法行政、加强稽查管理，针对当前税务稽查工作中的薄弱环节，着力解决稽查基础工作不牢固、制度机制不健全、制度落实不到位的突出问题，确保做到职责清、情况明、数据准，实现有法必依、执法必严、违法必究，2011年在全市范围内开展清理以前年度未结案件工作。各稽查局成立清理工作小组，采取有力措施集中开展清理工作。对一些重大、疑难案件提出指导意见，部分解决基层办案单位在办案程序、系统操作、取证标准、查处要求等方面的问题，保证清理工作的顺利进行。一批长期无法结案的“老大难”案件得以结案，追缴入库大量税款，清理未结案件工作取得显著成果。全年清理结案1978件，税滞罚入库合计74314万元。

（刘　驹）

【稽查制度建设】 为进一步贯彻落实国家税务总局新下发的《税务稽查工作规程》和北京市地税局党组“抓源头、抓根本、抓基础、促转变、保增长”的工作要求，按照北京市地税局优化业务流程工作安排，稽查处从源头上规范系统稽查工作，拟定7个新的税务稽查工作制度。根据国家税务总局《2011年全国税务稽查工作要点》中强化稽查系统管理的指标要求和《北京市地方税务局管理考核办法》，按照“公平、公正、公开”的原则，制定《税务稽查工作考核实施意见》。为确保税务稽查考核的公平、公正、公开，6月15至16日，分两次组织召开稽查工作会议，研究讨论《税务稽查工作考核实施意见》并根据与会人员提出的意见和建议进行修改完善。各稽查局普遍反映，新制定的《税务稽查工作考核实施意见》符合北京地税税务稽查实际，能够切实减轻基层稽查局的负担，促进税务稽查工作的开展和任务完成。

（华　方）

【税务违法检举】 2011年，全市地税各级税务违法案件举报中心，规范税收违法行为检举管理，强化税收违法行为检举管理工作的监督制约，全面提升检举管理工作质量和水平，全年，共受理税收违法行为检举案件5289件。其中并案处理57件；转外单位处理112件，转稽查局立案检查195件；转评估约谈处理案件198件、转征管部门处理1787件；线索不清存查处理2904件，到期已结案件

5142件，共答复检举人6707人次，对署名检举人进行答复处理工作。依据检举线索，全市地税系统共对2188件税收违法行为检举案件进行立案检查、评估约谈和征管核查，结案2151件，查补合计23512万元（其中查补税款15384万元，滞纳金5832万元，罚款2296万元），入库收入合计22076万元。按照规定，奖励检举人27人，支付检举奖励金额7.67万元。

（周燕玲）

【税务协查】 在开展税收协查工作中，针对以往年度协查件回复速度慢、质量不高，影响案件查处进度的问题，北京市地税局建立协查案件分级分类跟踪机制，即对逾期未回复的本市协查案件，一般案件由协查发出单位进行跟踪与催办；对北京市地税局的督办案件统一由北京市地税局进行跟踪与催办；对逾期未回复的外省市协查案件，原则上一般案件由协查发出单位进行跟踪和催办，督办案件由北京市地税局进行跟踪和催办，并将其督办协查案件列为考核项目，保证协查回复率、信息完整率，协查案件质量和效率明显提高。全年，全市地税系统共收到受托协查878户次，完成849户次，平均回复率96.7%。全市共发出委托协查161户次，收到回复152户次。

（张文沂）

【国际税收情报交换和反避税】 严格按照国家税务总局要求，对外来情报应根据情报函所提请求，全面调查、依法取证，保质保量完成核查任务。全年，共收到国家税务总局转来的国际税收专项情报核查请求7件、外方回复中方以往年度提出的专项情报请求2件，已查结上报总局1件、中间报告1件、已查结待上报1件。结合高收入者个人所得税专项检查，对1户企业的外籍高管个人取得收入情况进行调查。2011年，稽查处结合年度高收入者个人所得税专项检查，试点挖掘对外自发情报线索，对10户不同类型企业开展反避税调研式检查，研究探索相关行业企业的避税问题。组织召开反避税调查查前准备和培训会，落实北京市地税局领导提出的切实将反避税调查工作开展起来的工作要求。

（白　洁）

【稽查业务培训】 为进一步加强税务稽查专业队伍业务建设和人才队伍建设，检验税务稽查培训工作质量和效果，积极推进公务员分类管理，并作为选拔稽查人才、建立稽查等级制度的重要依据，加强对稽查人员的培训，强化稽查队伍能力建设，北京地税稽查系统分层次、分阶段在全系统开展稽查培训辅导工作，各稽查局认真组织全员培训，把稽查人员业务培训与专家型人才培养有机结合起来。

（孟　刚）

案 例 举 要

案例1：某公司出租车库少缴房产税土地使用税案

一、案件基本情况

本案为上级交办案件，该公司2004年5月成立，系其他有限责任公司，业务范围是科技企业孵化；生物技术开发、技术咨询；项目投资；组织文化交流活动（演出除外）；承办展览展示；房地产开发；销售自行开发的商品房，股东G中心占10%股份，股东H有限公司占90%股份，注册资金10000万元，经营地点在北京市海淀区，在地税缴纳的税种主要有营业税、城市维护建设税、教育费附加等，所得税征收方式为查账征收。

二、检查过程及发现问题

1. 检查预案

检查人员根据上级交办的相关线索和企业进行核实，对房产和土地局进行外调，查询到该单位已售房产的产权情况，确定应该以该公司出租的地下车库涉及的房产税和城镇土地使用税为检查方向。

2004年，该公司无经营收入，申报缴纳车船使用税183.34元、印花税50025元、代扣代缴个人所得税 46444.16元。

2005年，该公司无经营收入，申报缴纳车船使用税400元、印花税20元、代扣代缴个人所得税18117.47 元。

2006年，该公司无经营收入，取得拆迁补偿款553400元记入营业外收入科目，缴纳印花税177333.80元。

2007年，该公司取得房屋租赁收入135000元记入主营业务收入科目，取得商品房预售收入642430200.80元记入应付账款——货款科目，共计缴纳营业税 6750元、城市维护建设税 472.5元、教育费附加202.5元。2007年，该公司申报缴纳车船使用税 960元、城镇土地使用税221951.4元、印花税302529.80元。

2008年，该公司取得商品房预售收入1085984483.60 元记入应付账款——货款科目、取得地下车位出租收入（转让车位使用权）12000000元记入应付账款——货款科目，共计缴纳营业税37297786.39元、城市维护建设税1900297.99元、教育费附加1118933.60元、土地增值税10000000元、车船使用税960元、城镇土地使用税268463.04元、印花税988787.1元。

2009年，该公司取得代维费6860元，记入其他业务收入科目，取得商品房预售收入719202644.66 元记入应付账款——货款、预收账款等科目、取得地下车位出租收入（转让车位使用权）8400000元记入应付账款——货款科目，共计缴纳营业税86103423.06 元（含补缴以前年度税款24145397.31元）、城市维护建设税6027239.60 元（含补缴以前年度税款1690177.81元）、教育费附加2583102.69 元（含补缴以前年度税款724361.91元）、土地增值税12342448.24元（含补缴以前年度税款9157990.61元）、车船使用税320元、城镇土地使用税220907.94 元、印花税410320.8元。

2010年，该公司取得房屋、车位租赁收入1219040元记入主营业务收入科目，取得代维费19600元，记入其他业务收入科目，取得商品房预售收入352550681.68 元记入预收账款科目，取得地下车位出租收入（转让车位使用权）11400000元记入预收账款科目，共计缴纳营业税18509466.08 元、城市维护建设税1295662.62 元、教育费附加555283.99元、土地增值税5727231.87元、车船使用税480 元、城镇土地使用税164367.66 元、印花税31477.9元。

2. 检查方法及发现问题

该公司主要收入来源是房地产销售收入和租金收入。检查过程中检查组采取顺查法等检查方法对该单位的合同、账簿、凭证和报表等进行了检查。

（1）时间紧、任务重、压力大，是办理该案时的深切感受

税务总局、北京市地税局领导高度重视，随时听取汇报，掌握案件办理进度和情况。两个人面对该公司7年的几十本账簿、20多箱的凭证、报表、合同，深感压力大、责任重。但检查人员始终保持严谨的工作作风，严格依法办案，就有关涉税问题翻阅大量的账簿、凭证、合同，进行大量的外出调查取证，查证有关涉税事实，取得确凿证据，保质保量地完成上级交办的检查任务。

（2）上级要求核实的问题

上级要求核实4号楼分配给股东G中心的相关情况。检查人员和企业进行核实，同时对房产和土地局进行外调，查询到4号楼房屋产权和土地使用权仍登记在该公司名下，根据《中华人民共和国营业税暂行条例实施细则》第五条 纳税人有下列情形之一的，视同

发生应税行为：（一）单位或者个人将不动产或者土地使用权无偿赠送其他单位或者个人。第二十五条纳税人发生本细则第五条所称将不动产或者土地使用权无偿赠送其他单位或者个人的，其纳税义务发生时间为不动产所有权、土地使用权转移的当天。该公司虽然已将上述物业交付G中心使用，但房屋产权、土地使用权尚未过户，因此不构成营业税应税行为。

（3）相关税种及发票检查发现问题

①营业税

该公司2007年1月1日至2010年12月31日取得商品房预售（现售）款2800168010.74元，应收未收商品房售房款3064147.80元，取得租金收入33180500元，以上共计2836412658.54元，应纳营业税141820632.93元，城市维护建设税9216897.25元，教育费附加4254618.99元，超缴营业税96792.6元，城市维护建设税6775.46元，教育费附加2903.79元。

该公司2009年7月1日至2010年12月31日存在未按规定期限缴纳营业税金及附件的问题，根据《中华人民共和国税收征收管理法》第三十二条的规定，对该公司未按规定期限缴纳的税款，按日加收滞纳税款万分之五的滞纳金，其中营业税滞纳金874553.64元，城市维护建设税滞纳金 61218.76元。

②土地增值税

该公司2007年1月1日至2010年12月31日取得商品房预售（现售）款共计2800168010.74元，应预缴土地增值税28001680.11元， 已预缴土地增值税28069680.11元，多预缴土地增值税68000元。超缴原因是该公司2008年5月至2010年12月将其开发建设的265个地下车库（人防设施）使用权转让给B公司等单位，取得的收入按转让房地产预缴了土地增值税。该公司转让地下车库（人防设施）使用权其性质是出租不应预缴土地增值税。

该公司2009年2月27日至2010年12月31日存在未按规定期限预缴土地增值税的问题，根据《中华人民共和国税收征收管理法》第三十二条的规定，对该公司未按规定期限缴纳的税款，按日加收滞纳税款万分之五的滞纳金131610.28元。

③房产税

2008年5月至2010年12月该公司将其开发建设的265个地下车库（人防设施）使用权转让给B公司等单位。2007年7月至2010年12月该公司将其开发建设的综合楼出租给C公司等单位。根据《国家税务总局关于房产税、城镇土地使用税有关政策规定的通知》（国税发〔2003〕89号）第一条，该公司上述车库及房产应按规定缴纳房产税，其中2007年应纳房产税388.08元，已纳0元，应补388.08元；2008年应纳房产税85616.28元，已纳0元，应补85616.28元；2009年应纳房产税305992.96元，已纳0元，应补305992.96元；2010年应纳房产税702668.71元，已纳0元，应补702668.71元。以上共计应补房产税1094666.03元。

④城镇土地使用税

2006年5月12日该公司与北京市国土资源局签订了两份《北京市国有土地使用权出让合同》，出让宗地面积共计36987.4平方米，出让合同均未约定交付土地时间。2007年6月该公司取得上述宗地的土地使用权证，面积为36986.9平方米。该公司2007年应纳城镇土地使用税341345.97元，已纳221921.40元，应补119424.57元；2008年应纳城镇土地使用税328886.35元，已纳268463.04元，应补60423.31元；2009年应纳城镇土地使用税245591.80元，已纳220907.94元，应补24683.86元；2010年应纳城镇土地使用税176194.66元，已纳164367.66元，应补11827元。以上共计应补城镇土地使用税216358.74元。

⑤印花税

该公司2006年至2010年期间签订的勘察设计、建设施工、房屋租赁等合同存在未按规定贴花的情况，应补缴印花税20766.10元。其中包括2008年5月至2010年3月期间该公司与B公司等单位签订的地下车库使用权转让合同。此类合同该公司按产权转移书据贴花。此类合同虽名为使用权有偿转让合同，实为租赁合同，应按租赁合同千分之一税率补贴印花税。

⑥其他税种

经检查，其他税种未发现问题。

⑦发票

该公司于2008年7月从D公司取得一张金额66667元的发票，计入生产成本；该公司于2008年7月从D公司取得一张金额133333元的发票，计入生产成本；该公司于2009年12月从D公司取得一张金额100000元的发票，计入生产成本；该公司于2008年7月从E公司取得一张金额200000元的发票，计入生产成本；该公司于2009年5月从F中心取得一张金额1000000元的发票，计入生产成本；该公司于2009年5月从F中心取得一张金额500000元的发票，计入生产成本；该公司于2009年8月从F中心取得一张金额500000元的发票，计入生产成本。经北京市地方税务局票证管理中心鉴定，这7张发票均为伪造发票，所以该公司存在未按照规定取得发票的行为。

三、违法事实及处理结果

1. 房产税

根据《中华人民共和国房产税暂行条例》《北京市施行〈中华人民共和国房产税暂行条例〉的细则（修正）》第二条、第四条、第七条的规定，应补缴房产税1094666.03元。

2. 城镇土地使用税

根据《中华人民共和国城镇土地使用税暂行条例》第二条、第三条、第四条、第九条和《北京市施行〈中华人民共和国城镇土地使用税暂行条例〉办法》第二条、第三条第一款、第四条第一款、第七条、第八条、京地税地〔2007〕229号的规定，应补缴城镇土地使用税216358.74元。

3. 印花税

根据《中华人民共和国印花税暂行条例》第一条、第二条、第三条的规定，应补缴印花税20766.1元。

4. 滞纳金

根据《中华人民共和国税收征收管理法》第三十二条的规定，对该单位上述未按规定期限缴纳的税款，按日加收滞纳税款万分之五的滞纳金共计1419637.77元，其中营业税滞纳金874553.64元，城市维护建设税滞纳金61218.76元，土地增值税滞纳金131610.28元，房产税滞纳金233898.35元，城镇土地使用税滞纳金118356.74元。

5. 罚款

根据《中华人民共和国发票管理办法》第三十六条第一款第四项、第二款的规定，对该公司未按照规定取得发票的行为处以2000元罚款。

根据《中华人民共和国税收征收管理法》第六十四条第二款及《国家税务总局关于印花税违章处罚有关问题的通知》（国税发〔2004〕15号）的规定，对该公司未按规定粘贴印花税票的行为处以1倍罚款共计20766.10元。

四、案例点评及分析

1. 领导的高度重视、部门间的通力合作是顺利查办该案的关键

该案从立案到检查，税务总局、北京市地税局领导多次听取汇报，为检查人员指明方向。从政策请示到处理定案，各级领导也都给予高度重视和关注，对许多检查中的疑点和难点提供大量的支持，为顺利查办该案提供有利保障，提高办案效率。

2. 发票控税模式滞后，倡议信息管税模式

企业在发票上做文章，如开具大头小尾发票、伪造发票等，使税务机关防不胜防。税务机关可以借鉴银行判断存折真伪的方式将发票的信息数据输入电脑，利用电脑信息判断发票真伪，可以杜绝发票违规行为的发生。

3. 运用协查手段，找准突破口

房地产开发企业在开发的过程中一般都会代建地下设施，建成后，企业将地下车库

出租，涉及征收房产税和城镇土地使用税。检查人员通过对房产局和土地局的外调确认该公司已售房产的产权情况，明确该公司出租的地下车库应该征收房产税和城镇土地使用税。

4. 加强稽查和征管的联系

在对该公司检查的过程中，检查人员发现企业已经达到税务机关要求企业进行土地增值税清算的条件，立即通知了征管局，征管局及时对企业的土地增值税进行了清算，最后的数额为32000万元，通过和征管局的联系，使企业的土地增值税及时入库，稽查局和征管局应该加强联系，从而避免税款的迟滞。

案例2：某公司抛售限售股少缴纳企业所得税案

一、案件基本情况

该案件是北京市地税局布置的专项检查案件，针对企业开展大小非IPO业务进行检查，首先要求企业自查，根据自查结果，有针对性地开展检查。该企业成立于1995年10月28日，经济性质为其他有限责任公司，注册资金14350万元，经营范围为许可经营项目：无。一般经营项目：企业管理咨询、投资咨询、商务咨询、财务咨询、会议服务、销售建材。

二、检查过程及发现问题

通过前期了解，该单位检查期间主要从事甲股票、乙股票股权业务。因此根据北京市地税局及我局工作要求以及该单位的实际情况，检查组将检查工作分为以下几步：

第一步，一方面要求该单位进行自查并出具自查报告，另一方面检查人员通过网络等各种媒介积极了解该公司业务情况以及甲股票、乙投票股东组成情况，力争多方位掌握信息，准备与自查报告比对、相互验证。做到查前掌握信息、查中相互比对、定性有理有据。与此同时积极查找相关法律法规，特别是证券类业务的相关规定，力争多方面了解证券业务的操作模式，以及其遵循的法律法规。特别是“大小非”的概念、解禁的要求、具体操作模式、涉及的税收以及相关的规定。

第二步，根据发现线索，调取了该单位自2001年开始，记载取得限售股、转让限售股的所有账簿、凭证以及所有涉及取得、转让限售股的合同。该单位主要股权业务发生在2005年至2008年期间，因此检查人员将重点放在了以上年度。

在调取资料时发现，该单位目前只有一名财务人员，对于业务情况不清楚，公司又无其他人员，公章以及全部账簿资料均存放在上海。检查人员积极向其讲解税法，告知其有提供资料的义务，另一方面要求提供法人的联系方式，并要求其到税务机关介绍相关公司业务情况，特别是甲股票、乙股票的股权业务。经过积极的沟通，该单位法人及相关授权业务人员均到税务机关介绍了其主要的股权业务情况，并提供了相应的证据资料。

通过整理证据发现，初期取得股权是在2001年，时间较早，提供的证据均为手工账，如果要确定股权转让细节，需要逐一翻阅相关账簿、凭证、合同等资料。而且该单位的证据资料均不在北京，需要等待逐次提供，但是检查人员为了能够翔实了解其具体操作方式，准确定性涉税行为，不惧繁琐、由浅入深、逐一审核，克服证据链时间跨度长、证据量大、查阅繁琐等困难，在第一时间对全部证据进行认真的整理、复印、归集，逐一理顺股权转让脉络。

第三步，对法人及相关人员进行询问，了解其交易背景、具体情况。通过检查人员的审核、取证，对该单位甲股票、乙股票股权业务的交易流程有了初步的了解，为了验证检查人员的判断以及能够对案件准确定性，对其法人代表及相关人员进行询问，了解具体操作情况。至此，检查人员已经全部掌握了该单位股权业务模式，一是将持有的甲股票在解禁前，私下转让给B单位，B单位再次转让给C单位，三方签订代持协议，该单位代其持有；二是将持有的乙股票在解禁前私下转让给另外6家公司，并代其持有。以上“代持”股票在2008年度进行了抛售。

第四步，通过以上资料审核其股权在解禁前私下交易情况，解禁后在市场上抛售的金额、时间、股票成本、取得收益、账簿核算等资料，初步判定纳税义务人、纳税义务发生时间。该案件案值较大，经我局审理会审理确定该单位为纳税义务人，负有纳税义务。

但该公司不认同北京市地税局的处理意见，认为其以受托的方式进行资产管理运作这些股票，系公司开展的正常的资产管理业务，并非对外投资或买卖股票。不是纳税义务人。因此在“涉税事实认定意见书”上，签署“不同意税务机关处理意见，近期提供详细意见说明”。

三、违法事实及处理结果

1. 违法事实

2008年该公司抛售乙股票，取得投资收益未缴纳企业所得税。

2. 处理结果

（1）根据《中华人民共和国企业所得税法》《国家税务总局关于企业股权投资业务若干所得税问题的通知》（国税发〔2000〕118号）第二条第一项、《国家税务总局关于企业转让上市公司限售股有关所得税问题的公告》2011年39号第一条、第三条、第四条的规定，该单位应补缴企业所得税12303811.15元。

（2）根据《中华人民共和国税收征收管理法》第三十二条的规定，对该单位加收滞纳金695165.33元。

四、案例点评分析

该案件案情既简单又复杂，简单是因为只涉及两只股票的业务，而且这两只股票又是限售股，应当在其解禁后抛售时进行税务处理即可；复杂是因为这两只限售股票在解禁前私下进行了转让，而且有两种操作模式，税务处理也不一样，同时涉及8家关联公司，且均在外地。根据这些特性，检查人员经过分析，总结有以下几点：

1. “大小非”解禁前私下转让涉及新的经济领域、新的操作方法

要想准确判定私下转让行为的纳税义务人以及纳税义务发生时间，需要理清限售股的概念。“大小非”并非法律意义上的概念，股权分置改革前未流通股本在股改后获得流通权，并承诺在一定的时期内不上市流通或在一定的时期内不完全上市流通的A股称为限售流通A股。股权分置改革就是把以前不能上市流通的国有股，法人股变成流通股，但为了减少大量的股份集中上市给股市带来冲击，所以对这部分股份上市时间有所限制。非是指非流通股，即限售股，或叫限售A股。小：即小部分。小非：即小部分禁止上市流通的股票（即股改后，限售流通股占总股本比例小于5%，在股改一年后方可流通，一年以后也不是大规模的抛售，而是有限度地抛售一小部分），反之叫大非。

通过以上看出，限售股在一定期间内是不允许上市交易的，但是私下转让是否可行呢，目前来看的确存在这样的行为，本案中，持有人采用签订股权转让协议的形式，私下将限售股进行了转让。因为要持有银行限售股有着严格的资质要求，许多单位不能达到要求，该单位可以先取得这些限售股然后再转让给其他单位，买受单位享有这些限售股的权力、义务，但是不能在证券登记结算机构变更名称，因此名曰“代持”。

“大小非”解禁后在市场上交易，取得收益需要纳税是毋庸置疑的，但是，对于已经私下转让的限售股，其纳税主体是谁，之前并没有明确的文件规定。

2. 纳税人的认定

对于限售股解禁前进行转让，应如何判定纳税义务人是该案件的难点。也是税务机关与被查单位分歧所在。本案中不仅仅是在解禁前进行了转让，受让方又再次进行了转让，即该公司首先转让给B公司，B公司又转让给C公司，而且该公司和B公司对于转让收益均在当期申报缴纳了税款。

税务机关认为，无论是以何种形式进行转让，受让方是否再次转让、双方是以何

种形式开展业务，双方在登记机构均未变更持有人名称，根据《国家税务总局关于企业减持上市公司限售流通股所得缴纳企业所得税问题的批复》（国税函〔2010〕307号）“企业减持在证券登记结算机构登记的限售股取得的所得，应计入企业减持当年的应纳税所得额，按照税法规定计算缴纳企业所得税”的规定，认为该公司依旧是股权牌照持有人，应判定为纳税义务人。

同时根据《关于企业转让上市公司限售股有关所得税问题的公告》国家税务总局公告2011年第39号第三条的规定，“（一）企业应按减持在证券登记结算机构登记的限售股取得的全部收入，计入企业当年度应税收入计算纳税。（二）企业持有的限售股在解禁前已签订协议转让给受让方，但未变更股权登记、仍由企业持有的，企业实际减持该限售股取得的收入，依照本条第一项规定纳税后，其余额转付给受让方的，受让方不再纳税。”该公司应按其在股票解禁后抛售限售股取得的全部收入缴纳税款。

该公司存在不同意见，认为根据双方签订的《资产管理协议》《股票托管协议》，以受托进行资产管理的方式管理运作这些股票，系公司开展的正常的资产管理业务，并非对外投资或买卖股票。碍于当时限售流通股不能过户以及对金融股权投资主体限制等政策原因才登记在该公司名下，但是对这些股票没有占有、使用、收益、处分的权利，并非是这些股票的所有权人，根据“实质重于形式”的原则，该公司没有实际获得减持股票的任何收益，不具有企业所得税法中“企业所得”，无应纳税所得，不是纳税义务人。

同时根据《关于企业转让上市公司限售股有关所得税问题的公告》国家税务总局公告2011年第39号文件第四条的规定，该文件是2011年7月1日起执行，已经处理的纳税事项，不再调整。该公司转让行为发生在以前年度，且受让方已经完税，该文件中纳税义务人的判定不适用于该公司，即使认定为纳税义务人，但受让方已经完税，此次也不应进行纳税调整。

3. 依法行政，注重关联方纳税事项的审核，保证纳税人合法权益

该公司在检查中提出，甲股票的实际持有人B公司、C公司已在当年度就其转让所得申报纳税。根据《国家税务总局关于企业转让上市公司限售股有关所得税问题的公告》2011年39号的要求，该公司无需进行税务处理。

因此税务机关要求该公司提供相关纳税申报资料，但其提供的资料相互之间没有关联性，不能准确证明其纳税申报情况。秉着依法行政、遵从税法、尊重事实的原则，我局于2011年10月20日向上海市地方税务局发出了协查函，请其协助调查B公司、C公司就甲股票收益是否进行了所得税纳税申报。

上海市浦东新区税务局、上海市地方税务局静安区分局分别给予了回函，告知B公司转让甲股票取得的收益已在当期企业所得税汇算清缴中纳税申报，C公司取得的投资收益已在当期申报纳税。

通过分析，提出以下几点建议：

（1）随着经济的发展，一些新的行业不断涌现，带来了许多新的涉税行为，适用的法律、法规的出台相对滞后，造成税务稽查的力不从心。在完善现有法律法规的基础上，要及时发现新的行业特点，尽快出台相应的税收法规。

（2）稽查过程注重贯穿政策宣传辅导。纳税人对于文件的理解与税务机关有时存在差异，这是正常的，因其所处位置不同，理解角度不一样。这就要求在稽查过程中，时时刻刻地开展税法的宣传、解释工作，一是普及了税法，二是能够统一征纳双方的意见，顺利地开展工作。

本案中限售股解禁前进行转让，应如何判定纳税义务人是案件定性的难点。也是税务机关与被查单位的分歧所在。在经过了多次的宣传、解释工作，双方达成了一致，税款顺利入库。

（3）税务检查中往往需要被查企业以及其他部门、单位给予协助，提供资料、数据、证据等，但是在实际中有些单位由于各种原因不能按期提供资料，或者提供的资料不能满足检查要求，如此反复提供，影响工作效率。目前对于不能提供资料的企业，税务机关只能要求其限期改正，对于不改正的行为进行10000元的处罚，除此之外没有其他的手段，大大地降低了税务稽查的力度和效率，同时因为没有证据对于一些事项无法准确定性，而不能进行处理，使国家的税款遭受了损失，打乱了正常经济秩序。

稽查局肩负着偷税、逃避追缴欠税、骗税、抗税案件的查处，不同于其他税收工作，应赋予一些强制的检查手段保证工作的顺利开展。这不仅有利于工作的开展，也可对那些违法企业给予应有的惩戒，加大其违法成本，保证税款及时入库，维护了良好的税收环境

（4）提高稽查人员综合能力。为了能够使公司效益最大化，税收风险最小化，各大公司一直以来始终保持着招收高校精英、社会精英的招聘思路，致使各公司的财务管理水平、业务规划水平、税收策划水平逐年增强，这也给税务机关带来了压力，需要一线稽查人员能够掌握更多的知识、信息，需要了解更多行业特点，掌握更多的现代化技术丰富稽查办案的手段。对于稽查人员的培养应使用综合、持久的方法，在加强专业培训的同时，有目的加强综合能力的提高。特别是电子化账务的操作、经济法律知识的补充，发挥人才的专业技能，为税收事业更好地服务。

北京市地方税务局检查情况表

税务稽查机构查处税收违法案件情况统计表（2011年）（表一）

单位：万元

按企业类型统计	税务登记总数（户）	检查户数（户）	有问题户数（户）	结案户数（户）	被查户应纳税额	查补总额					入库总额		
						税款	滞纳金	没收违法所得	罚款	合计	合计	其中：税款	其中：以前年度查补额
	1	2	3	4	5	6	7	8	9	10	11	12	13
合　计	1025365	3736	3364	3745	466034	121169	34678	0	16312	172159	116190	89328	58831
内资企业	654497	2278	2053	2285	284281	73913	21154	0	9950	105017	70875	54489	35887
港澳台商投资企业	8940	30	27	30	3728	969	277	0	131	1377	930	715	471
外商投资企业	16613	86	77	86	10719	2787	798	0	375	3960	2672	2055	1353
外国企业	6887	34	30	34	4194	1091	312	0	146	1549	1046	804	529
个体经营	311549	1196	1076	1198	149131	38774	11097	0	5220	55091	37181	28585	18826
其　他	26879	112	101	112	13981	3635	1040	0	490	5165	3486	2680	1765

附　列　资　料

立案情况	件　数	综合指标	百分率	案件统计分析资料	结案户数	查补税款	项　目	件　数	备　注
上期移案	2320	选案率	90.04%	100万元以下	3615	24824	纳税人提请听证	0	
本期立案	3117	入库率	67.49%	100万～500万元以下	94	20223	受理行政复议	0	
本期结案	3745	处罚率	13.46%	500万～1000万元以下	24	17039	其中：决定撤销或变更	0	
本期存案	1692	偷税处罚率	52.62%	1000万～5000万元以下	8	16860	纳税人提起诉讼	0	
		查补总额±%	106.65%	5000万～1亿元以下	2	16787	其中：判决撤销或变更	0	
				1亿元以上	2	25436	国家赔偿	0	
				合　计	3745	121169	国家赔偿金额（万元）	0	上期查补总额 83310

局领导：郝硕博　　稽查局长：杨晓东　　复核：李怀成　　制表：白洁　　制表日期：2012年1月5日

税务稽查机构查处税收违法案件情况统计表（2011年）（表二）

单位：万元

按违法性质统计	户数（户）	查补税款	滞纳金	没收违法所得	罚款	合计	实际入库额		按税种统计	查补税款	入库税款	按其他稽查成果统计	户数（户）	税款	金额
							合计	其中：税款							
	14	15	16	17	18	19	20	21		22	23		24	25	26
合　计	2786	63357	13059	0	6894	83310	66223	52801	合　计	121169	89328				
偷　税	42	1284	0	0	648	1932	815	801	增值税	0	0	调减留抵税额	0	0	
逃避追缴欠税	0	0	0	0	0	0	0	0	消费税	0	0	不予抵扣税款	0	0	
骗取出口退税	0	0	0	0	0	0	0	0	营业税	40069	29259	不予免、抵、退税	0	0	
抗　税	0	0	0	0	0	0	0	0	企业所得税	45131	25763	调整应纳税所得额	0		0
编造虚假计税依据	24	233	38	0	201	472	441	154	个人所得税	3458	3501	其中：弥补亏损	0		0
不进行纳税申报	9	296	25	0	156	477	430	260	其　他	32511	30805				
发票违法	382	0	0	0	86	86	79	0							
其　他	2329	61544	12996	0	5803	80343	64458	51586							

局领导：郝硕博　　稽查局长：杨晓东　　复核：李怀成　　制表：白洁　　制表日期：2012 年 1 月 5 日

税务稽查机构行政强制措施及移送司法机关案件情况统计表（2011年）

单位：万元

按保全措施、强制执行统计	税收保全措施		强制执行措施					其他行政措施			
	户数（户）	金额	户数（户）	金额合计	税款	滞纳金	罚款	户数（户）	人数	金额	欠缴税款
	1	2	3	4	5	6	7	8	9	10	11
合　计	1	98	8	2985	2928	57	0	0	0	0	0
冻结存款	1	98									
扣押查封财产	0	0									
扣缴税款			8	2985	2928	57	0				
依法拍卖或变卖			0	0	0	0	0				
责成提供纳税担保	0	0									
暂停出口退税								0			
收缴或停售发票								0			
行使代位权、撤销权								0			0
阻止出境								0	0		0
提请人民法院强制执行								0		0	

移送司法统计		移送司法机关案件		
		件数	人数	金额
		12	13	14
本期移送司法机关处理案件		0		
其中：不予立案退回案件		0		
公安机关提前介入及联合办理案件		0		
免予起诉或予以驳回案件		0		
已判决案件		0	0	
判决情况	管制	0	0	
	拘役	0	0	
	有期徒刑	0	0	
	无期徒刑	0	0	
	死刑	0	0	
	罚金	0		0
	没收财产	0		0

局领导：郝硕博　稽查局长：杨晓东　复核：李怀成　制表：白洁　制表日期：2012年1月5日

信息化建设

概 况

2011年，北京市地税局完善信息化工作管理体制，成立信息化工作领导小组暨金税三期工程工作领导小组及其办事机构，进一步加强信息化工作的统筹规划和组织协调。编制《北京市地方税务局配合金税三期工程建设实施规划》，明确北京市地税局信息系统向金税三期工程过渡的实施策略、主要任务、重点工程和保障措施。市区两级信息化部门积极落实北京市地税局党组的总体工作要求和对信息化工作的具体要求，坚持解放思想，加快转变，夯实基础，依法行政，加强“党的建设，领导班子建设和干部队伍建设”，充分发挥归口管理职能作用，依法组织开展信息化工作，坚持综合治理、重在治本，着力破解信息化建设深层次难题，坚持服务大局，迎难而上，敢于担当，化压力为动力，审核各部门申报的2011年和2012年信息化项目，两年共建议审减13个项目，组织实施53个信息系统调整项目，支撑宏观调控、税收政策调整、征管措施实施和方便纳税人网上办税，开展与国家税务总局金税三期工程衔接工作，强化日常管理，确保信息系统安全稳定运行，为努力做到三个满意，为地税事业科学发展提供有力支撑。

（崔 犇）

信息化管理系统建设和应用情况

【开展克服“以包代管”课题研究】 落实北京市地税局党组要求，努力排查风险，根除隐患，防范信息化建设和运行的技术风险，将克服“以包代管”、掌握工作主动权的要求贯穿到规划、立项、招标、开发、验收、运行、维护和管理等各个环节，梳理信息系统建设全过程需要管理和控制的37个具体环节，明确各环节管理目的，事前、事中、事后的管理方法与手段，实现权责明晰。按照克服“以包代管”的要求，梳理和修订工作规范化文本，新增工作流程13个，完善原有流程3个，新增表单和文档模板76个，进一步明确工作职责，完善工作流程，细化工作程序和表单证书，重点加强信息化项目建设的过程管理，着力抓好立项、部署实施和文档管理环节的落实。建立健全运维公司驻局人员管理机制。

（崔　犇）

【依法清理信息化项目】 落实第六次党组会关于全面清理信息化项目情况的工作要求，制定《全面清理信息化项目情况的工作计划》，提出工作目标、工作原则、清查内容、组织保障和职责分工、以及工作步骤和时间安排。组织开展107个历史遗留信息化项目清理工作，按照“依法依规、尊重历史、积极稳妥、分类处理、确保安全”的原则，积极开展后续工作。对55个历史遗留信息化升级改造项目再次开展业务必要性清理，对17个已不符合工作需要、不具备业务必要性，拟取消的信息化项目，反复协调市财政、中标供应商，积极稳妥处理。组织完成24个运维项目的合同签订、款项支付工作，为运维工作正常开展奠定基础。同时，以本次依法清理信息化项目为契机，进一步强化归口管理，克服以往信息化分散建设、多头管理带来的弊端。

（崔　犇）

【完成正版软件自查工作】 按照北京市使用正版软件工作领导小组办公室的要求，制定《北京市地方税务局机关使用正版软件专项检查和整改工作方案》。先后两次对区县局正版软件使用及整改情况进行统计汇总。组成4个检查小组对北京市地税局处室在用设备的正版软件使用情况进行检查和复查。按程序完成缺口正版软件的购置工作。在北京市使用正版软件工作领导小组办公室的检查验收中，抽查结果正版率达到100%，受到检查组好评。

（崔　犇）

【完成城区合并信息系统调整】 支持“新北京”的首都功能定位调整，原东城区、崇文区合并为新东城区，原西城区、宣武区合并为新西城区，组织调整10个信息系统，773个内部用户和权限，8.7万户纳税人和3420多万条数据，保证新东城、西城区地税局税收业务工作正常开展，实现业务不停、系统不乱、数据不丢的目标。

（崔　犇）

【支持宏观调控措施的实现】 落实北京缓解交通拥堵措施和房地产调控政策的要求，建设运行小客车调控管理系统，全年共与北京市交通委交换审核数据128186条，审核非京籍户居民家庭缴纳个人所得税情况与北京市住建委数据交换系统，共与北京市住建委交换审核数据34137条。

（崔 犇）

【支持国家税收政策调整】 贯彻落实修改后的法律法规，组织完成个人所得税和核心征管系统的调整运行工作，对外资企业开征城市维护建设税和教育费附加工作，增值税、营业税起征点调整工作，小型微型企业免收发票工本费、开征地方教育附加、车船税税种税目、2012年预算科目更新的系统调整工作。依法合规组织车船税征收信息系统改造，同时制订应急方案，保证用信息化手段支持新法如期施行。

（崔 犇）

【解决系统拥堵问题】 针对7月份网络拥堵，网上申报不畅情况，调整核心系统外网集群，系统处理能力提升2.5倍，最高可提升6倍，保证纳税人网上纳税申报业务的正常进行。12366热线反映系统拥堵情况由高峰时的47.1%下降为零。实现对税务登记、申报征收、统计核算、纳税评估、税务稽查、税务执法等业务工作的支持。

（崔 犇）

【与国家税务总局金税三期工程衔接】 编制印发《北京市地方税务局配合金税三期工程建设实施规划》。分析北京市地税局与金税三期工程衔接的业务变化、管理方式变化和系统架构，明确北京市地税局需完成的主要任务和重点工程，提出具体实施策略和保障措施，为与金税三期工程衔接做好基础准备。成立金税三期工程广域网项目实施小组，组织编写金税三期第一阶段北京地税网络及网络安全改造项目《总体工作思路及方案》《差异分析报告》《总体设计方案》《项目申报书》等材料。编制上报《金税三期工程第一阶段北京地税实施方案（网络及网络安全部分）》。按照国家税务总局抽取地税原始数据的要求，采取过渡措施，初步实现部分征管数据和个税数据向国家税务总局集中工作，编写向国家税务总局集中部分征管数据和个税数据的工作方案。组织对147人进行金税三期工程总体框架培训。使市区两级业务及信息化部门对金税三期总体业务功能有更深入的了解，为按照金税三期工程要求制订好业务衔接工作方案提供基础条件。抽调技术和业务骨干参与国家税务总局“金税三期工程关键技术模拟环境创建及验证项目”和数据元标准体系建设。

（崔 犇）

【加强干部教育培训】 组织4期共174人的专业技术和安全培训，有效提高区县局信息化管理部门人员的技术支持服务和安全管理能力。完成105名新录用大学生和军转干部的初任培训。

（崔 犇）

【北京市地税局电子政务获经信委奖励】 4月，按照市经济和信息化委员会《关于2010年电子政务绩效考核评价意见反馈的函》，市地税局完成《北京市信息化工作领导小组关于2010年全市电子政务工作任务的通知》确定的电子政务重大应用，继续加强梳理业务流程，深化资源和系统整合，优化办事程序，有效支撑“两个减负”工作，并建立六大类信息化标准化框架体系，完善运维管理制度和规范，获年度“专项应用突出奖”和“安全运维保障突出奖”。

（崔 犇）

信息系统运营维护及安全保障情况

【总局安全防护体系三期试运行工作】 4月1日至5月30日，完成国家税务总局安全防护体系三期各系统的试运行工作，并组织对部署在北京市地税局的各安全防护系统进行实地验收。

【内网培训】 4月28日，组织开展北京市地方税务局内网办公系统专题培训。各区县局、直属分局科技信息部门内网办公系统管理员及主管科长参加培训。为内网办公系统正常稳定运行打下良好基础。

（李 想）

【信息安全巡检】 6月15日至9月28日，信息中心、信息系统安全保障中心组织对西城、通州、海淀、朝阳、丰台、房山、大兴、东城、顺义、密云、开发区、昌平、延庆、怀柔、平谷、门头沟、石景山、西站、燕山、稽查一、稽查二局等21个区县分局的信息安全进行实地检查，评估网络与信息系统的安全状况，分析北京市地税局网络与信息系统面临的风险，查找薄弱环节和安全隐患，并有针对性地进行整改，进一步强化信息系统安全意识、规范信息系统安全管理，提高信息系统安全保障能力。

（李 想）

【全力解决信息化历史遗留问题】 针对两年半未支付运维费用，系统面临中断服务的巨大压力，努力采取各项措施，基本保证系统运行。先后组织对信息化项目进行清理核查，及时向局党组报告项目有关情况和建议。经党组认真研究后，6月份紧急报送北京市政府。经北京市政府同意后，按照“依法依规、尊重历史、积极稳妥、分类处理、确保安全”的原则，立即组织对2009年、2010年度28个运维项目签订合同，支付款项，取消9个运维项目，确保运维工作正常开展。

（李 想）

【更换负载均衡交换机和千兆交换机】 7月29日，为缓解网络拥堵，解决纳税人网上申报不便的问题，对负载均衡交换机和千兆交换机设备进行更换，网络拥堵情况得到一定程度的缓解。

（李 想）

【成立运维管理委员会】 8月，为实现信息系统运维工作的统一领导、统一管理、统一组织、统一协调，整合信息系统运维工作资源，加强北京市地税局信息化主管部门与运维公司之间的沟通协调，做到信息系统运行维护工作的标准、制度与规范统一，提高信息系统运行维护保障与应急处置能力，组织成立“北京市地方税务局信息系统运维管理委员会”，加强运维工作管理与指导，促进工作的科学化、精细化和规范化。同时，制定并发布《北京市地方税务局信息系统运维管理委员会管理办法》。

（李 想）

【升级改造互联网访问系统】 8月，对互联网访问系统进行升级改造。8月—10月更换代理服务器及代理软件，11月—12月对互联网访问系统链路带宽进行扩容，带宽由原来的50M升级为150M，12月底升级改造工作全部完成。

（李 想）

【全力解决系统拥堵问题】 8月，针对征期北京市地税局核心外网申报系统拥堵现象严重，纳税人投诉强烈的问题，信息中心会同科技处连续奋战3天3夜，完成设备更换、系统安装、调试、部署等工作，解决系统拥堵问题，为纳税人依法履行纳税义务提供有力的技术支撑。

（李 想）

【货运、个税、核心征管程序更新】 9月，为配合新修订的《中华人民共和国个人所得税法修正案（草案）》的顺利执行，在时间紧、任务重的情况下，信息中心同科技处一起紧密配合、积极协调，8月30日完成货运发票系统程序更新工作；9月16日完成个人所得税明细申报系统程序更新；9月23日，完成核心征管系统的数据调整工作，全力保障个人所得税法的贯彻落实。

（李 想）

【信息安全评测】 9月10日至12月15日，信息系统安全保障中心组织北京市信息安全测评中心和总参科技成果交流中心对北京市地税局、各区县局机房环境进行检测，完成核心征管系统、发票系统、个人所得税系统、Tax861网站系统及内网办公系统的整体评测，同时完成网络安全设备配置核查以及终端抽查和管理访谈工作。为北京市地税局信息化工作的完善和面临风险的整改提供有效依据。

（李 想）

【发票机房搬迁】 10月8日，为改善北京市地税局发票系统机房运行环境，确保系统正常运行，信息化三部门充分利用国庆长假，克服重重困难，按照预定方案加班加点，连续奋战54个小时，提前42个小时完成发票系统机房搬迁、系统调试工作。

（李 想）

【电子政务网络与信息系统安全检查】 10月11日，北京网络与信息安全协调小组办公室组织信息安全专家检查组到北京市地税局进行电子政务网络与信息系统安全检查，检查组重点对信息化工作文档进行审核，对信息安全工作给予高度肯定。

（李　想）

【安全三期验收】 11月23日，完成安全三期项目中曙光通用服务器、数据库安全审计系统、安全基线管理系统、网络应用安全评估系统的最终验收工作。

（李　想）

【组织召开运维工作总结会】 12月13日，信息化三部门组织所有运维公司召开“2011年度信息化运维工作总结会”。北京市地税局副局长郝硕博参加会议。会议总结2011年运维工作情况和部署2012年重点工作，北京市地税局副局长郝硕博围绕“回顾、展望、承诺”三个方面作重要讲话，并对下一步信息化工作提出具体要求。

（李　想）

【信息安全知识更新培训】 12月15日，信息系统安全保障中心在昌平干部培训中心组织召开2011年信息安全知识更新培训。通过培训使信息安全管理人员增强安全防护意识，提升安全管理理念，同时通过培训为各单位搭建经验交流共享平台，为2012年信息安全工作做好充足准备。

（李　想）

【建立基础设备台账】 对机房设备进行全面的实地核查，对1249台设备的名称、配置、用途、运维单位、服务方式一一核对，并建立设备运行管理台账，进一步摸清底数，掌握运行状况，为充分发挥系统服务功能提供可靠基础保障。

（李　想）

队伍建设

“做国家利益的忠诚卫士”反腐倡廉专题教育活动

【综述】北京市地税局党组根据北京市委和市纪委要求，针对王纪平、苏文权、任依娜、解煜等人累积性违纪违法案件集中发案的严重问题，结合创先争优和党员作风建设年活动，决定在全系统深入开展“做国家利益的忠诚卫士”反腐倡廉专题教育活动。专题教育活动自2010年4月8日开始，分为动员部署、学习教育、整改落实、总结验收四个阶段。为确保专题教育活动取得实效，北京市地税局党组认真研究制订活动方案，精心安排各阶段工作内容，强调专题教育活动重点是领导干部，关键是领导班子和领导机关，根本是打造一支爱岗敬业、忠于职守、廉洁奉公、顾全大局的干部队伍，核心是增强党的凝聚力，发挥好基层党组织的战斗堡垒作用和发挥好党员的先锋模范作用，引导教育全系统干部职工学法、知法、懂法、守法，不断增强依法行政意识和能力。北京市地税局机关要走在全系统前面，领导干部要走在广大干部前面，党员要走在群众前面。全系统认真贯彻落实北京市地税局党组要求，扎实推进各阶段工作。在学习教育阶段，各单位深入开展党风党纪、法律法规、廉政警示和典型示范教育，认真开展读书思廉活动，发放书籍14300册，组织8652人次参加廉政知识考试，举办专题教育讲座144次，组织各类参观活动354次，共4万人次参加，全体干部撰写学习笔记和心得体会11122篇。全系统围绕党的思想、组织、作风、制度、反腐倡廉建设等重大问题深入开展大讨论。全体党员特别是党员领导干部对照《党章》《廉政准则》等要求，立足岗位实际，认真查找在发挥党员先锋模范作用方面存在的差距，切实做到带头学习提高、带头争创佳绩、带头服务群众、带头遵纪守法、带头弘扬正气；认真查找在推动党组织发挥战斗堡垒作用方面存在的不足，促进党组织实现领导班子好、党员队伍好、工作机制好、工作业绩好、群众反映好。广大税务干部对照岗位职责，切实提高依法履职能力。在整改落实阶段，为进一步落实北京市地税局党组提出的要求，专门召开北京市地税局机关全体干部大会部署相关工作，全系统结合2011年务虚会和工作会，组织召开不同类型、不同层次、不同岗位人员座谈会1010次，集思广益，查找在党的思想、组织、作风、制度、反腐倡廉建设等方面存在的问题628条。在总结验收阶段，各单位通过听取汇报、实地检查、座谈走访等形式，对专题教育活动进行总体验收。

通过深入开展专题教育活动，两级党组着手建立健全反腐倡廉各项制度，加强制度的执行力和约束力，形成行之有效的党风廉政建设工作机制， 加强和改进党的建设、领导班子建设、干部队伍建设，注重制度、规则、程序建设，夯实基础工作，规范行政管理，推进综合治理、重在治本，各级领导干部“爱岗敬业、忠于职守、依法行政、以德服人”的意识得到加强，广大干部“爱岗敬业、忠于职守、廉洁奉公、顾全大局”的意识逐渐形成，地税干部队伍的思想作风、精神面貌发生根本性的转变，凝聚力和战斗力得到增强，为圆满完成税收工作任务提供有力保证。

（沈全君）

【动员部署阶段】4月8日，北京市地税局召开北京市地税系统党风廉政建设工作暨“做国家利益的忠诚卫士”反腐倡廉专题教育活动动员部署会议。北京市委常委、常务副市长吉林同志、市纪委副书记王海平同志受北京市委常委、北京市纪委书记马志鹏同志的委托参加会议，并做了重要讲话。为确保会议精神、领导讲话传达到每一名职工干部，北京市地税局领导班子成员带领相关处室负责人，迅速将4月8日会议精神传达到系统全体同志；北京市地税局所有处室也都将会议精神和所有文件传达到每个人；监察处组织、协调安排人员到各局传达会议精神，全系统7176人参会，占全部人员的99.3%；为做好全年反腐倡廉专题教育活动奠定了基础。在内网开设了宣传专栏，编发简报、刊发领导小组会议纪要，全面宣传报道活动的情况。

（沈全君）

【学习教育阶段】一是开展读书思廉和廉政谈话活动。按照刘淇书记推荐的书目，机关党委为每位局领导干部和机关各党支部书记配发1260本，为44个支部778名党员配发了5600余册学习用书，为北京市直机关和直属单位全体干部配发专用理论学习笔记1200本。各支部以必读书目为重点，采取集中学习和个人学习相结合的形式，先后学习《中国共产党纪律处分条例》《行政机关公务员处分条例（试行）》《中国共产党党员领导干部廉洁从政若干准则》和《中华人民共和国公务员法》等法律法规，组织集体学习，撰写学习体会，围绕北京市地税局党组确定的15个讨论题目，组织集体讨论，查找存在的薄弱环节和不足。专题教育活动中，北京市地税局领导班子成员以一名普通党员的身份，积极参加所在支部的各项专题教育活动，参加处室集体学习、讨论，参加各类参观活动。二是组织相关的培训。组织处级领导干部党风廉政建设与领导能力提升培训班。各支部针对岗位特点分别组织纳税、审计、档案、信息、稽查、消防、人事、纪检信访等部门的业务培训。三是开展多种形式的理想信念和廉政教育。结合纪念建党活动，北京市地税局机关党委组织党风廉政建设专题教育党课，党组成员、纪检组长吴鼎同志结合地税系统成立以来发生的违法违纪案件，以身边人、身边事，用正反两方面典型为机关全体党员上了一堂生动的党课，使机关党员干部受到了深刻教育。为增强党员干部的理想信念，强化风险意识，开展执法风险、预防职务犯罪等专题辅导。北京市地税局分两批组织了机关副处级以上干部参观北京市反腐倡廉警示教育基地，进行《中国共产党党员领导干部廉洁从政若干准则》答题测试工作。机关党委组织“社会主义核心价值体系”专题讲座；组织观看《中国共产党党员领导干部廉洁从政若干准则》辅导录像和电影《老百姓是天》《第一书记》；组织220名机关党员干部，参观由最高人民检察院在军事博物馆举办的《法治与责任》——全国检察机关惩治和预防渎职侵权犯罪展览。各支部还以警示教育和爱国主义教育为主题，开展主题党日活动，深化教育效果。四是适时开展思想政治工作。抓住系统干部调整、四城区合并的关键时机，9月21日，北京市地税局机关党委组织召开机关支部书记大会，进一步深入学习局长王晓明在西城地税局金融街所和海淀区地税局调研时的讲话精神，及时部署以开好支委会和支部党员大会、开展深入细致的谈心活动为主要内容的“两会一谈”活动。按照《中国共产党党和国家机关基层组织工作条例》，尝试党建带团建、党建带群建工作。各支部有针对性地开展思想政治工作，对围绕中心、服务大局发挥较好的作用。五是结合机关地税机关特点开展创先争优活动。在“七一”前，北京市地税局机关党委组织评选并隆重表彰了30名“群众心目中的好党员”活动。两次组织机关41个支部共1720人次参加的“党员干部献爱心活动”。组织编发北京市地方税务局机关“创先争优”专报，积极宣传北京市地税局机关开展创先争优活动情况，做好正面引导。六是组织作风纪律工作制度等落实情况的综合检查。“十一”前，机关党委集中两天时间，组织有关部门对北京市地税局机关所有处室和四个直属分局进行办公秩序、着装礼仪、作风纪律、安全保卫、环境卫生、食品卫生、系统安全和保密等8个方面24项内容的综合检查。通过学习教育阶段的工作，机关广大党员干部特别是各级领导干部思想认识逐步提高，抓源头、抓根本、抓基础的意识逐渐深入，全体机关干部感受到专题教育活动带来的工作、思想、作风的变化。一是思想认识有提高。对开展“做国家利益的忠诚卫士”反腐倡廉专题教育活动的必要性和紧迫性有了进一步的认识，对专题教育活动的指导思想、目标、任务有了正确的理解，对违纪违法案件给地税机关造成的危害和影响有了切身的感受，对北京市地税局党组抓领导干部、抓领导机关、抓基础工作、抓制度建设、抓基层税务所有了新的共识，增强贯彻落实北京市地税局党组部署各项工作的自觉性，廉洁自律的意识有一定提高。二是机关党支部和党员的作用进一步发挥。机关各支部充分发挥党员的作用，把专题教育活动作为转变机关作风、加强机关党组织建设的重要举措，以提高党员队伍素质为重点，把专题教育活动作为创先争优活动的载体，努力加强北京市地税局机关的思想、组织、作风、制度和党风廉政建设，提高机关党员干部的理想信念、党性修养、责任意识，增强党支部的凝聚力、战斗力、创造力。广大党员在专题教育活动中坚持“讲党性、重品行、作表率”，在本职岗位上，恪尽职守，发挥先锋模范作用。三是精神面貌和工作作风有一定改进。经过前两个阶段的专题教育活动，党员干部依法行政、按程序办事、按制度办事的观念增强，“五个意识”有提高，想干事、能干事、干成事的干部增多，机关干部队伍的精神面貌有一定的改进，工作作风有一定的转变。四是制度建设不断加强。机关各处室在专题教育活动中，制定、补充、完善依法组织收入、加强税收征管、做好纳税服务、税收政策管理、系统队伍建设、机关行政管理、思想政治工作等各项制度76个。组织优化业务流程推广应用工作，并逐步向优化政务流程延伸。五是创先争优活动取得一定成效。机关党委以专题教育活动为载体，以健全组织为抓手，努力加强机关党组织建设，增强创先争优活动的吸引力、凝聚力。各支部落实“五个好、五带头”，宣传“群众心目中的好党员”事迹，用身边的事教育身边的人，激发机关各个岗位创先争优的内在动力，营造创先争优的氛围。六是反腐倡廉建设得到加强。领导干部贯彻民主集中制自觉性有所提高，机关广大党员干部廉洁自律意识有一定的增强。

（*沈全君*）

【整改落实阶段】 各单位各部门普遍制定专题教育活动整改落实阶段的工作方案和工作进度表，细化活动程序，明确工作项目、工作内容、工作要求、组织形式、完成时限、责任部门和责任人。并采取学习文件、召开会议、广泛讨论、征求意见、查找问题、制定整改措施等步骤进行，切实将整改落实阶段各项工作落到实处。一是深化学习。各单位严格按照北京市地税局领导在全市地税系统“做国家利益的忠诚卫士”反腐倡廉专题教育活动第三阶段工作会议上讲话的要求，分层次原汁原味地将会议精神传达给每一名干部。结合党的十七届五中全会的召开，集中组织学习《中国共产党第十七届中央委员会第五次全体会议公报》和北京市委书记刘淇在北京市委常委扩大会议上的重要讲话；并结合上级下发的文件，组织学习《全国税务系统领导班子和领导干部监督管理办法》等一系列文件精神以及晓明局长在北京市地税局第17次局长办公会上讲话和在东城区地税局调研时的讲话。二是广泛发动。为增强第三阶段工作针对性和有效性，各单位、各部门积极做好思想再动员工作，召开补充动员大会，进行层层动员，深入发动，使全体人员充分认识开展好整改落实阶段工作的重要性，及时把思想和行动统一到北京市地税局第三阶段工作会议精神上来，统一到北京市地税局党组的要求上来，自觉地投入到教育活动中去。三是查找问题。各单位和各部门对照《廉政准则》和北京市地税局下发的15个讨论题，特别是针对专题教育活动总结提高阶段要验收的八个方面的内容认真查找本单位、本部门和个人带有普遍性的问题、群众反映强烈的领导作风、工作作风方面的问题，涉及群众切身利益的突出问题，影响本单位、本部门改革发展稳定的突出问题，采取个人找、部门查、组织提、群众摆等形式进行。全系统共召开不同层次、不同岗位人员座谈会986次，其中区县、直属分局召开419次，北京市地税局机关各处室、中心召开567次，广泛征求意见。各单位和部门对查找的问题进行梳理和整合，全系统共查找问题628条，其中区县、直属分局283条，北京市地税局机关345条。四是落实整改。各单位各部门本着边查边改的原则，对查找的问题进行整改，各项制度进一步落实，整改取得成效。通过整改落实阶段的工作，广大干部职工依法行政、按程序办事、按制度办事的观念有所增强，“五种意识”进一步提高。想干事、会干事、干成事的干部增多，机关干部队伍的精神面貌有了较大改变，工作作风进一步转变。对筑牢拒腐防变的思想道德防线有了新的认识。

（沈全君）

【总结验收阶段】 各单位对活动开展的基本情况、主要做法、取得的成效和经验、存在的不足和努力方向进行全面总结，重点突出以下十个方面的内容：一是是否全员受到教育，干部对廉洁自律和依法履职的要求是否得到切实提高。二是反腐倡廉各项制度是否结合本单位实际得到有效落实。三是纳税人和干部群众反映的突出问题是否得到有效解决。四是行政执法过错是否显著减少。五是行政管理程序是否得到切实规范。六是干部工作作风是否有明显转变，政风行风民意测评成绩是否有明显提升。七是干部是否认真学法、真正懂法、坚决守法，依法办事、依法行政的意识和能力是否得到有效提升，有法不依、执法不严、违法不究、不作为、乱作为的现象是否减少并逐渐得到遏制。八是党的建设、领导班子建设、干部队伍建设是否得到加强，党的领导核心作用是否充分发挥，党组织的战斗堡垒作用和党员的先锋模范作用在创先争优活动中是否得到体现。九是基础工作是否得到强化，各项工作的制度机制是否进一步健全并得到有效落实，领导干部是否做到职责清、情况明、数据准、要求严。十是上级下达的2010年税收任务是否圆满完成。在总结提炼专题教育活动中好的做法和经验基础上，各单位按照北京市地税局党组2011年工作会上提出的“围绕科学发展主题，服务加快转变经济发展方式主线，解放思想，加快转变，夯实基础，依法行政”的要求，进一步推进依法行政，把依法行政作为专题教育活动总结验收阶段各项工作的着力点和落脚点，促进全系统依法行政、依法履职，将专题教育活动中行之有效的、符合实际的好做法常态化，使之转化为促进工作的长效机制。

（沈全君）

党团建设

【综述】 2011年，北京市地税局机关党委办公室在北京市地税局党组和机关党委正确领导下，围绕科学发展主题，服务加快转变经济发展方式主线，坚定不移地贯彻中央、北京市委、北京市政府、国家税务总局和北京市地税局党组各项工作部署和年初工作会议精神，以纪念建党90周年为契机，全面加强思想、组织、作风、制度和反腐倡廉建设，实现机关党建工作水平的整体提升，激发机关党员干部干事创业的工作热情，为全面完成以组织收入为中心的各项工作任务提供强大的思想基础和组织保证。

（任丽娟）

【加强机关党的思想建设】 2011年，机关党委办公室以党的十七届五中、六中全会精神为指导，不断加强机关党的思想建设。一是加强政治理论学习和形势任务教育。坚持把理论武装作为机关党建工作的首要任务，以党组中心组为龙头，以处级领导干部为重点，带动基层党组织和党员用中国特色社会主义理论体系武装头脑、指导实践、推动工作。制订2011年北京市地税局党组中心组理论学习计划和北京市地税局机关党员学习教育计划，组织7次党组中心组扩大学习，组织机关各级党组织学习贯彻党的十七届六中全会、胡锦涛总书记“七一”重要讲话、中央经济工作会议和市委十届八次全会精神，学习中央、北京市“十二五”规划纲要以及2011年北京市地方税务工作会议精神，组织观看电影《杨善洲》《建党伟业》《湘江北去》。通过辅导报告、专题讲座、座谈讨论等多种形式，引导广大党员干部科学把握“十二五”时期发展的目标任务和重大举措，切实把思想和行动统一到中央、北京市委和北京市地税局党组要求上来，增强各级党组织贯彻落实党的路线方针政策和国家法律法规的自觉性和主动性。一年来，向各支部发放学习资料7665份，召开机关党委会议16次，召开支部书记会议6次。通过形势任务学习教育，不断提高党员干部的政治理论水平和做好本职工作的能力。二是组织开展《中国共产党历史》的学习教育活动。为使广大党员干部对党的执政地位、党的光荣历史有更加深刻的了解，加强党史宣传教育，制作2期党史教育展板，在全系统以支部为单位组织开展党史知识答题活动，为北京市地税局机关全体党员发放《中国共产党历史》一、二卷，要求各级党组织系统组织学习、及时反馈学习信息，要求广大党员原原本本地学习、认真做好学习笔记、撰写心得体会。为增强学习效果，邀请中央党校党史部副主任谢春涛教授为北京市地税局机关全体党员作《中国共产党历史》专题讲座。通过学党史，使机关全体党员全面了解和正确认识了党的光辉历史、伟大成就、宝贵经验、光荣传统和优良作风，坚定理想信念，进一步坚定跟党走的信心和决心。三是组织开展反邪教主题党日活动。通过召开视频会议的形式，组织机关全体党员干部观看《毒瘤——邪教透视》专题片，开展2次反邪教教育活动，营造反邪教良好氛围，增强识别邪教、防范邪教、抵制邪教的能力。

（任丽娟）

【加强机关党的组织建设】2011年，机关党委办公室认真落实《中国共产党党和国家机关基层组织工作条例》，不断加强机关党的组织建设。一是圆满完成北京市地税局机关党委、党总支、党支部换届选举。严格执行《中国共产党章程》和《中国共产党基层组织选举工作暂行条例》规定，依法、民主开展换届选举工作，确保选举程序的合法性和选举结果的有效性。先后组织召开9次会议进行专题部署和研究，经过周密筹划和大量前期准备工作，于10月20日至21日召开机关第二届党员代表大会，选举产生新一届机关党委和纪委。一年来，完成北京市地税局机关党委换届，组织指导1个党总支、31个党支部换届，新成立5个党总支、42个党支部。组织指导党总支（支部）选举产生总支书记6名、支部书记71名。二是开展庆祝建党90周年系列活动。为营造庆祝建党90周年浓厚氛围，印发《关于认真组织中国共产党成立90周年纪念活动有关工作的通知》，隆重召开北京市地税局机关庆祝建党90周年大会。在系统组织开展“党在我心中”巡回演讲活动，分四个小组在16个区县局进行巡回演讲，引起强烈反响。开展“弘扬革命传统，发挥领航作用”主题党日活动。组织机关41个基层党总支（支部）书记到北京郊区参观红色教育基地，接受革命传统教育，进一步增强领导干部的责任感、使命感，促进领航作用的发挥。组织参加国家税务总局庆祝建党90周年书画摄影展，共组织上报书法类作品19件，绘画类作品3件，摄影类作品61幅共计83件作品，其中北京市地税局机关有8件作品获奖。征集纪念征文51篇，举办座谈会11次。组织干部职工参观“一切为了人民”中国共产党成立90周年展览。参加北京市委组织部和北京市委宣传部联合举办的“百万党员寄心语”活动。参加市直机关庆祝建党九十周年大型歌会。组织开展“唱红歌”活动。唱响时代旋律，讴歌党的丰功伟绩，增强广大党员干部爱党爱国热情，展现北京市地税局机关党员干部风采。通过开展纪念建党90周年系列活动，提高党员干部的宗旨意识，振奋人心，鼓舞士气。三是认真贯彻落实民主集中制原则。围绕党员的知情权、参与权、选举权、监督权，把保障党员主体地位和民主权利的要求贯穿到党内民主建设的各个环节，制定《北京市地税局机关党委工作规则》，组织总支、支部测评，召开5次党总支（支部）书记会议，听取机关各级党组织和党员群众的意见，促进决策民主化、规范化、科学化，充分调动和发挥各级党组织和广大党员的积极性、创造性。四是做好对入党积极分子和党员发展对象的教育、培养和考察工作。组织17名入党积极分子参加市直机关工委组织的入党积极分子培训班。坚持对党员发展对象公示、谈话、考核制度，做到坚持标准、保证质量、改善结构、慎重发展。一年来，共发展党员14名，预备党员转正24名。五是认真做好党费收缴、使用和管理。加强对党费的收缴、使用和管理工作，坚持对广大党员进行自觉交纳党费的教育，各总支（支部）把党费收缴工作同严格党的组织生活结合起来，做到按时按规定上缴党费。一年来，共收缴党费216199.92元，上缴市直机关工委51824.00 元，留存党费164375.92元，支出241313.26元。

（任丽娟）

【加强机关党的作风建设】 2011年，机关党委办公室以深入开展创先争优活动为抓手，不断加强机关党的作风建设。一是广泛开展党组织和党员公开承诺活动。按照“推动科学发展、促进社会和谐、服务人民群众、加强基层组织”的总体要求，印发《关于在北京市地税局机关各级党组织和党员中开展公开承诺活动的通知》，分“承诺、践诺、评诺”三个阶段开展。为机关各党支部制作36块统一格式的展板，于6月初将经过党委审查的党组织和党员个人承诺书全部上墙，接受党员干部的监督。通过党组织和党员承诺活动，使创先争优活动体现到本职岗位上、渗透到日常工作中、落实到具体行动上，推进党组织履职尽责创先进、党员立足岗位争优秀。二是组织开展“为民服务创先争优”活动。认真贯彻落实中央、北京市、国家税务总局窗口单位和服务行业为民服务创先争优视频会议精神，召开“为民服务创先争优”活动动员部署会议，在服务窗口广泛开展“三评三创”和“三比三亮”活动，推进服务型税务机关建设，努力把创先争优活动打造成群众满意工程。三是加强对创先争优活动的宣传力度。深入开展、大力宣传各单位在“双学双比双提高”活动中的好经验、好做法，在《创先争优专报》集中刊发。一年来，编发《创先争优专报》76期，营造相互学习、共同促进的良好氛围。加强“创先争优”理论研究，在各总支、支部征集“创先争优”6篇理论文章，参加市委宣传部和前线杂志社组织的全市评选，为基层党组织和广大党员搭建交流沟通的网上平台。四是充分发挥先进典型的示范引领作用。广泛宣传、大力表彰机关先进基层党组织和优秀共产党员。以纪念建党90周年为契机，隆重召开北京市地税局机关庆祝建党90周年大会，表彰14个先进基层党组织、75名优秀共产党员和一批优秀党日活动，充分展示机关基层党组织和广大党员的时代风采，推动基层党组织建设和党员队伍建设，为地税科学发展提供组织保障。注重提高党日活动的质量，机关各支部共计开展主题党日活动49次，以党总支、支部为单位制作44块展板在北京市地税局机关进行集中展示，评选出36个优秀党日活动项目，并进行通报表彰。五是建立健全党内激励帮扶机制。坚持做到政治上关怀、思想上关心、精神上鼓励、物质上帮扶，不断增强党组织的亲和力、凝聚力和战斗力。建立党员目标管理制度，通过党员公开承诺、民主评议、考核奖惩、领导点评创先争优等方式，评选出北京市地税局机关优秀共产党员，推进党内表彰工作制度化、规范化。开展共产党员献爱心活动，机关747党员干部参加捐款，共捐款58990元。开展党员谈心、走访慰问活动，慰问老党员、老干部12人次，帮扶困难党员17人次，共计4.2万元（其中市直机关帮扶6人，帮扶金额1.1万元），使大家感受到党组织的关爱和温暖，增强党员的归属感、荣誉感。六是组织机关作风纪律综合检查。为解决机关作风中存在的薄弱环节，下发《关于在“十一”前对北京市地税局机关及直属分局进行作风纪律和安全卫生检查的通知》，组织协调相关部门对机关进行办公秩序、着装礼仪、作风纪律、安全等8个方面24项内容的综合检查，编发4期情况通报，及时提出整改要求，促进机关作风建设。

（任丽娟）

【加强机关党的制度建设】 2011年，机关党委办公室继续完善创新工作机制，不断加强机关党的制度建设。一是加大党组指导党建工作力度。为提高系统党建工作科学化水平，成立党建工作指导小组及办公室，明确职责、分工和议事规则，构建党建和思想政治工作“一体化”工作格局，实现系统党建和思想政治工作相关处室和部门的职能融合、工作结合、力量整合。一年来，指导小组共下发8个文件，向党组汇报党建工作4次。二是加强党建基础建设。坚持把制度建设作为指导机关党建工作的基础，健全完善党建各项制度，制定《北京市地方税务局机关各级党组织工作职责》《北京市地方税务局机关推进党的基层组织实行党务公开工作实施办法》，制定和修订《关于党总支、党支部工作规范》等10项工作制度，编写《党支部工作手册》，并印发各党支部，促进党内经常性工作的有效落实。加强对党建工作的研究，组织召开系统党建工作研讨会，形成20项党建工作制度和20篇党建工作调研。三是组织开展党务公开工作。为加强党务工作的风险防控和监督管理，根据中央和市委统一部署，结合地税实际，积极探索党务公开的有效途径和方式，成立党务公开领导小组及办公室，制定系统党务公开的实施办法，明确地税机关党务公开的原则、目标、形式、内容，实现“公开内容规范化、公开形式标准化、公开工作制度化”的基本目标。四是认真做好绩效管理年终考评工作。按照《北京市地方税务局市局机关绩效管理暂行办法》，从思想、组织、作风、制度和反腐倡廉建设五个方面，制定北京市地税局机关基层党组织考评细则，通过日常监督、定期检查、重点抽查和各单位上报的自查报告，对机关各党支部进行综合评分，促进机关党组织的履职能力。

（任丽娟）

【加强机关党风廉政建设】2011年，机关党委办公室严格执行党风建设廉政责任制，不断加强机关党风廉政建设。一是认真查找廉政风险点。制定防控措施，落实一岗双责，深入推进“做国家利益的忠诚卫士”专题教育活动。二是加强廉洁从政教育。组织《廉政准则》《全国税务系统领导班子和领导干部监督管理办法》和《税务系统领导干部廉洁从政“八不准”》学习教育活动，利用身边的违法违纪案例，教育广大党员干部，做到自重、自省、自警、自励。三是及时通报对违法违纪党员的处理。向全体党员通报开除任依娜、王纪平、尧秋根三名人员党籍情况，教育广大党员干部，机关广大党员干部依法履职、按程序办事、按制度办事的意识不断增强，促进反腐倡廉建设和反腐败工作。

（任丽娟）

【加强机关团建工作】2011年，北京市地税局机关团委认真贯彻市直机关团工委年初工作会议精神，充分结合创先争优活动，积极履行团结青年、组织青年、引导青年、服务青年的职能，充实青年工作力量。一是组织完成机关团委换届工作。经过周密筹划，于7月15日召开机关团员大会，选举产生新一届机关团委。组织指导6个团支部换届。二是发挥团员青年生力军作用。由机关团委牵头，结合“北京精神”，围绕税收中心工作，组织开展“践行北京精神，我为地税建设建言献策活动”，在系统青年中征集各类意见建议380余条。组织召开机关团支部书记座谈会和机关团员青年座谈会6次，了解青年团员的工作、学习、生活状态，为今后加强改进共青团工作奠定基础。“五四”前夕，组织评选2个机关红旗团支部、2名优秀共青团员和2名优秀团干部。三是组织开展丰富多彩的青年活动。组织团员青年参加市直机关党史知识竞赛荣获二等奖，参加“庆建党，迎国庆”首都公务员3510健步走活动荣获“优秀组织奖”。组织团员青年参加国庆62周年中央领导向人民英雄纪念碑敬献花篮仪式和纪念“五四”运动92周年主题教育活动，引导团员青年缅怀先烈，坚定理想信念。年末，北京市地税局机关团委共有团支部6个，共青团员88人。

（任丽娟）

基 层 建 设

【综述】 2011年，在北京市委、市政府和国家税务总局的领导下，全系统基层工作贯彻落实北京市地税局党组的要求和部署，特别是北京市地税局局长王晓明在年初工作会上指出，基层是税收事业的根基，必须下大力气狠抓基层工作，切实提高基层履职能力。要加快党的建设、领导班子建设、干部队伍建设上的转变。全系统各单位、各部门，认真落实年初工作会确定的工作目标和各项工作要求，发挥着联系基层、服务基层、加强基层税务所建设的职能作用，着力改进和加强思想政治工作，深入开展精神文明创建活动，完善基层制度建设，不断优化管理考核，夯实各项基础工作，较好地完成了各项工作任务。

（戴　征）

【进一步加强思想政治工作】 贯彻落实北京市地税局党组关于召开系统思想政治工作会的相关要求，积极筹备系统思想政治工作会。基层工作处会同机关党办起草系统思想政治工作会方案，拟定会议主要文件《关于加强和改进地税系统党建和思想政治工作的实施意见》（征求意见稿），为系统思想政治工作会奠定良好基础。为真实掌握系统干部职工的思想实际，有针对性地研提加强党建和思想政治工作的措施，由基层工作处牵头，会同机关党委办公室、人事处、监察处、宣教处、机关工会等部门在全系统范围组织开展干部思想状况问卷调查。调查围绕加强党的思想、组织、作风、制度和反腐倡廉建设，加强班子建设、队伍建设，改进思想政治工作方式方法，加强干部教育培训，丰富干部文化生活等方面，多层次多角度了解干部思想状况。调查共发放问卷2413份，收回有效问卷2409份，占全系统总人数的33%，其中，非领导干部比例占70%以上。在专业机构进行数据统计基础上，形成调查分析报告，为探索解决干部职工思想问题的有效方法、途径，进一步加强党的建设、领导干部建设和干部队伍建设奠定良好的思想基础。

（廖　敏）

【深入开展精神文明创建工作】 以巾帼文明岗、青年文明号为载体，深入开展精神文明创建活动。积极响应北京市妇联、北京市人力资源和社会保障局关于开展“我的创业故事”“我在平凡的岗位上”征文演讲活动的要求，在全系统组织演讲征文活动，进一步推进“巾帼建功”活动深入开展，引导广大女干部爱岗敬业、创先争优。共征集29篇演讲稿，推选出丰台区地方税务局、通州区地方税务局、门头沟区地税局的3名同志（全市共51名入围）代表北京市地方税务局参加“我在平凡的岗位上”征文演讲活动，展现全市地税系统女干部的良好风貌。通州区地方税务局芮萍同志获得“首都巾帼爱岗敬业之星”称号，丰台区地方税务局王建军同志、门头沟区地方税务局范文书同志获得优秀奖。北京市地税局获优秀组织奖。组织完成新一届全国青年文明号评选工作，对自行申报的东城区地方税务局、丰台区地方税务局、通州区地方税务局、房山区地方税务局、昌平区地方税务局、延庆县地方税务局、第一稽查局、12366热线8个单位进行民主测评、民主投票，上报总局审核批准通州区张家湾税务所为“全国青年文明号”。积极开展青年文明号创先争优活动，在通州区张家湾税务所组织“青年文明号创先争优行动月”启动仪式，组织召开4次青年文明号创先争优活动座谈会。首次举办北京地税系统全体青年文明号负责人培训班，邀请团中央城市青年工作部和团市委社区部的领导授课，提高全系统青年文明号的整体质量和水平。团中央网站刊载市地税局两则创建工作信息。

（廖　敏）

【不断优化管理考核】 为落实北京市地税局党组关于减轻基层、减轻纳税人负担的要求，继续修订管理考核办法。在2010年已完成的《北京市地方税务局管理考核办法（修订稿）》文本修订工作基础上，组织相关处室开展考核指标体系的修订完善工作。会同征收管理处调查基层负担，收集基层单位对修订工作的意见建议，多次组织召开考核指标修订协调会，研究指标修订工作，对基层反映的34条与考核相关的负担项目，共采纳16条，涉及15个处室、16项考核指标。新指标体系共5类19项指标，比原指标体系减少8项。修订后的《北京市地方税务局关于修订〈北京市地方税务局管理考核办法〉的通知》（京地税基〔2011〕56号）自2011年第二季度开始施行。从考核施行情况看，各区县局、分局高度重视，积极贯彻落实新办法，将指标任务落实到基层科室和税务所。考核处室严格把关，把考核作为阶段性推动工作的重要措施，注重由结果考核向过程管理转变，提高工作质量和效率。

（廖　敏）

【着力加强基层税务所建设】 落实北京市地税局党组“抓源头、抓根本、抓基础”的工作部署，着力加强全市地税系统基层税务所建设。对全系统228个基层税务所的税收收入、人员情况、管辖面积等基本情况进行调查，建立基层税务所信息库，印制税务所名册。对建局以来全系统所获国家级、市级荣誉进行全面统计，提高有关数据的使用效率。为提高基层税务所长的综合素质和能力，促进基层税务所之间的交流，基层工作处会同宣传教育处组织两期126位所长参加的共为期10天的基层税务所长培训班。参训所长占全系统现有税务所长的55%以上，受到各区县局、分局以及基层税务所干部的欢迎。为更好地指导基层税务所和党支部的学习，解决税务所工学矛盾问题，进一步提升基层税务干部的政治素质和业务能力，开展《健全基层税务所和党支部学习保证机制研究》的调研，提出对策建议。

（廖　敏）

【加强联系基层、服务基层工作】 为促进各单位的横向交流，搭建基层交流平台，在内网办公系统首页创建《基层建设专刊》电子栏目，对各基层单位落实北京市地税局党组要求，开展的重点工作、经验做法、典型事迹等进行介绍，各基层单位积极踊跃投稿，年内共发布《基层建设专刊》54期，基层反响良好。组织对系统10个边远税务所进行走访慰问，共10位局领导、20个处室参加慰问。

（廖　敏）

【着力加强基层制度建设】 为全面加强全市地税系统基层建设，根据国家税务总局《全国税务系统基层建设纲要》和《北京市“十二五”时期地方税收规划纲要》精神，在编写《“十二五”时期基层建设规划》《“十二五”时期基层税务所建设规划》两个规划草稿的基础上，按照北京市地税局党组要求，将两个规划合并编写《“十二五”时期基层建设规划》。为进一步加强系统税容风纪建设，维护税务执法的良好形象，根据《国家税务总局、财政部关于印发〈税务工作人员制式服装管理办法〉

的通知》(国税发〔2007〕63号)，对原《北京市地方税务局税容、着装、礼仪管理规定》（京地税基〔2001〕433号）、《北京市地方税务局关于进一步加强税务着装规范的通知》（京地税基〔2004〕124号）进行修订。为推进基层税务所规范化发展，拟定《基层税务所管理规范》，对税务所长和班子建设、党建和思想政治工作、业务管理、行政管理等方面进行规范。

（廖　敏）

廉　政　建　设

【综述】 2011年，北京市地税局党组在市委、市政府和市纪委的正确领导下，深入贯彻落实科学发展观，认真落实中央和市委市政府、国家税务总局关于党风廉政建设和反腐败工作的部署，围绕中心，服务大局，全面落实党风廉政建设责任制，深入开展“做国家利益的忠诚卫士”反腐倡廉专题教育活动，扎实推进廉政风险防控管理，加强监督检查，推进党员领导干部廉洁从政，强化“两权”监督，开展专项治理，加强制度建设，切实改进政风行风，做到税收中心工作与党风廉政建设和反腐败工作两手抓、两手硬，取得党风廉政建设和反腐败工作的新成效，为完成好全年各项工作任务提供坚强的思想、政治、组织保证。主要体现在四个方面：一是在北京市委、市政府和国家税务总局的领导下，顶住压力，协助市纪委、司法机关查处王纪平、苏文权、任依娜、解煜等22人违纪违法行为；坚决遏制系统内累积性违纪违法案件高发态势。二是采取深入开展“做国家利益的忠诚卫士”反腐倡廉主题教育活动等一系列措施，在思想、组织、作风建设上取得显著成果。专题教育活动坚持用身边人、身边事，加强正面引导和警示教育，认真查摆问题，深刻剖析累积性违纪违法案件根源，强化源头治理，规范权力运行，转变全系统的思想认识和工作作风，彻底改变王纪平在地税系统近十年来思想、组织、作风上的假大空，真正端正北京市地方税务工作的指导思想，实现正本清源。各级领导干部“爱岗敬业、忠于职守、依法行政、以德服人”的意识得到增强，广大干部“爱岗敬业、忠于职守、廉洁奉公、顾全大局”的意识逐渐形成。三是初步建成北京地税反腐倡廉长效机制。各级纪检监察部门落实北京市地税局党组要求，查找漏洞、总结经验、完善制度，特别是将专题教育活动中的好经验、好做法进行总结，形成三个方面的长效机制：第一，完善的廉政教育制度机制。系统所举办的各级、各类培训班全部纳入廉政教育内容；开展示范教育和警示教育，增强廉政教育的针对性和实效性，构建各级领导干部和税务干部“不愿腐败”的思想自律机制。第二，严密的内控管理机制。严格落实党风廉政责任制，围绕责任分解、责任考核、责任追究三个关键环节，一级抓一级，层层抓落实。在税收执法权和行政管理权的重点领域和关键环节，推进廉政风险防控管理向上、向下延伸，构建各级领导干部和税务干部“不能腐败”的防范机制。第三，严格的监督惩治机制。严格执行党内监督条例，认真落实《廉政准则》《全国税务系统领导班子和领导干部监督管理办法》和《税务系统领导干部廉洁从政“八不准”》，强化对重点环节和关键岗位的监督，发挥综合监督作用，落实“一案双查”和“一案两报告”制度，构建各级领导干部和税务干部“不敢腐败”的监督惩处机制。四是全系统依法行政意识不断增强，政风行风明显好转，纳税人满意度进一步提高。

（沈全君）

【加强监督检查保证决策部署的贯彻落实】 两级党组和纪检监察部门切实加强对党的路线、方针、政策和党的政治纪律执行情况的监督检查，对税收法律、法规执行情况的监督检查，对落实中央和北京市委市政府、国家税务总局各项重大决策部署的监督检查，对两级党组各项工作要求执行情况的监督检查。北京市地税局领导班子成员带队深入基层对党风廉政建设责任制、惩防体系建设、廉政风险防控管理、反腐倡廉专题教育活动和创先争优活动等工作情况进行全面检查，加强指导、掌握情况、发现问题、督促整改，与区县地税局、地税分局及时沟通交流，确保中央和市委市政府、国家税务总局重大决策部署在全系统得到坚决贯彻落实。

（沈全君）

【落实党风廉政建设责任制】 北京市地税局党组始终坚持把党风廉政建设和反腐败工作作为关系全局的重要工作来抓。在2011年初北京市地方税务工作会议上，对全系统党风廉政建设和反腐败工作进行全面部署，有针对性地提出要求，做到反腐倡廉与中心工作同部署、同落实、同检查、同考核。从领导班子集体到领导干部个人，从主要领导到班子成员，都明确党风廉政建设的任务要求、工作目标和职责范围。两级班子主要领导认真履行第一责任人职责，研究解决党风廉政建设方面的重要问题，对规范权力运行、梳理业务流程和政务流程、廉政风险防控、专题教育活动、专项治理、典型案例剖析等重要工作亲自部署、亲自协调、亲自督办，对重要信访举报案件亲自批办、指导查办。其他班子成员认真落实“一岗双责”，切实担负职责范围内的直接领导责任，定期检查主管部门、联系单位党风廉政工作；听取各单位领导班子和领导干部的工作情况、落实责任制任务分工情况以及个人廉洁自律情况汇报；检查有关制度、文件、会议记录和签订的党风廉政建设责任书等相关材料。各单位高度重视党风廉政建设工作，按照北京市地税局党组的工作部署，在抓好业务工作的同时，有力地促进党风廉政建设责任制的贯彻落实。

（沈全君）

【有效开展《廉政准则》自查】 根据北京市纪委开展《廉政准则》贯彻执行情况专项检查工作的通知要求，结合地税工作实际，认真、全面地开展自查自纠。全系统11名局级、417名处级党员干部（含非领导职务）按照要求填写《党员领导干部遵守〈廉政准则〉承诺书》。各区县局、分局将自查自纠工作延伸到了基层科所，自查面达到100%。在此基础上，北京市地税局对8个区县局、分局和12个处室、直属单位《廉政准则》贯彻执行情况开展专项检查，检查面达到34%。检查中听取各单位专项汇报，查阅近200份相关文件资料，召开税务干部座谈会和特约监察员座谈会，听取8个区、县纪委的意见。通过采取多种形式，从不同角度广泛征求意见，掌握第一手资料，全面、客观、准确地了解被查单位贯彻落实《廉政准则》情况，保证检查效果。

（沈全君）

【强化“两权”监督】 两级党组注重发挥核心作用，坚持集体领导制度，严格执行党组议事规则，凡属重大决策、重要干部任免、重大项目安排和大额度资金使用，都由班子集体决定。全系统不断加强“两权”监督。一方面加强税收执法权监督，认真落实税收执法责任制，深入开展执法检查和执法监察，严格执行税收执法过错责任追究制度。另一方面加强对行政管理权的监督，特别是对预算管理、经费使用、基建项目、工程招投标、政府采购、人事管理等行政管理重点环节的监督。在干部选拔任用工作中，严格进行廉政会审和公示阶段举报信的查办工作，对114名新提拔处级干部进行任前廉政谈话。

（沈全君）

【开展廉政风险防范管理工作】 积极推进廉政风险防控管理向局、处两级领导班子和基层拥有公共权力的岗位和部门延伸。局级领导班子成员结合分管工作，查找廉政风险点，制定防控措施；北京市地税局各处室在梳理、优化业务流程工作中，及时排查风险点并予以标示；区县局、分局将本单位查找的廉政风险点分级分类，自上而下逐步实现廉政风险防控对税收业务工作重点岗位、重点环节的全覆盖。

（沈全君）

【进行历史遗留问题专项治理】 全面清理历史遗留信息化项目107个，涉及金额1.4亿元。依据相关法律法规的规定及时向北京市政府作汇报，提出解决历史遗留问题的建议，得到北京市政府及相关部门的重视和支持。解决建设工程项目历史遗留问题，对两批涉及16个区县局的71处税务所和两处局办公楼共计15.48万平方米的建设工程项目进行全面清理，并依据相关法律法规提出解决方案。对政府采购招投标11个项目进行监督。

（沈全君）

【切实改进政风行风】 全系统不断优化纳税服务，规范办税服务场所，拓展地税网站和热线电话服务平台功能。2011年，12366热线共处理话务87.1万件，网站访问量1.2亿人次。通过办税服务大厅、北京地税网站等载体，向社会公开政策法规、执法责任制等规定。在民主评议基层科所工作中，组织各单位开展自查，深入各基层单位开展督查，针对北京市纠风办督导组和特约监察员明查暗访发现的问题，及时组织各基层单位制定整改措施，督促整改落实。各基层单位发挥主观能动性，采取一系列行之有效的方便纳税人的措施，积极改进服务态度，提高服务质量，切实解决纳税人反映强烈的申报期间网络拥堵等问题。在2011年北京市基层站所政风行风社情民意调查中，北京市地税局在19个政府部门中位列第7，比2010年提升3个位次；在北京市市级国家行政机关绩效管理专项考评中得分93.03分，比2010年提高3.25分。

（沈全君）

【加大信访举报工作力度】 发挥查办案件的惩戒和治本功能，严肃处理违纪违规行为，始终保持惩治腐败的高压态势。加强对信访举报和案件线索的分析，积极开展信访监督，及时发现苗头性、倾向性问题，有针对性地提出防治的对策和建议。加强案件剖析，分析案发原因，加强制度建设。加强与上级纪委和司法机关的协调配合、与区县局、分局的沟通联系，发挥各自职能作用，形成查办案件的整体合力。认真处理信访举报反映的突出问题。北京市地税局全年共受理各类信访举报124件，办结99件，结案率80%。

（沈全君）

【民主评议基层科所工作】 分为动员部署、自查自评、北京市地税局督查和整改落实四个阶段进行。一方面评议工作与税收业务工作相结合，通过评议检验出地税机关存在的问题和不足，采取措施不断改进工作，推动税收工作整体水平的提高；另一方面与查办案件工作相结合，建立纠风——信访——案件联动机制，专人负责，限时办理，即教育当事人，也保护纳税人的合法权益。同时在地税系统北京市地税局、区县分局和税务所三个层面分别建立政风行风建设领导机构，形成上下联动的三级领导机制。驻局纪检组监察处会同北京市地税局纳税服务处、基层工作处，邀请北京市纠风办和督导组领导参加，在特约监察员的配合下，对地税系统全部窗口单位开展明察暗访工作。期间，采取听取被查单位汇报，召开纳税人座谈会，实地检查税务所和听取区县纠风办领导意见等多种形式对怀柔地税局等6个单位进行明查，通过电话对其他16个区县（分）局的64个税务所进行暗访。检查中纪检监察部门、纳税服务部门和基层部门、特约监察员和区县纠风办形成合力，共同督促、引导地税系统通过评议工作总结成绩、发现问题，对全面提升纳税服务水平，促进征纳关系协调发展发挥重要作用。

（沈全君）

【继续深化“小金库”专项治理工作】 根据《中共北京市纪委、北京市监察局、北京市财政局、北京市审计局、北京市国资委、北京市民政局关于印发〈北京市2011年“小金库”专项治理工作实施方案〉的通知》（京纪发〔2011〕9号）要求，扎实抓好地税系统2011年“小金库”专项治理工作，取得明显成效。专项治理工作在北京市地税局统一部署下，按照全面复查、督导抽查、整改落实、机制建设和总结验收5个阶段进行，分级负责，统筹兼顾，整体推进。为加强对“小金库”专项治理工作的统筹、协调和指导，全系统各单位（包括社会团体）成立“小金库”专项治理工作领导小组及办公室，明确职责，并建立各成员单位各司其职、各负其责、通力协作、密切配合的运行机制。

（沈全君）

【深化公务用车问题治理】 深入贯彻落实《中共中央办公厅、国务院办公厅、印发〈关于开展党政机关公务用车问题专项治理工作的实施意见〉的通知》(厅字〔2011〕6号)、《中共北京市委办公厅、北京市人民政府办公厅关于印发〈北京市开展党政机关公务用车问题专项治理工作的实施意见〉》通知（京办发〔2011〕8号）的要求，扎实抓好市地税局公务用车问题专项治理工作。一是加强组织领导，成立领导小组，负责指导和协调全市地税系统公务用车问题专项治理工作，研究制定有关政策规定和治理工作措施，协调解决有关重要问题。二是明确治理范围和内容。将北京市地税局机关各处室（中心）直属单位及直属分局列为治理单位，确定七个方面的治理内容，按照动员部署、清理纠正、重点检查、建章立制五个阶段进行。

（沈全君）

内 部 审 计

【开展“小金库”专项治理工作】 按照北京市2011年“小金库”专项治理工作部署，全市地税系统认真开展“小金库”治理工作，各单位成立领导小组，制订实施方案。认真开展全面复查，复查率达到100%。北京市地税局4个检查组对12个单位进行督导抽查，没有发现“小金库”问题。被查单位针对在财务管理方面不规范的问题，进行分析整改，从财务管理、内部控制、审计监督等多个方面，研究现行制度与实际运行过程中存在的缺陷与不足，进一步完善内部管理制度，注重源头预防，消除“小金库”问题隐患，探索构建“小金库”防治长效机制，杜绝“小金库”问题的发生。

（陈晓维）

【开展建设项目审计】 北京市地税局采取委托中介机构、内审干部全程参与的模式，对北京市地税局办公楼新风机组更新、北京市地税局办公楼新风机房改造、北京市地税局机房改造和昌平六区灾备中心锅炉房管道系统改造等六个基建项目进行工程结算审计，累计送审金额330.95万元，审定金额304.64万元，审减金额26.31万元，审减率8%，保障财政资金规范、高效、安全使用。

（陈晓维）

【加强对政府采购工作的审查监督】 对北京市地税局2011年度新立项的马甸办公用房改造项目、车船税征收管理系统改造项目和系统换发服装等20个政府采购项目，从预算制定、立项审批、财政评审到政府采购全过程进行合法、合规性审核。同时着重加强对招投标工作的监督管理，参与北京市地税局电梯更新改造、纳税服务满意度调查和办税服务厅内部标识等11个政府采购项目的抽选评标专家、开标和评标等环节的监督工作，保证政府采购工作的合法实施。

（陈晓维）

【探索开展领导干部经济责任审计工作】 为加强干部监督管理，进一步增强领导干部依法履行经济责任的意识，东城区地方税务局、海淀区地方税务局、石景山区地方税务局、大兴区地方税务局、门头沟区地方税务局、怀柔区地方税务局、密云县地方税务局、延庆县地方税务局探索开展领导干部经济责任审计，共审计科（所）长112名。

（陈晓维）

【参与清理历史遗留的信息化项目和建设项目】 对地税系统2005年以来历史遗留的107个信息化项目和8个建设项目的审查、评审、预算、采购、实施和支付等情况进行合规性审查，涉及资金6.4亿元，有效推动清理工作的顺利进行。

（陈晓维）

【积极配合外部审计监督】 市、区两级地税机关配合审计署京津冀特派办顺利完成北京市市长经济责任审计工作。落实财政部驻北京市专员办关于北京市地方税务局税收征管质量和通信行业税收政策执行情况检查处理意见，整改问题26个，补缴税款2222万元，滞纳金123万元。协调落实北京市审计局审计整改意见。

（陈晓维）

【支持和配合税务总局开展督察内审工作】 北京市地税局和区县局先后选调四批16人次，分赴内蒙古、河北、陕西、厦门等省（市）参加税务总局执法督察、稽查办案经费和“两费”经费的专项审计及绩效审计课题调研。通过密切配合税务总局督察内审工作，锻炼了队伍，交流了经验。

（陈晓维）

【开展督察内审业务培训】 北京市地税局分期分批组织全系统审计干部参加北京市内审协会举办的内审岗位资格培训、税务总局举办的内部审计业务和执法督察业务培训；组织开展“小金库”专项治理工作培训、地方税收征管质量审计做法专题讲座、税收执法督察查前业务培训等。

（陈晓维）

【落实调研工作】 北京市地税局、区县局审计部门深入开展调查研究，完成《北京市地税系统开展领导干部经济责任审计工作的思考》《关于做好税务稽查内部审计工作的思考》等11篇调研文章，其中丰台区地税局《浅议内部审计在事业单位内部控制中的地位和作用》在北京市内审协会组织的论文评选中荣获二等奖。

（陈晓维）

干部管理

【领导班子建设】全面贯彻落实中央、北京市组织人事工作要求，按照北京市地税局党组确定的处级班子建设“三步走”工作部署，一以贯之地坚持2008年底以来树立的正确选人用人导向和干部选拔任用标准、原则、方法，在2009年、2010年两次集中选拔任用处级干部基础上，完成第三步区县局副处级干部选拔任用工作。全系统共选拔任用处级干部114人，其中正处级领导干部2人，副处级领导干部18人，调研员8人，副调研员86人。

（方书涛）

【落实领导班子监督管理制度】严格落实领导干部报告个人有关事项、配偶子女移居国外情况、述职述廉、回避、任职试用期考核等监督管理制度。下发《关于落实进一步做好两项法规贯彻实施工作意见的通知》，对全系统学习贯彻有关事项报告和移居管理两项法规工作做出安排部署，组织430名局、处级干部做好首次报告工作。

（方书涛）

【召开领导班子民主生活会】组织部署系统各单位领导班子召开主题为“坚持以人为本、执政为民理念，发扬密切联系群众优良作风”的民主生活会。各单位领导班子紧密围绕民主生活会主题，联系思想、作风建设和工作实际，着力抓好组织学习、征求意见、交流谈心、自我剖析、研究整改、反馈报告等环节，促进领导干部在思想上加强党性修养、政治素养，在作风上求真务实，讲实话、出实招、办实事，走群众路线，虚心向群众学习、热心为群众服务、诚心受群众监督，解决好关系群众利益的突出问题，做好群众工作。加强领导班子思想、作风建设，促进领导干部思想纯洁、作风纯洁。

（方书涛）

【落实基层公务员队伍建设工作】北京市委组织部、北京市人力社保局《关于加强我市基层公务员队伍建设有关问题的通知》（京组发〔2010〕15号）下发后，人事处结合地税系统实际情况，就基层机关公务员基层工作年限连续计算等问题，与北京市人力社保局积极沟通，获得支持。召开专题会议传达、学习15号文件精神，讲明相关政策规定，对基层机关的认定、职数单列公务员的审核备案等工作进行解释说明，就做好相关工作提出要求，指导各单位“用好、用足、用准”政策。通过实地调研和分片召开座谈会，了解有关单位在具体工作中遇到的问题，及时向北京市人力社保局反馈请示，并就区县局稽查局、机关科室纳入享受京组发15号文件政策范围等有关问题深入研究，积极向北京市人力社保局汇报争取。

（方书涛）

【考核奖励】2011年度全系统应参加年度考核7350人，有17人因病事假半年以上或其他原因未参加考核，实际参加7333人。共有1461人被评为优秀等次、5825人被评为称职等次；1934人受奖励，其中479人记三等功，1455人给予嘉奖。

（方书涛）

【公务员录用】根据系统对毕业生的需求情况，制订录用计划。根据北京市考试录用公务员要求，经过笔试、面试、体检、考察等环节，录用公务员47名，全部充实到郊区县地税局工作。按照军转干部接收安置工作的要求，经过笔试、面试、专业能力测试、体检、考察等环节，接收安置军转干部58名，全部充实到郊区县地税局工作，圆满完成2011年度军转安置任务。

（王晨曦）

【工资管理】一是做好工资津贴发放和福利待遇工作。根据2010年年度考核结果，做好晋升级别、工资级别、工资档次及调整工作津贴工作；对晋升职务人员、调动人员和新参加工作人员见习期满转正定级的工资进行核定；完成2010年绩效管理奖、十三月工资、公务员奖励的核发工作；完成系统处级干部和北京市地税局机关工作人员退休待遇的审批和核定工作；完成系统《2010年机关、事业单位工作人员工资统计报表》的审核、汇总、上报。二是配合做好中央六部委公务员津贴补贴规范领导小组的检查工作。根据中纪委、中组部等中央六部委公务员津贴补贴检查精神，检查组于2011年6月14日至30日，对北京市机关规范津贴补贴实施情况进行检查。北京市地税局机关及西城、丰台、昌平、延庆4个区县局被列为重点检查单位。北京市地税局人事处作为牵头部门，对检查组的工作给予积极配合与支持。按要求对北京市地税局机关执行《关于公务员工资制度改革的实施意见》《关于清理整顿本市机关津贴补贴奖金规范国家公务员收入的通知》《关于严格加班工资管理的通知》等政策规定情况进行自查；协调计划财务处、后勤服务中心、个人所得税处等有关部门提供检查组所需的各种资料；协助系统四个被检查单位做好各项迎检工作；落实检查组意见，形成北京市地税局上报检查组的《检查报告》。

（原　璐）

【干部任免】1月18日　经北京市地

税局党组第1次会议研究决定，免去：曲建华北京市昌平区地方税务局党组成员、副局长职务；赵宏北京市西城区地方税务局党组成员、副局长、调研员职务，并办理退休手续；赵岩北京市东城区地方税务局调研员职务，并办理退休手续；王桂芹北京市地方税务局离退休干部处调研员职务，并办理退休手续；晋国常北京市房山区地方税务局党组成员、副局长职务。

1月31日 经北京市地税局党组第2次会议研究决定，程立龙结束试用期，任北京市石景山区地方税务局副局长；李广生结束试用期，任北京市地方税务局燕山分局纪检组长，以上2名同志任职时间从2009年12月22日起计算；高姝东同志结束试用期，任北京市地方税务局离退休干部处副处长，任职时间从2010年1月4日起计算。

2月21日 经北京市地税局党组第3次会议研究决定，李世英任北京市东城区地方税务局调研员。

免去：武京华北京市地方税务局开发区分局副调研员职务，并办理退休手续。

3月2日 经北京市地税局党组第5次会议研究决定，庄祁伟任北京市地方税务局宣传教育处副处长（主持工作）；姜松霞任北京市地方税务局工会经费管理处处长；郎培东任北京市地方税务局第二直属分局副调研员，任职时间连续计算；杜云涛任北京市地方税务局工会经费管理处副处长（试用期一年）。

免去：庄祁伟北京市地方税务局办公室副主任职务；金燕齐北京市地方税务局收入规划核算处调研员职务，并办理退休手续。

3月14日 经北京市地税局党组第7次会议研究决定，崔彤阳任北京市地方税务局第一直属分局党组成员、副局长（试用期一年）；但启明任北京市地方税务局第一稽查局党组成员、副局长（试用期一年）；赵鲁平任北京市地方税务局工会经费管理处副处长（试用期一年）。

免去：但启明北京市地方税务局稽查处（税务违法案件举报中心）副调研员职务；赵鲁平北京市地方税务局残保金管理处副调研员职务；王岩北京市地方税务局《北京地方税务公报》编辑部副调研员职务。

4月7日 经北京市地税局党组第8次会议研究决定，免去李世英北京市东城区地方税务局调研员职务，并办理退休手续。

4月25日 经北京市地税局党组第9次会议研究决定，李龙江兼任北京市地方税务局信息中心主任；陈来滨任中共北京市延庆县地方税务局党组成员。

免去：孙雪英北京市地方税务局信息中心副主任职务，不再主持北京市地方税务局信息中心工作；何利民北京市西城区地方税务局党组成员、副局长职务，改任副调研员；郑玉清北京市西城区地方税务局副调研员职务，并办理退休手续；刘秀梅北京市地方税务局计划财务处副调研员职务，并办理退休手续；赵仲田北京市平谷区地方税务局副调研员职务，并办理退休手续。

4月29日　经北京市地税局党组第10次会议研究决定，张丽萍任北京市石景山区地方税务局调研员；邓晓艳、王旋任北京市地方税务局档案处副处长（试用期一年）。

5月9日　经北京市地税局党组第11次会议研究决定，免去岳平安北京市海淀区地方税务局副调研员职务，并办理退休手续。

5月26日　经北京市地税局党组第12次会议研究决定，免去张琪北京市地方税务局营业税管理处副调研员职务，并办理退休手续。

6月27日《北京市直属机关工会关于北京市地方税务局直属机关工会第三届会员代表大会选举结果的批复》（京直工复字〔2011〕35号）：同意北京市地方税务局直属机关工会第三届会员代表大会选举结果，工会委员会由王勇生、牛杰、史小军、冯翔宇、向丽、张卉、杨玉杰、郑奕、赵鲁平、郭顺民、徐京来等11名同志组成，经费审查委员会由王珊、付贵全、刘建平等3名同志组成。同意第三届委员会第一次全体会议选举结果，王勇生同志为主席，牛杰同志为副主席；同意第三届经费审查委员会第一次全体会议选举结果，刘建平同志为主任。

7月22日　经北京市地税局党组第16次会议研究决定，张永业任北京市东城区地方税务局调研员；高卫平任北京市东城区地方税务局副调研员。

免去：王瑞龙北京市地方税务局老干部活动中心调研员职务，并办理退休手续；林永康北京市地方税务局离退休干部处调研员职务，并办理退休手续；张玉北京市朝阳区地方税务局副调研员职务，并办理退休手续；王学梅北京市地方税务局收入规划核算处处长助理职务；华聪北京市地方税务局收入规划核算处副处长职务。

7月29日　经北京市地税局党组第17次会议研究决定，康红勋任北京市地方税务局信息中心副主任，试用期一年；牛杰任北京市地方税务局机关工会正处级领导职务（根据《党政领导干部选拔任用工作条例》有关规定，对选举产生的职务，不实行试用期）。

8月15日　经北京市地税局党组第19次会议研究决定，高明任北京市地方税务局第二稽查局调研员。

8月22日　经北京市地税局党组第20次会议研究决定，免去崔颖北京市地方税务局营业税管理处副处长职务。

9月20日　经北京市地税局党组第23次会议研究决定，伏礼刚任北京市怀柔区地方税务局副调研员；高天岭任北京市房山区地方税务局副调研员；杨耀斌任北京市大兴区地方税务局副调研员；徐凤明、毕文余任北京市通州区地方税务局副调研员，以上5名同志任职时间从2011年8月1日起计算。

免去：臧莹、王蕾主任科员职务；高卫平北京市东城区地方税务局副调研员职务，并办理退休手续；徐滨北京市地方税务局研究室调研员职务，并办理退休手续。

11月23日 经北京市地税局党组第25次会议研究决定，陈侠结束试用期，任北京市地方税务局第一直属分局党组书记、局长；薛礼结束试用期，任北京市地方税务局第二直属分局党组书记、局长；徐慧卿结束试用期，任北京市石景山区地方税务局副局长；赵学武结束试用期，任北京市顺义区地方税务局党组成员、副局长；张惠秋结束试用期，任北京市地方税务局第二稽查局党组成员、副局长；王敬丰结束试用期，任北京市平谷区地方税务局党组成员、副局长；陈来滨结束试用期，任北京市延庆县地方税务局副局长；扈寒梅结束试用期，任北京市地方税务局开发区分局党组成员、纪检组长；王学东结束试用期，任北京市朝阳区地方税务局党组成员、纪检组长；常海龙结束试用期，任北京市地方税务局研究室主任；关小虎结束试用期，任北京市地方税务局审计处处长，以上11名同志任职时间从2010年9月6日计算；王磊结束试用期，任北京市地方税务局纳税服务中心主任，任职时间从2010年9月9日计算；张卉结束试用期，任北京市地方税务局人事处副处长，任职时间从2010年8月23日计算。

免去：杨延年北京市地方税务局开发区分局调研员职务，并办理退休手续；李秀荣北京市通州区地方税务局调研员职务，并办理退休手续；张永业北京市东城区地方税务局调研员职务，并办理退休手续；高玥北京市地方税务局第二稽查局调研员职务，并办理退休手续。

12月2日 经北京市地税局党组第26次会议研究决定，周上序任北京市地方税务局办公室主任兼审计处处长；施宏任北京市地方税务局法制处（国际税务管理处）处长；王磊任北京市地方税务局纳税服务处处长；关小虎任北京市地方税务局计划财务处处长；李宗定任北京市地方税务局纳税服务中心主任兼纳税服务处副处长。

免去：杨文俊北京市地方税务局办公室主任兼计划财务处处长职务；周上序北京市地方税务局法制处（国际税务管理处）处长职务；施宏北京市地方税务局纳税服务处处长职务；关小虎北京市地方税务局审计处处长职务；王磊北京市地方税务局纳税服务中心主任职务。

12月15日 经北京市地税局党组第27次会议研究决定，钱丽换、郑鹏任北京市东城区地方税务局党组成员、副局长（试用期一年）；李冬梅、赵俊杰任北京市西城区地方税务局党组成员、副局长（试用期一年）；崔健任北京市海淀区地方税务局党组成员、副局长（试用期一年）；王雪峰任北京市丰台区地方税务局党组成员、副局长（试用期一年）；黄长文任北京市石景山区地方税务局党组成员、副局长（试用期一年）；董立彤任北京市通州区地方税务局党组成员、副局长（试用期一年）；吕延程任北京市怀柔区地方税务局党组成员、副局长（试用期一年）；翁筱玲任北京市房山区地方税务局党组成员、副局长（试用期一年）；赵永鑫、丁振任北京市昌平区地方税务局党组成员、副局长（试用期一年）；李丽平、陈同荫任北京市西城区地方税务局副调研员；傅金良任北京市丰台区地方税务局副调研员；包丽霞任北京市石景山区地方税务局副调研员；戈靖华、田秀兰、罗金福任北京市门头沟区地方税务局副调研员；王华、王启、李建平、张福连、薛贵林任北京市通州区地方税务局副调研员；马建国任北京市顺义区地方税务局副调研员；张艳东、郭晓东、薛志忠任北京市怀柔区地方税务局副调研员；路宝庭任北京市平谷区地方税务局副调研员；于大明任北京市房山区地方税务局副调研员；王少壮、王占华、孙永浩任北京市昌平区地方税务局副调研员；王红权、王棋、常永健任北京市大兴区地方税务局副调研员；李建党、祝天文任北京市密云县地方税务局副调研员；白爱柱任北京市延庆县地方税务局副调研员。

免去：崔健北京市朝阳区地方税务局副调研员职务；吕延程北京市密云县地方税务局副调研员职务。

12月16日 经北京市地税局党组第28次会议研究决定，王小明、刘乃昌、刘顺林、李龙、李连庆、李贵军、李雅倩、杨长顺、杨跃华、潘文田任北京市东城区地方税务局副调研员；马建忠、王东东、王淑华、王献波、吕国庆、张树广、李波涛、李熙颢、杜平、邵凌、陈宁任北京市西城区地方税务局副调研员；王彪、王翠兰、冯悦军、史炳志、白晓、刘永生、张草原、张辉、陈德树、郎青、胡柏立、高飞、梁一钧任北京市朝阳区地方税务局副调研员；王震、申骏、吉文晖、吴俊祥、张龙江、张霖、李宝亭、杨庆、胡德明、郝健、袁康、郭京、韩立新、鲁申、鞠志洪任北京市海淀区地方税务局副调研员；刘茂江、肖卫、邵雅兰、周凯任北京市丰台区地方税务局副调研员；方景岩、赵京生任北京市石景山区地方税务局副调研员；滕凯宝任北京市地方税务局第二直属分局副调研员。

（方书涛）

离退休干部管理

【综述】2011年，离退休干部处认真贯彻北京市地税局党组提出的地税工作指导思想和工作要求，认真学习党的十七届五中全会精神，积极组织开展“做国家利益的忠诚卫士”反腐倡廉专题教育活动和创先争优活动，牢固树立五种意识，加强五型机关建设。并结合离退休干部处工作实际，在查找源头上、根本上、基础上和工作作风上存在的问题，深入剖析问题存在的原因，努力制定和完善整改措施，推动全年工作的开展，努力完成年度的工作计划。

（张红军）

【离退休老干部的基本情况】年末，北京地税系统共有离退休人员702人，其中离休干部17人，现北京市地税局机关由离退休干部管理处直接管理的离退休人员共有133人，其中离休干部10人。

（张红军）

【2011年离退休干部处工作情况】①组织北京市地税局机关离退休老干部带家属市内健康休养两批160人次，北京市地税局机关“三八”妇女节和“九九”重阳节参观活动，北京市地税局机关老干部八达岭老干部活动中心棋牌比赛活动，以及全系统17个区县和昌平干部培训中心离退休老干部分期分批八达岭老干部活动中心健康休养等大型活动共4次，参加活动的离退休老干部600多人次。②每月按时为老干部报销药费并及时将医药费送到那些身体不好、长期卧床的老同志手中，截止到2011年11月底，本处经手为老干部报销的医药费近165万元，报销850人次。③针对老干部年龄大记忆力不好等原因，为老干部制作“老干部来局活动日明细台历”明确医药费报销时间、歌咏队活动时间、书法和理论学习小组学习时间，并分发到每一位老干部手中。④为使每一位老同志了解住院领取支票手续和必要的保健知识，特别制作《关于北京市地税局机关离退休人员办理住院支票领取手续的有关规定》和《老年人冬季保健知识》展板挂在老干部活动室中以便于老同志随时了解和掌握。⑤每逢节假日，北京市地税局领导都以身作则，在百忙中抽出时间带领老干部处人员走访和慰问高龄、

病重、住院和家庭困难的老党员、老同志，每到一家他们总是亲切地和老同志共叙友情，从细微处了解老同志的身体状况、家庭情况、子女关系等问题，以便从老同志的衣、食、住、行中发现工作中需要迫切为老同志解决的实际问题。全年共探望北京市地税局机关离退休老干部64人次。⑥自建局17年来，本处全体同志克服困难，千方百计地做好老干部去世后的丧葬优抚工作，得到去世者家属的肯定和感谢。

（张红军）

【制度建设】 在业务上严格按照局领导强调的“实事求是、实实在在、时时刻刻”和“分级管理、分类管理”为老干部服务的工作要求。1. 强化职能，明确分工。通过定岗定位，强化工作职能，熟悉业务范围，使各项工作能够到人、到岗、到位。2. 研究管理艺术，提高业务水平。做到敢管、善管和会管，并在实践中不断探讨新的方法总结新经验，提高老干部管理的科学性和有效性。3. 建立工作程序，完善业务档案和老干部个人档案。提高工作人员办事效率和业务能力，做到心中有数，一目了然。

（张红军）

【党支部建设】 2011年2月21日，离退休干部处党支部与四个离退休党支部合并为离退休干部处党总支部，充分发挥离退休党支部的战斗堡垒作用，不仅是北京市地税局党组的需要，也是广大离退休老干部的需要。要使离退休老干部紧紧团结在北京市地税局党组的周围，明是非、讲正气、跟党走，拒绝社会不良作风的侵害，建立自我保护和防范意识。同时，要充分发挥老干部中的骨干作用，提高老干部自我管理、自我监督、自我调节的能力，在坚持组织管理的基础上，大力提倡老干部自我管理。增强离退休党支部的凝聚力和向心力，确保离退休党支部在北京市地税局党组的领导下健康发展。

（张红军）

干部教育培训

【综述】 2011年，在北京市地税局党组的正确领导下，在分管局长的指导下，在北京市地税局各处室、直属单位和各区、县局、分局的大力支持配合下，两级宣传教育主管部门深入贯彻落实科学发展观，围绕主题主线，解放思想，加快转变，夯实基础，依法行政，以“让上级机关满意、让纳税人满意、让税务工作者满意”为目标，以“为民服务 创先争优”活动为载体，全系统宣传教育工作与税收中心工作同步，站在为民服务的最前线，充分发挥宣传教育工作的服务保障作用，圆满地完成全年各项工作任务。

2011年，两级宣传教育主管部门针对社会、经济形势的发展变化，深入宣传税收在筹集收入、调控经济、调节分配和改善民生等方面的积极作用；针对不同层次、不同级别、不同岗位税务干部的需求，厉行节约，注重实效，开展一系列内容丰富、形式多样的培训。全系统全年在中央、市级、区县级等各类媒体上发表稿件822篇，编发《每周地税舆情报告》49期，《特别舆情报告》2期，编发《北京地税》杂志6期，召开新闻发布会2次，澄清虚假或不完整信息5件，处置新闻突发事件35起；全系统自主举办培训班36期，培训7171人，学习培训任务完成率达到100%。

通过三年来的工作实践，全系统宣传教育工作在思想、组织、制度、作风、党风廉政建设等方面发生根本性的转变。各级宣传教育干部对北京市地税局党组坚持以科学发展观为指引，带领北京地税事业走出低谷、步入良性发展轨道的实践有了更为深刻的体会；对北京市地税局党组从实际出发，立足北京市委、市政府和国家税务总局对地税工作的基本要求，提出的符合地税实际的工作指导思想和一系列原则、要求、任务、目标、措施有更为深入的理解；对新形势下如何更好地发挥宣传教育工作的服务保障作用有更为清晰的思路和目标，对未来抓住新机遇，迎接新挑战信心更加坚定。

（陈　芳）

【分级分类培训有效开展】 局级培训采用个人自学、集体听课、集体讨论和学习考察等形式，完成12天党组理论中心组学习任务。局领导全部完成在线学习、公共知识和《行政强制法》培训并通过考试，11名局领导全年累计参加全市主体班、专题班9人次。

处级干部以参加调训和在线学习为主要培训方式，人均超过110学时，全部完成了规定的学习任务。全年组织系统处级干部54人次参加国家税务总局各类业务培训班47期。369名处级干部报名参加北京干部教育网在线学习，有359人完成40学时的学习，通过率达到97.29%。所有处级干部参加北京市人力社保局组织的“十二五”时期公共知识培训和市政府法制办组织的《行政强制法》培训，并全部通过考试。

以建设一支“政治过硬、业务熟练、作风优良”干部队伍为目标，依托国内一流大学联合开展系统科级及以下干部培训，组织3期北京市地税局机关科级干部培训班，2期基层税务所长培训，2期初任培训和

“十二五”时期经济和社会发展热点问题讲座以及《行政强制法》培训，在培训中加强党的知识、依法行政、党风廉政、管理和业务技能等内容，在培训后组织的评估中，学员们对教学组织、教学管理、课程设计、教师授课等的满意度均在90%以上。

组织全系统42人次参加国家税务总局及其他各类业务骨干培训29期。由北京市地税局各处室分别组织基层干部参加信息和督查、专项检查、纳税评估、税收票证、行政事业单位财务知识和审计技能等培训，满足基层干部岗位所需的专业知识，提高基层干部的专业素养。

各区、县局、分局也结合自身情况，创新培训模式，有效开展工作。例如，石景山区局、丰台区局、门头沟区局组织三个单位的稽查干部共同学习交流，有效利用教育资源；延庆县地税局采用视频学习辅导、集中讲座、专题培训会等多种方式开展培训；第一稽查局、第二稽查局、开发区分局结合自身工作探索出一套行之有效的培训模式；北京西站分局注重培养高级专业人才，推动本单位各项工作的开展。

（陈　芳）

【圆满完成各类考试任务】 按照北京市人力社保局关于第二轮电子政务考试的工作要求，全部完成北京市地税局机关、直属单位717名50岁以下公务员培训考试任务。组织近两年新录用的大学生和接收安置的军转干部共计168人，参加11月份举行的全国税收执法资格考试，158人考试合格，取得税收执法资格，通过率达到94.05%。

（陈　芳）

【加强对基层教育培训工作的指导】 制定《北京市地方税务局“十二五”时期干部教育培训工作规划》，明确北京市地方税务局“十二五”时期教育培训工作面临的形势、指导思想、基本原则和工作目标，细化“十二五”时期教育培训工作的主要任务；制定并组织实施《北京市地方税务局关于实施基层干部“科学发展主题培训行动计划”工作方案》，确定2011年8月—2012年12月本系统可持续发展主题培训的实施步骤。

（陈　芳）

【规范培训档案和基础数据的管理】 完成国家税务总局、北京市委组织部、北京市人力资源社会保障局要求上报的各类资料；完成处级领导干部和新任处级干部教育培训档案的登记、整理工作，建立系统处级干部、业务骨干培训台账，对处级干部的学时进行汇总；完成总局处级干部培训管理软件中系统400多名处级干部的基础信息录入、核对、更新；在干教网中完成全系统科级干部的信息录入，为开展大规模在线学习做好准备。

（陈　芳）

【大力加强网院建设】 充分利用地税网上管理学院及时发布培训信息、更新课程内容，解答各处室以及各二级网院的各类管理和应用问题。2011年年末，网院门户的访问量累计达到330万次，注册用户为7101人，新增课程45门，其中分院新增18门，累计课程数达到466门；新增试题数为1712道，累计试题数为72010道；新增考试5次。各区、县局、分局也结合工作实际，推动网上学习。海淀区地税局将面授培训的内容制作成课件，不能参加面授培训的干部通过在线学习完成培训，有效地解决工学矛盾；平谷区地税局以网院为依托开展季度岗位大练兵活动，把考试题以每日一题的形式挂到网院上，对每日一题的答题情况进行记录作为平时成绩，使干部养成每天学习的习惯，也使岗位练兵成绩更加客观、透明。

（陈　芳）

【加大基层干部教育培训的调研力度】 按照“职责清，情况明，数据准，要求严”的要求，加大对基层干部教育培训的调研力度，注重加强科研成果转化，处级领导全年完成调研课题196项，各区县局完成调研课题711项，外部发表68项。

（陈　芳）

工　会　活　动

【综述】 2011年，机关工会在上级工会和北京市地税局党组的领导下，在各基层党组和工会的帮助和全体会员的积极参与下，按照“解放思想，加快转变，夯实基础，依法行政”的指导思想和对工会工作的具体要求，紧紧围绕“优化发展环境，共创和谐地税”组织开展工作。以凝聚队伍、构建和谐为出发点和落脚点，加强组织和制度建设；围绕庆祝建党90周年，开展丰富多彩、求真务实的文体活动；坚持以人为本，全面推进“送温暖、送文化、送健康”活动，进一步发挥组织的凝聚力、创造力和战斗力，促进税收中心任务的完成和机关和谐建设。被北京市总工会命名为“北京市模范职工之家”。

（文德生）

【庆祝建党90周年】 按照北京市直机关工会和局党组的要求，以歌颂党、歌颂祖国、歌颂改革开放成果和人民美好生活为主题，组织参加第八届首都职工文化艺术节合唱比赛、北京市直机关“永远跟党走”大型歌会、首都各界妇女群众歌咏演出、北京市第八届全民健身体育节广播体操表演活动、地税系统“让旗帜更鲜艳”大型文艺汇演、北京市地税局机关“颂歌献给党”红歌会6项大型庆祝活动。参演人员达2000多人次。活动期间，两级党组高度重视，工会干部精心组织，参演人员“舍小家，为大家”，表现出攻坚克难、吃苦耐劳、团结拼搏、忘我奉献的精神。各个区县局、分局在完成好北京市地税局交办任务的同时，还各自组织系列庆祝活动，共计9842人次参加活动。在第八届首都职工文化艺术节合唱比赛中，东城局代表北京市地税局参赛获得三等奖；北京市地方税务局在北京市直系统“永远跟党走”大型歌会活动获得优秀组织奖。

（文德生）

【为会员办实事、做好事、解难事】 一是坚持两节“送温暖”、生日送祝福和日常送帮扶活动。先后走访慰问生病住院、单亲家庭、新生子女、退休人员、工会小组长、司机、节日在岗以及基层工会等单位和会员，共计210人次，为困难、病亡家庭送去慰问补助金2.2万元；每月坚持为过生日的会员送上慰问和祝福。二是为会员办理互助保险1478份，其中重大疾病互助险1214份、女职工特殊疾病互助险382份；为近200名会员子女办理医疗统筹，为3名适龄会员子女联系落实上小学事宜。三是完成1000余名会员的集体疗休养工作，使会员身心得到放松和调整。四是组织北京市地税局机关和直属分局30多名单身会员参加中央国家机关工委和中国妇女儿童事业发展中心举办的鹊桥联谊会。

（文德生）

【满足会员不断增长的精神文化需求】 一是开展“迎新年”“庆新春”系列活动。为各工会小组配发扑克牌、棋类、跳绳、毽子等娱乐用品；举办迎新年交谊舞会和春节联欢会。二是举办元旦贺岁、八一慰问电影招待会，开展日常看电影、写影评活动。三是组织200余名女会员参观抗日战争纪念馆、卢沟桥和宋庆龄故居，开展“缅怀先烈，自强不息，重温党史，巾帼奋进”的“三八”节主题活动。四是“六一”儿童节为170名会员子女购买益智游戏书籍和水立方游乐套票，为会员学龄前子女购买学生字典，为会员配发生活保健类书籍。五是成立“北京地税之声”合唱团。60余名合唱团员仅用2个多月的时间，排练精彩的节目，参加中央电视台音乐频道《歌声与微笑》栏目，并赢得中央电视台颁发的“最佳组织奖”，得到上级领导的充分肯定，为北京地税争得荣誉。六是建立系统文艺体育骨干人才库，为开展文体活动贮备人才。

（文德生）

【提高会员的身心健康】 一是利用“五一”“十一”和男性健康日，先后开展健步走颐和园、登香山、八大处等户外活动，举办“迎国庆，保健康，促和谐”扑克牌和广播操比赛。二是成立乒乓球、羽毛球、游泳、桥牌等兴趣小组，先后有1500人次参加活动；购置台球桌，改善会员娱乐条件。三是组织7名干部和局领导参加北京市直机关第四届“和谐杯”乒乓球赛，取得较好成绩。

（文德生）

【深化创先争优】 根据北京市直机关工会的要求，按照评选条件和规定程序，完成“两模三优”的推荐、测评、审议和材料上报工作。北京市地方税务局直属机关工会被北京市总工会评为“北京市模范职工之家”。配合基层工作处开展“立足岗位比贡献，创先争优做示范”为主题的青年文明号创建活动和“三八红旗手”推荐工作，进一步激发各级工会组织履职尽责、广大会员干事创业的积极性。

（文德生）

【组织建设】 一是成功组织召开第三届会员代表大会，选举产生新一届直属机关工会委员会、经审委员会，健全女职工、文体和生活福利三个工作委员会，确保组织领导的连续性。二是利用北京市地税局换届的成功经验和规范程序指导干部培训中心、第一稽查局、北京西站分局3个直属单位选举成立第一届工会委员会和经审委员会，依法健全基层工会组织，确保组织建设的规范性。三是新成立工会小组2个，吸纳新会员35人。达到新成立单位100%建会，新进局人员100%入会，确保组织队伍的完整性。

（文德生）

【制度建设】 新一届工会委员会产生后，对各项工作职责、流程和制度进行全面梳理，在广泛征集意见的基础上，制定下发《北京市地税局直属机关工会工作规则》《北京市地税局机关工会经费审查工作实施办法》《北京地税系统工会主席联席会议制度》《机关工会小组长职责》《女职工、文体和生活福利委员会工作职责》《“送温暖”活动实施办法》《北京市地税局机关文体活动积分办法》《会员子女医药统筹报销规定》8项制度，进一步增强工会制度的科学性、全面性和规范性。

（文德生）

【能力建设】 一是举办2011年系统工会干部培训班，对全系统60余名专兼职工会干部进行更新知识培训。二是先后召开3次全体委员会议、4次工会主席联席会和10余次小组长会，研究工作，交流经验，部署任务，强化指导。三是深入开展调查研究。结合工作实际，撰写《关于工会在和谐地税机关建设中如何发挥好职能作用的思考》调研文章，为扎实推进机关工会工作创新发展提供理论指导。

（文德生）

集体、公务员考核评比表彰

北京市地税系统
2011 年度立功受奖人员名单

荣立三等功人员（479 人）

崔燕生　北京市东城区地方税务局调研员、副局长
刘顺林　北京市东城区地方税务局副调研员兼办公室主任
高　山　北京市东城区地方税务局征收管理科科长
闫　莉　北京市东城区地方税务局纳税服务科科长
郭建荣　北京市东城区地方税务局科技信息科科长
袁　莉　北京市东城区地方税务局计划财务科科长
邓燕霞　北京市东城区地方税务局基层工作科科长
赵　雪　北京市东城区地方税务局稽查局立案科科长
冯　垚　北京市东城区地方税务局稽查局执行科科长
秦　中　北京市东城区地方税务局第六税务所所长
牛　远　北京市东城区地方税务局雍和园税务所所长
由立新　北京市东城区地方税务局第八税务所副所长
鄢为公　北京市东城区地方税务局龙潭税务所副所长
胡　然　北京市东城区地方税务局办公室科员
黄　浩　北京市东城区地方税务局税政管理三科科员
隋国义　北京市东城区地方税务局残保金征收科主任科员
李　洋　北京市东城区地方税务局收入核算科科员
吴莹莹　北京市东城区地方税务局纳税评估科科员
尹佑康　北京市东城区地方税务局科技信息科副主任科员

李琳菲　北京市东城区地方税务局基层工作科科员
白桂玲　北京市东城区地方税务局机关后勤服务中心主任科员
宋笑暘　北京市东城区地方税务局稽查局检查一科科员
范经纬　北京市东城区地方税务局稽查局检查五科科员
罗　春　北京市东城区地方税务局稽查局检查六科科员
乐嘉宁　北京市东城区地方税务局稽查局检查七科科员
倪　伟　北京市东城区地方税务局第一税务所科员
朱晓帆　北京市东城区地方税务局第一税务所科员
郭　爽　北京市东城区地方税务局第二税务所科员
汪　月　北京市东城区地方税务局第三税务所科员
范　蕾　北京市东城区地方税务局第四税务所科员
李　宁　北京市东城区地方税务局第八税务所科员
吴国红　北京市东城区地方税务局第九税务所科员
朱月菊　北京市东城区地方税务局第九税务所科员
钱金霞　北京市东城区地方税务局第十税务所科员
王　鹏　北京市东城区地方税务局交通商务区税务所科员
曲　曼　北京市东城区地方税务局交道口税务所副主任科员
黄志勇　北京市东城区地方税务局朝阳门税务所科员
李　佳　北京市东城区地方税务局朝阳门税务所科员
赵　洁　北京市东城区地方税务局景山税务所科员
张继强　北京市东城区地方税务局和平里税务所科员
张　鲁　北京市东城区地方税务局安定门税务所科员
周　卉　北京市东城区地方税务局前门税务所科员
王悦淼　北京市东城区地方税务局龙潭税务所科员
方艳萍　北京市东城区地方税务局永外税务所科员
郭珊莉　北京市东城区地方税务局天坛税务所科员
邢　军　北京市东城区地方税务局体育馆路税务所科员
韩利强　北京市东城区地方税务局体育馆路税务所科员
崔玉英　北京市西城区地方税务局党组副书记、副局长
孙东晖　北京市西城区地方税务局金融街税务所所长
王　威　北京市西城区地方税务局展览路税务所所长

李丽娟　北京市西城区地方税务局德胜税务所所长
郝　颖　北京市西城区地方税务局税政管理三科科长
王卫平　北京市西城区地方税务局科技信息科科长
吴薇薇　北京市西城区地方税务局收入核算科科长
赵培蓉　北京市西城区地方税务局残保金征收科科长
张　靖　北京市西城区地方税务局后勤服务中心主任
张爱萍　北京市西城区地方税务局稽查局立案科科长
王春禄　北京市西城区地方税务局第七税务所主任科员
张金蓉　北京市西城区地方税务局金融街税务所主任科员
胡　森　北京市西城区地方税务局学会主任科员
刘清龙　北京市西城区地方税务局西长安街税务所副所长
霍勇杰　北京市西城区地方税务局第五税务所副主任科员
徐兆梅　北京市西城区地方税务局新街口税务所副主任科员
马　欣　北京市西城区地方税务局展览路税务所副主任科员
吴俊花　北京市西城区地方税务局展览路税务所副主任科员
柳　矛　北京市西城区地方税务局西长安街税务所副主任科员
李　嘉　北京市西城区地方税务局德胜税务所副主任科员
关　圆　北京市西城区地方税务局月坛税务所副主任科员
李　兰　北京市西城区地方税务局大栅栏税务所副主任科员
洪亚萍　北京市西城区地方税务局天桥税务所副主任科员
汝桂华　北京市西城区地方税务局牛街税务所副主任科员
张朝晖　北京市西城区地方税务局办公室副主任科员
卢惠敏　北京市西城区地方税务局税政管理二科副主任科员
史　琳　北京市西城区地方税务局税政管理三科副主任科员
汪智红　北京市西城区地方税务局人事科副主任科员
王军贤　北京市西城区地方税务局稽查局税务案件举报中心副主任科员
张　炜　北京市西城区地方税务局稽查局检查一科副主任科员
郭　剑　北京市西城区地方税务局第一税务所科员
沈　莉　北京市西城区地方税务局第一税务所科员
穆丽萍　北京市西城区地方税务局第一税务所科员
丁子轩　北京市西城区地方税务局第三税务所科员

张　娜　北京市西城区地方税务局第七税务所科员
高　欣　北京市西城区地方税务局第七税务所科员
丁国珍　北京市西城区地方税务局第十税务所科员
刘光建　北京市西城区地方税务局新街口税务所科员
王宝英　北京市西城区地方税务局新街口税务所科员
刘　明　北京市西城区地方税务局金融街税务所科员
马正杰　北京市西城区地方税务局西长安街税务所科员
刘　挺　北京市西城区地方税务局西长安街税务所科员
冯　燕　北京市西城区地方税务局德胜税务所科员
闵桂兰　北京市西城区地方税务局月坛税务所科员
靳　杨　北京市西城区地方税务局什刹海税务所科员
刘　昊　北京市西城区地方税务局天桥税务所科员
齐艳萍　北京市西城区地方税务局天桥税务所科员
尹亚静　北京市西城区地方税务局广安门税务所科员
田丰琰　北京市西城区地方税务局广安门税务所科员
齐玉荣　北京市西城区地方税务局收入核算科科员
桂　丹　北京市西城区地方税务局宣传教育科科员
杨　震　北京市西城区地方税务局稽查局执行科科员
赵文凤　北京市西城区地方税务局稽查局检查四科科员
王玉生　北京市西城区地方税务局第二税务所未定职（事业编）
郑　志　北京市朝阳区地方税务局副局长
侯鹏浩　北京市朝阳区地方税务局办公室副主任
王　伍　北京市朝阳区地方税务局收入核算科长
刘亚红　北京市朝阳区地方税务局稽查局审理科副科长
王　婧　北京市朝阳区地方税务局办公室科员
张丽雪　北京市朝阳区地方税务局税政管理一科副主任科员
刘忠杰　北京市朝阳区地方税务局征收管理科主任科员
徐伟华　北京市朝阳区地方税务局纳税服务科科员
尚志诚　北京市朝阳区地方税务局计划财务科副主任科员
李　鹏　北京市朝阳区地方税务局基层工作科科员
周　震　北京市朝阳区地方税务局审计科主任科员

梁　媛　北京市朝阳区地方税务局稽查局立案科科员
杨莉洁　北京市朝阳区地方税务局稽查局检查一科科员
曲　博　北京市朝阳区地方税务局稽查局检查二科科员
朱海燕　北京市朝阳区地方税务局稽查局检查四科科员
金艳红　北京市朝阳区地方税务局稽查局审理科科员
张　力　北京市朝阳区地方税务局第一税务所科员
王　颖　北京市朝阳区地方税务局第二税务所副主任科员
王一夫　北京市朝阳区地方税务局第三税务所科员
刘雯艳　北京市朝阳区地方税务局第五税务所科员
刘晓晖　北京市朝阳区地方税务局双井税务所科员
刘莹莹　北京市朝阳区地方税务局酒仙桥税务所副主任科员
刘薇娜　北京市朝阳区地方税务局小关税务所科员
李　英　北京市朝阳区地方税务局商务中心区税务所副主任科员
杜振杰　北京市朝阳区地方税务局十里堡税务所所长
李　红　北京市朝阳区地方税务局稽查局检查三科副科长
张　帆　北京市朝阳区地方税务局纳税评估科科员
韩望春　北京市朝阳区地方税务局稽查局检查二科副主任科员
赵燕平　北京市朝阳区地方税务局稽查局检查三科副主任科员
封致海　北京市朝阳区地方税务局稽查局检查四科科员
马增强　北京市朝阳区地方税务局第一税务所主任科员
马　佳　北京市朝阳区地方税务局第三税务所科员
刘　铮　北京市朝阳区地方税务局第五税务所副主任科员
沈　鉴　北京市朝阳区地方税务局第六税务所科员
张玉霞　北京市朝阳区地方税务局双井税务所副主任科员
明　勤　北京市朝阳区地方税务局呼家楼税务所副主任科员
高雪松　北京市朝阳区地方税务局呼家楼税务所副主任科员
赵宇宁　北京市朝阳区地方税务局呼家楼税务所科员
李晓宇　北京市朝阳区地方税务局呼家楼税务所科员
武开文　北京市朝阳区地方税务局酒仙桥税务所科员
李　晔　北京市朝阳区地方税务局酒仙桥税务所科员
周文政　北京市朝阳区地方税务局十里堡税务所科员

张一坤　北京市朝阳区地方税务局十里堡税务所科员
王晓莉　北京市朝阳区地方税务局小关税务所科员
佟华羽　北京市朝阳区地方税务局商务中心区税务所副主任科员
翁海建　北京市朝阳区地方税务局商务中心区税务所副主任科员
张之乐　北京市海淀区地方税务局党组成员、副局长
张　争　北京市海淀区地方税务局党组成员、副局长
王毅芸　北京市海淀区地方税务局办公室主任
陈桂伦　北京市海淀区地方税务局人事教育科科长
韩立新　北京市海淀区地方税务局税政管理一科科长
张　霖　北京市海淀区地方税务局税政管理二科科长
鲁　申　北京市海淀区地方税务局四季青税务所所长
干　勇　北京市海淀区地方税务局机关后勤服务中心主任
邓　晖　北京市海淀区地方税务局征收管理科科长
张　力　北京市海淀区地方税务局学院路税务所所长
杜　月　北京市海淀区地方税务局科技园上地税务所所长
李光照　北京市海淀区地方税务局科技信息科副科长
刘　明　北京市海淀区地方税务局数据管理科科员
王丽华　北京市海淀区地方税务局收入核算科科员
金　颖　北京市海淀区地方税务局北下关税务所副主任科员
王　睿　北京市海淀区地方税务局知春里税务所副主任科员
董　妍　北京市海淀区地方税务局办公室科员
田艳红　北京市海淀区地方税务局人事教育科科员
盛　莉　北京市海淀区地方税务局计划财务科主任科员
许　远　北京市海淀区地方税务局科技信息科科员
齐　蕊　北京市海淀区地方税务局纳税服务科副主任科员
张玉友　北京市海淀区地方税务局审计科副主任科员
郝　玫　北京市海淀区地方税务局税政管理一科科员
郭　杰　北京市海淀区地方税务局税政管理二科科员
徐　芳　北京市海淀区地方税务局征收管理科科员
洪　蕊　北京市海淀区地方税务局法制科科员
刘　函　北京市海淀区地方税务局稽查局立案科科员

杨依青　北京市海淀区地方税务局稽查局检查一科科员
张继锋　北京市海淀区地方税务局第一税务所主任科员
李锦玲　北京市海淀区地方税务局第二税务所主任科员
冯大灏　北京市海淀区地方税务局副调研员
李俊红　北京市海淀区地方税务局科技园上地税务所主任科员
张　舒　北京市海淀区地方税务局翠微路税务所科员
邹德健　北京市海淀区地方税务局四季青税务所副主任科员
黄春婷　北京市海淀区地方税务局学院路税务所副主任科员
仝　欣　北京市海淀区地方税务局永定路税务所科员
周晓荣　北京市海淀区地方税务局税政管理二科科员
张碧瑜　北京市海淀区地方税务局稽查局立案科科员
刘　沛　北京市海淀区地方税务局四季青税务所主任科员
赵　莹　北京市海淀区地方税务局学院路税务所主任科员
刘　华　北京市丰台区地方税务局副局长
王瑞海　北京市丰台区地方税务局办公室主任兼税政管理二科科长
王　静　北京市丰台区地方税务局人事教育科科长
闫发华　北京市丰台区地方税务局基层工作科科长
马德莉　北京市丰台区地方税务局稽查局检查二科科长
宋继忠　北京市丰台区地方税务局第四税务所所长
宋国安　北京市丰台区地方税务局科技园区税务所所长
王东红　北京市丰台区地方税务局丰台税务所所长
李　锋　北京市丰台区地方税务局铁营税务所所长
王朝辉　北京市丰台区地方税务局南苑税务所所长
史锦春　北京市丰台区地方税务局长辛店税务所所长
陈敬东　北京市丰台区地方税务局办公室副主任
王维民　北京市丰台区地方税务局收入核算科副主任科员
张　平　北京市丰台区地方税务局计划财务科副主任科员
陈　捷　北京市丰台区地方税务局稽查局立案科副主任科员
郎景松　北京市丰台区地方税务局稽查局执行科科员
宋红艳　北京市丰台区地方税务局第一税务所科员
项紫山　北京市丰台区地方税务局第二税务所科员

于圣睿　北京市丰台区地方税务局第五税务所副主任科员
刘红杰　北京市丰台区地方税务局丰台税务所科员
王晓婧　北京市丰台区地方税务局卢沟桥税务所科员
武西民　北京市丰台区地方税务局花乡税务所副主任科员
王建军　北京市丰台区地方税务局花乡税务所科员
王海霞　北京市丰台区地方税务局铁营税务所科员
栗桂芬　北京市丰台区地方税务局铁营税务所科员
于常义　北京市丰台区地方税务局长辛店税务所副主任科员
李尊刚　北京市丰台区地方税务局机关后勤服务中心工人
吕海燕　北京市丰台区地方税务局税务学会工人
梁丽鹃　北京市石景山区地方税务局第一税务所所长
姜连合　北京市石景山区地方税务局第三税务所所长
范永坤　北京市石景山区地方税务局首钢税务所所长
尹继英　北京市石景山区地方税务局八大处园区税务所所长
陈孟光　北京市石景山区地方税务局收入核算科科长
张金兰　北京市石景山区地方税务局人事教育科（保卫科）科长
薛　慧　北京市石景山区地方税务局机关后勤服务中心主任
吕春涛　北京市石景山区地方税务局税政管理二科副科长
侯会明　北京市石景山区地方税务局税收学会主任科员
李居罡　北京市石景山区地方税务局基层工作科科员
高　艳　北京市石景山区地方税务局人事教育科（保卫科）科员
张俊良　北京市石景山区地方税务局第三税务所科员
张金梅　北京市石景山区地方税务局八宝山税务所副主任科员
张　军　北京市石景山区地方税务局八角税务所副主任科员
高继红　北京市石景山区地方税务局古城税务所主任科员
宋育杰　北京市石景山区地方税务局稽查局检查一科副主任科员
刘　滢　北京市石景山区地方税务局税政管理一科科员
李　欣　北京市石景山区地方税务局第一税务所科员
徐金海　北京市石景山区地方税务局第二税务所科员
刘　芸　北京市石景山区地方税务局苹果园税务所科员
劳雪菊　北京市石景山区地方税务局八大处园区税务所副主任科员

聂洪宝　北京市石景山区地方税务局五里坨税务所副主任科员
侯津生　北京市石景山区地方税务局机关后勤服务中心工人
吴鲁平　北京市门头沟区地方税务局党组书记、局长
沈迪会　北京市门头沟区地方税务局党组副书记、副局长
孙树才　北京市门头沟区地方税务局第一税务所所长
安文忠　北京市门头沟区地方税务局税政管理一科科长
杜宝仲　北京市门头沟区地方税务局基层工作科（机关党办）科长
杜宏芳　北京市门头沟区地方税务局监察科科长
齐　振　北京市门头沟区地方税务局第一税务所副所长
李占利　北京市门头沟区地方税务局潭柘寺税务所副所长
高艳红　北京市门头沟区地方税务局纳税服务科副科长
闻　捷　北京市门头沟区地方税务局稽查局立案科、执行科副科长
张　男　北京市门头沟区地方税务局第一税务所科员
李　萍　北京市门头沟区地方税务局第一税务所科员
张　研　北京市门头沟区地方税务局潭柘寺税务所科员
张海青　北京市门头沟区地方税务局石龙税务所科员
单　娟　北京市门头沟区地方税务局大峪税务所科员
尹立志　北京市门头沟区地方税务局王平税务所科员
张岩松　北京市门头沟区地方税务局科技信息科科员
马　强　北京市房山区地方税务局副局长、调研员
晋国常　北京市房山区地方税务局调研员
李恩泽　北京市房山区地方税务局征收管理科科长
张亚琴　北京市房山区地方税务局收入核算科科长
崔克新　北京市房山区地方税务局人事教育科科长
张　金　北京市房山区地方税务局稽查局副局长
晋长兴　北京市房山区地方税务局稽查局检查二科科长
田春华　北京市房山区地方税务局第一税务所所长
徐永利　北京市房山区地方税务局良乡税务所所长
邵玉贤　北京市房山区地方税务局良乡税务二所所长
刘德辉　北京市房山区地方税务局河北税务所所长
安洪斌　北京市房山区地方税务局办公室副主任

陈顺起　北京市房山区地方税务局稽查局检查一科副科长
张文勋　北京市房山区地方税务局良乡税务所副所长
张振岭　北京市房山区地方税务局良乡税务二所副所长
李　可　北京市房山区地方税务局河北税务所副所长
晋凯丽　北京市房山区地方税务局办公室科员
马铁柱　北京市房山区地方税务局收入核算科科员
姬宏伟　北京市房山区地方税务局基层工作科科员
方玉杰　北京市房山区地方税务局计划财务科科员
荆丹妮　北京市房山区地方税务局审计科科员
皮建军　北京市房山区地方税务局稽查局检查二科科员
张绪江　北京市房山区地方税务局第一税务所科员
李　萌　北京市通州区地方税务局纳税服务科科长
李正红　北京市通州区地方税务局第一税务所所长
王秋平　北京市通州区地方税务局基层工作科科长
吴少华　北京市通州区地方税务局收入核算科科长
刘保先　北京市通州区地方税务局稽查局检查二科科长
李　苹　北京市通州区地方税务局计划财务科科长
胡丛茂　北京市通州区地方税务局永顺税务所所长
贾春起　北京市通州区地方税务局宋庄税务所所长
贾华东　北京市通州区地方税务局永乐店税务所所长
何　龙　北京市通州区地方税务局征收管理科副科长
王丽纳　北京市通州区地方税务局玉桥税务所副主任科员
潘国强　北京市通州区地方税务局办公室科员
居敬谊　北京市通州区地方税务局马驹桥税务所科员
李宝佳　北京市通州区地方税务局第二税务所科员
贾玉婷　北京市通州区地方税务局纳税评估科科员
颜松筠　北京市通州区地方税务局西集税务所副主任科员
郭志方　北京市通州区地方税务局宋庄税务所科员
唐建光　北京市通州区地方税务局后勤服务中心副主任
李志刚　北京市顺义区地方税务局副局长
李晓彤　北京市顺义区地方税务局办公室科员

龙玉平　北京市顺义区地方税务局机场分局第二税务所所长
宋艳军　北京市顺义区地方税务局城关税务所所长
张洪勇　北京市顺义区地方税务局第二税务所所长
王　山　北京市顺义区地方税务局第一税务所所长
王　娟　北京市顺义区地方税务局仁和税务所副所长
韩剑锋　北京市顺义区地方税务局人事教育科副科长
施昌福　北京市顺义区地方税务局监察科副主任科员
李聪颖　北京市顺义区地方税务局法制科科员
吴安生　北京市顺义区地方税务局基层工作科副主任科员
李德勇　北京市顺义区地方税务局稽查局检查二科副主任科员
周海东　北京市顺义区地方税务局城关税务所科员
孟庆梅　北京市顺义区地方税务局第四税务所科员
姜索清　北京市顺义区地方税务局第五税务所科员
李建军　北京市顺义区地方税务局杨镇税务所主任科员
肖辰英　北京市顺义区地方税务局李桥税务所科员
方　磊　北京市顺义区地方税务局牛山税务所科员
崔　远　北京市顺义区地方税务局牛山税务所副主任科员
于家刚　北京市顺义区地方税务局机场分局第二税务所科员
段　刚　北京市昌平区地方税务局科技信息科科长
王景春　北京市昌平区地方税务局南口税务所所长
陈友林　北京市昌平区地方税务局第二税务所主任科员
贺连荣　北京市昌平区地方税务局东小口税务所副主任科员
李静雯　北京市昌平区地方税务局办公室科员
刘　铮　北京市昌平区地方税务局税政管理一科科员
杨　杨　北京市昌平区地方税务局纳税评估科科员
张　钧　北京市昌平区地方税务局法制科科员
庄　燕　北京市昌平区地方税务局监察科科员
陈　硕　北京市昌平区地方税务局第一税务所科员
查　林　北京市昌平区地方税务局第三税务所科员
谷秋颖　北京市昌平区地方税务局十三陵观税务所科员
李　华　北京市昌平区地方税务局园区税务所科员

李　旻　北京市昌平区地方税务局沙河税务所科员
史惠东　北京市昌平区地方税务局小汤山税务所科员
魏　凯　北京市昌平区地方税务局昌平税务所科员
张　宁　北京市昌平区地方税务局回龙观税务所科员
李文昌　北京市昌平区地方税务局稽查局审理科科员
宋宝峰　北京市大兴区地方税务局副调研员兼稽查局副局长
武子超　北京市大兴区地方税务局收入核算科科长
李　强　北京市大兴区地方税务局基层工作科科长
张　锦　北京市大兴区地方税务局稽查局立案科科长
刘　鑫　北京市大兴区地方税务局第二税务所所长
刘德鹏　北京市大兴区地方税务局采育税务所所长
赵建文　北京市大兴区地方税务局西红门税务所所长
蔡　伟　北京市大兴区地方税务局魏善庄税务所副所长
苑迎霞　北京市大兴区地方税务局瀛海税务所副所长
李　昂　北京市大兴区地方税务局税政管理二科副主任科员
祁玉霞　北京市大兴区地方税务局稽查局检查二科副主任科员
刘培培　北京市大兴区地方税务局办公室科员
张　楠　北京市大兴区地方税务局税政管理一科科员
骆　宇　北京市大兴区地方税务局征收管理科科员
崔　密　北京市大兴区地方税务局纳税评估科科员
杨　亮　北京市大兴区地方税务局监察科科员
常树华　北京市大兴区地方税务局榆垡税务所科员
王　新　北京市大兴区地方税务局西红门税务所科员
牛皖军　北京市平谷区地方税务局副局长
王小静　北京市平谷区地方税务局办公室副主任
郑春来　北京市平谷区地方税务局计划财务科科长
马睿智　北京市平谷区地方税务局开发区税务所所长
杨瑞良　北京市平谷区地方税务局城关税务所所长
刘宗刚　北京市平谷区地方税务局马坊税务所所长
郭光彬　北京市平谷区地方税务局峪口税务所副所长
闫双印　北京市平谷区地方税务局金海湖税务所所长

耿东玉　北京市平谷区地方税务局第二税务所所长
白海波　北京市平谷区地方税务局稽查局检查三科科长
张静涛　北京市平谷区地方税务局人事教育科（保卫科）科员
金姗姗　北京市平谷区地方税务局基层工作科（机关党委办公室、工会）科员
李光艳　北京市平谷区地方税务局收入核算科主任科员
芮凤霞　北京市平谷区地方税务局法制科（国际税务管理科）科员
齐自华　北京市平谷区地方税务局纳税评估科科员
邢佳伟　北京市平谷区地方税务局开发区税务所科员
郭金华　北京市平谷区地方税务局新平税务所科员
徐　静　北京市平谷区地方税务局第一税务所科员
张　肃　北京市平谷区地方税务局第二税务所科员
范维付　北京市平谷区地方税务局稽查局检查一科副主任科员
张淑华　北京市平谷区地方税务局机关后勤服务中心科员
王朝阳　北京市平谷区地方税务局机关后勤服务中心司机
郭海福　北京市怀柔区地方税务局调研员、党组副书记、副局长
樊京虎　北京市怀柔区地方税务局副局长
赵建军　北京市怀柔区地方税务局办公室主任
黄瑞杰　北京市怀柔区地方税务局计划财务科科长
王晓东　北京市怀柔区地方税务局税政管理一科科长
周伟林　北京市怀柔区地方税务局纳税评估科科长
毛仲刚　北京市怀柔区地方税务局收入核算科科长
彭云涛　北京市怀柔区地方税务局监察科科长
安学敏　北京市怀柔区地方税务局办公室副主任
张玖喜　北京市怀柔区地方税务局庙城镇税务所副所长
陶小军　北京市怀柔区地方税务局怀柔镇税务所副所长
曹东生　北京市怀柔区地方税务局检查二科副科长
彭晓红　北京市怀柔区地方税务局雁栖镇税务所副主任科员
鲁凤梅　北京市怀柔区地方税务局纳税评估科副主任科员
邢启田　北京市怀柔区地方税务局检查二科副主任科员
蔡春清　北京市怀柔区地方税务局雁栖镇税务所副主任科员
宋文珠　北京市怀柔区地方税务局桥梓镇税务所科员

彭玉浩 北京市怀柔区地方税务局第一税务所科员
袁建民 北京市怀柔区地方税务局监察科科员
姜学东 北京市密云县地方税务局副局长
李春明 北京市密云县地方税务局法制科（国际税务管理科）科长
孙长立 北京市密云县地方税务局水库税务所所长
王 迪 北京市密云县地方税务局办公室副主任
张晓轩 北京市密云县地方税务局开发区税务所副所长
刘英军 北京市密云县地方税务局基层工作科科员
尹成罡 北京市密云县地方税务局征收管理科科员
刘春国 北京市密云县地方税务局稽查局审理科科员
陈超楠 北京市密云县地方税务局第一税务所科员
王海立 北京市密云县地方税务局第三税务所科员
郭翠琴 北京市密云县地方税务局税政管理一科副主任科员
李 民 北京市延庆县地方税务局监察科科长
丁瑞生 北京市延庆县地方税务局八达岭税务所所长
刘 卓 北京市延庆县地方税务局开发区税务所所长
田淑芳 北京市延庆县地方税务局办公室副主任
董永生 北京市延庆县地方税务局人事教育科科员
苗 青 北京市延庆县地方税务局计划财务科科员
王新立 北京市延庆县地方税务局征收管理科科员
潘立安 北京市延庆县地方税务局延庆税务所科员
陈志永 北京市延庆县地方税务局稽查局检查一科副主任科员
崔纪书 北京市延庆县地方税务局八达岭税务所科员
李景峰 北京市延庆县地方税务局延庆税务所科员
宋 静 北京市延庆县地方税务局开发区税务所科员
王立英 北京市地方税务局燕山分局副调研员
刘宏蔚 北京市地方税务局燕山分局法制科科长
金 镝 北京市地方税务局燕山分局收入核算科科长
孙宝辉 北京市地方税务局燕山分局立案审理科科长
宋克新 北京市地方税务局燕山分局税务检查科主任科员
姜 敏 北京市地方税务局燕山分局法制科主任科员

李　萌　北京市地方税务局燕山分局第二税务所副主任科员
金　琦　北京市地方税务局开发区分局征收管理科科长
高文奇　北京市地方税务局开发区分局人事教育科科长
韩新华　北京市地方税务局开发区分局税政管理科主任科员
王　辉　北京市地方税务局开发区分局第一税务所主任科员
王　璋　北京市地方税务局开发区分局人事教育科副主任科员
刘　畅　北京市地方税务局开发区分局办公室副主任科员
何建忠　北京市地方税务局北京西站分局党组成员、调研员、副局长
经　萍　北京市地方税务局北京西站分局西站税务所所长
单燕飞　北京市地方税务局北京西站分局征管法制科主任科员
王丽平　北京市地方税务局北京西站分局人事教育科主任科员
闫建京　北京市地方税务局第一稽查局副调研员
王　晶　北京市地方税务局第一稽查局案件管理科科长
张朝晖　北京市地方税务局第一稽查局第一税务稽查科科长
杨亚英　北京市地方税务局第一稽查局办公室主任科员
田立军　北京市地方税务局第一稽查局业务科主任科员
柳宏林　北京市地方税务局第一稽查局评估约谈科副主任科员
孙晓静　北京市地方税务局第一稽查局执行科主任科员
颜　岩　北京市地方税务局第一稽查局第二税务稽查科副科长、主任科员
尤鹏南　北京市地方税务局第二稽查局第一税务稽查科副科长
孙毅珉　北京市地方税务局第二稽查局第二税务稽查科主任科员
贾鸿志　北京市地方税务局第二稽查局第四税务稽查科主任科员
吴鑫涵　北京市地方税务局第二稽查局第六税务稽查科主任科员
李　敏　北京市地方税务局第二稽查局执行科主科科员
宋　潇　北京市地方税务局第一直属分局副主任科员
张亚平　北京市地方税务局收入规划核算处处长
关小虎　北京市地方税务局计划财务处处长
高学江　北京市地方税务局机关党委办公室主任
王文杰　北京市地方税务局办公室副主任
赵卉竹　北京市地方税务局办公室主任科员
周惠平　北京市地方税务局法制处主任科员

高　源　北京市地方税务局法制处主任科员
王勇超　北京市地方税务局研究室主任科员
赵为真　北京市地方税务局营业税处副调研员
毛　江　北京市地方税务局企业所得税处副处长
夏宏伟　北京市地方税务局个人所得税处主任科员
佟云飞　北京市地方税务局地方税管理处主任科员
李晓源　北京市地方税务局残保金管理处主任科员
于　楠　北京市地方税税务局征收管理处主任科员
王小虎　北京市地方税务局纳税服务处主任科员
白晓凤　北京市地方税务局收入规划核算处副调研员
李春霞　北京市地方税务局工会经费管理处主任科员
蒋　宁　北京市地方税务局科技信息处副处长
闫小荣　北京市地方税务局科技信息处主任科员
邱春会　北京市地方税务局科技信息处主任科员
王雅红　北京市地方税务局计划财务处主任科员
齐全伟　北京市地方税务局宣传教育处主任科员
白殿卿　北京市地方税务局人事处主任科员
任丽娟　北京市地方税务局机关党委办公室主任科员
杨阿丽　北京市地方税务局直属机关工会副调研员
余　浩　北京市地方税务局监察处主任科员
王　萌　北京市地方税务局纳税服务中心科员
俎步皋　北京市地方税务局纳税服务中心主任科员
蔡　菁　北京市地方税务局纳税服务中心主任科员
薛　青　北京市地方税务局纳税服务中心主任科员
赵凤江　北京市地方税务局老干部活动中心主任科员

嘉 奖 人 员（1455 人）

北京市东城区地方税务局（147 人）

王　东	张松岭	周增源	孙福泉	王京军	金　梅	魏　龙	先　晶
孙怀启	王振松	段海军	樊张德	王俐美	金小平	张宏邦	柏竹梅
胡庆捷	李　杰	范东伟	李京燕	汤月霞	李献民	岳冬至	黄　岩
闫　宏	刘丽萍	高艳梅	靳桂斌	赵显平	王　伟	王强生	刘　巍
黄　恒	田立新	王　晶	马春丽	张　睿	王启增	崔京卫	赵江娜
袁　杨	谢跃明	余秀茹	蒋安姐	郭　蕊	徐　楠	韩　敬	王　伟
王晓英	邹心京	王素柳	侯志燕	付春泽	于晓雷	焦嫱霖	刘　妍
张　谧	金大勇	栾秀莉	张春艳	王红燕	冯建欣	杜长虹	陈　宏
杨　健	裴　旸	徐宝苹	娄　峰	李红敬	王　琳	李　健	柏庆军
刘　喜	王　琤	刘禹铖	许国新	龙宝山	刘晓宇	包亦男	陈　昱
史元春	王　萍	陈　硕	伊尼亚娜	赵文萍	倪运政	张苑飞	李　敏
夏明晖	皮兴明	李　娟	周　平	贾长起	张　舸	崔　晨	战　钧
张　矢	彭兴莲	周秀淳	寇　珍	李继军	王立业	王雨农	朱悦扬
谢利新	魏　晨	刘　兟	董云鹏	安　婧	何　红	许　艺	戴旭华
朱　莉	张　华	祝胜利	贾艳红	许鸿弘	王素花	汪诗明	程昱瑾
张玉英	赵晓兰	葛　玮	付梅芳	梁春来	李爱军	袁雪林	郝卫红
赵剑杰	刘志萍	王　蕊	张　倩	宋朝亭	陈　键	高振生	刘立志
叶　英	刘　嘉	丁克亮	宋麟盛	战华昇	艾之光	李　忠	殷连海
张少新	由立军	江　玥					

北京市西城区地方税务局（153 人）

王清辉	陈春颐	张文华	宁　勇	怀丽力	宁永东	郭淑菊	蒋建新
谷世涛	王德志	韩　敏	王雪明	段　波	王婷婷	张敬力	李民兵
金　勇	郑　杰（大）	刘　伟	张东溟	张顶空	全广红	李竹娜	钱晓丽
房元亮	曹心怡	薛淑芬	梁　田	黄建文	何秀洁	王英杰	刘淑静
刘　晨	曹　荣	王经伟	张保军	杨　彬	马峥嵘	尹　青	霍艳丽

朴明涛　赵红斌　郑　杰（小）　冯炜明　王　丽　孟靖北　李　艳　张生堰
肖慧萍　李秀改　石瑞娟　黎　明　刘德健　李兰英　徐艳萍　蒋　剑
刘国强　赵国庆　程　旭　张庆春　彭建爽　刘培伟　钱　兵　付学军
何启丰　杨红岩　张红英　魏　申　谢黎明　王　卉　庄晶晶　李文学
龚　冰　马重安　潘　宏　王　静　朱晓峰　张兰茹　张　宁　任媛媛
康　颖　石文正　郭　娜　赵　越　高昕予　张　燕　雷永刚　杨秀坤
李宗武　袁　元　王东（女）　程丽君　魏延凯　胆德宝　王　翔　耿煊庆
马　腾　张高丽　宋永福　田　玮　王　刚　王宝新　贾海涛　佟　农
马恩庆　姚玉兰　张世发　宋海红　袁　泽　刘晓洁　丁　红　胡敬超
张京燕　秦　璐　石　兵　朱　清　刘海燕　李延梅　樊　辉　肖　萍
许瑞光　陈海巍　刘　宁　王冬梅　张燕洁　孙玉明　范伟萌　王　爽
彭　勃　王　燕　关丽铭　吴淑芳　王广元　张建芬　李　巍　王宗丽
李红艳　陈　媛　马俊杰　李媛媛　陈莉萍　张　鸣　孙　晗　张　敏
刘莉娟　秦继兰　蔡正君　刘淑华　李红梅　覃　粟　王东（男）　史鲁萍
李士彪

北京市朝阳区地方税务局（119人）

王学东　雷继红　魏连芹　谷玉森　谷博学　刘德洪　田开圣　宋　芳
易　明　白　洁　郭　嘉　李　然　王　军　张　立　卢　斌　王　静
杨　芳　胡　军　王　琪　赵　娟　陈　悦　刘卫东　安立明　宋建华
何陆平　温国辉　田亚非　吕莹娟　楼顺安　熊照彬　胡晓锋　刘立群
王　菲　殷　燚　杨旭升　詹　煊　卢宇阳　黄晓红　张亚香　马鑫明
杨囡娃　孟丽娜　曹桂琴　刘嘉媛　隗合强　于永海　张　瑞　闫　兵
钱六云　李春莲　王　洋　刘晓楠　吴地震　王兆印　梅　红　程　艳
韩小冬　詹大友　毕军强　王　欢　郝海澄　张　斌　牛海滨　阮　明
史明晨　张文军　杨　楠　苏占军　耿俊荣　赵群立　左金城　蒋秋萍
王树宝　郭志平　王　珅　殷　平　张方红　郑韶山　贾晓静　邵玉田
房俊雪　冯京樑　盛立侠　刘　悦　李　峰　袁　萍　李鸿升　王一玎
许国强　井宏宇　高建明　严　璐　吕同俊　孔　方　程宏娟　张建萍
刘艳红　杨柏林　郭桂兰　郝　炜　高宗琼　徐　辉　郭淑丽　米伟群

赵建瑜 吕 霞 杨 洋 岳太华 高 忠 杜俊红 屈国杰 谷继玲
袁景华 金晓娜 王京生 崔建儒 崔永刚 赵宪忠 安占娣

北京市海淀区地方税务局（125人）

何培伦 强国华 鞠志洪 卢中军 吉文晖 张龙江 时 阳 左晓冬
王 震 鞠 丽 罗文红 郝 健 张红艳 焦广民 金江文 严 海
汪 焰 柏 华 杜靖涛 邢 堃 蒋艳君 李益成 蒋 颖 樊 涛
邢 舟 胡 浩 付峰杰 庄 恒 李俊清 包绍增 杨 帆 刘 平
王 晓 郑 莉 宋春辉 赵 红 李鹏程 陆 华 炎 旭 梁秋华
傅丽秋 金 洁 王珊娜 胡 蓓 于雪雁 马晓梅 邹家珍 周 芫
侯晓宇 赵志红 王 宏 魏 琪 王 静 刘 冰 王柏松 侯景慧
王凤芹 吴树良 薛 红 张甫荣 王 宾 刘晓罡 万宏伟 李慧文
吴光权 何世红 王 征 杨林宏 刘志杰 夏玉红 张俊卿 吉俏梅
李 芳 辛 丽 董潇潇 刘 飒 张 琦 段荣慧 李 鹏 白小刚
张铜海 王顺田 娄苏湘 剧 芳 杨立锋 高冬洁 郭 婷 李福香
周 杰 刘小贤 范 珅 孙海红 王雪艳 张丽春 段玉勤 李 前
蔺立新 王 旭 李 瑶 李 论 郝志斌 崔永红 何 雯 刘锦智
刘 静 于 鹏 陈群英 孙秀红 鲁海波 黄 莺 许建辉 熊 炜
刘 海 陈 婷 邓力威 孙玉梅 姚恒金 丰 梅 刘山良 齐 鑫
石 晶 杨晓红 李继红 刘娃利 李亚萍

北京市丰台区地方税务局（84人）

金志雄 谢 锋 程 凡 肖 卫 李文军 周 凯 刘茂江 邵雅兰
刘秀英 刘占京 张昌明 霍艳芳 李文忠 赵 博 熊 辉 齐安慧
韦海东 熊 耀 王 钰 杨 莉 李 艳 郝奎英 韩新国 顾孟平
张永华 施宗琼 闫 薇 李 明 潘久来 米兢哲 汪国庆 李振伟
张勇芬 李凤霞 房 臻 邢 凯 史 娜 贾立鹏 张松雪 傅先忠
王宝树 陈济民 郭宏伟 王 磊 田亚蕾 陈 侠 黄 冠 张 磊
路 阳 高建平 董星惠 周 强 张晓辉 王文燕 陈庆生 李峥奋

耿广利	郝凤珍	梁鄂荣	张　烨	张　震	张建仁	段建超	郭长山
黄清晨	孟炳煜	朱大强	于秋萍	张红跃	夏　英	李丽娟	贾　敬
刘京津	顾春凤	马兰芝	周有元	李　萍	王文利	张秀惠	戴建兵
刘会新	李庆来	郭建生	赵安民				

北京市石景山区地方税务局（53人）

苏振军	程立龙	徐慧卿	马建军	刘纯彦	裴立雪	刘志勇	董明霞
靳　莉	朱建红	张立新	杨　宝	王　丽	杜卫国	吴　娟	李长有
何　虹	石存军	魏凯东	郭　玲	赵广利	康　康	吴　鹏	李全义
史格丽	安建华	杨建民	王桂萍	杨　燕	宫春霞	高文玲	劳世伟
杨雪松	张海疆	张伟东	杨建林	马炳武	王维然	刘华英	蒋晓霞
李　涛	姚惠玲	钟　玮	吴金华	李梅江	臧　洁	苏　婧	陈天培
王庆华	王跃东	许淑君	黎定祥	王光跃			

北京市门头沟区地方税务局（49人）

邵明东	张　毅	李欣然	叶利军	孙大勇	冯晓新	庞　雁	闫宏江
李善之	李　凡	邓前英	张雨新	张红鑫	杜　彪	李有武	杨　洁
赵　东	李彩虹	刘宇辉	胡凤英	李亚菲	杨　夙	胡星月	刘建明
尚菁菁	王全树	任冬媛	张晓辉	张　强	曹　非	张唯唯	梁兴月
李全来	刘　静	刘震平	王　时	马东生	裴稚盼	岳思彤	王俊玲
刘洪杰	陈　香	朱胜魁	李　茜	翟黎娜	岳洪生	杨桂清	杨　建
王玉亮							

北京市房山区地方税务局（56人）

万国喜	王忠悟	梁　鑫	陈新荣	张仲辉	张　硕	梁雪冰	邓　毅
丁立军	张长红	李　玮	邓建国	景福华	李晓峰	张术斌	王　赞
王　宇	雒　轶	李新忠	方海涛	张　飒	杨　声	张丽莉	吴海婷
李晓晖	于齐山	宋　宁	马立民	崔　海	刘建强	王胜新	雷　忠

徐广兵 于立峰 梁晓斌 王凤水 张 华 王亚梅 韩瑞玲 叶国德
齐安忠 刘俊祥 祝贺捷 徐 睿 马呈昊 张 磊 毛亚东 侯海龙
于洪路 张 艳 韩德荣 王文生 王义宾 冉照民 张文全 朱立建

北京市通州区地方税务局（73 人）

马 杰 王 华 郑云鹤 王京川 王 岩 王 超 王 磊 苏 剑
尹雨菊 刘靖冰 于立华 隆 静 王世清 孟旭凤 周 伟 郭洪艳
姜子瑞 张福志 杨 杰 张秀英 高树荣 韩秀云 滕景红 倪 红
曹 悦 刘 威 康 为 张宝亮 方大为 牛 艳 赵 猛 谭 颖
朱海军 朱玉凯 杨树彤 赵 伟 李秋英 杨 洋 宋 岩 谌冠峰
张宝桂 计 渊 田 雨 孙 鹏 翁 磊 郝 丽 杨 淼 赵长利
徐朝晖 姚晓东 张 静 宁 妍 李芯蕊 刘 莹 陈润旗 张国荣
董永琴 田泽海 闫 威 张广卉 李洪梅 纪振忠 徐 国 曹国清
赵永来 高 岩 王小萌 皮文婷 陈 岩 李 伟 黄秀华 肖松明
孙 宇

北京市顺义区地方税务局（69 人）

黄 健 赵学武 刘志江 蒙学飞 王晓明 周海龙 杨文柱 张世清
李 顺 鲁国杰 裴秀清 杨继全 杨海东 姜 波 付铁成 周 杰
马会松 王金华 孟庆宇 田金明 王 涛 刘春旭 王家荣 高远飞
邹正韶 刘宝锁 杜文华 吴继录 王庆心 刘春香 郑 岩 闫 岩
孙潇骋 刘春兰 高春艳 杨代员 王俊领 魏明顺 梁 静 蔡永旺
于洪妍 段建英 蒋广清 云自通 佟雪梅 宋 达 王 东 杨立新
李胜森 王国金 赵 宏 石可勇 张 倩 蔡祥彬 冯新颖 马宝刚
郑德儒 彭颂梅 闫艳涛 李正永 李 博 苏 顺 林贤清 李文华
赵 冲 王 颖 高俊平 王娟（小） 李 莉（小）

北京市昌平区地方税务局（68人）

谷秀敏	安　莉	曹　军	曹英杰	陈　林	陈兴华	陈宗岳	董胜凯
伏开好	付振宽	巩　颖	胡春华	胡水明	黄明清	黄媛媛	贾铁鹏
兰巨海	雷坐平	李　超	李　虹	李　建	李玉英	刘海斌	刘继英
刘进军	刘忠魏	马华军	满运圆	毛海明	梅　雪	南　静	秦利山
曲建华	尚红卫	苏和平	孙利梅	王会清	王　红	王柯方	王子剑
王　健	王文娟	王　勇	吴志英	邢万明	徐连元	许　萍	杨立忠
杨贵明	于公捷	张海山	张建军	张锦纹	张景辉	张　利	张秋菊
张　瑜	张亚明	张玉涛	张宗娥	张志庆	赵慧娟	赵英哲	周福强
周文彬	周勤堂	赵顺利	朱鑫华				

北京市大兴区地方税务局（69人）

冯守利	杨连波	江聚祥	田凤霞	姜玉斌	黄　焱	王少丰	陈　阳
周玲玲	马国春	陈玉娟	石　伟	胡守顺	马文涛	王光跃	张　昊
樊　蓉	方　兴	商林楠	李　诚	王　凯	张启学	李会祥	赵立洁
顾金发	刘海琳	王晓晨	张春红	张亚丽	余　宏	方建钢	郭武军
康　丽	刘洪涛	龙　莹	董立波	张　垚	谷　建	贾智海	代　伟
郭连香	成　亮	崔　萌	谭贤忠	张　兴	赵志武	杨英杰	田福庆
徐纯杰	李雅琴	高维波	王占国	王凌明	戚卫东	邸天平	许满宏
周玉清	宋学茹	牛文静	侯　杰	龙海龙	张志刚	吴　迪	蔡成军
杨雅丽	李志然	葛　剑	杜志勇	袁　泽			

北京市平谷区地方税务局（53人）

王学慧	关红革	王海旺	陈　雷	贾军胜	王青柏	张永利	刘晓松
张成才	付记平	陈长林	付　满	闫国旺	尚敏涛	刘贺壮	关凤荣
冯德强	崔立明	岳海峰	秦树永	陶小军	徐春平	李俊山	胡岚峰
刘晓萍	王立英	于东升	张振杰	范卫红	张志霞	张满国	李兰红
任克俗	任凤伟	张悦旺	何金林	王占明	孙国良	张东梅	王晓洁

董金石	黄　超	李桂琴	张　迪	张桂云	李秀君	王立娟	徐桂红
卢春启	毛振合	独长付	齐自胜	刘国利			

北京市怀柔区地方税务局（55 人）

刘　佳	李成春	李丽鑫	石振波	林　霞	张学强	孟庆祝	赵胜利
赵凤利	孟国利	邢利萍	刘秀兰	万向明	刘　伟	刘　霞	崔桂香
廖凤芹	袁德新	张军伟	李　妍	齐立红	伏礼刚	王妍彦	彭兴瑞
邹生春	詹勇军	张俊卿	王海云	陈春生	李德山	刘德春	李文学
于　跃	王建国	王海军	李雪林	唐贵清	曹春霞	崔贤良	崔国臣
孙福岳	高　阳	邢启田	李瑞艳	史季平	吴长熹	秦　峰	周立春
杨昌文	柴　伟	吕晓臣	王铁生	赵海华	彭智颖	窦　逗	

北京市密云县地方税务局（52 人）

丁锦宁	高润更	祁爱文	高贺举	裴　军	蔡咏梅	王　丹	张文华
李　波	刘　颖	李美荣	王宏岩	康小梅	郝亚菊	李宁然	嵇利萍
陈中华	付向东	李长新	温知新	蔡冬青	单树林	许　伟	柴玛娜
彭海军	王雪军	陈　鸿	郭光权	王小利	安国栋	赵淑芝	张　涛
文武胜	王海源	赵福清	柏丙云	刘　杰	贾登满	张春林	郝振光
张志民	谢仲民	崔雪斌	蒋许林	果长远	王志军	陈　山	郭　颖
孔　莉	周　凯	周宗宾	杜丹丹				

北京市延庆县地方税务局（44 人）

王　竺	白爱柱	李峥艳	高　翔	张良宗	赵静南	孙　斌	崔　祥
韩老四	刘宪军	王　伟	沈小嘉	刘小红	陈星云	沈文涛	吕九苓
张晶晶	谢　倩	孟　涛	杜寅香	吴晓静	李　磊	闫金有	李延滨
马秋荣	马福利	赵　洋	王金星	孟江岚	刘文军	胡爱民	赵晨然
周吉明	杨　岭	赵　鑫	廉洪海	李玉华	尤文富	范云霞	张家林
陈建军	王仁革	谭　军	张宝刚				

北京市地方税务局燕山分局（18 人）

李广生 高玉龙 史利英 王金辉 王春尼 许 兵 宋 扬 柳素苓
孙 曦 苏海燕 罗玉刚 刘 沛 王文忠 张凤洁 王珊珊 周玉冰
何楠楠 姬志伟

北京市地方税务局开发区分局（17 人）

徐京来 刘凤彬 杜培会 庞振生 王 磊 李春澍 傅 熙 余敏芬
曹鸿雁 章巧云 高 峥 安 娣 赵 晨 容 亮 高 畅 唐 静
刘宏超

北京市地方税务局北京西站分局（13人）

刘 义 王英杰 杨冬瑞 付 予 杨 宁 王宗惠 吴 双 杜 娜
雷剑林 李 缈 郭丹旻 徐英丽 廖 静

北京市地方税务局第一稽查局（25人）

周建华 左春锋 吴文生 刘 森 张利志 邵秋英 李 萌 于 珉
李剑锋 刘 涛 崔 新 海潮龙 陈艳庆 李振远 易守权 崔润涵
王凯生 陈石根 何 倩 张红松 毕 岩 佟万军 王博昆 姚 凯
李列伟

北京市地方税务局第二稽查局（23人）

鲍秋苓 张惠秋 王大庆 白 俊 刘鸿敏 刘 静 冯建平 郭锡森
吴 静 于 静 徐 珊 高 琦 杨 帆 黄 坤 赵 凡 张艳霞
王 凯 刘俊欣 赵春华 任铁生 郑 波 邓景亮 战华青

北京市地方税务局第一直属局（3人）

文 竞 丁 峰 王筱汀

北京市地方税务局第二直属局（2人）

徐　媛　　王国军

北京市地方税务局第一直属分局（3人）

文　竟　　丁　峰　　王筱汀

北京市地方税务局第二直属分局（2人）

徐　媛　　王国军

北京市地税局机关（85人）

丁　卫　　于　鹏　　马　腾　　云　鹏　　方书涛　　王　珊　　王　哲　　王　墨
王仁丽　　王文华　　王利平　　王顺麒　　王素江　　王晶晶　　邓荣华　　白　洁
乔　游　　关　芯　　刘　驹　　刘　超　　刘佳妮　　吕　量　　安　剑　　安宏志
曲　婷　　朱　宁　　朱　莉　　许亮亮　　邢志红　　那静恩　　何增斌　　吴翠平
吴黎淳　　张　旺　　张　玥　　张　翅　　张　博　　张　寒　　张　然　　张　鹏
张冬梅　　张连勇　　张春生　　张常青　　张瑞玲　　李　扬　　李　欣　　李　洋
李　想　　李　楠　　李小君　　李文芳　　李思峰　　李家斌　　杨艳斌　　杨惠新
肖慧宗　　周上序　　周兵化　　周明旭　　胡建荣　　赵小军　　赵立勇　　赵安民
赵艳慧　　徐以超　　徐达松　　海　岩　　郭　浩　　郭　淼　　郭天明　　郭军霞
钱剑兰　　高　红　　高丽英　　崔　犇　　常春雨　　康子文　　梁　涛　　鹿　梅
傅京芳　　满保红　　魏　欣　　魏永辉

事业单位先进工作者

张　雷　　曹艳群　　赵　晨　　李树玉　　杨军鹿　　罗仲国　　于锡陵　　梁君毅
王冬梅　　王世隆　　赵攀利　　王振荣　　韦保财

行政管理

优化政务流程完善管理制度工作

【综述】2011年，为规范税收执法权、行政管理权运行，保证权力运行不出轨、干部队伍不出事，实现用好的制度管权管事管人，在优化业务流程精简涉税资料基础上，北京市地税局在综合行政、税收法制、财务、审计、宣传教育、基层建设、人事、安全保卫、党工团、后勤服务、纪检监察、信息化等方面开展优化政务流程完善管理制度工作，取得阶段性成果。

（宋勇军）

【优化财务流程完善财务管理制度】按照北京市地税局局长王晓明在2011年北京地方税务工作会议上提出的“分阶段、分步骤稳步推进优化政务流程完善管理制度工作”要求，2011年6月28日，北京市地税局总经济师卜祥来主持召开工作会议，以优化财务流程完善财务管理制度工作入手正式启动北京市地税局优化政务流程完善管理制度工作。成立北京市地税局优化财务流程完善财务制度工作领导小组，确定《北京市地方税务局关于优化财务流程完善财务管理制度工作实施方案》，明确工作任务、工作步骤和完成时限、职责分工等。在推进北京市地税局优化财务流程完善财务管理制度工作中，通过对财务管理各项工作和各环节的流程进行全面梳理、优化完善，堵塞财务管理漏洞，一些措施先行先试，避免新老制度衔接过程中出现真空，有效提升财务管理工作法治化、规范化、科学化水平。

（宋勇军）

【优化政务流程完善管理制度】北京市地税局机关在财务、审计、综合行政等制度起草修订工作取得初步成果的基础上，2011年11月17日，北京市地税局召开全面推进优化政务流程完善管理制度工作会议，对北京市地税局机关全面推进优化政务流程完善管理制度工作进行再动员、再部署。北京市地税局领导刘江平、吕兴渭、杨文俊出席会议并讲话。北京市地税局各处室、直属单位主要负责人及相关人员参加会议。会议由北京市地税局副局长吕兴渭主持。会上，北京市地税局副巡视员杨文俊通报《北京市地方税务局关于全面推进优化政务流程完善管理制度工作的意见》，明确优化政务流程完善管理制度工作指导思想、工作目标、优化完善的范围和原则、组织机构、职责分工、实施步骤和工作要求。北京市地税局党组书记、副局长刘江平在讲话中对前一段工作给予充分肯定，并从进一步提高思想认识、严格实行责任制、确保制度建设质量和确保制度有效执行四个方面，对全面推进优化政务流程完善管理制度工作提出明确要求。强调要结合实际，强化主体责任，扎扎实实推进，确保取得实实在在的成效。

（宋勇军）

【加强领导明确责任】 北京市地税局成立优化政务流程完善管理制度工作领导小组，由北京市地税局党组书记、副局长刘江平同志任组长，局领导吕兴渭、卜祥来、杨文俊任副组长，19个政务处室主要负责人为成员。领导小组负责确定总体思路、审定工作方案、研究重大事项以及指导整体工作。领导小组下设办公室，负责起草工作方案、会议组织、工作协调、简报编发、会议纪要、制度汇编、宣传培训、审核合法性、制度流程之间衔接、落实“三定”方案规定、与廉政风险防控管理工作衔接、与业务流程衔接等工作。按照“谁主管、谁负责”的原则，北京市地税局机关各政务部门是责任主体，主要负责人严格履行审核把关职责，将任务一一落实到具体人员，明确一名同志为联络员，因地制宜做好制度流程优化完善工作。

（宋勇军）

【分步实施统筹推进】一是全面梳理阶段，对照“三定”方案规定的工作职责，按照“废、改、立、留”的要求，对现行各项政务制度流程进行全面梳理，形成优化政务流程完善管理制度目录，明确责任部门、责任人和完成时限。二是优化完善阶段，按照北京市地税局统一制定的技术标准，制定、修订制度流程。三是总结推广阶段，将优化完善后的政务制度流程汇编成册，总结优化完善工作，部署贯彻执行新制度流程。

（宋勇军）

【统一制度流程技术标准】制度方面，对基本要求、名称、结构、目的依据、基本概念、指导方针、基本原则、主管部门、适用范围、解释机关、施行日期以及常用词语、句型和数字等作了明确规定。流程图方面，对基本要求、图例使用、大小、对称以及文字说明、绘制软件等作了明确。

（宋勇军）

【严把质量务求实效】一是注重合法性，制度流程以法律、法规、规章和规范性文件为依据，不与上位法相冲突，按规定的权限和程序制定。二是注重合理性，制度流程合情、合理、恰当、适度，符合实际情况，体现公平正义、精简、统一、效能。三是注重可操作性，制度管得住、行得通，能解决实际问题，程序具体、可操作。北京市地税局采取专人审查、分组审查、集中审查相结合的方式开展审查，确保制度质量。

（宋勇军）

【**阶段性成效**】一是全面完成北京市地税局机关梳理政务制度、流程工作。截至2011年年底，北京市地税局机关各政务处室按照优化完善的范围和原则，经过三下三上，共梳理出83项政务流程，327项管理制度，其中废止类96项，修订类88项，制定类32项，保留类111项。二是工作规范化水平明显提升。坚持边完善边规范。将依法行政基本准则贯穿行政管理各领域、各环节，进一步明确行政管理事项的主管部门、权限、标准、程序，有效堵塞管理漏洞。如对基建管理办法进行修订，按照事权与财权相匹配的原则，着眼于理顺市、区两级工作职责，形成市、区两级各司其职、各负其责的管理模式。制定北京市地税局招标投标实施办法，从加强立项审批、明确各部门职责、网上随机抽取评标专家、实行网上公示等方面，改变以往招标投标工作方面存在的检查、监督、制约不到位的情况，防止招标投标流于形式。针对送签“授权签订合同类”签报中所附项目管理材料不规范、不齐全问题，明确这类签报所附材料明细要求。三是行政效能逐步提高。健全“三重一大”决策制度。凡属重大决策，重要干部任免，重大项目安排和大额度资金的使用，均由领导班子集体作出决定，进一步明确决策权限和程序，提高决策水平，防范决策风险。有效整合各类行政管理资源，探索建立投诉、信访、举报、复议等多渠道相结合的纳税人权益救济机制，规范有关税政联席会议、行政调解等综合工作流程，提高工作合力。制度机制促进部门之间各司其职、各负其责、协作配合，推诿扯皮的现象少了。认真落实“职责清、情况明、数据准、要求严”，基础工作进一步夯实。坚持边清理边完善，在北京市政府及相关部门的协调指导下，依法妥善解决北京市地税局原领导王纪平、任依娜在任期间信息化项目、基层税务所维修改造历史遗留问题。强化权力监督制约机制，对重点岗位和关键环节廉政风险和防控措施进行标注，促进廉政风险防控管理试点工作务实开展。四是干部法制意识普遍增强。广大干部依法办事、按制度办事、按程序办事的意识进一步强化。学法、知法、懂法、守法，严格秉公执法，学习制度、维护制度、执行制度，成为税务干部的自觉行为。干部思想、作风、精神面貌积极转变，全体干部争做“爱岗敬业、忠于职守、廉洁奉公、顾全大局”的国家利益忠诚卫士，领导干部努力做到“爱岗敬业、忠于职守、依法行政、以德服人”，沉下心研究工作、沉下身调查情况、沉下力解决问题，脚踏实地、真抓实干的工作氛围逐步形成。

（宋勇军）

政府信息公开工作

【综述】2011年，全市地税系统在北京市委、市政府和国家税务总局的正确领导下，全面贯彻落实科学发展观，牢牢把握科学发展主题和加快转变经济发展方式主线，解放思想，加快转变，夯实基础，依法行政，全面贯彻落实《政府信息公开条例》，认真开展政府信息公开和办税公开工作，圆满完成各项任务。在北京市政府2011年度政府信息公开效能监察暨年度考核工作情况的通报中，北京市地税局继续保持前列，总分97.8分。在全市90分以上优秀的45家单位中，排名第13位。

（朱志刚）

【加强组织领导健全考核机制】自《政府信息公开条例》（以下简称《条例》）实施以来，市、区两级地税局领导班子高度重视政府信息公开工作，定期听取工作汇报，遇到复杂、重大依申请公开事项，及时组织召开专题会议，协调指导开展工作。各区县局、分局按照统一机构工作职责、统一信息编制目录、统一信息发布渠道、统一保密审查标准、统一依申请办理流程和统一澄清机制“六个统一”要求，依法、稳妥地推进全系统政府信息公开工作。北京市地税局新的目标管理考核办法修订下发后，作为北京市地税局按照年度开展考核的具体工作项目之一，办公室将市政府6大类20项40个具体指标分解为21项具体指标，下发各区县局、分局，并积极与基层工作处配合，制定政府信息公开工作考核办法细则，做好各季度及年度考核工作。

（朱志刚）

【健全网络管理狠抓基础建设】一是组织全系统办公室相关人员认真学习《条例》。普及政府信息公开法律常识，按照“谁制作，谁公开”和“谁保存，谁公开”的原则，进一步明确政府信息公开的责任主体。二是建立一支较为稳定的骨干队伍，及时调整和补充缺位人员，具体负责信息公开工作的上下联络、协调和具体操作，为综合协调、沟通情况、分配任务、落实责任提供人员保障。三是充分运用内网办公系统快捷、便利、扁平化的特点，建立内网政府信息公开专栏，交流工作，沟通情况，答疑解惑。

（朱志刚）

【抓制度建设认真开展自查清理】一是对原有的政府信息公开工作配套制度进行流程梳理和补充修改，使之更贴近实际。二是制定税收规范性文件管理工作规程，规定事前要进行合法性审核，事后要做好备案和上网发布。建立税收规范性文件日常清理制度，不断完善税收法规库，保证税收规范性文件发布及时、有效。

（朱志刚）

【稳慎推进政府信息公开】一是把握公开与保密的辩证关系。顺应政府信息公开趋势，结合新《保密法》规定，依法公开涉及社会公众和纳税人切身利益的信息，便利信息资源的合理利用。同时，确保国家秘密安全，做到公开信息不涉密，涉密信息不公开。二是严格遵守定密权限，规范国家秘密的设定程序，做到解密信息的适时、适度公开。依据保密法、征管法等相关法律、法规、规章制度，对履职过程中新制作或获取的信息及时进行公开属性的判定，予以公开或备案。三是保密审查的程序实行责任部门负责人、保密部门负责人、责任部门分管局领导三级审查制，并将保密审查与公文审查同步进行，简化环节，提高效率。

（朱志刚）

【突出重点推进政府信息公开】一是按年度工作计划，制订年内政府信息主动公开计划，在相应阶段予以提醒、跟踪、检查，以确保重要税收政策、重大活动和公众关注的热点等方面的信息及时向社会公开。二是按照“标准版式编制、规定时限发布、多个窗口查询”的要求，编制市、区两级地税局政府信息公开工作年度报告，自觉接受公众的监督。三是规范受理环节，畅通申请受理渠道，引导申请人明确政府信息指向和特征，提高信息申请准确率。四是规范办理环节，完善内部流转文书，提高办理效率和质量。五是通过召开专题会议、组织相关部门集体商议、征询法律顾问意见等解决较为复杂的问题，严把依申请公开工作出口。六是对于公开依据不足的问题主动向北京市政府和国家税务总局请示，对于具体操作层面的问题积极与相关委办局商讨。同时结合系统内规范性文件清理工作，对原有的相关配套制度进行补充修改，使北京市地税局政府信息公开各项工作法律依据更为健全。

（朱志刚）

【畅通公开渠道提高纳税服务水平】一是通过电子显示屏、公告栏板等形式公开纳税人的权利和义务、公开税收政策法规、公开服务工作规范、公开税务违法违章处罚标准。张贴征管工作流程图，方便纳税人办理涉税事宜，特别是与纳税人切身利益相关的定额调整、纳税信用等级评定、行政收费标准等信息做到即时公告。二是通过服务窗口公开工作人员姓名、职务、工作纪律等内容。要求办税服务场所人员着装佩戴胸牌上岗，公开办税人员身份职务，方便纳税人办税和监督。

（朱志刚）

【政府信息主动公开】 按照《条例》有关规定，全市地税系统不断深化主动公开内容，拓展北京地税Tax861网站政府信息公开专栏、《北京地方税务公告》、办税服务大厅、新闻发布会等主动公开渠道，强化监督管理，扎实推进主动公开工作。全年通过北京地税Tax861网站政府信息公开专栏向社会公开信息1365条，全文电子化率为100%，其中机构职能类信息49条，占总数的3.59%；法规文件类信息355条，占总数的26.01%；规划计划类信息24条，占总数的1.76%；行政职责类信息39条，占总数的2.86%；业务动态类信息898条，占总数的65.78%。新增公文类信息2781条，其中税收规范性文件56条。全年通过《北京地方税务公告》向社会公开发布法规文件81个，并在办税服务大厅放置31万册印刷版（纸质）供纳税人免费索取，电子版同时发布在北京地税Tax861网站上。全年向北京市政府信息公开查阅大厅、北京市档案馆、首都图书馆及北京市地税局政府信息公开场所等移送税收规范性文件等纸质信息17件255份，自《条例》施行以来累计达102件1530份。北京地税系统全年接受政府信息公开咨询共计873097人次。其中现场咨询28人次，通过北京市地税局、区县局、分局政府信息公开专线和政策咨询服务热线、政府信息公开专用电子邮箱接受咨询2040人次，通过北京市地税局纳税服务热线12366中心坐席、远程坐席及自动受理电话咨询871029人次。北京地税Tax861网站累计发布公告信息3.6万条，连续多年被国家税务总局评为“全国税务系统优秀网站”。全年共召开新闻发布会2次，澄清虚假或不完整信息5件。有效避免可能造成的负面影响，维护北京地税良好形象。同时，对维护社会公众和纳税人的切身利益，维护社会稳定、促进社会和谐具有重要意义。

（朱志刚）

【政府信息依申请公开】按照《条例》第十三条规定，全市地税系统认真受理公民、法人或者其他组织根据自身生产、生活、科研等特殊需要提出的政府信息公开申请。全年共受理政府信息公开申请20件，其中，北京市地税局受理5件，区县地税局受理15件。在受理的20件申请中，当面申请19件，占总数的95%；以信函形式申请1件，占5%。20件申请获取的信息属于机构职能类信息6件，占总数的30%；属于法规文件类信息4件，占总数的20%；属于行政职责类信息10件，占总数的50%。2011年受理的20件申请，均在法定期限内予以答复。在2011年度内答复的20件申请中：“同意公开”4件，占答复总数的20%；“已主动公开”1件，占答复总数的5%；“不予公开”13件，占答复总数65%；“非政府机关信息”1件，占答复总数的5%；“政府信息不存在”1件，占答复总数的5%。依据《北京市行政机关依申请提供政府信息收费办法（试行）》，共减免依申请公开政府信息检索、复印等费用20元。

（朱志刚）

【政府信息公开复议和诉讼】 2011年有13件针对北京市地税系统政府信息公开的行政复议申请，全部维持地税局意见；有14件针对北京市地税系统政府信息公开的行政诉讼案，经法院审理，1件二审终审胜诉，驳回原告诉讼请求；2件一审胜诉；11件正在审理当中。

（朱志刚）

会 议 管 理

【综述】 2011年，北京市地税局将会议逐渐分为综合性会议、专业性会议、党组会议、局长办公会议、局务会议、专业工作会议六大类，在规范办会流程、加强办会能力、提高办会质量和效率方面有所提高，为会议管理办法的修订做了铺垫。北京市地税局办公室共组织协调各类会议活动44次。特别是2011年地方税务工作会、2011年组织收入工作会议、北京市地方税务局领导干部会议、北京市地方税务系统所长工作会、北京市年终经济综合部门视频会议等。这些会议的圆满举办，保障北京市地税局各项重要工作的顺利开展。

（李　楠）

【重视会前准备工作】 凡是成功的会议在会前花的时间要比开会时间要长。办公室一直十分重视会前调研、材料准备、问题的沟通交流以及议题的确立等，需要精心组织和准备。除了提前做好会议人员、地点、时间、议程、会议材料等各要素的准备之外，还要充分预计会议可能出现的各种突发情况，设计相对的应急预案，确保会议按计划顺利进行。

（李　楠）

【创新会议管理模式】 日常会议采取模块化管理方式，就是将办会过程的每一个环节连接为“生产线”，只要触发会议需求，会议的准备工作会按照既定的流程顺利办理，很大程度上提高办会效率。

（李　楠）

【规范会议管理】 完成《北京市地方

税务局会务工作事项手册》，手册对一项会议活动从开始到结束的每一个细节进行详细的盘点，对会务工作的操作方法和注意事项进行详细的说明。完成《大型会议场地参考》，在符合政府采购范围的要求下，将北京市全部符合北京市地税局要求的办会单位进行梳理，是模块化办会的一部分。完成北京市委市政府电视电话会议会场的配置要求，相关管理规范有效、步入正轨。

（李 楠）

【电视电话会议】随着信息化建设日渐完善，电视电话会议越来越受到各单位的青睐，其便捷、高效的特点越来越深入人心。2011年，办公室对全系统电视电话会议系统进行状态摸底，清楚掌握系统内23个分会场的电视电话会议系统状态，为信息中心对系统的进一步升级改造奠定基础。

（李 楠）

综合文秘工作

【综述】2011年，北京市地方税务局办公室综合文秘人员围绕税收中心工作，充分发挥参谋助手作用，认真撰写各类综合文字材料，积极主动地完成上级交给的各项工作任务。全年按时、优质、高效地完成优化政务流程完善管理制度阶段性工作、工作总结、工作要点、领导讲话等综合文字材料以及向北京市委、市政府、国家税务总局报送的有关材料50余篇。同时，高质量完成北京地方税务年鉴和大事记的编写工作。

（宋勇军）

【围绕中心工作服务领导决策】认真学习、领会中央和北京市委、市政府、国家税务总局的指示精神，按照北京市地税局党组确定的中心工作，深入调查研究，收集整理文字资料，严格编校管理，不断提高文秘写作水平，服务各级领导决策。围绕税收中心工作，集中反映北京地税税收事业发展中的大事、要事，以及税收与民生等方面的重要史实，全面提高各类年鉴、大事记的写作和编辑水平。

（宋勇军）

【发挥参谋助手作用】一是按照市地税局优化政务流程完善管理制度工作领导小组及办公室部署，不定期组织召集专题会，研究部署阶段性工作，及时将各单位、各部门工作进展情况汇编成工作简报，印发至全系统，2011年共编印简报8期。二是围绕全年地方税务工作会、党组会、局长办公会、“做国家利益的忠诚卫士”反腐倡廉专题教育活动等重大决策部署，做好北京市地税局领导深入基层调研服务工作，起草综合反馈材料，得到北京市地税局领导高度重视，并多次做出批示。三是按照市政府部署，结合实际，正式启动北京市地税局绩效管理工作，提升依法履职效能。经过半年多的运行，绩效管理工作在促进依法履职、提高行政效率、发挥税收职能作用方面初见成效。四是做好北京市地税局领导讲话起草工作。综合文秘人员注重调查研究，注重平时积累材料，较好地完成领导交给的每一项任务。五是做好重要会议主持词撰写工作。在撰写重要会议主持词上，坚持反复校核，精益求精。在每次重要会议召开前，及时将主持词报北京市地税局领导审阅，保障会议顺利召开。六是完成2009年、2010年大事记和北京地税年鉴的编辑工作，共形成100余万字稿件。完成2010年《中国税务年鉴》《北京年鉴》《北京财政年鉴》等年鉴稿件的编写和编辑工作。制定完善北京地税年鉴和大事记的管理办法，启动税务志第二轮修志准备工作。

（宋勇军）

公文管理

【综述】 2011年，北京市地税局办公室不断规范公文处理工作，通过开展公文培训、修订制度规范等一系列措施，提高公文管理工作的质量和效率，提升以文辅政水平。

（郑光义）

【公文制度修订工作】 结合近几年北京市政府、国家税务总局对公文处理工作提出的新要求，在广泛征求全系统各单位意见的基础上，重新修订《北京市地方税务系统公文处理实施办法》以及《主题词表》《公文格式印制标准》两个配套文件，拟于2012年1月1日起在全系统正式施行。

（郑光义）

【加大公文审核力度】将联合发文、专题会议纪要纳入公文审核范围，并通过采用新版发文稿纸实现“处室主管处长、处长，办公室核稿人、主管主任”多重把关体系。

（郑光义）

【公文处理质量差错管理】通过对公文审核、收发、印制等多个环节的分解细化，明确职责，形成一整套“风险指标体系”，对于规避公文处理环节可能出现的问题起到重要作用。

（郑光义）

【开展公文培训】为进一步提高全系统公文保密工作的规范化水平，北京市地税局办公室组织召开全系统2011年公文保密工作培训会，围绕公文处理实施办法的修订情况、公文办理、工作签报运转流程及注意事项、保密相关知识等主题开展培训，收到良好效果。同时加强对区县局公文处理工作的指导，先后对朝阳区地税局、丰台区地税局系统新录用公务员进行公文处理培训，加强对公文写作的指导。

（郑光义）

【日常公文管理】2011年，北京市地税局收文2510件，发文556件；机要文件收文3104件，发送各处室2323件；落实非局内会议通知984件，落实各类非正式公文675件；收发局内处室签报1195件；机要交换文件9000余件；扫描各类文件500余份，印制各类文件100多万份。

（郑光义）

督 查 工 作

【综述】2011年，北京市地税局承办经济增长指标任务分解、北京市政府折子工程等折子工程事项8项（含主办和协办）。年初明确责任分工，制定落实预案，每季度汇总并向北京市政府报送完成情况。通过统筹协调、密切配合、定期督办等措施，在各相关处室大力配合下，全部按要求办结。

（安 剑）

【开展北京市“两会”网络视频咨询活动】按照北京市政府要求，采取网络视频通话的方式进行两会前的代表委员咨询。在1月11日的正式咨询活动中，北京市地税局各位局领导利用网络视频回答8

位代表委员提出的问题。

（安 剑）

【认真办理“两会”建议提案】 在北京市委、市政府交办会召开前，对收到的建议、提案进行认真分析研究，提出拟办意见，并在充分征求相关处室意见的基础上，初步确定建议、提案的主、协办处室。交办会召开后，将拟办意见报送主管局长审批，并转给相关处室办理。对全部建议、提案进行登记、建账。认真撰写建议、提案分析报告。发布办理工作通知，对办理工作的责任处室、程序、要求和时限等做出明确要求，做到责任清、任务明。对于处室报送的办理报告，严格把关，逐件回复主办单位和代表委员。北京市地税局2011年共承办建议、提案44件，同意或满意率100%。

（安 剑）

信 息 工 作

【综述】2011年，北京地税系统信息工作按照年初工作会议提出的“解放思想 加快转变 夯实基础 依法行政”总体要求，围绕建党90周年、首都经济发展方式转变、新《个人所得税法》贯彻实施、组织收入中心工作，全方位、深层次地报道各单位在组织收入、依法行政、征管稽查、纳税服务等各项工作中的取得的先进经验、优秀成果及提出的问题建议，为服务各级领导决策、推动全系统工作顺利开展提供有力支持，信息工作质量和水平全面提升。2011年全年，北京市地税局办公室共加工、整理、汇总、编发普刊53期，专刊81期，增刊15期，专报327期。其中：201篇被北京市委、上级刊物采用，5篇被北京市领导批示，41篇被局领导批示。在北京市政府办公厅2011年度北京市政府系统政务信息工作考评中，北京市地税局被评为信息工作优秀单位，北京市地税局办公室赵卉竹、解民同志被评为优秀信息工作者。

（赵卉竹）

【修订工作办法】 3月，国家税务总局下发《国家税务总局办公厅关于进一步加强税收信息和调研工作意见》（国税办发〔2011〕24号），出台《国家税务总局办公厅信息通报考核暂行办法》；北京市政府办公厅于上半年调整政务信息考评计分标准。因此，2011年办公室结合上级单位的新要求和市地税局工作实际，对原《规定》进行修订，在征求系统各单位意见的基础上，形成《北京市地方税务局政务信息工作办法》（京地税办〔2011〕99号）和《〈北京地税信息〉考核计分暂行办法》（地税办〔2011〕1号），已发布执行。同时，修改信息考核通报方式，全系统季度信息采用计分情况由在内网信息管理模块中发布，改为在综合类通知模块中发布，对规范和加强市地税局信息工作起到推动作用。

（赵卉竹）

【加大专报力度】2011年，首都经济实现优质高效发展，税收持续平稳增长。信息工作着眼于首都经济建设的重点任务和主要目标，积极上报税收分析信息，为北京市委、市政府准确掌握首都经济税收发展形势提供大量的参考依据。截至12月底，北京市地税局共向北京市委市政府提供税收分析型信息283篇，被采用184篇，采用率达到65%。其中，关于中关村示范区和文化创意产业聚集区税收数据信息相继被北京市地税局副市长鲁炜批示，关于公交、地铁税收情况分析信息被北京市地税局副市长苟仲文批示，关于永定河绿色生态发展带税收分析信息被北京市地税局副市长夏占义批示，相关单位在落实领导批示过程中，多次与北京市地税局进行情况沟通，北京市地税局进一步提供相关数据和材料，使各专项工作得以顺利推进，为推动首都经济的健康、快速发展贡献力量。

（赵卉竹）

【调整栏目设置】为突出依法行政成效，充分展现各基层税务所的创新工作，办公室今年对信息普刊栏目进行了调整，新增“依法行政专栏”，将原有的“直报点专栏”改为“税务所专栏”，两个专栏的设立增加信息刊发的广度，也使领导得以全面了解基层工作情况，为领导决策起到辅助作用。同时，为推动系统各阶段工作的协调开展，办公室结合工作实际，先后发布做国家利益的忠诚卫士反腐倡廉专题教育活动、税收宣传月、纪念建党90周年、贯彻落实胡锦涛总书记讲话精神、贯彻落实系统领导干部会议精神、贯彻落实新《个人所得税法》、党建工作七种专题刊物。同时，为更好地宣传工作业绩，自三季度开始重点发布税收业务类的经验介绍型专刊，取得良好效果。

（赵卉竹）

【开展专项培训】2011年，组织全系统信息培训会1次、分单位专项培训6次；组织区县局、分局集体讨论1次、工作片会1次，探讨信息报送要点，听取基层单位意见，收效良好。同时，下半年年重新启动顶岗培训工作，2个区县局信息员到北京市地税局进行工作培训。一方面，扩大选材范围，提高信息质量；一方面，逐步提高基层兼职信息员的写作水平，建立税务所、科室、分局、处室、办公室上下衔接、横纵畅通的信息网络，保证信息传递的实效性和真实性。

（赵卉竹）

税收宣传

【扎实做好第20个全国税收宣传月工作】 2011年4月全国第20个税收宣传月期间，全系统精心筹备，有效组织，开展各类主要活动85项，印制税收宣传手册16.5万册，在各大报刊、电视、广播、网络等媒体发表宣传稿件158篇（条）。“总部经济企业”座谈会、中关村示范区税收及高新技术企业认定政策宣传月启动大会、办税服务厅规范化建设工作经验介绍会等活动，受到《中国税务报》《北京日报》、北京电视台等主流新闻媒体的重点关注和报道，并获国家税务总局2011年全国税收宣传月活动优秀项目。通州区地税局、海淀区地税局制作的多部动漫短片在国家税务总局举办的税收动漫大赛中获奖。

宣传月期间，各区县局、分局结合工作实际，开展形式多样的宣传活动，例如，东城区地税局“建设文化强区 税企共谋发展”主题税收宣传活动、朝阳区地税局联合北京交通广播制作的“税收伴您同行——办税我帮您”税收宣传特别节目、房山区地税局“社区税法宣传员”系列宣传活动、昌平区地税局联合国税与共青团昌平区委共同举办的“昌平区税收服务示范园”开园暨“税收志愿服务队”授旗仪式等活动都收到良好效果，全系统形成多层次、全方位的对外宣传大格局。

（陈　芳）

【探索建立符合实际的新闻发布制度】 牢牢把握正确舆论导向，加强对各类涉税热点问题的引导，结合修改后《个人所得税法》实施、普宅标准和存量房计税价格调整、《车船税法》出台、征收地方教育费附加及工会经费代收等多项事关民生、社会关注的工作，加强与上级宣传部门、在京主流媒体的联系，探索建立一套符合实际的新闻发布制度。新闻发布前，通过媒体通气会等形式统一宣传口径，明确工作要求；发布过程中，与相关业务处室配合对新闻稿件逐字逐句审核确认；新闻发布后，紧密跟踪舆情动态，确保社会舆论稳定。2011年，全系统宣传干部纪律严明、口径统一、反应迅速，各项政策发布均收到良好的效果，为税收中心工作营造和谐稳定的舆论氛围。

（陈　芳）

【妥善处理各类新闻突发事件】 完善应对突发事件工作机制和内外部会商机制，不断提高舆情工作水平。北京市地税局成立涉税舆情领导小组、建立涉税舆情处置预案，设置专人每日实时监测涉税舆情，紧密跟踪涉税舆情动态，系统各单位开展舆情监测工作，如顺义区地税局利用专业舆情监测软件对网络信息进行排查，有效提升监测力度。2011年，全系统宣传干部以高度的政治责任感和新闻敏感度妥善应对各类新闻突发事件，各区县局、分局充分利用自身资源，发挥自身优势，通过走访、服务等形式与相关单位和个人进行沟通，配合北京市地税局妥善处置“月饼税”“年终奖个税”等社会高度关注的舆情，海淀区地税局、西城区地税局、丰台区地税局等单位在与各类媒体沟通协调等方面的举措，为突发新闻事件的处理工作提供了有益的经验。

（陈　芳）

【建立媒体横向沟通合作机制】 加强与在京主流媒体的联系，重点与《北京日报》《北京工作》《中国税务》杂志、《中国税务报》等媒体建立横向沟通合作机制，适时对外宣传北京市地税局依法行政、创先争优等工作的举措和成绩。《北京日报》4月18日在头版报眼位置刊登题为《市地税局20个“旗舰”式办税服务厅年底建成 25个办税事项实现集中受理》的新闻，《北京工作》10月28日刊登北京市地税局题为《正本清源固根基　依法行政见成效》的深度报道。顺应社会发展趋势，加强与网络媒体的合作交流，与搜狐、新浪、网易等有强大社会影响力的门户网站建立良好的工作合作关系。

（陈　芳）

【完善内部宣传平台】 创新《北京地税》杂志编辑、校对工作机制，用“以干代训”的方式组织各区、县局、分局宣传通讯员参与组稿和编辑工作，锻炼全系统宣传干部队伍，巩固和扩大对内宣传阵地。北京市地税局各处室、各区、县局、分局高度重视，北京市地税局地方税处每期都为杂志提供至少一篇稿件，研究室、党办为杂志出谋划策，严把质量关；部分区县局、分局的“一把手”亲自撰写、亲自督促，鼓励干部职工踊跃投稿。特别是西城区、通州区、大兴区、怀柔区、密云县、燕山区等局提供稿件数量多、质量高。在大家的共同努力下，杂志可读性增强，内容不断丰富，为系统文化建设提供载体。全年完成6期《北京地税》杂志编刊、发行工作，共计70余万字，其中各区县局、分局在杂志发表文字稿件161篇，摄影、书画作品27篇。

（陈　芳）

调 研 工 作

【综述】 2011年，北京地税系统调研工作认真贯彻北京市委、市政府和国家税务总局有关调研工作要求，坚持理论联系实际，创新管理机制，加强组织协调，深入开展调查研究，调研工作取得新的明显成效。一年来，全系统调研工作氛围浓厚，形成一批有质量有水平的调研成果，服务领导决策，推动各项税收工作的开展。

（王勇超）

【加强调研制度建设】 根据北京市地税局优化业务流程和为基层减负工作要求，结合实际，广泛征求意见，对调研工作管理考核办法进行简并调整，修订完善《北京市地方税务局调研管理考核办法》。修订后的调研工作管理考核办法，进一步简并工作项目，减轻基层工作负担，增强调研工作针对性，促进全系统调研工作扎实开展。

（王勇超）

【积极开展调研课题研究】 2011年，全系统各单位认真组织开展调研课题研究工作，共制定调研课题研究计划201项，完成重点调研课题201项，其中：北京市地税局领导主持调研课题10项；北京市地税局处室税收业务课题50项；各区县、分局处级领导牵头调研课题141项。在课题研究过程中，认真做好协调组织工作，北京市地税局研究室先后召开6次课题协调会和12次课题座谈会，有效促进调研课题计划的落实。

（王勇超）

【加强调研工作培训】 2011年，结合调研工作实际，研究室积极加强调研工作培训，邀请北京市委研究室和总局科研所领导为全系统调研管理员授课培训，并深入到各区县、分局开展有针对性的调研培训23次，累计培训人员600人次。各区县、分局积极加强调研队伍建设，大力开展调研培训，共计开展各种类型调研培训40次，累计参训人员900余人，提高基层干部的调研水平和文字能力。

（王勇超）

【认真办好调研刊物】 2011年，进一步突出精品办刊思路，强化区县、分局调研管理员、北京市地税局调研管理员和调研刊物主管主任的三级编审机制，有效保证调研刊物的质量。一年来，北京市地税局《调查与研究》出刊78期，各区县、分局共计编发调研刊物711期，较好地发挥调研刊物主阵地的作用，营造良好的调研工作氛围。

（王勇超）

【调研成果较为丰富】2011年，通过深入开展调查研究，全系统共形成调研报告913篇，实现不同形式的调研成果转化132项，其中：被北京市地税局领导批示5项，外部刊物发表68项，转化为规范文件27项。调研课题涉及税收理论研究、法制建设、税收收入、纳税服务、征收管理、税政管理、稽查检查、信息化建设、队伍建设、行政管理等税收工作领域，有效服务领导科学决策和税收工作实践。

（王勇超）

外 事 工 作

【综述】 2011年，外事工作在北京市地税局党组的正确领导下，积极开展因公出国（境）培训考察团组的申报、组织、办理工作，努力提高服务水平，保证北京市地税局团组按照预定计划顺利走出国门，完成考察、学习培训任务。

（解　民）

【全面落实2011年度系统外事工作计划】 2011年北京市地税局无自组团出访任务。按照系统外事工作计划，选派人员随外单位团组出访24批，30人次，主要任务是：选派干部赴英国进行环境税收制度建设培训，选派干部赴西班牙进行税收流失估算培训，选派干部赴英国、瑞士进行城市文化建设及资金筹措使用情况考察，选派干部赴英国、意大利进行法律体系建设、税务法规监督管理考察，选派干部赴德国、丹麦进行工会经费收缴和使用管理考察等。

（解　民）

【完善规章制度】为进一步规范外事管理工作程序，制定《北京市地方税务局外事工作管理办法》。

（解　民）

2011年信息工作评选结果

北京市地税系统2011年度信息工作评选结果

一、信息工作优秀单位（20个）

北京市地方税务局收入规划核算处
北京市大兴区地方税务局
北京市东城区地方税务局
北京市昌平区地方税务局
北京市海淀区地方税务局
北京市顺义区地方税务局
北京市朝阳区地方税务局
北京市丰台区地方税务局
北京市西城区地方税务局
北京市通州区地方税务局
北京市石景山区地方税务局
北京市门头沟区地方税务局
北京市房山区地方税务局
北京市怀柔区地方税务局
北京市平谷区地方税务局
北京市延庆县地方税务局
北京市密云县地方税务局
北京市地方税务局开发区分局
北京市地方税务局燕山分局
北京市地方税务局西站分局

二、优秀信息员（19个）

周兵化 北京市地方税务局收入规划核算处
祁　蕾 北京市大兴区地方税务局
茅云鹏 北京市东城区地方税务局
李静雯 北京市昌平区地方税务局
樊　涛 北京市海淀区地方税务局
李晓彤 北京市顺义区地方税务局
史蓓蓓 北京市朝阳区地方税务局
熊　辉 北京市丰台区地方税务局
黎　阳 北京市西城区地方税务局
李　元 北京市石景山区地方税务局
王　宇 北京市门头沟区地方税务局
晋凯丽 北京市房山区地方税务局
高　阳 北京市怀柔区地方税务局
杨　柳 北京市平谷区地方税务局
李新雪 北京市延庆县地方税务局
王新颖 北京市密云县地方税务局
李春澍 北京市地方税务局开发区分局
吴　凡 北京市地方税务局燕山分局
廖　廓 北京市地方税务局西站分局

后勤工作

财 务 管 理

【综述】2011年，在北京市地税局党组的正确领导下，在主管局长的精心指导下，全系统财务干部扎实工作，积极进取，在经费保障、依法理财、服务中心工作、服务纳税人、服务税务干部等方面做了大量艰苦细致的工作，各项财务工作稳步推进，为保障全市地税工作任务的圆满完成发挥了重要作用。

（徐　翀）

【为全市地税工作提供资金保障】2011年，计划财务处积极筹措经费，北京市地税局本级全年经费收入161946.24万元，为全系统工作的顺利开展提供有力保障。适应财政管理模式的变化，与相关处室共同研究制定“以奖代补”管理办法，保证系统经费对基层的倾斜。全年预算安排用于专项补助区县局征管的经费6281.5万元，占北京市地税局本级项目经费的6%。坚持“三重一大”议事规程，集体审议部门预算安排，建立经费支出的层级审批机制。大力加强预算资金审批，严格把关，确保每一笔支出都符合程序。通过签报审批、合同签订、资金拨付、日常开支报销等各环节过程中的审核把关，共同监管，控制预算，降低成本，确保各项资金安全、合理、有效使用。按照政务公开的要求，对2011年部门预算情况在首都之窗网站进行公开，自觉接受社会的监督。在全年预算执行过程中，在主管局长的带领下，计划财务处积极与北京市财政局沟通协调，争取政策支持。就北京威佳启良2011年税控安全服务运行维护经费、2010年退休人员督查考核奖、19个财政预算评审项目、系统经费分级管理、结余经费和系统“三代”手续费经费及利息结余的使用、政府采购等问题与北京市财政局多次沟通协调，保障北京市地税局中心工作的开展。

（徐　翀）

【优化流程完善制度】制定北京市地税局机关关于优化财务流程完善财务制度工作的实施方案，成立以卜祥来同志为组长、杨文俊同志为副组长的工作领导小组和工作协调小组，全面启动优化财务流程，完善财务制度工作。按照工作方案，在北京市地税局法制处、审计处、机关后勤、纳服中心等各成员单位的共同努力下，梳理工作有序开展。截至2011年年底，《北京市地方税务局“以奖代补”管理办法（试行）》已经正式发文并执行；《北京市地方税务局财务信息化系统管理规程（试行）》正在会签准备正式发文，部门预算管理办法、采购实施办法、建设工程管理办法3项制度和3项工作流程已经通过领导小组审议，并征求相关单位意见，准备上报局长办公会审定；财务管理办法、“三代”手续费管理办法、固定资产管理办法、经费支出管理办法、办公用品管理规程5项制度和4项工作流程已经基本定稿。通过对财务制度的修改和工作流程的优化，对各岗位工作和各环节的流程进行全面的梳理，着力堵塞工作漏洞，防范工作风险，规范工作程序，进一步推进财务工作法制化、规范化、科学化的进程。

（徐　翀）

【全面清理历史遗留问题】 根据北京市地税局党组工作要求，本着“依法依规、尊重历史、积极稳妥、分类处理、确保稳定”的原则，自2010年底以来，在主管局长的亲自带领下，计划财务处对有关遗留问题逐一开展清理工作，对涉及的经费审批与支出、财政评审和政府采购等情况进行全面了解，按照项目类别全面整理相关数据和资料。已配合科技处、信息中心等部门完成信息化建设与维护项目遗留问题的清理工作，并报北京市政府专题研究通过；基本完成基本建设和维修改造遗留项目的清理工作。遗留的基本建设和维修改造项目共计10个，包括两批基层税务所维修改造项目、2个区县局办公楼维修改造项目、1个区县局机关办公楼新建项目、2处基层税务所购置项目和2个其他项目。经过认真清理核实对各遗留问题做到情况明、数据准，为解决实际问题提供准确依据。

（徐　翀）

【加强“三代”手续费的管理】 2011年北京市地税局共安排“三代”手续费103153万元，全年拨付93547万元，全系统实际退付102469万元，退付纳税人3.12万户。各区县局、分局财务部门在人手少、退付任务繁重的条件下，坚持做到不积压、不滞留，准确、及时地将纳税户申请的手续费退付到位，保障扣缴义务人、代征人的切实利益和财政资金支出的合法安全。2011年7月，计划财务处对全系统2009年1月至2011年6月的手续费工作及资金支出情况开展专项检查，为进一步提升手续费管理水平积累经验。

（徐　翀）

【积极改善基层办公条件】 2011年，按照相关程序，计划财务处协助开发区分局开展局机关办公楼维修改造项目，协助办理产权，提供文件和规定，指导开展维修改造项目的前期工作；与相关处室共同启动北京市地税局第二办公区马甸办公用房的改造工作；协助平谷区地税局开展办公楼新建项目，审定BT、施工和监理合同，提供相关文件规定，解释相关条款；协助西站分局对会议室改造项目进行前期准备，积极推动基层办公条件的改善。

（徐　翀）

【为一线税务干部提供服装保障】2011年，计划财务处按照北京市财政局政府采购公开招标的要求，组织完成5包税服制作加工的政府采购项目，为全系统近7000名税务干部和新进人员配发税务服装及标志配饰物品。经过量体试装、数据统计、现场监制、验收发放等步骤，2011年底各类服装已经陆续发放到位。在北京市地税局的统一安排下，各区县局、分局财务部门认真组织，妥善安排人力物力，确保全系统税务干部职工着装整齐，税容严整，展现新时期地税干部的仪容仪表和精神风貌。

（徐　翀）

【组织做好各项招投标工作】全年北京市地税局组织完成政府采购招标预算金额6425万元，中标金额6271万元，节约金额154万元，节支率为2.4%。组织完成服务器、UPS电源等设备的协议采购工作，共计315万元；办理办公用品集中采购9批次，共计49.35万元；办理各类会议采购结算95笔，共计397.83万元；办理相关合同备案92份。在采购管理中计划财务处进一步规范招标文件的确认环节工作，完善对招标文件的专家论证程序。在采购过程中，严格按照北京市财政局政府采购的政策要求和程序规定，坚持监察处、审计处全程参与，法制处对招标文件进行规范性审核的原则，规范实施各项采购步骤，及时有效地保障各项业务工作的顺利开展。

（徐　翀）

后　勤　管　理

【综述】2011年，机关后勤服务中心认真贯彻北京市地税局党组2008年底以来按照科学发展观要求提出的符合地税实际的工作指导思想和一系列工作原则、目标、任务、措施、要求，围绕科学发展主题和加快转变经济发展方式主线，认真落实年初工作会确定的工作目标和各项工作要求，解放思想，加快转变，夯实基础，依法行政，努力提高服务水平，加强队伍建设，为机关干部、职工创造安全、舒适、整洁的工作环境，圆满完成各项服务保障工作。

（唐 雯）

【基础工作建设】 2011年，机关后勤服务中心继续加强基础工作建设，努力改进工作作风，在机关后勤基础性建设上下功夫。对后勤的基础工作和基础资料进行规范化管理，进一步做到家底清、心中明。一是继续抓好饮食保障和安全。以绿色、健康、安全为目标，抓好食品采购、加工、存储、检测等重点环节的监督管理，防止发生食物中毒。定期检查餐饮人员的个人卫生和健康证落实情况，坚决杜绝无证上岗问题的发生。利用每周物业例会时间，与物业餐饮人员共同制订食谱，根据季节变化和职工反映，尽力调整饮食结构和质量，较好地保障职工的饮食需要。二是完成北京市地税局报刊订阅统计工作，完成北京市地税局各处室订阅报纸共计238份；完成北京市地税局各处室订阅杂志共计99份；完成局领导订阅报纸共计39份；完成局领导订阅杂志共计27份；完成研究室订阅报刊共计131份。

（唐 雯）

【车辆管理工作】 按照党中央国务院的要求，积极开展党政机关公务用车问题专项治理工作。对北京市地税局及直属分局的公务车基本情况进行统计整理，切实摸清公务用车底数，做好清理工作。日常工作中，采取定期和不定期车容车况检查工作，认真做好换季保养和检查，认真落实车辆使用及停放的各项规定，防止车辆被盗抢事件的发生。结合两会、国庆等国家重大活动，按照地区安委会要求，加强对全体驾驶员的安全教育和管理，落实车辆保养、年检制度，根据处室变化，积极调整人员和车辆，保证机关行车安全和工作用车的需要。大力加强对车辆的管理服务，加强安全教育和管理。连续十一年获得“北京市交通安全先进单位”荣誉称号。

（唐 雯）

【服务保障工作】 继续做好以服务为主的各项工作，机关后勤服务中心坚持以科学发展观为指导，以求真务实的工作作风，扎扎实实做好本职工作，牢固树立为机关服务的意识，努力提高服务质量。为引导干部职工养成健康的生活方式，编发30期健康周刊。为做好体检工作，重新考察论证确定3所体检医院，增加体检机构，细化体检项目，更好地方便干部职工。按照医疗改革要求，积极协助人事处、财务处对北京市地税局1049名干部、职工的医保基础信息进行录入和审核，请医保办人员为机关干部讲解医保政策，确保医疗改革的顺利进行和新旧医疗制度的有序衔接。

（唐 雯）

【加强对物业的规范化管理】 物业管理逐步规范。加强对物业公司服务质量的监督和管理，采取定期或不定期的方法，对办公楼环境等设备进行检查，每周召开例会进行总结和讲评，促进服务质量的稳定和提高。结合物业服务范围，明确维修项目的审批程序和管理办法。按照北京市地税局要求，完成北京市地税局办公区物业招标和合同签订工作，落实档案馆物业委托管理工作，清理规范各项设备设施维保合同，解决历年遗留问题。对北京市地税局四层机房和档案馆消防系统进行改造，完成马甸办公楼改造工程的前期设计和准备工作，物业管理工作得到明显加强，工作运行规范有序。

（唐　雯）

【干部队伍建设】 2011年，机关后勤服务中心抓好“做国家利益的忠诚卫士”反腐倡廉专题教育活动总结验收工作，做到廉洁从政教育不中断，反腐倡廉工作不弱化。一是运用反面典型开展警示教育，深刻认识腐败给地税系统带来的沉重负面影响，从中吸取教训，增强反腐倡廉的自觉性和主动性。二是组织干部参观反腐倡廉警示教育展览，以案说法，增强忧患意识。三是总结专题教育活动经验，完善廉政制度，推进反腐倡廉长效机制建设。四是梳理岗位职责，查找可能存在的风险点。建立健全监督制约机制，合理分解权力，规范工作流程，依靠内部监督和外部监督双管齐下，从源头上消除滋生腐败的土壤。继续努力打造一支符合后勤工作要求的、和谐的、专业化的后勤保障队伍。连续三年获得北京市爱卫会“红旗单位”荣誉称号。

（唐　雯）

安　全　保　卫

【综述】 2011年，安全保卫工作按照北京市地税局党组的决策部署，深入开展“平安北京地税”建设，努力构建人防、物防、技防相结合的安全防控体系，为确保实现北京地税“十二五”良好开局做出积极贡献。

（张智慧）

【扎实做好安全维稳工作】 3月16日，召开全系统安全保卫工作会议，认真贯彻系统工作会议精神，明确任务、细化标准，全面部署、扎实推进“平安北京地税”建设。紧紧抓住首都安全工作特点，在春节和全国“两会”等重大节日和重点时期，及时召开电视电话会议，专题落实上级指示精神，全面做好安全维稳工作。

（张智慧）

【不断完善体制机制】适应形势和任务需要，及时调整、完善北京市地税局综合治理领导小组，充实领导成员，细化职责分工，明确议事规程，进一步加强安全维稳工作的领导。加强体制机制建设，建立党政统一领导、主要领导负第一责任、班子成员分工负责、保卫部门组织协调、相关部门各负其责、干部职工全员参与的安全领导体制和工作机制。

（张智慧）

【构筑安全防控体系】一是举办保卫干部培训班，对区县局、分局和干部培训中心、老干部活动中心专（兼）职保卫干部进行消防、治安防范和应急处置专业培训，全面提高保卫干部的专业技能。充实调整机关安全员，对安全员进行培训，明确安全员的责任、义务，把安全工作落实到最基层。二是与保安公司重新签订保安服务合同，对保安服务提出新的要求，加大对保安队伍的教育、管理力度，监督保安提高值勤服务水平，充分发挥保安队伍的“生力军”作用。三是结合季节特点和税收中心工作，通过报刊、网络、会议、培训等多种方式开展安全教育，提高干部职工的首都意识、政治意识和安全意识，营造浓厚的安全工作氛围。四是牢固树立科技创安理念，不断改进和完善技防设施，系统各单位在经费十分紧张的情况下，投入200多万元建设、改造技防设施，人防、物防、技防相结合的安防体系得到进一步加强。

（张智慧）

【狠抓安全责任落实】在全系统逐级签订综治维稳责任书，将综治维稳责任细化、分解、落实到具体的岗位和人员。认真落实上级要求，在重要时期启动防控机制，结合实际落实防控措施。与办公室密切配合，在全系统全面落实干部值班和领导带班制度，确保万无一失。突出重点、明确标准，坚持不懈地抓好重点部位的安全防范。重点要害部位全年没有发生安全问题。

（张智慧）

【加强安全管理】元旦、春节、国庆节和全国两会前，部署全系统开展安全检查。调动机关处室的积极性，形成工作合力，在春节和国庆节前组织北京市地税局机关处室，深入区县局开展一对一督查，促进安全工作的落实。在主管领导的带领下，与相关部门一道全年共对北京市地税局机关和直属单位进行四次全面的安全检查。

（张智慧）

【推进平安建设】成立“平安北京地税”工作领导小组，发挥领导小组的引领和带动作用。凝聚各方面的力量，形成各司其职、各负其责、协调一致、密切配合、运转流畅的工作机制。制定下发《关于深入开展“平安北京地税”建设的意见》，使平安建设在全系统做到制度化、规范化、长期化。制定平安北京地税评价标准和评分细则，严格对“平安北京地税”建设情况进行考核、评价，依据督查工作规定进行检查、监督，促进工作的全面落实。

（张智慧）

昌平干部培训中心

【概况】北京市地方税务局干部培训中心，位于昌平区十三陵水库路东侧，距市区30公里，由北京市财政局投资兴建，1994年8月开始运营，1996年2月整建制划入北京市地方税务局，为北京市地方税务局所属处级差额拨款事业单位，是北京市政府会议定点采购单位。

培训中心占地35亩，建筑面积24183平方米。设有各类客房144间套，床位288张；大餐厅1个，可容纳400人同时就餐，小餐厅5个，可容纳10—80人就餐；报告厅1个，可容纳400人，中会议室2个，可容纳80—120人，小会议室10个，每个可容纳30人；计算机培训教室1个，可容纳50人，康乐设施有室内网球馆、羽毛球馆、游泳馆、保龄球馆、射箭馆、台球、乒乓球、卡拉OK厅等。

培训中心承担全市地税系统干部教育培训的服务保障工作，接待系统内各种会议及接待系统内离退休干部和干部职工的休养；完成北京市地税局赋予的其他工作，在保证本系统使用的前提下，接待系统外的培训、会议、疗养及其他活动。

（刘建华）

【接待服务】为做好接待服务工作，提高服务质量，努力发挥餐饮的龙头作用，推出餐饮“绿色、家常、营养、可口”的卖点，力求菜肴多样化、季节化、新鲜化；其次是增设和改进服务设施，优化服务环境，为客人提供人性化、个性化的服务。2011年，培训中心共接待会议、培训、干部疗休养331批23297人，其中北京市地税局会议171批，局外会议160批，实现会议收入1067万元。

（刘建华）

【节能减排】培训中心设备设施已运行17年，老化锈蚀严重，在资金困难的情况下，培训中心本着“花小钱办大事”的原则，对部分设备设施进行维修维护，以自己动手修复为主，修补培训中心院落凹凸地面；修缮四区三层房顶琉璃瓦；修复地下老化锈蚀的管线；改造阳光厅；更换8台节能电开水器等，确保培训中心设备设施的安全运转，节约了大量资金。

（刘建华）

【加强队伍建设】在围绕中心、服务大局的宗旨下，培训中心充分发挥各部门工作潜能，以“创先争优”和“做国家利益忠诚卫士活动”为载体，加强队伍建设，激发员工工作的热情，调动员工工作的积极性，努力建设一支德才兼备、爱岗敬业、忠于职守的干部职工队伍。一是梳理健全制度，实现制度“管人、管事、管物”；二是严格按照程序规定选聘副科级干部，配齐中层干部队伍；三是严格执行《劳动合同法》，妥善做好人员录用、签订合同、解除合同等人事管理工作；四是采取各种方法着力解决招工难问题，确保服务质量。

（刘建华）

【组织建设】有效发挥党团工会的组织作用，2月25日，培训中心和老干部活动中心成立党总支，以培训中心全体党员为主成立三个党支部，为第一、第二、第三党支部。

（刘建华）

【工会活动】11月28日，培训中心召开第一届会员代表大会，选举产生第一届工会委员会和经费审查委员会，建立工会慰问制度，积极开展健步走、职工度假、爱心捐助、健康体检等活动。

（刘建华）

【安全管理】安全管理是培训中心常抓不懈的工作，在宣传教育、强化职责、细化工作环节的基础上，加强重点部位的防范。一是加强煤气的管理，要求餐饮部建立日常煤气检查记录，落实到人，特别强调在使用煤气要“一闻二看三开”，防止煤气泄漏而引发的安全事故；二是加强消防安全管理，努力提高“消防四个能力”水平，按照消防部门的要求，对培训中心的消防通道、易燃易爆物品的摆放等作出明确规定，特别对餐饮部油烟道的清洗提出具体要求，发现问题及时整改，防患于未然；三是加强交通安全管理，建立有效的车辆管理制度，交通安全管理制度，签订“安全责任书”，建立《职工离京报告制度》，加大公车、私车的管理力度，确保培训中心人员的交通出行安全；四是加强安全保卫，增强保安人员的安全警惕性，对财务室、计算机教室等重点地点严加防范；坚持24小时值班制度，严格领导带班制度，形成人防、物防、技防三位一体的防控网，确保培训中心员工及客人的生命财产安全。

（刘建华）

老干部活动中心

【综述】2011年，老干部活动中心按照北京市地税局党组工作要求和年初系统工作会议精神，以“安全稳定、加强管理、提高服务”为工作目标，不断强化班子建设、队伍建设、制度建设，发扬艰苦奋斗的工作精神，求真务实、团结一致，圆满地完成各项接待服务工作，为北京地税事业发展提供后勤保障。

（赵凤江）

【成立干部培训中心和老干部活动中心党总支】2011年2月，成立干部培训中心和老干部活动中心党总支委员会，并以老干部活动中心全体党员为主体成立第四党支部。

（赵凤江）

【积极开展创先争优活动】以庆祝建党90周年活动为契机，积极开展创先争优活动。全年开展党员亮身份，佩戴党徽的活动；开展公开承诺活动，每一名党员都制定公开承诺书；党总支开展主题为“牢记宗旨，重温誓词，创先争优，践行承诺”的爱国主义教育活动；组织题为《科学确定党员角色，努力实践党的宗旨》的党课教育辅导；开展歌唱共产党好、社会主义好、改革开放好、伟大祖国好等时代主旋律的唱红歌活动。

（赵凤江）

【反腐倡廉专题教育活动】1月至3月31日，老干部活动中心按照北京市地税局党组的安排部署，结合自身实际，在广泛征求中心内部及全系统干部职工的意见建议，深刻分析查找中心建设中存在的问题的基础上，分析、查找出16个问题，归纳为4个方面，并有针对性地制定整改措施。

（赵凤江）

【党风廉政建设工作】老干部活动中心领导班子与各部门层层签订党风廉政建设工作责任书；组织开展以反腐倡廉为主题的党课教育；修改完善物资采购、库房管理等制度规定，强化监督制约，有效地推动党风廉政建设工作责任制的落实。

（赵凤江）

【组织全员培训】年内先后组织岗位技能培训2次、职业道德培训1次；通过光盘教学的形式组织服务礼仪培训4次，各部门结合本职工作组织开展岗位练兵活动提高员工岗位技能，提升中心整体服务水平。

（赵凤江）

【开展“平安北京地税”活动】按照北京市地税局开展“平安北京地税”活动的要求，重新研究修订老干部活动中心安保工作预案、消防应急预案等；组织节日安全教育及安全卫生大检查，确保节日期间接待工作的正常运转；组织消防演练及逃生演练各2次；检查维护红外监控设备、更换灭火器196只。

（赵凤江）

【维护修缮设施设备】6月对自来水主管道进行维修，更换部分锈蚀的自来水管道；7月针对女工宿舍区洗浴间地面漏水情况及时进行维修，重做地面防水，更换洗手盆等；8月更换损坏的南大门；6月对康乐部养鱼池进行维修，重做地面及防水。

（赵凤江）

基层工作

东城区地方税务局

【概况】 东城区位于北京市中心城区东部，地理位置：北纬39° 54′，东经115° 23′，面积41.84平方公里，常住户籍人口91.9万人，全区设17个街道办事处，以及北京站地区管理处、王府井建设管理办公室、东二环建设管理办公室和中关村科技园区雍和园管理委员会4个重点街区管理机构。2011年，东城区实现地区生产总值1322.2亿元，同比增长8.1%；完成财政收入122.3亿元，同比增长19%；全区社会消费品零售额完成691.3亿元，同比增长18.5%。

东城区地方税务局位于东城区安定门外西滨河路18号院首府大厦6座（第一办公区），以及体育馆西路8号（第二办公区）。局内设置18个职能科室、24个税务所、1个稽查局（含10个科）、1个机关后勤服务中心、1个地方税务学会。全局共有干部职工711人，其中硕士研究生15人，大学本科学历548人，本科以下学历127人（党校研究生24人，硕士本科生26人）。全局有中共党员503名，占全体干部职工人数的70.7%；有共青团员63名，占全体干部职工人数的8.9%。截止到年末，全局税务登记户数59421户，其中国有经济1801户，集体经济1213户，联营经济44户，股份制经济2586户，私营经济18881户，有限责任公司14759户，港澳台投资经济1237户，外资企业1424户，个体工商户13270户，其他经济类型4206户。

【组织收入】 2011年，东城区地税局累计完成地方一般预算收入232.5亿元，完成年度计划任务213亿元的109.25%，同比增收33.9亿元，增幅17.05%。完成区级一般预算收入92.6亿元，同比增收16.8亿元，增幅22.16%。

【两局行政综合科室合并和搬家工作圆满完成】 东城区地税局依据新“三定”方案，对部门职能进行整合、调整、划分，对全局55个科级领导班子和151名科级领导干部进行调整任命。明确各科室、稽查局机构建制和税源所、行业所编制，增设宣传教育科、档案科、税政管理三科、残保金征收科、纳税评估专业所等。明确科、室、所工作职责，并相应做好人员调整、顺利完成行政综合科室办公地点的调整和南北办公区搬家工作。同时，围绕人、财物管理，整合、梳理、规范90项综合管理制度，形成统一的规章制度，确保各项工作顺利展开。

【抓好税收业务规范化建设】 东城区地税局完成两局税收征管业务和税源户合并，对税收管理员平台进行南北整合、升级，实现征管数据的融合、统一。重新修订全局征收管理考核办法，将原有27项考核通报指标精简到19项，最大限度地减轻了基层负担。

【完善税收征管制度及流程】 东城区地税局以新征管流程为框架，对原两局票证业务流程、税务登记、纳税申报、税款征收、零散税源管理、个体工商户管理等事项进行整合、规范，统一完善征管业务工作制度。

【强化组收工作机制】 东城区地税局对全局税收预测分析口径进行统一，制作税收预测分析模板。强化局领导、科室、税源管理所直至税收管理员纵向层级管理，征、管、评、查和税政等部门协同共管的组织收入机制。局领导坚持深入企业进行调研和宣传，积极推进固税和稳税工作。定期召开税收分析会，集思广益分析税收动态，注重抓重点行业、重点税源，采取把控税务登记源头信息、清理异地税源、排查疑点税源等多种举措，做到税收预测分析与及时制定征管措施相联动，落实征管措施与组织税收收入相联动。

【规范税政业务管理模式】 东城区地税局以税收业务管理规范化、专业化和细化分类管理为目标，统一税收业务管理模式。制定《调整土地增值税管理模式工作的实施方案》和《统一印花税监督代售单位管理模式工作的实施方案》等，并统一货运企业发票管理，对二手房交易窗口进行整合。

【开展打击发票违法犯罪活动】 东城区地税局成立打击发票违法犯罪活动领导小组，对7户相关企业发票使用情况进行立案稽查，其中1户按北京市地税局要求开展交互式检查，共查处非法发票295份。

【税收宣传活动】 4月8日，东城区地税局在全国第20个税收宣传月之际，结合雍和科技园的产业发展特色和经济税收发展特点，联合区国税局、中关村科技园区雍和园管委会共同举办以“科技引领创新 税企共谋发展”为主题的税收宣传活动。与驻区文化创意、高新技术企业座谈，宣讲税收政策，向纳税人征求意见，倾听纳税人心声，并现场解答涉税问题。中海油能源发展股份有限公司、歌华文化发展集团、北京演艺集团等12家企业代表参与活动。

【税法宣传】 4月18日，东城区地税局以第八届金鱼池社区文化节为平台，深入社区开展税法宣传活动。现场发放宣传资料千余份，解答纳税人咨询60余次。东城区区委书记杨柳荫、区长牛青山到场慰问税务干部。

**【举办“我的岗位党放心”活动启动

仪式】4月20日，东城区地税局举办“我的岗位党放心”主题活动启动仪式。北京市地税局基层工作处处长沈永奇、区直机关工委专职副书记李淑霞出席启动仪式。东城区地税局公布《东城区地方税务局“我的岗位党放心”主题活动实施方案》，并通过重新佩戴党徽、党员代表宣誓、签名承诺等具体行动向全局党员干部发出倡议，旨在切实提高党员意识，营造学习先进、争当先进的良好氛围，充分发挥党员干部的先锋模范作用，增强干部立足本职做奉献的信心和决心，更好地服务于税收中心工作。

【打击发票违法犯罪宣传活动】4月22日，东城地税、公安、国税联合在北京站设立宣传点，开展以“严厉打击发票违法犯罪，维护首都社会经济秩序”为主题的大型宣传活动。此次活动通过展示宣传图片、展板，现场解说、发放发票知识宣传资料等多种方式，向广大市民普及发票基础知识、发票真伪的鉴别方法、有关发票违法行为的法律法规等，并宣传展出全市打击发票违法犯罪活动的工作重点和近年来打击发票违法犯罪活动所取得的成果，共发放宣传资料千余份，增强人民群众参与打击发票违法犯罪的积极性，为维护良好的首都社会经济秩序奠定坚实的基础。

【举行“职业操守、工作手册、制度建设”活动启动仪式】5月10日，东城区地税局举行“职业操守、工作手册、制度建设”主题活动启动仪式。北京市地税局人事处处长董雪涛、基层工作处处长沈永奇、机关党委办公室主任高学江出席。启动仪式中，东城区地税局宣布《北京市东城区地方税务局加强干部队伍建设实施方案》，并通过发布职业操守、工作手册单行本、签订责任书、部门代表承诺等具体行动号召全局干部积极加强自身建设，实现工作零差错，服务零距离，落实零障碍。

【税务稽查工作稳步推进】东城区地税局重新梳理和细化稽查工作流程，形成统一的新东城区地税局稽查业务规范。本着“案随人走，案结事了，谁查谁负责到底”的原则，完成2010年底以前稽查未结案件清理工作，共清理积案222件，入库合计2212.21万元。全年稽查立案405件，结案454件，受理协查案件76件，办结73件，对外发出协查16件，受理并办结国际情报交换1件。共计入库税款1.1亿元。

【纳税评估工作】东城区地税局成立纳税评估所，建立纳税评估科、纳税评估所和税源管理所相互配合的评估机制。先后开展对无税申报纳税人以及广告业的专项评估工作，以及对2009年度企业所得税汇算清缴中涉及不征税收入和业务招待费扣除项目的纳税评估工作等。全年评估企业1.1万户，评估入库税款4.2亿元。

【夯实依法行政基础】东城区地税局加大规范性文件清理力度，共计清理1994年建局以来形成的文件857个，确定现行有效的81个，全文废止776个，为新局依法行政奠定基础。拓宽政府信息公开渠道，全年通过首都之窗政府信息公开窗口和门户网站主动公开依法行政信息44条，自觉接受社会执法监督。

【认真贯彻落实个人所得税新政策】东城区地税局自行制作宣传材料2万份，广泛宣传个人所得税新政策，随时关注动态信息，通过走访、调查问卷等形式，抓好政策咨询解答，及时化解矛盾。9月5日，东城区地税局局长刘春林带领相关科室所干部到中国国药集团北京分公司开展个人所得税法新政策的宣传辅导工作。在与企业座谈中，深入了解企业近期个人所得税的申报情况以及遇到的问题，对工薪所得的范围及其相关的减免项目、年终奖的计算方法等问题进行一一解答，并向企业赠送《新个人所得税法手册》等相关税法宣传资料。据统计，个人所得税新政减税2.6亿元，直接惠及纳税人25万人。

【日常执法检查工作】东城区地税局采取“以查代训”的方式，全年共计检查234户次，有问题率15.3%；抽查各类涉税保密查询资料106份，抽查率33.23%，抽查执法案卷128份，抽查率34%。

【新东城局规章制度体系】东城区地税局围绕人、财、物管理，制定《东城区地方税务局科级领导干部问责暂行规定》，整合、梳理、规范包括《局长办公会议事规则》《保密工作制度》和《财务人员岗位工作职责》在内的共计90项管理制度，形成新东城区地税局规章制度体系。

【税务档案管理工作】东城区地税局按照市地税局“三率”标准，完成档案归档子系统和扫描系统的合并工作，为税务档案管理专业化、规范化建设奠定坚实基础。

【开展存量房评估试点工作】东城区地税局针对将土地价值计入房产税计税原值的新政策，及时制定存量房交易税收征管工作实施方案和征纳矛盾处理应急预案，认真组织学习培训。局领导多次带队检查窗口落实新政策准备情况，对新政策出台后可能出现的问题及时研究。成立负责培训、指导和督促的专题小组，确保新旧政策衔接过渡，全年净增税款7059万元。12月12日为存量房评估试点工作首个工作日，东城区地税局局长刘春林、副局长王东带领相关科室负责人到南北两个办公区房地产交易纳税服务大厅现场指导工作。

【工会会费代收试点工作】东城区地税局建立与东城区总工会联系通道，确定工会经费税务代收的管理机构，配合区总工会在依法依规的前提下进行费源户的调查及宣传工作。在南、北纳税服务大厅各设置自助申报电脑及打印机，全年代收工会经费5440.21万元，缴款率98.11%；入库工会经费（筹备金）4627.57万元，入库率83.4%。

【残保金代征工作】东城区地税局与东城区残联结合本部门的工作特点，充分发挥各自职能作用，建立起联合代征工作保障制度和工作沟通协调机制，形成齐抓共管的良好局面。共计代征1.9亿元，完成全年计划的107.3%。

【打造标准化纳税服务厅】 东城区地税局在两个办税服务厅设置办税服务区、咨询辅导区、自助办税区、休息等候区和综合服务区，设立纳税服务引导台。制作完成办税服务厅涉及征管类、企业所得税类、个人所得税类和地方税类四大类业务所需74张表格模板，并投入使用。制作《办税服务大厅服务规范手册》《办税服务大厅行为规范手册》和《办税服务大厅制度规范手册》，统一服务标识、服务模式。办税服务厅已通过国家税务总局和市地税局的验收。

【建立交互式纳税服务网站】 东城区地税局本着“精简、统一、效能”的原则，完成新东城区地税局外网网站改版工作，改版后外网网站年访问量达130余万次，在网上为纳税人答疑18次，宣传税收政策42人次。以外网和热线反馈为依托，完善纳税服务反馈机制和纳税人需求处理机制，畅通纳税人投诉、举报和建议渠道。全年共计受理各类投诉33件，做到件件有回复，件件促整改。

【建立纳税服务放心示范岗】 东城区地税局按照放心岗、放心党员、放心承诺“三放心”的要求，发挥“孙茂芳式纳税服务岗”“孙鹰式党员示范岗”等典型模范岗的示范效应。同时，东城区地税局领导和科所负责人坚持走访重点企业，广泛征求意见，密切税企联系，及时研究企业提出的涉税及纳税服务问题。开展纳税服务零距离、纳税服务零差错、纳税人零投诉活动，推进纳税服务向纵深发展。

【庆祝建党90周年】 围绕“我的岗位党放心”主题，东城区地税局开展以“感知・感动”为主题的宣教活动，以“感悟・感恩”为主题的庆祝活动，以“感受・感怀”为主题的寻访活动。党政主要领导为党员上党课，组织党员干部参观鱼子山抗日战争纪念馆，到挂甲峪新村参观新农村建设成果，增强党员的党员意识和党性观念。围绕贯彻落实十七届六中全会精神和为民服务创先争优活动，编写党建专报、创先争优专刊，组织规范职业着装，提升文明修养专题讲座，对党员干部进行思想政治意识和职业文明修养的熏陶。以“三个一流、三个提升”为目标，确定3大类11组48项重点工作，丰富为民服务、创先争创的活动内涵，按照不同主题、三大色系制作了创先争优活动巡回展板，编印《风华为税歌——创先争优活动先进事迹汇编》，促进和发挥党员的先锋模范作用。

【干部教育培训】 东城区地税局围绕全员岗位大练兵，先后组织干部进行更新知识、信息化业务、法制等培训以及税收管理员岗位和稽查检查岗位业务培训。全年培训累计达到1563人次。

【制定税务人员职业操守】 东城区地税局提出“勤、勉、诚、信、廉、谨”六字理念，制定《东城东城地税局公务员职业操守》，印制涉及156个职位的工作手册单行本，使全局干部职业操守理念和岗位职责具体化，形成具有东城地税特色的税务干部职业操守理念和行为规范标准。

【廉政和行政执法风险防范工作】 东城区地税局依托税收管理员工作平台（2.1版），开发税种核定和异常信息监控的预警功能，对享有审批权、管理权、检查权的重点部门、重点岗位、重点人员，进行事前、事中、事后的全过程监督，杜绝越权操作和越级审批，规避执法风险和廉政风险。健全和完善《廉政风险防范管理工作方案》《廉政风险防范管理实施细则》等相关制度45项，确定风险点205个，绘制风险防控图（表）96幅，制定防控措施306条，覆盖征、管、评、查、人、财、物七大工作领域，建立监督检查、考核评估、纠错整改、责任追究等运行机制。

【领导班子成员】 东城区地方税务局党组书记、副局长：秦龙生；局长、党组副书记：刘春林；党组副书记、副局长：崔燕生；副局长：孙文军、王东；纪检组长：张松岭。

（胡　然）

西城区地方税务局

【概况】 西城区位于北京市中心城区的西部，东以鼓楼外大街、人定湖北巷、旧鼓楼大街、地安门外大街、地安门内大街、景山东街、南长街、北长街、天安门广场西侧、前门大街、天桥大街、永定门内大街为界与东城区相连；北以南长河、西直门北大街、德胜门西大街、新街口外大街、北三环中路、裕民路为界与海淀区、朝阳区毗邻；西以三里河路、马连道北路为界，与海淀区、丰台区接壤；南以永定门西滨河路、右安门东城根、右安门西城根为界与丰台区相连。总面积50.7平方公里。2011年末，全区总人口150.54万人，同比减少7.2%。其中户籍人口135.9万人，同比增长1.4%。年内，地区生产总值实现2302亿元，同比增长11.9 %；固定资产投资额全年累计完成187.3亿元，同比增长8.3 %；全年实现社会消费品零售额

688.9亿元，同比增长16.1 %；完成地方财政收入281.5亿元，同比增长30.9%；全年居民人均可支配收入35740元，同比增长8.6 %；居民人均消费性支出24547 元，同比增长10.2%。

北京市西城区地方税务局共设18个职能科室、1个稽查局（内设11个科）、21个税务所和1个机关后勤服务中心，共计51个职能部门（其中已成立部门46个）；共有干部职工761人，其中硕士研究生 28人，占总人数的3.7%；大学学历602人，占总人数的79%；大专学历 98人，占总人数的13%；大专以下学历33人，占总人数的4.3%；其中党员500人，占总人数的65% 。全局共有正常税源户76054户，其中，国有企业2505户，集体企业1265户，股份制企业2689户，私营企业28223户，个体经济24904户，股份有限公司823户，有限责任公司9914户，其他企业5731户。

【收入任务】 2011年，西城区地税局共完成各项税费收入478.5亿元，同比增收110.2亿元，增长29.9%，占全市各项税费收入总体比重的17.9%；完成地方公共财政预算收入375.4亿元，同比增收85.4亿元，增长29.5%，完成全年预执行计划315亿元的119.2%；完成区级收入181.7亿元，同比增收42.5亿元，增长30.6%，完成区政府年度计划154.5亿元的117.6% 。

【机构整合】 在机构调整实现资源整合基础上，以“科室南北区设置、正副职南北区搭配”作为思路，结合岗位需要与人员实际情况，组织完成人员调配。充分考虑中层班子在学识、性格、阅历、年龄等主观素质上的互补因素，建立起知识型与经验型互补的梯次配备人才架构体系，在团结协作的基础上，不断推进各级班子成员融合，实现集体议事、民主决策、科学发展。从完善财务、后勤等保障条件入手，规范财务管理制度、统一物业管理标准，实现对人、财、物的统一、规范管理。逐步优化税收征管、纳税服务、税政管理、稽查评估等多个领域的业务流程，进一步消除管理差异，确保工作制度和执行标准统一。通过开展党团活动、举办文艺演出、组织主题培训、建立兴趣爱好小组等多种形式的活动，持续深化全体干部思想和感情的融合。

【征收管理】 针对区划调整后税源规模结构变化及原有征管模式存在差异的情况，加强基础数据整理，集中力量研究收入变化特点，将整合征管信息资源、规范与优化各项征管业务流程作为工作重点。成立工作小组，对征管工作制度和税收业务流程进行全面梳理，对存在差异的征收管理工作标准进行规范统一，并编制税收业务流程规范性文本。建立税政联席会制度，以多个税政科室联合的形式按期召开，共同研究解决税政工作中的重点难点问题，全年研究解决议题30余个。建立组织收入动态调整机制，缓解市区两级收入规划不同步的难题，实现收入规划由被动向主动的转变。将上2010年度税款在百万元以上企业划分为“市级重点税源、区级重点税源、税务所重点税源和一般税源”四级重点税源户，分级进行精细管理。在大户走访的基础上，形成“局领导—科室管理人员—税务所长—重点户管理员”的“四级管网”监管模式。与西城区国家税务局联合开展企业所得税税源户清理、A级企业评定、重点户培训等多项工作，充分利用国地税协作平台，进一步扩大数据信息的共享范围；定期召开国地税协作会议，全年就20余项议题进行研究讨论，并就如何在纳税评估、稽查工作衔接等方面积极开展探索合作。

【依法治税】 扎实推进依法行政工作，完成税收规范性文件清理工作，共废止917个文件。全年办结上年留存的4起行政诉讼案，均获胜诉。建立会审制度推行集体决策。成立涉税案件大案审理委员会并制定会审制度；成立由税务所所长、副所长、党支部书记和内部廉政监督员组成的重点业务会审小组，对土地增值税清算、大户注销等重点业务，执行税务所集中会审、集体决策制度。税务所定期召开业务会审会，专管员对所辖税源户的重点业务在会审会上进行汇报，并经会审小组研讨后进行集体决策。继续落实领导干部学法用法制度，开展行政问责、行政处罚、国际税收等内容业务学习，组织中小企业税收负担、基金税收、对外支付税务证明、政府信息公开等课题调研。强化法制宣传，全年法制培训300多人次，实地辅导100多名执法人员填制处罚文书；对2300户重点纳税人免费邮寄赠阅税务公告2.7万份。针对2011年密集出台的各项税收新政策，采用辅导会、座谈会、网络、短片、邮寄宣传手册、短信、QQ群等多种手段加大宣传力度，并及时研究解决贯彻实施过程中出现的问题，以新税法贯彻为契机进一步完善征收管理工作。

【工会经费代收试点】 组建工会经费管理科，专门负责工会经费和筹备金税务代收试点工作。2011年8月，全市工会经费和筹备金税务代收工作试点范围扩大，西城区试点范围从八个街道扩展至全部街道。西城区地税局通过组织各层级相关人员参与学习讨论，认真总结第一阶段试点工作经验，从依法办事的角度认识代收工作意义，坚定代收工作信心。根据代收范围变化，调整工会经费税务代收领导小组成员，以试点阶段形成的各项制度为基础，逐项对代收工作流程和工作制度进行梳理，根据代收范围扩大后的工作实际，对相关制度进行修订完善。与区总工会建立起多层次联合办公机制，利用税源管理优势资源，确保代收工作的顺利有序进行。各税务所在纳税服务大厅辟出专区，配合工会设立“一窗式”工作服务窗口，安排专职人员负责组织协调、问题反馈及定期通报工作，建立起一体化规范型管理机制。结合纳税户情况，对工会经费费源户进行调查摸底，建立台账。协助工会推进建会工作，分层次，有重点、有针对性地开展建会和代收的培训辅导工作，对已建会单位进行再确认，切实做到资源共享。将年度计划任务以文件形式下达到各税务所，按月通报代收单位代收工作的进度，强化环节监督；将代征工作纳入绩效考核，做到与征税工作同研究、同部署、同落实、同考核，狠抓措施落实。

【稽查评估】 在做好日常评估的基础上，规范评估标准，针对广告、软件等行业开展专项评估工作，做好日常检查试点工作，全年共对3046户企业进行评估，入库税款5373万元。稽查局全年共立案271件，查补收入共计14434.31万元，实际入库11208.38万元；积极开展与税务所共同查处举报案件，全年共计受理各类举报案件497件，同比增长13.2%；认真开展积案清理工作，对107件历年稽查未结案件进行全面清理，全年结案86件，查补税款共计9794.61万元。注重在专项检查开展过程中，收集行业存在的普遍问题并向征管各环节进行反馈，从而实现“检查一个行业，规范一个行业”的目标。与西城区国税局、西城区公安局等部门联合组织开展“打击发票违法犯罪”以及“打击和预防经济犯罪”等宣传活动，累计发放宣传资料4000多份，现场咨询500余人次。全年查处发票违法企业106户，非法发票313张，非法开票金额134.07万元，查补税款2.12万元，罚款10.1万元。

【新政落实】 针对2011年各项税收新政密集出台的情况，建立起税政联席会制度，以多个税政科室联合的形式按期召开，共同研究解决重点难点问题，分解工作目标、确定工作思路、制定工作方案。在新政策贯彻落实过程中，注重强化内部人员培训，实行全员分层次培训和分所针对性培训相结合，确保“人人了解政策，一线人员正确解答政策，小教员深入培训政策”，以新税法贯彻为契机进一步完善征收管理工作。结合区域经济特色和税源户结构特点，分群体、分步骤细化对纳税户的辅导，详细解读新政策，并采取座谈会、网络、短片、邮寄宣传手册、短信、QQ群等多种手段巩固宣传效果。

【纳税服务】 按照全市地税系统建设标准化服务厅要求，完成办税服务厅规范化建设；共设置13个职能窗口，涉及七大类66项业务事项。全局16个办税服务厅及场所共设置公示栏78块，设置触摸屏35台，使用窗口服务质量评价器20个。在办税服务场所实行办税公开制度、值班负责人制度、首问责任制，为纳税人提供限时服务、延时服务、预约服务等多种个性服务；以“统一窗口、统一服务、统一标准”为原则，推进区域通办服务。完成西城地税网站改版工作，网站共设5大项26个子栏目，全年更新外网网站信息400余条，更新网站栏目96项，网站累计登录人数达226万人次。建立免费邮箱7000余个，接收并回复纳税人咨询邮件14封。将新办户应知应会税收知识和分税种税收知识归集形成规范式样电子文档，供纳税人下载，集中举办热点问题网上答疑活动，并常年设专人负责答疑和落实辅导工作。召开纳税人座谈会22次，累计参会500余人次；组织纳税人培训辅导会60期，累计24000余人次参加。推进12366远程坐席系统改造，在原12366系统基础上，建立起具有来电显示、语音播放、自动应答、录音留言、转人工应答、短信回复和数据统计等多项功能的电话咨询提醒系统，并选择四个税务所作为试点运行。12366全年受理咨询电话10.1万个，通过信息机向纳税人发送宣传及通知68万余条。规范纳税服务投诉，全年共处理各类投诉31件；分析2010年纳税人满意度调查结果，制定整改措施。通过在主流媒体刊发稿件、举办重点企业税收发展座谈会、热点税收政策送政上门、专题咨询、订阅手机报等多种渠道宣传税收政策。

【基层党建】 按照上级单位部署，在两局合并后机构设置基本完成、人员配置基本到位的基础上，西城区地税局适时启动基层党组织组建工作。全局组建46个党支部，选举产生129名党员代表，召开党员代表大会，并选举产生了新一届中共西城区地方税务局机关委员会，完成机构整合后基层党组织建设和选举工作。围绕建党90周年主题成功举办10项系列庆祝活动。继续深入开展“创先争优”活动，建立并开通党建专门网站，为党员、团员、民主党派和无党派人士提供思想学习和内部交流的平台。认真落实西城区委、区政府和区文明办各项工作要求，组织全局干部积极参与，全力配合，做好全国文明城区迎检工作。

【党风廉政】 结合区划调整后的实际情况，持续完善局领导班子集体决策机制，严格执行党组会、局长办公会、局长专题会集体议事和民主决策制度，严格落实“三重一大”，注重抓好“一岗双责”、“两权”监督和重点业务集体决策，进一步强化权力监督制约机制，全年共针对345个议题进行集体研究和民主决策。继续深入开展“做国家利益的忠诚卫士”专题教育活动，认真听取基层意见建议，完善相关措施，切实加以整改落实，扎实有效开展反腐倡廉教育。依据近年来廉政风险防范管理工作特点，对照新部门设置与岗位职责，对廉政风险点进行再梳理，完善已有制度，研究制定新制度。领导班子和机关更加注重深入基层调查研究和密切联系基层群众，说实话、办实事、求实效，促进队伍精神面貌和工作作风产生积极变化。

【获得荣誉】 2011年，北京市西城区地方税务局获得“全国精神文明建设工作先进单位”称号；牛街税务所、金融街税务所、展览路税务所和大栅栏税务所获得“全国级青年文明号”称号；德胜税务所、月坛税务所获得“首都文明单位”称号。

【领导班子成员】 西城区地方

税务局党组书记、副局长：邢军；党组副书记、局长：李玉庆；副局长：崔玉英（女）、冯强、庞黎静、李冬梅（女）、赵俊杰；纪检组长：王福利。

（黎 阳）

朝阳区地方税务局

【概况】朝阳区位于北京市主城区的东部和东北部，介于北纬 39° 48′ 至 40° 09′，东经 116° 21′ 至 116° 42′ 之间。东与通州区接壤，西与海淀、西城、东城等区毗邻，南连丰台、大兴两区，北接顺义、昌平两区。南北长 28 公里，东西宽 17公里，土地总面积 470.8 平方公里，人口308.3万人，是北京人口最多、面积最大的城区，行政区划设23个街道办事处、20个地区办事处。

2011年全区实现地区生产总值 3193.3 亿元，同比增长13.9 %；地方财政收入316.8亿元（口径为中央、市、区三级收入），同比增长35.2%；社会消费品零售额1651.9亿元，同比增长8%；固定资产投资完成1177亿元，同比增长0.6%。

朝阳区地方税务局于1994年8月31日成立，受北京市地方税务局和朝阳区人民政府双重领导。在朝阳区行政区域内行使地方税收管辖权。主要职责：（一）负责本辖区内宣传、贯彻、实施有关地方税收工作的法律、法规及规章。（二）根据市地税局和朝阳区政府确定的预算收入计划指标，负责编制本辖区内地方税收计划，并组织实施。（三）负责依法实施征管范围内各种税、费的征收和管理工作。（四）监督检查本辖区内各纳税义务人依法履行纳税义务的情况，并对各种涉税违法、违规行为进行行政处罚。（五）实施本辖区内税收政策咨询和纳税服务工作。（六）负责本单位的税收会计、统计工作。（七）负责本单位经费、财务、基本建设和资产管理工作。（八）负责本单位机构、编制和人事管理工作。（九）负责本单位思想政治工作、精神文明建设和基层建设，负责教育培训管理工作。（十）负责本单位的纪检、监察工作。（十一）负责本单位税收信息化、现代化工作的规划和实施，建设和管理信息系统。（十二）研究税收理论和税收政策，分析税收信息，掌握税收动态。（十三）承办北京市地方税务局和朝阳区政府交办的其他工作。

2012年末，朝阳区地税局共有税务登记户数185871户，其中内资企业144938户（包括国有企业1885户，集体企业2282户，股份制企业3117户，联营企业81户，有限责任公司52470户，股份有限公司872户，私营企业81599户，其他企业2632户）；港、澳、台商投资企业3574户；外商投资企业7026户；个体工商户30333户。

2012年末，朝阳区地税局有15个科室（含后勤服务中心），15个税务所（三定方案数），1个稽查局（下设检查科4个，立案科、审理科各1个），1个税务学会。合计人数601人，其中干部571人，工人24人。事业编6人。男298人，女303人；中共党员332人，共青团员19人；大专以上文化程度571人，大专以下文化程度30人；中层干部78人。

【组织收入】 年内，本局累计组织各项税费收入5998000万元，同比增收1321000万元，增长28.23%。其中，地方一般预算收入4659000万元，同比增收1007000万元，增长27.57%，组织区级收入2096000万元，同比增收524000万元，增长33.31%。

【组织收入机制】 编制完成2011年度收入规划，建立起收入规划动态调整机制，制定完善《朝阳地税组收机制运行办法》，指导全年组织收入工作稳步推进。全面落实税收分析制度，通过每月分析、每月通报、每月预测，准确掌握收入进度、税源变动、政策影响等情况，坚持每月规范非征期税款入库行为，确保税款按期及时入库。

【重点税源】 本局与全局1260户（占全局收入的60%）重点税源企业建立收入预测沟通机制，提高预测准确率。密切关注房地产业发展态势，召开有15家房地产企业参加的座谈会，对全局1023户房地产企业销售预期情况进行问卷普查，深入了解调控政策对房地产企业影响，进行分析预测。做好减免税调查工作，对重点行业、重点企业、重点环节开展辅导，建立周通报制度，发布《减免税统计调查工作简报》，回收调查表13.35万份。

【征管工作】 本局实行申报率双考核制，在当月申报率考核基础上增加征期内申报率考核，促进申报率提高，本期认定非正常户转正常户数占本期认定非正常户数比例由去年同期37.48%下降到目前27.42%。规范委托代征管理，与191个单位签订委托代征协议，其中个人出租房屋签订协议43份，代征税款43300万元，同比增长58.02%。提高欠税管理质量，加大清欠力度，清理欠税及滞纳金3442万元，同比提高32.74%。继续落实税收管理员定期汇报制度，解决日常管理中问题56项。严格发票管理，加大对违法开具和使用发票行为打击力度。组织成立第六税务所，加强对个人销售房地产和契税征收管理。进一步加强与朝阳区建委、国土、房管、国税、工商等部门联系，实现信息数据共享，传递数据25万条。

【纳税评估】 规范纳税评估基础工作，提高纳税评估案卷质量，对汽车保险中介业、家装行业、企业跨年度弥补亏损事项开展专项评估、日常评估及评估辅导工作，评估1.25万户，发现问题3119户，评估补缴税款、滞纳金及罚款14900万元。

【信息化建设】 重新梳理信息化工作业务流程，编写130页《系统业务查询手册》，供干部使用。严格实施后台数据修改申请逐级审批制度，做到逐级把关。建立模块名称与后台角色的对应关系，增加授权操作规范性。

【税政工作】 开展企业所得税新增税源户征管权限划分清理工作，明确1031户从2011年开始在地税局进行申报纳税。认真执行修改后的个人所得税法，制定实施方案和应急预案，明确工作职责，通过网站、邮箱、手机短信、纳税辅导会、深入走访等形式，有针对性地开展宣传辅导工作。完成个人所得税自行纳税申报13.49万份，完成北京市地税局规定任务的117.29%。做好土地增值税清算工作，建立《土地增值税差别化预征率项目台账》，审核报告38个，审核应补缴税款合计61600万元。充分运用财产行为税税源监控平台，对4148户企业进一步开展排查比对，发现问题及时补征税款。做好存量房评估试点工作，制定实施方案及应急措施，采取提前受理咨询、增加受理窗口、增派人员、延长工作时间等六项措施确保存量房工作平稳过渡。加强货运收入及抵扣情况的审核，通过年审274户。认真贯彻落实《北京市小客车数量调控暂行规定》，制定《关于发布个人所得税完税凭证索取指引》，确保小客车数量调控工作的正常开展和政策的有效落实。根据《关于农村金融有关税收政策的通知》要求，对涉及的20家农村商业银行及其所属分支机构，补缴营业税及教育费附加2455万元。

【代征工作】 做好工会经费代收和残保金代征工作。推进工会经费税务代收试点工作，精心部署、充分准备，制定工作方案和应急预案，与朝阳区工会组织建立联系制度，到第一批试点单位丰台区地税局学习代收工作经验，在本局各办税服务大厅增设2台代收申报专用电脑，增加1条语音电话通知专线和1条工会经费工作专用咨询电话，为工会经费代收工作提供全面保障。全年缴费户数1.81万户，比2010年工会自行征收增加4.3倍；代收金额10200万元，比2010年增加3.1倍。完成2011年残保金代征工作，审核9.37万户，组织残保金收入38400万元，比2010年增加4900万元。

【纳税服务】 完善“五大纳税服务体系”（信息服务体系、咨询服务体系、办税服务体系、环境服务体系、援助服务体系），巩固和拓展全区通办制的“一窗式”服务管理模式。在服务方式上，加强办税服务场所规范化管理，制定本局办税服务场所建设实施方案，与通州区地税局学习交流规范化服务大厅建设经验，完成双井税务所办税服务厅标准化建设验收考核。全面更新办税服务场所服务设施，编写并印制《纳税人常用文书填写范本》《税收指南》系列宣传手册，为纳税人提供业务流程及办税事项等宣传资料12万份，制作资料架450个。在服务内容上，提高网站管理水平，制定《网站更新维护管理办法》，更新外网信息300余条，及时回复网上辅导留言35条，对外发布2010年度企业所得税汇算清缴视频资料，采取视频形式开展外网纳税辅导，全年外网点击浏览量达334万次。充分发挥咨询受理中心作用，受理咨询12.6万个。组织召开“区域通办”、纳税人满意度调查结果分析、媒体行业政策宣讲等不同层次和内容的座谈会，开展“走访央企，送政策上门”活动，现场解答涉税问题30余个。联合朝阳区国税局开展2011—2012年度企业纳税信用A级评定工作，评定A级企业361户。在转变作风上，组织“‘航天信息杯’我在办税服务厅”有奖征文活动，与北京市地税局12366热线保持经常性三方通话，减轻基层压力，维护纳税人合法权益。举办以“快乐工作　健康生活”为主题的培训活动，缓解窗口服务干部的工作压力，促进工作水平提升。分类建设办税场所，适应纳税人实际需求，不断提高纳税人满意度，以实际行动践行“创先争优　为民服务”的活动宗旨。

【税法宣传】 分别联合北京交通广播电台和北京新闻台制作推出“税收伴您同行——办税我帮您”“税法方方面，沟通无极限”税法宣传特别节目，拉近税务部门与纳税人之间距离；与首都经济贸易大学联合举办第三届“朝阳地税杯”税收专业知识展示大赛，贴近生活、成效显著；联合朝阳区国税局、公安局在朝阳开展“依法使用发票　维护合法权益”打击发票违法犯罪宣传活动，发放宣传资料1500余份。组织召开中关村示范区创新创业税收政策宣传大会，对电子城园区内高新技术企业进行两次业务培训，与10家中关村示范区内高新技术企业进行座谈。

【依法治税】 落实税收执法责任制，完善税收行政处罚管理，加强评议考核。做好税收规范性文件清理工作，清理税收规范性文件207份，其中现行有效文件142份，全文废止或失效的文件48份，部分废止或失效的文件17份。加大法律支持与服务力度，解决基层上报各类疑难问题8件次。加大对破产清算企业税款追偿工作力度追偿税款643万元。加大政府信息公开力度，依法妥善解决涉税争议，公开文件、信息50件。开展国际税收管理工作，开具对外支付证明1724份。

【税务稽查】 制定《朝阳区地方税务局税务稽查案件集体审理办法》，修改

《朝阳区地方税务局重大案件审理委员会工作办法（暂行）》，召开税务稽查案件集体审理会12次，审议通过案件239件；召开重大案件审理会，审理通过案件14件。重点抓好积案清理工作，已处理积压案件358件。对高收入行业个人所得税、广告代理业、房地产企业、资本性交易、反避税等进行专项检查。全年检查286户，查补税款21700万元，滞纳金及罚款8190.79万元。建立征管评查联动机制，实现信息共享，交换数据392份。落实新税务稽查工作流程，规范税务稽查文书的填制、使用。

【党建工作】 以创先争优活动、创建全国文明城区和“做国家利益的忠诚卫士”反腐倡廉专题教育活动为载体，完善党建制度，夯实党建基础，着力提升党组织凝聚力、战斗力。完善四级网络学习制度，开展党支部书记、委员培训50余人次，党员培训300余人次；设立“党建电子专刊”，搭建基层党组织交流平台，发刊7期。开展建党90周年主题系列活动，组织全体党员参加“重温入党誓词　佩戴党徽”“建党90周年——红色税收　回顾展”、为期百天的“千名干部下基层　周六创建行动日”等活动。举行纪念“五四”团员大会暨青年党员“一帮一”启动仪式，组织24名入党积极分子参加入党积极分子培训班。开展丰富多彩的文体活动，参加市区足球、羽毛球、乒乓球比赛和红歌会文艺汇演；举办第二届“亲子亲情夏令营”活动，凝聚团队精神。积极组织共产党员献爱心和全局干部爱心捐款活动捐款5万余元。

【行政管理】 做好固定资产清查处置工作，对本局固定资产全面进行账务清查和财产清查，与朝阳区财政局、会计师事务所进行沟通、配合，对盘亏资产进行确认、汇总和报批，按照无害化原则处置电子废弃物，减少环境污染。处置资产6328件，金额1322.10万元。

【保卫工作】 开展“平安北京地税”建设工作，制定实施《“平安北京地税”建设暨社会治安综合治理工作评价标准及评分细则（试行）》，调整治保会成员，落实内、外部安全工作责任，明确安全工作督查程序和考核标准，打造安全、稳定、和谐的内、外部发展环境。

【教育培训】 开展更新知识培训、全员集中脱产培训、全体党员干部廉政培训等学习培训，参训人员达3000余人次。邀请会计师事务所专家对税收管理岗位人员进行财会基础知识培训，提高财会水平，已培训三期，培训660人次。

【廉政建设】 落实党风廉政建设责任制，以“三个一”活动为切入点（即每季度开展一次廉政集中学习、一次专项检查、一次专题汇报），认真贯彻执行《廉政准则》，逐级签订党风廉政建设责任书，加强学习教育，做好专项检查。结合民主评议基层科所工作开展专项检查，各单位进行了廉政工作情况汇报。组织开展2011年“小金库”专项治理工作的全面复查工作，签订《“小金库”专项治理承诺书》，做到有组织、有方案、有布置、有检查、有结果，确保工作不走过场、不留死角。稳步推进民主评议基层科所工作，通过召开座谈会、问卷调查等形式，全面收集纳税人意见、建议，切实抓好整改。组织七个检查组对本局自查自纠情况先后进行三次重点检查，通报问题建议14项。

【领导班子成员】朝阳区地方税务局党组书记、局长：陈合庄；党组副书记、副局长：郭文武；副局长：袁平、安增云、隋庆梅（女）、郑志（女）、王京秋；纪检组长：王学东。

（徐　铳）

海淀区地方税务局

【概况】海淀区位于北京市西北部，总面积430.77平方公里，分别与朝阳区、西城区、宣武区、丰台区、石景山区、门头沟区和昌平区接壤。该区是著名的风景旅游区，海淀区内名胜古迹众多，园林风光宜人，旅游资源丰富，人居环境良好；海淀区作为全国著名的文教区，区内科研力量、科学仪器设备、图书情报信息、科研成果等均高度密集。区内国有科研单位144个，其中中科院院所26所，占北京地区中科院院所数的60%，生活和工作在海淀区的两院院士约占北京市的60%，占全国院士总数的36%；区内还有北京大学、清华大学等39所高等院校、22所各类成人高等院校和众多民办院校。2011年海淀区户籍人口225.5万人，常住人口约340.2万人。下辖22个街道办事处、2个乡政府、5个镇政府。2011年海淀区实现地区生产总值3145.80亿元，同比增长13.5%占北京市的19.7%；社会消费品零售额实现1383.10亿元，同比增长10.0%；区域财政收入1309.30亿元，同比增长26.8%．地方财政收入完成241.76亿元，同比增长26.6%。

海淀区地方税务局位于北京市海淀区西苑操场乙3号，机构共设1个稽查局、15个职能科室、18个税务所、1个后勤服务中心（事业单位）和1个税务学会（社会团体）。截至2011年年末，共有干部、职工630人。从学历结构来看，博士研究生2人，硕士研究生22人，在职硕士20人，党校研究生8人，本科456人，大专126人；从党团员结构来看，党员398人，团员

10人。

全年办理开业税务登记21675户，年末累计管户达到176046户，同比增加18380户。其中正常纳税户163581户，非正常纳税户9488户，登记状态纳税户2977户。其中包含的经济类型主要有：国有企业1930户，集体企业1595户，私营有限责任公司86569户，其他有限责任公司29617户，股份合作企业6869户，股份有限公司1426户，私营独资、合伙企业4108户，个人独资企业4156户，个体工商户24965户，外资（独资）企业1975户，港、澳、台商独资经营企业931户，其他11905户。

【圆满完成全年收入任务】 2011年累计完成各项收入515亿元，同比增加101亿元，增幅24.4%；完成地方公共财政预算收入379.2亿元，同比增加77.5亿元，增幅25.7%；完成区级收入176.8亿元，同比增加38.6亿元，增幅27.9%，对区财政收入贡献率达到73%，为区域经济发展作出了突出贡献。

【坚持依法行政】 全面贯彻落实依法行政工作会议精神，强化法治教育建设，建立领导班子学法用法制度，积极开展全局税收管理员法制培训、《行政强制法》培训及考试，推进干部学法用法。深入开展税收规范性文件集中清理，本年首次以公告形式向社会公布现行有效文件555份，全文失效或者废止文件130份。持续开展税收业务流程梳理及优化工作，规范业务流程，分解执法权力。妥善化解涉税争议，办理行政复议案件14起，行政诉讼案件14起，调解处理行政争议案件6起。

【促进区域经济发展】 结合国家房地产调控新政策，加强房地产税收一体化管理，开展存量房交易监管，规范房地产经纪机构行为。积极建言、参与个人所得税、地方税等税制改革，配合国家税务总局制定房地产交易、开发、租赁环节的税收政策。抓好新个人所得税、保障性住房，特别是中关村国家自主创新示范区创新创业等税收优惠政策的落实，本年举办各种培训会，培训纳税人达1900余户。本年共计办理中关村综合备案的企业339户，其中，因享受中关村研发费用加计扣除政策，使89户高新技术企业研发费用多加计扣除1.85亿元。充分发挥国际税收管理职能，成功办理全市首例营业税特别纳税调整专案。

【深入开展税源分类管理】 本年完成20个房地产项目的土地增值税清算工作，入库税款4.86亿元。坚持“以票控税”，合理控制发票发售数量，规范发票供应。继续依法追缴历史欠税，压缩欠税规模，本年累计清理欠税1.26亿元，欠税总额减少40%。稳步推广CA数字证书申报方式，截至年底使用数字证书用户已达到3.1万户。

【加强纳税评估制度建设】 制定完成《专项评估工作程序》等4个规范性文件，严控评估流程及时限，完善评估与其他征管环节的衔接程序。进一步丰富纳税评估指标体系，研究通过计算机自动处理功能和数据模型的分析功能开展评估。探索建立纳税评估复查以及疑点评审制度；建立专项评估结果反馈机制，加强对问题纳税人的跟踪管理。本年累计评估8250户，有问题5022户，入库合计9230万元。

【打造网下网上协同服务模式】 本年对服务措施进行梳理，先后制定《办税服务场所突发事件应急预案》等三项服务办法。落实重点企业服务制度。为731户企业发放重点企业联系卡，开展重点企业预约服务。将下户走访与纳税人座谈会有机结合，本年共走访企业595户，召开税收政策座谈会18场次。联合海淀区国税局服务中央在京企业。推进“网上办税厅”项目建设，设立“网上辅导”专门网页，整合、提升网上办税和网上服务功能。全年通过网络发送各类办税告知30多万条，发送短信20万条，解答纳税人网上涉税咨询100余件。推进房地产税收一体化征收工作，真正实现二手房交易一站式办公。开展纳税信用等级评定，联合海淀区国税局为全区579家纳税信用A级企业进行授牌。

【稽查工作与税法宣传双管齐下】 本年联合海淀区国税局、海淀区公安局等部门打击制售假发票行为，破获一起特大发票违法案件，查获假发票300余万份。同时开展“打击发票违法犯罪行为，构建首都和谐经济秩序”宣传活动，增强广大群众自觉抵制虚假发票的意识。创新工作方法，降低涉税举报工作矛盾。尝试定岗定员与岗位兼职相结合，确保查办率。创新实践受理环节预答复方法。在案件答复环节前增设审理环节，预先对处理情况进行审核，确保处理有据、程序合法、证据有效。

【建立健全制度机制】 年内共完善管人、管财、接待等行政办公制度5项。重视并做好政府信息公开工作，全年公开信息40条。加强信息化建设，有效推进信息管税和风险管理，先后开发“企业所得税事后备案”“中关村示范区科技创新创业税收政策备案”等台账，为税政管理提供技术支持。扩大“涉税保密信息软件”开具范围，进一步满足纳税人需求。建立局数据库灾备中心，进一步提高应用系统的容灾能力。

【加强党风廉政教育工作】 以建党90周年为契机，围绕“创先争优”活动开展系列思想教育。进一步加强党建工作，成立第一届中共北京市海淀区地税局机关委员会。建立思想状况分析制度和党性分析制度，全面实施党务公开。在党员中倡导“求真务实，廉洁奉公，勤奋敬业，勇挑重担，甘于奉献”的精神，设立“共产党员服务窗口”，强化自我约束和群众监督。结合忠诚卫士教育活动，集中展示、广泛宣传优秀的身边人、身边事，有效发挥榜样力量。积极参与首都文明单位标兵、优秀基层党组织、优秀共产党员等系列的评选工作，增强广大干部的职业荣誉感和集体责任感。完成“做国家利益的忠诚卫士”反腐倡廉专题教育活动的整改落实和总结工作。明确党务公开的内容、程序、方式、时限和相关工作保障制度，形成一级抓一级、层层抓落实的工作格局。

【干部队伍建设不断加强】 突出岗位业务知识技能，多途径、多形式开展教育培训，本年累计培训517人次。充分发挥工会职能，定期开展形式多样的文体活动，进一步丰富干部职工业余生活。在喜迎建党90周年的文艺活动中，自排自演《我们的故事》等八个节目，并参加北京市地税系统汇报演出，充分展现海淀区地税局健康向上的精神风貌。

【开展税收法制宣传教育】 与新浪、搜狐、网易等门户网站以及北广公交移动传媒合作播出以“打击发票违法犯罪”为主题的动漫，并且在中关村西区开展相同主题的现场宣传活动；开展“税法宣传进高校”系列活动；结合“纳税信用A级企业”评定工作，开展宣传表彰活动；利用北广移动传媒播出“做国家利益的忠诚卫士”为主题的动漫短片。

【所获荣誉】 2011年，海淀区地税局荣获首都精神文明建设委员会颁发的“首都文明单位标兵”；北京市公安局颁发的“2011年度北京市单位内部安全保卫工作中荣获集体嘉奖”；北京市妇女联合会、北京市总工会、北京市人力资源和社会保障局联合颁发的“北京市三八红旗集体”；北京市地方税务局颁发的“北京市地方税务系统庆祝建党90周年暨第八届文艺汇演优秀组织奖”等。

【领导班子成员】 海淀区地方税务局局长、党组书记：杜军利；副局长：张克兵、何培伦、张之乐、张争（女）、周杰、崔健；纪检组长：刘丽敏（女）。

（房　洁）

丰台区地方税务局

【概况】 丰台区位于北京市区西南部，所辖面积305.87平方公里，分别与朝阳区、东城区、西城区、海淀区、石景山区、门头沟区、房山区和大兴区接壤，区政府设在丰台镇文体路2号。全区呈东西狭长形，最西端王佐镇的千灵山至最东端的南苑乡四道口村，东西相距35公里，南北最宽处14公里。年末，全区常住人口217万人，户籍人口108.1万人，同比增加1.8万人，下辖16个街道（地区）办事处，

3个乡政府，2个镇政府，271个社区居委会，68个行政村，被北京市定位为城市功能拓展区。实现地区生产总值839.2亿元，同比增长14.2%；完成地方财政收入62.4亿元，同比增长31.9%，增幅提高13.1个百分点；实现社会消费品零售额738.5亿元，与上年持平。

丰台区地税局位于北京市丰台区泥洼路甲6号，内设14个职能科室，11个税务所（包括2个服务所，2个专业所，7个地区所），1个稽查局（内设5个科室），1个后勤服务中心，1个税务学会和1个工会。年末，共有干部职工414人，平均年龄42岁，其中公务员385人，工勤人员29人。从学历结构来看，研究生16人，本科288人，大专78人，中专以下7人，所占人员比例分别为4.1 %、73.9%、20.2%和1.8%；从党团员结构来看，党员293人，团员12人，所占人员比例分别为71%和2.9%。

年末，全区税务登记户数为96858户（含非独立核算分支机构户）。按经济类型划分，国有企业772户，占全区总户数的0.80%；集体企业1380户，占全区总户数的1.42%；有限责任公司8070户，占全区总户数的8.33%；股份有限公司273户，占全区总户数的0.28%；私营企业55735户，占全区总户数的57.54%；外资企业684户，占全区总户数的0.71%；个体工商户28583户，占全区总户数的29.51%；国家机关、事业单位和社会团体等其他类型企业1361户，占全区总户数的1.41%。按产业类型划分，其中第一产业（农业，包括林业、牧业、渔业等）345 户，占总户数的0.36%；第二产业（工业和建筑业）5951户，占总户数的6.14%，其中房地产开发经营企业407户，占总户数的0.42%；第三产业（流通部门和服务部门）90562户，占总户数的93.50%，其中社会服务业24836户，占总户数的25.64%。

【完成税收收入】 2011年丰台区地税局累计完成各项税费收入111.98亿元，同比增收28.02亿元，增长33.37%，收入规模历史上首次突破100亿元。其中，累计完成地方一般预算收入91.55亿元，同比增收22.97亿元，增长33.49%；累计完成区级收入44.28亿元，同比增收11.53亿元，增长35.19%。各项税费收入、地方一般预算收入、区级收入规模和增幅均创历史新高。

【提升依法行政水平】 强化干部职工依法行政意识，先后组织开展领导干部学法用法、党组理论中心组法制专题学习、全员依法行政专题讲座、行政强制法培训考试等活动，促进了税务干部依法行政水平的提高。积极与法院沟通协调，就法院判决协助执行的房地产权属转移涉税问题做好纳税人接待和解释工作。关注法院依法拍卖陈欠户信息，及时准确向法院申报欠税金额，确保欠缴税费优先清偿。积极做好无欠税登记企业破产债权的申报。

【整体推进税政工作】 深化税政工作协调联动机制，多渠道拓宽税收政策解答途径，结合基层的实际需求和区域税收特点，组织各税务所业务骨干开展房地产行业专项培训。加强税收新政落实，认真做好修改后的《个人所得税法》、营业税起征点提高等税收优惠政策的贯彻落实。结合实际做好修订后的《资源税暂行条例》贯彻落实和《车船税法》、地方教育附加的实施准备工作。严格落实房地产调控税收政策，认真执行土地增值税差别化预征政策，做好存量房交易计税价格评估试点及普通住宅标准政策的落实，妥善化解矛盾，确保执行到位。强化代收代征工作，通过规范制度，加强配合，工会经费试点代收和残保金代征工作取得成效，共代收工会经费7624万元，代征残保金11998万元。

【优化纳税服务环境】 一是优化服务软件。加大走访力度，深入了解企业实际需求，面对面为企业排忧解难，全年有针对性地走访重点企业200余户，其中局领导带队走访65户。做好新办企业的纳税培训和政策讲解工作，为企业提供送政策上门服务。强化权益保护，圆满解决27件各类纳税服务举报投诉。二是改善服务硬件。加大资金投入，做好硬件保障，完成全局12366语音咨询系统、数字语音通知系统、数字视频监控系统和排队叫号系统的升级改造，丰富服务纳税人的信息技术手段。三是加大宣传力度。承办北京市税收宣传月启动仪式暨“总部经济企业”座谈会大型宣传活动。开展Tax861北京地税网上在线答疑。全年共受理纳税人咨询电话72000余个，通过6月新上线的短信平台向纳税人发送短信通知85000户次。与国税局联合完成337家纳税信用A级企业评定，营造良好税收环境。四是规范服务制度。制定所领导带班制度，明确办税服务厅各功能区域职能和服务设施设置要求。加大办税服务厅日常巡查和监管力度，及时处理涉税问题，纳税服务工作进一步规范。

【夯实征收管理基础】 结合实际建立起征管状况监控分析工作机制，科学设定管理指标，按期进行指标通报，提高征管质量。加强税收业务流程更新培训，强化发票日常管理，开展注销户税控装置和发票缴销情况专项执法督察自查。成立“两个服务”领导小组，优化管理考核指标，并定期召开工作协调会，减轻基层负担。做好个体工商户个人所得税定额下调及营业税、增值税起征点上调等税收征管工作的贯彻落实。

【发挥纳税评估效能】 进一步梳理评估流程，完成9类行业纳税评估模型的业务需求和涉税数据勾稽关系的整理工作，积极开展评估辅导和日常检查试点工作，全年共评估2670户，评估补缴税款、罚款、滞纳金合计5480万元。

【强化稽查震慑作用】 一方面积极开展积案清理和打击发票违法犯罪活动，针对高收入个人和写字楼税收情况等开展专项检查，针对检查发现的问题加强对征管和税政的反馈，全年共查处结案174户，查补税款、罚款、滞纳金合计4717.35万元。另一方面深化涉税举报工作，在工作协调、方法创新和管理控制上进行改进，建立举报工作“受理—分办—承办—转办—反馈—管理”的闭环管控机制，达到通过一个举报线索规范一个行业的目的，不仅提高了举报案件的查办质量和查处时效，还实现了纳税人税法遵从度和税务机关征管质量的共同提高。北京市地税局专门在丰台区局召开现场会，向全系统推广其涉税举报工作经验，《中国税务报》也在头版显著位置进行专题报道。

【抓好党的建设】 召开纪念建党90周年党员大会，深入学习胡锦涛总书记“七一”重要讲话精神和党的十七届六中全会精神。建立和完善22项党务工作制度流程，开展党员公开承诺和“为民服务、创先争优”活动。顺利完成区第十一次党代会代表推选和区人大代表候选人推荐选举工作。

【加强干部队伍建设】 一是不断强化领导班子建设。重视基层科级领导班子建设和人才培养，对21名试用期任职的科级领导干部进行全面考核，通过专门培训、交流研讨等形式，不断提高他们的领导素养和履职能力。二是认真落实京组发〔2010〕15号文件精神，结合实际制定科级非领导职务晋升方案，41名同志晋升为主任科员。三是以增强依法行政和税收业务能力为重点，委托清华大学继续教育学院开展全员更新知识培训，全年共组织各类专业培训31期，培训2277人次。

【推进党风廉政建设】 完成“做国家利益的忠诚卫士”反腐倡廉专题教育活动整改落实和总结验收阶段工作，以惩防体系为重点加强党风廉政责任制建设。将相对较高的执法和廉政风险列为年度风险防范管理项目，制定防控措施，有效遏制违纪违法问题的发生。制定行政机关效能建设实施方案和民主评议基层科所工作计划，通过强化内外监督促进政风行风不断优化。

【开展内部督察审计】 初步构建督察内审制度体系，做好北京市地税局税收执法督察迎检和整改反馈，配合做好对市领导经济责任审计的延伸审计工作。强化执法监督，首次实施局内行政处罚案卷评查和专项复核督察，全年共对29个项目实施督察检查，切实规范了日常执法行为。对系统改造等项目财务支出实施合规性审计，充分发挥督察内审堵塞漏洞、防范风险的职能。

【深化机关效能建设】 一是制度流程不断完善。按照北京市地税局统一部署，稳步推进优化政务流程完善管理制度工作。完善修订财务管理、预算管理等制度，加强财务核算，监控预算执行，提高财政资金的使用效益。修订信息化管理工作规范及相关安全制度，打牢信息化工作基础。制定和完善局党组落实“三重一大”决策制度实施细则、政府采购项目审计操作规范等相关规章制度，规范权力的有效运行。二是内部管理不断夯实。做好重大事项的督查督办，加强公文审核和保密管理，完成420册干部职工人事档案的整理工作。深入开展“小金库”和公务用车专项治理工作，进一步优化机关内部办公环境。三是安全保卫不断强化。逐级签订安全责任书，加强交通安全管理。梳理全局计算机线路，做好信息系统日常检查、维护和安全评估，加强授权管理，防范信息安全风险。严格落实安全工作领导责任制，组织各类安全检查30余次，及时消除各类事故隐患。四是保障能力不断提高。一方面，关心干部职工身心健康，合理搭配膳食，并定期组织干部职工进行体检。为机关办税大厅加装空调，对长辛店办公区食堂燃气进行改造，完成第二办公区的新风系统清洗消毒。另一方面，丰富干部职工文化生活，举办春节联欢会、季度趣味体育比赛，成立10个兴趣小组，开展形式多样的健身和娱乐活动，参加市区两级建党90周年红歌演唱会，陶冶干部职工情操，有效缓解心理压力，营造和谐向上的工作氛围。

【领导班子成员】 丰台区地方税务局局长：金志雄；副局长：宗立元、王冠凯、刘华（女）、谢锋、王雪峰（12月任）；纪检组长：翟正义（女）。

（赵　博）

石景山区地方税务局

【概况】 石景山区位于长安街西段，中心区东距天安门16公里，与海淀区、丰台区、门头沟区相毗邻，行政区域总面积85.74平方公里。属暖温带季风性气候，四季分明，全年平均气温13.4℃，年平均降水量在680毫米左右。区境西北部山地是太行山余脉，占全区总面积的23%，植被茂密，城市绿化覆盖率达到44.46%以上。南部横亘着古老的永定河，中部和东南部是永定河冲积扇形成的夹带残丘的平原，为全区人民生产、生活的主要地区。区内道路四通八达，五环路、六环路、莲石路、阜石路、石景山路构成“两高、两快、六主”的城市主干道格局。区内常驻人口63.4万人，设有8个街道办事处、1个社区。2011年，区域经济呈现高开、回落、趋稳的发展态势，实现“十二五”良好开局，主要经济指标发展良好。全年财政收入完成230015万元，同比增长20.6%，其中，一般预算收入完成226571万元，同比增长20.2%；完成全社会投资130.9亿元，同比下降10.8%；实现社会消费品零售额162.1亿元，同比增长16.9%；城镇居民人均可支配收入达到31936元，同比增长13.8%。

石景山区地方税务局（简称石景山地税局）隶属于北京市地方税务局，在石景山区行政区域内行使地方税收管辖权，负责营业税、企业所得税、个人所得税、契税、房产税等18种税费的征收管理工作，维护和规范石景山区地方税收秩序。年末，石景山地税局税务登记户数达到32621户，同比增加3216户，增长幅度为10.94%。从企业经济类型看，内资企业16879户，港、澳、台及外商投资企业300户，个体工商户15442户；从企业行业分类看，商业、餐饮业11318户，占税务登记户总数的34.70%，社会服务业15046户，占税务登记户总数的46.10%，制造业597户，占税务登记户总数的1.80%，科教文卫业3254户，占税务登记户总数的10.00%，建筑业757户，占税务登记户总数的2.30%，交通运输、仓储及邮电通信业861户，占税务登记户总数的2.70%，房地产业418户，占税务登记户总数的1.30%，其他行业370户，占税务登记户总数的1.10%。石景山地税局机关位处石景山区八角南路28号。局内共设14个科室、10个税务所、1个稽查局和1个后勤服务中心，现有干部职工267人，平均年龄43岁，其中处级领导职务7人，科级领导职务63人。大专以上学历（大专、大学、研究生）的干部职工250人，占全局总人数的93.63%；研究生8人，占全局总人数的3.00%。局内设1个机关党委，19个党支部，1个团总支部。共有党员207名，占全局人数的77.80%；团员2名，占全局人数的0.80%。

【税收收入】 2011年，石景山区地税局全年累计组织地方税收收入45.1亿元，同比增收12.1亿万元，增长36.80%，完成地方一般预算收入35亿元，同比增收7.9亿元，增长29.00%， 完成年度计划273亿元的128.00%，提前83天完成全年任务。

【组织收入措施】 针对本年度经济税源变化较大的特点，石景山地税局严格落实各项组织收入措施，坚持实行组织收入责任制和收入通报制度，精细开展收入预测分析，预测准确率显著提升，达到97%，超过全市规定标准2个百分点。为做细税源监控工作，全面掌握特殊因素对税收收入增减的影响，积极应对首钢公司搬迁带来的税收收入发展点，全面落实组织收入联动工作机制，形成各部门协调配合的组织收入合力。强化“七平台”重点税源监控，深入分析重点税源，抓住税收新的增长点。如首钢税务所建立情况简报制，对首钢集团收入动态趋势密切跟踪；八宝山税务所采用“一房、一建、一金融、三区域”的税源监控思路，促进“七平台”精细化管理；各基层税务所继续推行“所长带户制”和“一楼式税源管理”，强化税源管理，主动掌控税源变化，充分利用综合信息共享平台，加强税源监控，有效促进组织收入工作的顺利开展。

【纳税服务】 石景山区地税局不断完善纳税服务机制，税收征纳关系日趋和谐。一是联合石景山区国税局、投促局、园区管理委员会，组织开展“税企携手谱新曲、税法护航创和谐”的税法宣传活动，针对辖区内的文化创意企业，就部分涉税事宜、税收政策咨询等提供面对面的服务，帮助企业规避纳税风险，解决涉税问题，提高守法意识。二是结合工作实际，研究、制定、推出包括税务登记、变更税务登记、税务所初次报到、领购普通发票、申报缴税五个基本涉税事项的一次性告知书，使纳税人能够得到及时、准确、完备的涉税指导。三是编写和印制《纳税服务联络卡》《税务所服务联系卡》和新版《纳税指南》，内容涵盖日常涉税业务的办理常识和流程，并从服务承诺、办税事项指导、权利与义务三方面进行宣传服务。四是全面落实《纳税服务承诺》制度，有利提升纳税宣传的广度和时效，在办税场所、网站进行公开和公示，及时宣传税收业务办理流程、手续和涉及纳税人利益的重大事项。五是为办税服务厅配备电子显示屏、触摸屏、叫号机等设备，完成功能区域划分、电子窗口标识设置排队叫号等系统配置，并增设一个综合窗口，承担个人所得税税法宣传、完税证明的开具、减免税退税等事项的受理工作。六是利用外网发布信息，更新和完善各类基础信息，清理历史冗余数据，收集纳税人留言、咨询，通过邮件、电话、实地走访等方式全部予以回复，提升网站互动功能。七是成立服务重点企业工作领导小组，及时跟踪和掌握首钢公司发展改革的总体情况，监控其税源变动情况，对新增税源的引进做好政策扶植工作，对已落户的新企业加强税务指导。

【税收征管】 石景山区地税局狠抓征管基础建设，不断提升征管工作质量。一是“一册代评”制度收到实效。截至年底，本局《征管质量通报》已经涵盖考核排名表、登记率、申报率、入库率等13项内容，税务登记率、申报率、入库率一直保持在99.99%以上的水平。同时，为了全面推进基层税务所基础工作管理，本局以考核为手段，将制度细化到税收管理员，在通报中，各地区税务所税收管理员的工作绩效情况均得以体现。二是继续加强税务登记管理，加大待登记户、变更户、在途户、新登记户信息、跨区县局迁移户、注销税务登记的管理，年内共对1204户待登记户进行核销、核查及问题反馈处理，对212户变更户进行上报核销处理。同时，为确保纳税人基础信息准确，定期对核心征管系统内的“在途户”进行清理，提高报到率和原始数据录入准确率。三是建立、完善发票三级抽查管理机制。从发票事前管理、事中管理和事后管理三个层级中，选取购票浮动值、首次购票数量、发票预警处理情况、最高开票限额核定、代开发票情况等10个监督管理点进行抽查通报，从而规范税收管理员的执法行为，规避发票管理的风险。四是建立“两个减负”长效工作机制，组织成立“服务基层、服务纳税人”工作领导小组，确立工作原则、工作职责，建立调度机制，明确具体减负事项。同时，完善征管状况监控分析通报工作，设计编发设立税务登记、变更税务登记、税务所初次报到、领购普通发票、申报缴税五个基本涉税事项的一次告知书。

【税政职能发挥】 有效落实税收政策措施，充分发挥税政职能作用。一是在告知指导、纳税指导的基础上，局内建立税政指导工作机制，围绕“一课、一册、一平台、三项制度”开展落实。年内，召开税政公开课10余次，编发《税政指导》专刊3期，涉及营业税、企业所得税等10余个税种的税收政策平台已全面投入使用。二是做好各项税种的税政管理工作。年内完成600余户个人独资和合伙企业的税收核定；对全区4560户企业开展企业所得税汇算清缴宣传辅导工作；受理8105人次的个人所得税12万元纳税申报；制作《残疾人就业保障金审核代征事项一次告知书》，残保金审核12793户，审核金额4280万元，入库4307万元；全面落实中关村“1+6”政策，对区内高新技术企业开展政策培训，召开座谈会，开展项目鉴定。三是细化六项具体工作目标，全面指导个税新法的落实。采用发放宣传手册、增设咨询渠道等方式加强个人所得税新法的宣传落实工作。四是坚持开展货运企业专业化管理。年内共对20余户货运自开票纳税人进行实地走访，做到掌控及时，积累集中管理的经验。五是根据区域财产税税源结构特点，制定《石景山地税局财产税税源登记备案管理工作方案》，实行财产税税源备案管理制度，强化重点税源管理。年内共完成140户重点税源户的登记备案工作，涉及房产税15531万元，占2011年房产税入库总额的93.60%，涉及土地税5889万元，占土地税入库税额的95.70%。

【纳税评估】 为实现“评估一个行业，规范一个行业评估；服务一个行业管理，指导一个行业纳税”的评估工作思路和目标，石景山区地税局不断深化纳税评估工作，夯实税源及税款基础信息管理，促进日常评估效果，相继开展房产税与土地税税款钩稽关系的比对、流转税所附征的城市维护建设税及教育费附加的关联比对，以及无税申报户的评估核实，发挥税源管理的指导作用。并且不断更新和完善《石景山区地方税务局行业评估自查指导手册》，将其作为工作的基本实施载体，深入开展行业评估。在局内确立科、所统一部署、分步实施的工作模式，通过制定《行业评估案例汇编》启发和指导评估人员的工作思路，进一步规范行业评估。据统计，2011年，石景山区地税局全年累计组织开展纳税评估346户，发现问题171户，补缴税款、滞纳金和罚款共计518万元，入库率100%，评估户数和补缴税款比上年同期分别增长24个和7个百分点。

【税务稽查执法】 石景山区地税稽查局继续强化稽查检查，努力提高纳税遵从度。充分落实着“检查精细化、审理法制化、执行实效化、干部能力化”工作模式，开展房地产业、建筑安装业、交通运输业、广告业、高收入者个人所得税、资本交易项目等行业两个项目的专项检查，对20件涉税违法举报案件实施立案稽查。继续深入开展打击发票违法犯罪专项整治行动，对娱乐业、餐饮业、运输业等发票专案案件实施严格的执法检查，有效执行北京市地税局各项考核指标，为圆满完成全年税收稽查工作任务奠定了基础。据统计，全年共实施税务稽查224户，有问题216户，有问题率为96.42%，实现查补收入1336.12万元，是同期查补收入的11.60倍，执行入库1412.02万元，入库率105.68%。

【依法行政】 为加快法治型地税机关建设，石景山区地税局从制度、基础、能力建设等方面入手，大力加强依法行政工作。一是制定石景山区地税局《关于进一步推进依法行政工作的意见》和2011年依法行政工作计划，从制度建设、规范执法等六个方面分解出全局推进依法行政的具体工作、完成时限、责任人，有利于监督指导各项工作的开展。二是全面开展制度、规范性文件的梳理和清理工作。年内，经梳理确认现行有效制度共计125项，共计查找规范性文件1373件，清理717件。完成减免税通用文书规范模板工作，进一步明确各类文书的式样、填写要求、注意事项等问题，有效规范文书制作。三是为提高干部执法能力，坚持“每周一法”，年内共组织学习30余次；在全局干部中开展“每季一测”活动，共组织四期，取得广泛学、相互学的良好效果；北京市地税局总经济师卜祥来做的《严格依法行政加快法治型地税机关建设》讲座，进一步提高全局干部对依法行政的理解和认识。四是有效开展日常执法检查和日常指导式检查。年内共开展日常检查和日常指导式检查各两次，涉及案卷561卷。完成全国执法督察工作，重点开展企业注销清算、减免税政策执行等6类32项内容的抽查，调取案卷222卷，制作检查底稿226份。

【干部队伍建设】 年初，石景山区地税局研究制定《关于加强作风建设的意见》，提出“努力实行工作态度、工作纪律、工作作风三个转变”的工作目标，制定加强干部作风建设的“48字”要求，以提高落实力和执行力为根本，推进作风建设。为了更好地实现人才资源的合理配置，对部分科、所的正、副职及主任科员，进行调整交流。在征求各单位意见的基础上，积极研究探索新的干部考核机制，形成一套涵盖考核办法和考核指标、量化标准的考核体系，以此推进干部队伍建设。同时，制定《石景山地税局关于大教育、大培训、大练兵工作的指导意见》，以教育培训为载体提高干部能力素质，坚持部门业务学习制度，开展多种形式的岗位大练兵活动。据统计，本局全年组织各类专门业务培训21期，培训2453人次，开展稽查业务、行政强制法等多项内容的考试，参加考试的人数达到628人次，各项考试合格率均达100%。在加强领导班子建设方面，局党组成员严格执行民主集中制原则，正己先行，率先垂范，发挥示范引领作用，广泛听取干部群众对税收工作的建议和意见，积极开展批评与自我批评，关心基层，积极改善基层干部工作环境，及时解决干部的实际困难。

【表彰奖励】 2011年，石景山区地税局被石景山区法制宣传教育和依法治区领导小组评为“石景山区2006—2010年法制宣传教育先进集体”，被石景山区社会治安综合治理委员会评为“石景山区社会治安综合治理2011年度先进单位”，被石景山区交通安全委员会评为“2011年北京市石景山区交通安全先讲单位”，第九党支部八宝山所被石景山区委员会评为“石景山区先进基层党组织”，局内7位同志被石景山区委直属机关工作委员会评为“石景山区直属机关优秀共产党员”。

【领导班子成员】 石景山区地方税务局局长：张兴明；副局长：武立煌、苏振军、程立龙、徐慧卿（女）、黄长文（12月任）；纪检组长：安宝华（女）。

（高文玲）

门头沟区地方税务局

【概况】 门头沟区位于北京市西部，总面积1448.9平方公里，山区面积占98.5%。区政府驻地距市区（阜成门）25公里。辖9个镇、4个街道办事处。年末常住人口29.4万人，户籍人口总户数118113户，总人数24.8万人，其中非农业人口19.1万人，农业人口5.7万人，未落户常住人口81人。2011年，全区实现地区生产总值（GDP）102.7亿元，同比增长18.8%。实现财政一般预算收入16.9亿元，同比增长58%，完成调整预算的145.4%，全社会固定资产投资累计完成142.3亿元，同比增长58.4%，社会消费品零售额38亿元，同比增长16.7%。

门头沟区地方税务局机关位于门头沟区滨河路52号，内设14个职能科室，下设10个税务所、1个稽查局和1个机关后勤服务中心。年末，有干部职工249人，平均年龄40岁。其中：处级领导职务6人，占全局总人数的2.4%；科级领导职务62人，占全局总人数的24.9%；大专（含）以上学历226人，占全局总人数的90.8%。门头沟区地方税务局设机关党委，18个党支部，1个团总支。年末，有党员176人，占全局总人数的70.7%；有团员13人，占全局总人数的5.2%。

年末，门头沟区地方税务局辖区内有纳税人19127户，同比增加61户，增幅0.3%。全年新增税源户2673户，因跨区变更、注销、转非正常、证件失效等原因造成的税源户减少2612户，净增加61户。按经济类型划分：内资企业12871户，其中国有企业212户、集体企业590户、私营企业9468户；港、澳、台商投资企业45户；外商投资企业84户；个体工商户6127户。

【税收收入】 门头沟区地方税务局2011年共组织各项税费收入27.5亿元，同比增收9.2亿元，增长50%。地方公共财政预算收入22.6亿元，同比增收8.6亿元，增长61%，完成北京市地税局年度计划的148%，比北京市地税局计划超收7.3亿元。区级收入11.8亿元，同比增收4.7亿元，增长65%，完成门头沟区政府下达年度计划7.9亿元的149%，比门头沟区政府计划超收3.9亿元（不含由保险公司代征的车船税）。

【征收管理】 门头沟区地方税务局从征管基础工作入手，严管理，促规范，求实效。一是加强国地税征管协作，强化税源管理。通过与门头沟区国税局交换数据，对比分析，规范税源户信息，强化对税源户的管理。2011年门头沟区地方税务局正常户：19127户(含个体户6127户)，与去年同期相比，企业户增加1085户。在本区登记注册的企业中，注册资金1亿元（含）以上的40户，全年新增7户；注册资金1亿元以下5000万元（含）以上的75户，全年新增8户；注册资金5000万元以下1000万元（含）以上的671户，全年新增54户。二是完善征管制度建设。积极配合区政府起草《门头沟区加强区域税源综合管理服务暂行办法》，初步形成全区各部门共同协税护税的新格局；制定《门头沟区地方税务局重点税源户变动管理办法》，加强对重点税源的监管工作；制定《门头沟区地方税务局关于明确税务档案归集整理时限及部门职责的通知》，规范税务档案的归集整理。三是夯实基础工作。切实抓好“四率”考核，每季度制作税收征管状况监控分析情况表并进行通报；全年门头沟区地方税务局的登记率始终保持在100%，平均申报率为99.99%，平均入库率为99.99%；严格检查个体工商户的税收优惠政策落实情况；规范发票核定数据，降低执法风险。四是个人出租房屋税收委托代征工作得到落实，工会经费代收工作全面开展。

【纳税服务】 门头沟区地方税务局从贴近纳税人需求入手，深化、细化、优化服务举措。一是国地联办促效能，创新优化窗口服务。在全市税务系统率先试行国税务、地税局服务大厅互设办税服务窗口，并实现联合办理税务登记的新突破，实现纳税人“进一家门办两家事”，中央电视台东方时空栏目曾对此进行报道。二是整合纳税服务资源，打造全功能、标准化办税服务厅。强化服务区域功能，在办税服务厅进一步调整和规范七个功能区域设置。强化服务职能，提供多样化、人性化办税服务，最大限度地满足纳税人的办税需求。三是发挥“五个作用”，做好纳税辅导。发挥基层税务所季度培训例会和日常纳税咨询的作用；发挥税务学会桥梁的作用；发挥专业税务所专业培训的实效作用；发挥重点税源企业服务机制作用；发挥网络平台的便捷作用。2011年门头沟区地方税务局共举办季度例会12期，纳税人座谈会5次，参会人数近万人。税务所召开专题辅导培训7次，参会人数1200余人。开展走访服务347户，其中局长带队走访21户。四是有效落实AB角工作制，不断提升纳税服务质量。实行部门第一责任人负责制，制定“全程处理”工作标准，建立留言制度，成立综合服务组，公示AB角人员名单，做好内外双重监督。

【税收宣传】 在全国第20个税收宣传月之际，门头沟区地方税务局举办“税收凝聚你我贡献，税企共建生态新区”国地税与纳税信用A级企业植树活动，《中国财经报》《中国税务报》《北京日报》等多家媒体进行报道。

【依法治税】 门头沟区地方税务局从依法治税入手，不断规范执法行为。一是加强督察内审工作，规范日常执法行为。2011年共开展两次日常执法检查，并顺利完成税收执法督察工作，全年共检查案卷225份，进一步规范执法行为。二是圆满完成规范性文件清理工作，清理有效文件610个。三是以日常评估软件为依托，加大对疑点问题的处理能力。2011年，专项评估183户，日常评估1002户，评估补税2510.24万元。四是稽查工作按北京市地税局稽查工作相关要求有序开展。全年稽查立案204户，结案155户，查补税款滞纳金罚款643.45万元。

【专题教育活动】 门头沟区地方税务局 2011年的党风廉政建设主要体现在三个方面。一是扎实开展廉政风险防范管理工作“回头看”活动。分部门、分重点地制作业务流程风险防控图65个，在局内网进行公示，进一步完善廉政风险防控标准。二是加强两权监督，尤其是对三重一大事项决策制度贯彻执行情况进行重点监督检查。三是局综合行政检查组每月通过实地查看，抽查网络安全系统、12366电话录音系统，查看意见簿、意见箱等方式对干部日常从政行为进行检查，最后通过《行政监察通报》向全局通报检查情况，这些措施有力地规范干部日常从政行为。

【党建工作】 在2011年的创先争优活动中，门头沟区地方税务局机关党委围绕“优化服务”这个目标，突出加强党的建设。一是通过佩戴党徽、摆放标牌、亮出承诺，强化党员责任意识。组织开展的“三项评议”工作，有效促进党员作风的转变。二是在内网开辟“创先争优”阵地，积极宣传先进典型，充分发挥先进支部和优秀党员的示范引导作用。编辑《创先争优简报》30期、党建课堂10期，为活动开展营造良好的氛围。三是围绕建党90周年积极搞好主题活动，开展“五个一”主题系列活动，激发支部活力和党员爱岗敬业精神。

【班子队伍建设】 2011年门头沟区地方税务局进一步加强干部队伍的建设。一是进一步强化干部量化考核。制定并实施《正科级干部量化考核管理办法》和《税务所工作量化考核管理办法》。通过合理设置考核项目，细化考核分值，切实反映中层正职领导干部工作实绩和税务所一般干部的工作情况，并据此与督察考核奖挂钩，实施奖惩。二是进一步加大干部选拔、任用、交流的力度。根据工作需要，全年新提拔任用3名科级领导干部。认真落实京组发〔2010〕15号文件精神，按照职数情况和规定条件，完成对10名符合晋升条件的副主任科员转任主任科员工作。加大干部交流力度，全年共计交流干部41人次。制定门头沟区地税局党组会讨论任免干部票决实施办法，对两名干部的晋升首次使用票决制。三是进一步加强教育培训和档案管理工作。通过开办地税讲坛，举办更新知识培训，拓展干部的知识视野，提升业务能力。全年完成7次地税讲坛，组织14人参加执法资格考试和11人的岗前培训，并对全局228名公务员的培训进行及时的证书登记和系统录入。通过对HRP人事管理系统认真的维护，实现人事档案与系统的统一，进一步规范全局干部的档案管理工作。

【后勤保障】 2011年，门头沟区地方税务局完成北京市地税局档案馆的物业管理交接工作，以及档案馆消防设施的整改工作。同时，优化工作环境。一是积极做好部分办公室和办公家具的调整工作。二是及时为服务窗口统一制作指示牌等设施。三是对石龙办税大厅楼顶进行改造。四是完成清水所防水工程和局部修缮工程。五是完成斋堂所暖气改造工程。六是完成石龙和机关办公区域的窗户更换工程。七是完成石龙庭院、机关庭院、机关前厅的改造工程。

【地税文化建设】 一是加强基层税务所建设。召开门头沟区地税局基层税务所建设现场会，借鉴王平所好的经验和做法，推动文明机关创建，加强基层税务所建设，把地税文化建设引向深入。二是加大投入力度，提升干部文化素养。门头沟区地税局党组在资金相对紧张的情况，挤出资金购置图书充实机关、石龙、山区税务所图书室，提升干部的文化素养。全年购买图书几千册，征订各种报刊、杂志30余种，供广大干部职工借阅，营造浓厚的文化氛围。在区文联的支持和帮助下，完成《河畔》杂志第二期的编撰、出刊工作。三是汇民心解民意，办公环境进一步改善。有计划、有步骤地对全局的部分基础设施进行必要的修缮和改造，使干部的办公环境得到进一步改观。四是发挥工会作用，积极开展各项活动。工会发出全民健身的倡议，每季度组织一次活动。通过举办新春联欢会、春季跳绳比赛、健身走等系列活动，丰富广大干部职工的业余文化生活。特别值得一提的是，组建一支80人的合唱队，在参加区里的比赛中，荣获一等奖。2011年门头沟区地方税务局获得“北京市第八届全民健身体育节先进单位”的荣誉称号。

【表彰奖励】 门头沟区地方税务局被北京市残疾人联合会、北京市劳动和社会保障局授予扶残助残先进单位；被北京市第八届全民健身体育节组委会授予北京市第八届全民健身体育节先进单位；被北京市法制宣传教育领导小组、北京市人力资源和社会保障局授予北京市2006—2010年法制宣传教育先进集体；被北京市献血办公室授予2011年度北京市无偿献血工作突出单位。1月，“我承诺、我奉献”党员承诺活动被区委组织部评为“组织工作创新项目”受到表彰。6月，局机关党委被门头沟区委授予“先进基层党组织”荣誉称号，15名党员受到区直机关系统表彰。门头沟区地方税务局被评为“门头沟区城乡环境整治百日行动先进单位”。

【领导班子成员】 门头沟区地方税务局局长：吴鲁平；副局长：沈迪会、王阿鸣（女）、邢小虎、邵明东；纪检组长：张毅。

（陈　涛）

通州区地方税务局

【概况】 通州区位于北京市东南部，京杭大运河北端。区域地理坐标北纬39°36′—40°02′，东经116°32′—116°56′，东西宽36.5公里，南北长48公里，面积907平方公里。西临朝阳区、大兴区，北与顺义区接壤，东隔潮白河与河北省三河市、大厂回族自治县、香河县相连，南和天津市武清区、河北省廊坊市交界。紧邻北京中央商务区（CBD），西距国贸中心13公里，北距首都机场16公里，东距塘沽港100公里，素有“一京二卫三通州”之称，是环渤海经济圈中的核心枢纽部位。全区辖4个街道、2个地区、10个镇、1个乡。2011年，全区地区生产总值实现400亿元，同比增长16.0%；实现一般预算收入完成40.4亿元，同比增长27.8%。

通州区地方税务局位于通州区玉桥中路136号，全局有干部职工361人，机构33个，包括18个职能科室，11个征收税务所、1个后勤服务中心、1个税务学会、1个机关工会、1个稽查局（含4个科室）。

年末，全局税源户数70205户，其中正常税源户68727户，按征管行业划分：批发和零售贸易、餐饮业30170户；社会服务业16435户；科教文卫业7068户；制造业6661户；建筑业2478户；农林渔牧业2369户；交通运输、仓储及邮电通信业1516户；房地产业1313户；地质勘察、水利管理业180户；金融、保险业123户；电力、煤气及水的生产供应业64户；采掘业23户；其他行业327户。按经济性质划分：内资企业39037户；个体经营27865户；社会团体及基层群众自治组织746户；外资企业595户；国家机关及事业单位484户。

【税收完成情况】 全年，通州区地税局共计完成各项税费收入64.1亿元，同比增收10.9亿元，增长20.5%。其中：完成市级地方一般预算收入54.9亿元，同比增收9.9亿元，增长21.9%；完成区级一般预算收入27.7亿元，同比增收5.8亿元，增长26.2%。

【组织收入措施】 2011年，在通州区加快建设现代化国际新城的推动下，通州区地税局坚持依法治税，完善组织收入工作机制，强化税收预测分析，切实做好重点税源的“事前、事中、事后”监控，建立纳税大户电子档案，实行重点工程、重大项目跟踪服务。逐步深化税源监控、税收分析、纳税评估和税务稽查良性互动的税源与征管状况监控分析一体化工作机制。严格落实通州区发改委、建委等八个部门参加的联席会议制度，实现涉税信息实时共享。全局干部职工发扬大局意识、责任意识、忧患意识、服务意识和发展创新意识，提高对新城重点工程、重大项目的关注度，突出对产业结构调整、招商引资的反应度，注重税收预测分析的准确度，上下一心，攻坚克难，圆满完成全年组收工作。

【全力打造全功能标准化办税服务厅】 2011年，通州区地税局第一税务所办税服务厅顺利通过规范化建设验收，验收后服务厅服务对象覆盖全区4个街道、11个乡镇，拥有7大功能区、15个服务窗口、5台自助办税机，承办83项业务事项，并逐步安装安全监控设备，做到涉税受理阳光操作，简并流程提速增效，服务时间无缝衔接，事项办理多样便捷，为纳税人提供更精准、及时、专业的纳税服务。在此基础上，通州区地税局又在宋庄税务所和马驹桥税务所建立区域型办税服务厅，着力打造“一个旗舰店，两个辐射点”。全功能、标准化办税服务厅建设受到总局和北京市地税局的充分肯定，吸引河北省地税局、重庆市地税局、青岛市地税局等兄弟单位先后来局交流考察。

【构建和谐征纳关系】 在2010年纳税人满意度调查中，通州区地税局整体满意度排名全市第6，比去年上升2个名次。根据满意度调查和北京市政府行风评议情况反馈，通州区地税局认真制定整改措施，并将措施落实到位。主动建立第三方监督机制，与北京财贸学院和北京嘉华学院签订《办税服务厅第三方暗访调查工作协议》，查找基层税务所服务态度、12366热线解答、日常服务规范等方面存在的问题，促进服务质量提升。与通州区国税局联合召开2011—2012年度纳税信用A级企业授牌颁证大会，向235家企业颁发证书和牌匾，增强“以依法诚信纳税为荣，以助力新城建设为己任”的意识。

【开辟税收宣传新阵地】 2011年，通州区地税局连续第五年参加全国税法动漫大赛并获金银奖，在央视法制频道多次播出。在全国第20个税收宣传月期间，与中国税务网共同主办“动漫普法谋发展、纳税为国保民生暨小学生看动漫学税法，写征文议税收”活动启动仪式。特邀玉桥小学近200名师生走进地税、了解税收，参观纳税服务大厅，观看税法动漫片，使师生对税收有了更深刻的认识和理解，扩大税法普及面。

【充分发挥税收导向作用】 一是完善产业项目跟踪服务办法。在各委办局、乡镇、园区管委会招商过程中提前介入，介绍项目相关税收政策、经济指标和税负水平，使项目引进对区域经济的贡献力、可靠性和就业水平得到提升，逐步探求建立可供分析使用的项目跟踪服务电子管理系统，积极收集并分析重点产业工程项目的信息，提升税务在国际新城建设决策中的重要作用。二是认真落实各项税收政策。确保营业税、个人所得税、外资企业城建税、教育费附加等各项新政策落实到位。确保鼓励企业自主创新、科技进步的税收政策落实到户，助推两个国家级高新园区及各个正在建设的产业园区做强、做大。落实好文化创意产业税收优惠政策，支持宋庄文化创意产业集聚区良性发展。落实好“低碳经济”、节能减排等税收政策。依法实施各项税收减免，营造有利于产业结构升级和服务业发展的税政环境，促进社会和谐。三是按照北京市地税局工作要求，推进房地产税收一体化管理，结合全区房地产税收征管实际情况，制定《房地产税收一体化管理工作实施方案》和工作准则，全面提高房地产税收综合管理水平。

【信息化建设】 2011年，通州区地税区地税局切实履行信息化归口管理工作职责。开展软件正版化自查。提供政务信息资源共享查询服务。加强内网和硬件设备的安全维护、专项检查力度。编写《通州地税信息系统安全使用电子手册》，提升全局人员信息化安全意识。开展做好“春节”及“两会”特殊时期信息安全保障工作。落实全员信息化应用培训，信息化建设逐步规范。

【加快推进双项分类试点工作】 2011年，通州区地税局下发试点实施税源专业化管理工作方案和实施意见，细分税收管理员岗位，理清职责界限。以《税收业务流程指导手册》为依据，梳理、分解税收业务事项，使之与税收管理员岗位相匹配。设计使用《税收管理员岗位工作事项传递单》，确保税收征管环节岗位间工作的顺畅衔接，实现“闭环管理”。初步构建货物运输业、建筑业和广告业三个重点行业的纳税人行业风险管理流程，完成在风险管理流程上的突破和创新，推进税源管理流程化、专业化和集约化。

【扎实开展评估工作】 一是预警即时核实，全面提升日常评估。开展指标预警案件评估，加大手工提请选案力度。全年共对1605户纳税人进行日常评估，有问题率35%。二是开展行业范本研究，实施对重点税源和重点行业的专项评估。全年共完成专项评估184户，有问题率71.7%。三是开展“业务招待费税前扣除项目”“个人工资薪金与企业费用支出比对”等8个事项共1200户次的评估辅导工作，召开评估辅导会超过60场次，优化原有的评估工作模式。四是建立纳税评估三维立体协调联动反馈机制。横向与稽查、征管、收入核算等部门建立紧密联系，纵向与基层税务所加强沟通交流，减轻基层负担。对外积极尝试与国税局进行流转税、城市维护建设税、教育费附加入库信息的共享和交换，为评估工作提供信息支持。

【稽查工作稳步推进】 落实稽查“五率”考核管理机制，提升稽查案件质量。按照广告业、高收入者个人所得税（建安业）、资本性交易等检查行业的特点，建立3个专项检查案源库。充分利用地税网站曝光台，公告7件有代表性的案件，加大稽查震慑作用。深入开展税收专项检查和专项整治。联合通州区国税局、公安局大力开展打击发票违法犯罪和防范经济犯罪宣传活动，发放宣传图册2000余份，收到良好的社会效果。2011年，共计检查案件281件，审理定案210件，查补税款、滞纳金、罚款共计3300万元，入库2961万元。召开重大案件审理会三级审理3次，二级审理2次。处理举报案件174件，答复举报人111人次。

【加强领导班子建设】 着力建设一支年龄结构合理、专业结构互补、整体功能协调的领导班子队伍，在班子成员中全面推行“一线工作法”，共走访企业60余户、税务所30余次、解决热点问题70余件，完成重点调研课题6篇，得到基层税务干部和企业的高度认可。

【干部队伍建设】开展科级领导干部依法行政专题培训，提高干部依法行政能力和履职能力。组织开展3期更新知识培训和1期退休干部健康培训。

【完善制度】扎实开展《中华人民共和国行政强制法》学习、培训与考核工作。认真组织开展税收规范性文件清理工作。紧密围绕系统《2011年全面推进依法行政工作要点》，建立完善5大类机制：一是完善纳税人权益保障机制，制定《〈北京地方税务公告〉收发管理办法》；二是完善纳税人利益协调机制，建立基层法制员行政争议初始化解制度；三是完善纳税人矛盾调处机制，建立“两个走访”行政争议事中调处制度；四是完善纳税人诉求表达机制，建立行政争议事后回访制度；五是完善行政执法与行政司法之间的工作衔接机制，与通州区国税局、通州区法院行政庭建立协调、联动机制。

【加强思想政治工作】一是深入学习贯彻党的十七大和十七届五中全会、六中全会精神，创新党组中心组的学习形式和方法，每一名党组成员结合工作实际撰写调研文章。二是制订全局政治理论学习计划，保证干部职工政治坚定、思想稳定。三是开展党员承诺活动，23个党支部290名党员全部公开承诺事项。完善各基层所党支部的党团活动室。以纪念建党90周年为契机，举办歌咏比赛、演讲比赛和征文活动，开展“红旗党支部”“党员之星”“星级服务岗”“全国青年文明号”争创活动。依托通州区团校开展2011年星级服务岗、青年团干首期学习培训班。

【推进反腐倡廉教育】全面贯彻党风廉政建设责任制，落实一岗双责，加强两权监督，对“三重一大”事项实行备案制度。总结并巩固“做国家利益的忠诚卫士”反腐倡廉专题教育活动经验成果。严格执行党内监督条例。加强反腐倡廉制度执行情况监督检查。在通州区地税局思想教育基地中增加“专题教育活动”和“运河清风”板块，突出警示教育作用。编发《税苑清风》电子刊物。认真推进民主评议工作，开展六看六查，完善自身工作，形成“干部受教育、群众得实惠”的长效机制。

【领导班子成员】通州区地方税务局党组书记、局长：朱兴有；党组副书记、副局长：李宝顺、赵辉，副局长：王一兵、张孟松、刘亚慧（女）、董立彤（12月任）；纪检组长：马杰。

（潘国强）

顺义区地方税务局

【概况】 顺义区位于北京市东北郊，城区距市中心30公里。东邻平谷，北连怀柔、密云，西接昌平、朝阳区，南界通州区、河北三河市。区境东西长45公里，南北宽30公里，总面积1020平方公里。地处燕山南麓，华北平原北端，属潮白河冲积扇下段。平原面积占95.7%。地势北高南低，北部山地最高点海拔637米，平均海拔35米。境内有大小河流20余条，分属北运河、潮白河、蓟运河3个水系，河道总长232公里，径流总量1.7亿立方米。气候属暖温带半湿润大陆性季风性气候。全区共辖19个镇、6个街道办事处、426个行政村，境内有回、满、蒙古等25个少数民族，常住人口87.7万人。2011年，全区实现地区生产总值1002.1亿元，同比增长15.5%；社会消费品零售额达到217亿元，同比增长16.9%；完成公共财政预算收入80.9亿元，同比增长38.5%。

顺义区地方税务局位于北京市顺义区新顺南大街35号，共有干部职工 347人，平均年龄 41.36岁，大专以上学历占89.91%。其中，中共党员300人，团员14人，分别占总人数的 86.46% 和 4.03%。全局共设有13个职能科室、14个税务所、1个稽查局、1个机关后勤服务中心及1个机场分局（副处级），并成立了工会、地方税务学会。作为北京市地方税务局的派出机构，顺义区地方税务局承担着辖区内营业税、企业所得税、个人所得税等十余个地方税费的征收管理工作。截至2011年年底，全局共有税务登记户36961户，其中国有企业443户，集体企业856户，私营企业6945户，个体工商户18044户，联营企业6户，股份有限公司155户、股份合作企业和有限责任公司8000户，外资企业751户，其他企业1259户。

【圆满完成税收收入任务】 全年共组织各项税费收入119.04亿元，同比增收29.59亿元，增长33.1%。其中：地方一般预算收入完成98.35亿元，完成北京市地税局2011年度计划指标82.8亿元的118.8%，同比增收24.35亿元，增长32.9%，地方税收收入实现持续平稳较快增长。

【夯实税收征管基础】 全面做好税务登记、申报征收等工作，全局平均申报率为99.84%，入库率为99.73%。扩大重点税源监控范围，确定市级重点税源企业74家，同比增长37%，全年平均税收收入预测准确率达到97%以上；对正常税源户2009年、2010年税费缴纳、税控装置及发票使用情况进行核查，有效掌握企业的涉税基本情况，及时发现问题并进行处理。全年发放20份《征管工作建议书》，纠正税务所日常工作偏差。

【规范委托代征行为】认真开展执法检查，终止存在超范围代征现象的乡镇、街道、开发区的委托代征资格，仅保留三家代征单位，最大限度地规避税务干部的执法风险。

【开展税源核查工作】建立与工商、质监、民政、教委等部门的信息传递共享机制，与国税部门联合发布通告，在顺义区电视台连续播放一个月，引导纳税人按规定办理税务登记，全年共清理漏征漏管户349户。

【推进双项分类管理工作】一是制定并完善《双项分类工作法试点工作实施方案》《税收管理员能级分类工作实施方案》《纳税人税收流失风险等级分类指导意见》等五项制度，明确职责。二是针对试点税务所的现有纳税人，按税收流失风险和企业规模细化分类。最后，开展税收业务流程及营业税考试、技能“大比武”、效能监察、所长评判、法制督察等测评，将99名税收管理员分为三级。

【提升档案管理水平】采取系统查询、定期归集、下发清单的形式，提醒税务所按照要求报送有关档案资料，提升税务档案的管理水平；升级档案影像系统，实现新旧系统数据库的顺利对接；拓宽档案查阅渠道，设定不同级别干部的查询权限，满足查询需求。

【税政管理】在税源管理层面，利用国税部门企业所得税税源台账，对顺义区地税局企业所得税税源户开展比对、核实工作；研发企业所得税税源户电子台账管理系统，消除统计不清和数据不准的弊端。同时，及时添加新办户税源标识，全面掌握税源现状；开展房税、土税税源摸底工作，提升税源监控水平；设计制作减免税管理台账，解决减免税管理相对薄弱的问题，提升基层依法行政水平。在税政指导层面，组织全局业务骨干开展个人所得税、工会经费代收、存量房交易、地方教育附加、新《车船税法》等政策的集中培训，统一业务工作开展口径，降低干部执法风险；针对基层税务所反映的共性问题进行调查摸底，制定相关工作流程并下发《税收政策问题解答》，有效规范干部日常执法行为。全年共下发《税收政策问题解答》6期，明确答复问题99项。此外，开展好残保金和工会经费的代征、代收工作，全面推进修改后《个人所得税法》的贯彻实施工作。

【优化税收环境】本着“使窗口业务办理更方便、更快捷、更高效”的原则，适时改造办税服务大厅，完善整体功能。进一步优化纳税服务软环境。在内部，开展培训，全年对窗口干部集中开展行政礼仪、文明礼仪培训3次，进一步规范人员管理，提升纳税服务水平；举办讲座，邀请国家税务总局法律顾问就如何规避税收执法风险为全体干部进行讲解，增强干部的风险防范意识；树立典型，开展“创先争优做标兵，岗位奉献展风采”活动，评选出税收管理员标兵20名、纳税服务标兵4名以及稽查业务标兵4名。

【提高队伍凝聚力】 针对不同群体精心策划各具特色的“三八”“五四”“六一”等节日庆祝活动，达到凝心聚气的效果；开展摄影知识、养生保健讲座等活动，丰富干部的精神文化生活。此外，探望生育小孩及生病住院的干部，对困难职工发放补助，为过生日的干部职工送上祝福等，进一步提升队伍的凝聚力和向心力。在外部，开展《涉税事项告知书》发放工作，完善内容，建立台账，已发放告知书近7000份。创新纳税培训方式，变以往税务所分散辅导为税务学会集中组织培训的模式，提高培训的实效性及针对性，共开展集中培训32场次，8200余户纳税人参加。编印《地方税收常用法律法规汇编》，通过快递投送给辖区内全体纳税人，切实履行宣传义务，普及税法知识。举办“身边的税收”社区LED宣传活动，利用覆盖全区所有居民小区的87块LED显示屏，每天循环滚动播放200次税收知识，每月更新4版内容，送税法到百姓身边。发放《征求纳税人意见建议反馈单》767份，了解纳税人的意见和需求，有的放矢地改进工作。形式多样、内容丰富的宣传活动，贴近实际、贴近生活、贴近群众，提升纳税人的税收法制观念和纳税遵从度，营造良好的税收工作氛围。

【纳税评估深化指导】 制定纳税评估工作的考量指标，坚持每月整理各税务所评估数据，并按季度向税务所通报，有效加强税务所评估工作开展状况的管理与评价，进一步提高评估工作的质量。全年共评估2341户，有问题户843户，入库税款、滞纳金1159万元。

【稽查检查特色突出】 开展技能“大比武”交叉式检查。打破科室、税务所以及岗位的界限，198名干部组成的99个检查组开展入户检查工作，局领导分别听取各检查组的汇报并进行现场提问。此次检查共查补税款、滞纳金、罚款70余万元，有效检验税收征管质效，达到“基础更牢固、执法更规范、队伍更和谐、管理更高效”的目的。同时，试行审计型检查工作。以某内资航空公司为试点，施行重点税源企业的审计型检查，借助第三方力量完成检查底稿目录及内容的初稿，为此项工作的系统全面推广打下基础。稽查局全年共对140户纳税人进行税务检查，有问题户数128户，入库税款、滞纳金和罚款

2122万元。加大对以前年度未结案件的清理工作，已清理案件90件，入库税款、滞纳金、罚款共计908万元。

【法制工作不断强化】 完善内部审计措施，强化对外支付税务证明的管理，做好非居民享受税收协定的审批、备案工作，提升法制工作水平；刊发《推进依法行政工作简报》4期，汇集全局各单位依法行政工作措施，传达税收政策，反映工作成果；对中层以上领导干部进行“以案说法 依法行政”专题教育，促使其在依法行政工作上发挥好带头和表率作用；对全局干部开展专题教育讲座，引导干部职工依法履职，远离职务犯罪。开展日常税收执法督察，对税收规范性文件进行清理，推动全局依法行政工作更好地开展。

【实施撰写工作报告制度】 中层以上领导干部定期撰写工作报告，对自身和所在单位全员进行评价，局领导逐一审阅并进行书面点评，并将此项工作作为效能监察的重要内容和依据，增强领导干部的责任感和使命感，确保各项工作得到更好地落实，同时，督促领导干部认真、主动履职尽责，提升整体工作水平。

【教育培训考试】 开展公务员更新知识、电子政务等培训，扩大干部知识面，提升信息化操作技能，提高风险防范意识。以“夯实基础谋发展、提升素质促转变”为主题开展系列考试，突出“全员参与、内容全面、形式正规、结果公开”的特点，全年开展营业税、征管法、业务流程、新个人所得税法等考试，共1088人次参加，激发干部“比、学、赶、帮、超”的学习热情。

【干部选拔任用工作】 对165名自愿报名的干部进行笔试、面试和民主测评，将3 名优秀的一般干部选拔到上一级领导岗位，将在基层默默无闻、兢兢业业工作多年的3名老同志提升为副主任科员，将表现出色的3 名非领导职务的干部转任实职岗位。逐步落实京组发〔2010〕15号文件，将符合政策条件的9名干部晋升为上一级非领导职务。干部队伍调整后，人力资源配置得到进一步优化。

【党风廉政建设】 一是积极开展警示教育活动。组织正科级以上领导干部参观“和谐顺义，廉政同行——预防职务犯罪宣传展”，教育引导中层领导干部忠于职守、廉洁奉公。二是深入推进惩防体系建设。引入第三方调查机构，采取电话、暗访、实地走访纳税人等方式，深入开展调查；增加特约监察员的数量，选聘局级特约监察员25名、所级特约监察员100余名，为推进政风行风建设奠定组织基础。三是全面总结专题教育活动成果。按照北京市地税局统一部署，全面总结“做国家利益的忠诚卫士”反腐倡廉专题教育活动开展的基本情况、取得的成效和经验等。此外，针对科级以上领导干部开展《廉政准则》的贯彻执行情况专项检查，签订承诺书，促进领导干部廉洁从政。

【基层党建活动】一是强组织，完成机关党委换届选举和党支部委员会增补选工作，局领导以一名普通党员的身份参与其分管单位党支部的组织活动。二是提要求，制定《共产党员“八项要求”》，组织党员集体学习，认真贯彻。三是做承诺，每名党员填写《“创先争优”活动党员公开承诺书》，明确争创目标，承诺职责任务。四是亮身份，统一佩戴党员标识，亮明身份，牢记义务。五是搭平台，开通“党员在线”短信平台，每月定时发送党史知识短信。六是送温暖，慰问全局16名特殊困难党员，体现组织的关心和爱护。七是唱红歌，召开“红歌颂党”纪念大会，230名党员干部演唱经典红色歌曲，激发广大党员创先争优和推进地税建设的热情。八是办演讲，承办“党在百姓心中”和“党在我心中”巡回演讲活动，营造“爱党、爱国、爱岗”的浓厚氛围。九是搞创新，创新党建培训方式，利用内网资源，开展支部书记网络学习教育，提高基层支部书记党务理论水平和工作能力，推动全局党建工作的深入开展。

【后勤服务】开发企业所得税税源户电子台账管理系统，为11个税务所开通减免税专用网络，调整、安装和维修计算机、打印机等各类设备400余台，优化信息化环境。做好车辆的日常维护和保养工作，强化对驾驶员的安全教育，保证办公车辆无故障、无事故；严把食品采购、储藏、制作关，注重营养搭配。改造部分基层税务所设施，完成公费医疗并入社保工作，为各单位办公经费提供有力的支持。完成相关领导来京考察、学习、交流的接待服务工作。

【先进表彰】2011年，顺义区地税局先后获得“北京市交通安全先进单位”“顺义区党建工作先进单位”“顺义区信访工作优秀单位”“顺义区‘六好’工会”“顺义区构建学习型社会工作先进单位”“‘一助一’工作先进单位”“顺义区第二届全民健身体育节‘燕京杯’广播体操比赛一等奖”“北京市地方税务局系统庆祝建党90周年暨第八届文艺汇演优秀组织奖”等多项荣誉。

【领导班子成员】顺义区地方税务局党组书记、局长：张天生；党组副书记、副局长：刘东升；党组成员、机场分局局长：纪宏巍；副局长：黄健、王国强、李志刚、赵学武；纪检组长：刘佩书（女）。

（胡　月）

怀柔区地方税务局

【概况】 怀柔区地处燕山南麓，北京市东北部，区域版图呈哑铃状，南北狭长，距市区50公里，全区面积2128.7平方公里，山区占88.7%。区辖12个镇，2个乡，2个街道办事处。年末，全区户籍常住人口27.7万人，同比增长0.3%。年内，怀柔区实现地区生产总值166.5亿元，同比增长12.6%。其中，第一产业增加值7.1亿元，增长5.5%；第二产业增加值99.8亿元，增长11.3%；第三产业增加值59.6亿元，增长15.7%。完成财政一般预算收入21.1亿元，同比增长15.4%。实现社会消费品零售额79.2亿元，同比增长16.8%。

怀柔区地方税务局（以下简称怀柔区地税局）位于怀柔区南华大街17号，下设14个职能科室（办公室、人事教育科、基层工作科、监察科、计划财务科、法制科、审计科、税政管理一科、税政管理二科、征收管理科、收入核算科、科技信息科、纳税评估科、纳税服务科），1个后勤服务中心，8个基层税务所，1个稽查局（含立案科、检查一科、检查二科、审理科、执行科）。年末，全局共有干部职工268人，其中研究生10人，占全体干部职工的3.7%，大学本科学历186人，占全体干部职工的69.4%，本科以下学历72人，占全体干部职工的26.9%。共有中共党员188人，占全体干部职工的70.1%，共青团员8人，占全体干部职工的3%。

年末，全局辖税务登记户数30284户，其中国有经济171 户，集体经济446户，私营经济9161户，其他有限责任经济4655户，股份有限公司53户，股份合作企业127户，联营经济7户，个体经济14332户，外商投资187户，港、澳、台商投资经济85户，其他1060户。

【完成税收收入】 2011年，怀柔区地税局组织各项收入33.96亿元，同比增收5.32亿元，增长18.58%；组织地方公共财政预算收入26.03亿元，同比增收4.09亿元，增长18.66%，完成北京市地税局年度计划指标23亿元的113.21%；组织区地方实得收入13.71亿元，同比增收2.44亿元，增长21.71%，完成区政府计划指标12.5亿元的109.71%。

【研发发票统计分析模块】 为强化、

完善发票管理工作，积极探索并充分发挥发票管理在堵塞税收征管漏洞，强化税源监控、保障社会经济秩序上的作用，怀柔区地税局自主研发发票管理统计分析模块：一是通过严谨、合理的数据分析理论，建立数据之间的勾稽关系、评估关系及其设定预警参数。二是将日常发票管理工作科学化、数据化、直观化，并按照设定时间进行发布。三是减轻税收管理员的工作负担，规避基层人员执法风险，规范完善发票管理的工作目标。

【落实税收优惠政策】 年内，怀柔区地税局对2010年享受企业所得税减免税政策的、从事农、林、牧、渔业免税收入的、国家重点扶持的高新技术和安置残疾人员的各类企业616户，减免4950万元，充分发挥税收促进经济发展和社会和谐的作用。

【税务稽查执法】 2011年，怀柔区地税局立案检查企业201户，结案162户，有问题116户，有问题率71.6%。查补税款滞罚共计2125.2万元，入库1423.73万元。其中，清理涉税举报积压案件41件，已清理结案31件，清理率75.6%，清理入库税款滞罚合计436.79万元。

【创新纳税评估方法】 怀柔区地税局实行“抓点、围线、控面”纳税评估新方法，完善“包所辅导制”，进一步提高纳税评估工作质量。全年共评估区内企业1948户，补缴税款和滞纳金共计2494.85万元。

【开展第二十个税收宣传月活动】 4月21日，怀柔区地税局联合怀柔区国税局、雁栖开发区管委会共同举办“服务科学发展 共建和谐税收”税企座谈会。怀柔区副区长吴群刚，怀柔区地税局党组书记、局长韩松及区国税局的主要领导出席会议，雁栖开发区16家重点企业的财务负责人参加座谈。税企双方就税收征管、纳税服务、税法宣传等方面进行深入探讨。座谈会的召开进一步加强税务部门与企业之间的联系沟通，促进税收征纳双方和谐互动。

【宣传新《个人所得税法》】 为全面贯彻实施修改后《个人所得税法》的各项工作，8月至9月，怀柔区地税局邀请怀柔区各委办局的财务负责人、2010年度个人所得税入库前100名的企业财务负责人、年纳税40万元以上的部分重点纳税人，开展修改后《个人所得税法》政策宣讲，共280余人参加学习。在怀柔电视台《法治时刻》栏目制作播出专题节目，以国家税务总局46号公告为主要内容，加大宣传力度。参加怀柔区广播电台行风热线节目，通过广播向全区人民宣讲修改后《个人所得税法》相关内容。采用电话、飞信、手机短信以及各税务所和申报大厅电子显示屏播出公告内容，共发送短信7000余条，发送宣传材料7000余份。由征管部门、税政部门、税源管理所组成联合辅导宣传组，到委托代征单位开展上门宣传辅导，张贴宣传海报，发放新《个人所得税法》

宣传手册，督促委托代征单位正确执行税收政策。

【新网站上线运行】 3月，怀柔区地税局对原有的税务网站进行更新改版，新的版面开设《局长信箱》《意见征集》《涉税违法举报》《纳税人权益平台》等多个栏目，加大税务网站税收政策的宣传力度，完善意见反馈版块和留言版块，使网民各类诉求反馈更加畅通无阻。

【举办纳税信用A级企业颁牌活动】 6月21日，怀柔区地税局邀请新评定出的17家纳税信用A级企业代表，召开2011—2012年度纳税信用A级企业座谈会。怀柔区地税局党组书记、局长韩松向参会代表介绍近年来的纳税服务工作，业务科室负责人逐一解答企业提出的涉税问题，并为17家纳税信用A级企业授牌、颁发证书。

【探索实行宣传培训六模式】 网宣税法培训模式，全年网上发布信息335条；集中辅导培训模式，全年培训1000多人次；以书代训模式，编印《税收基础知识指南》5000册；需求菜单培训模式，庙城镇税务所首创并获得成功；短信服务宣传模式，全年发送短信232648条；“飞信业务”宣传模式，一系列纳税服务措施，得到纳税人的称赞，纳税人遵从度进一步提升。

【召开“六五”普法启动工作会】 10月13日，怀柔区地税局召开“六五”普法启动工作会，怀柔区局领导班子和各科所负责人参加。会上研究部署法制宣传教育第六个五年规划，重点对法制宣传教育“六个深入”的主要工作任务进行具体部署：一是深入学习宣传《宪法》、中国特色社会主义法律体系和国家基本法律制度，推进依法治国方略在本局的贯彻落实。二是深入学习宣传经济、税收政策法规，为本局税收中心工作营造良好法治氛围。三是深入推动社会管理创新法律法规的学习宣传，加快法治型机关建设步伐。四是深入开展“法律进机关、进乡村、进社区、进学校、进企业、进单位”主题活动，提高法制宣传教育的针对性和实效性。五是深入学习宣传保障纳税人利益的法律法规，促进征纳关系和谐稳定。六是深入学习宣传维护社会稳定的法律法规，促进“平安地税”建设。通过宣传教育，全局各单位进一步明确“六五”期间法制宣传教育的职能分工和工作措施，为“六五”普法工作的顺利开展打下坚实的基础。

【举办依法行政专题讲座】 6月23日，怀柔区地税局组织全体干部在局机关举办依法行政专题讲座，邀请怀柔区行政投诉中心领导围绕依法行政主题，用典型行政投诉案例，介绍依法行政的基本要求以及应予克服的不良行为，同时结合地税工作实际就如何加强依法行政工作进行专题辅导，有效提高全局干部职工依法行政的意识和能力。

【开展打击发票违法犯罪宣传活动】 4月22日，怀柔区地税局联合区公安局、国税局等部门在怀柔区普法公园开展“坚决打击发票违法犯罪　维护社会经济秩序”宣传活动。在活动现场设立宣传条幅，选取多年来打击发票违法的典型案例进行曝光，现场解答纳税人问题，向过往行人发放宣传资料3000余份。通过广泛宣传鉴别真假发票的知识和使用假发票的危害，提高群众防假防骗的能力和依法取得和使用发票的法制意识。

【成立怀柔区地税局机关党委会】 3月1日，怀柔区地税局召开机关党委会成立暨选举大会，局属各单位167名党员参加。党总支副书记、副局长史利军代表机关党总支委员会作题为“认清形势 科学发展 开创怀柔地税局机关党委工作新局面”的总结报告。经过无记名投票，选举出郭海福副局长任书记，由7名同志组成的第一届机关党委会。新一届机关党委的成立，对进一步加强机关党的建设，充分发挥机关党组织的战斗堡垒作用和共产党员的先锋模范作用奠定了坚实的组织基础。

【推进科级领导干部队伍建设】 怀柔区地税局在全体干部中组织开展“我心目中的科(所)长”有奖征文活动，共征集征文129篇，评选出优秀征文20篇。4月，怀柔区地税局领导班子主要成员与优秀征文获奖者、中层副职领导进行面对面座谈，征求大家对本局科级领导干部队伍建设的意见与建议，并将座谈内容进行分类汇总，为进一步提高科级领导干部队伍的政治素质、业务水平和管理能力提供参考。

【组织税收业务知识培训】 7月，怀柔区地税局分四批组织全局干部开展以会计基础为主要内容的税收业务知识培训。培训设置会计基础班、会计报表班、房地产业务班及知识更新班四个批次，干部依据自身特点及岗位需要自主选择班次学习，既让新干部打牢基础，又让老干部巩固提高。同时对干部普遍关心的热点、难点问题进行剖析，培训的针对性和实效性进一步增强。

【开展“五四”青年节主题团日活动】 为纪念“五四青年运动九十二周年”、建团89周年，4月29日，怀柔区地税局团总支组织12名团员青年，到渤海镇“平北抗日第一枪”革命烈士纪念碑前，开展以“缅怀英烈丰功伟绩，做国家利益的忠诚卫士”为主题的团日活动。活动中青年干部重温入团誓言，并向英雄纪念碑献花。活动的开展激发了青年干部的爱国热情和民族自豪感，增强了贯彻落实“做国家利益的忠诚卫士”的自觉性和坚定性。

【建立领导班子理论课题“重点发言人”制度】 6月，怀柔区地税局党组书记、局长韩松在理论中心组学习会议上作题为《深刻理解社会主义核心价值体系，培育和弘扬怀柔地税精神，为科学发展怀柔地税而努力》的重点发言，带领理论中心组全体成员集中学习社会主义核心价值体系的内涵及重大意义。此项制度的建立，进一步创新怀柔区地税局理论学习的形式，增强理论学习的时效性。

【开展纪念建党90周年主题党日活动】 6月24日，怀柔区地税局召开“纪念建党90周年主题党日活动暨专题党课”报告会。会上，新发展的三名预备党员宣誓，老党员重温入党誓词。各支部书记代表全体党员在“创先争优，从我做起，我是党员我承诺”条幅上写下承诺誓言并签名。邀请中国社会科学院马克思主义研究院《马克思主义研究》副主编吴波以“关于中国道路问题”为题，围绕中国道路探讨问题的缘起、中国共产党与新中国的两个“三十年”、中国共产党与中国问题、中国道路的未来四个方面为全体党员授课。活动的开展，使党员干部进一步明确党员的责任和义务，督促大家在税收工作的各个岗位上发挥党员的先锋模范作用。

【党风廉政建设】 加强党风廉政建设，全面落实党风廉政建设责任制，制定并实施 “三书两报告制度”，明确任务分工，狠抓责任落实，确保“一岗双责”落到实处。加强反腐倡廉教育，认真开展“做国家利益的忠诚卫士”反腐倡廉专题教育活动。加强政风行风建设，组织召开“民主评议基层科所工作暨特邀监察员”座谈会，积极组织自下而上的行风建设自查自纠活动。

【先进表彰】 2011年，怀柔区地税局荣获北京市交通委员会交通管理先进单位、2008—2010年度北京市内部审计先进单位、怀柔区经济建设贡献先进单位、怀柔区“创建学习型组织先进集体”等多项荣誉。

【领导班子成员】 怀柔区地方税务局党组书记、局长：韩松；党组副书记、副局长：郭海福；党组成员、副局长：史利军、樊京虎、王桂富、吕延程；党组成员、纪检组长：陈刚。

(赵建军　陈月明)

平谷区地方税务局

【概况】 平谷区位于首都经济圈和环渤海经济区中，北与密云县、河北省兴隆县相邻，西与顺义区接壤，东、南与天津市蓟县、河北省三河市为邻，处在京、津、冀三省市的交会处，是全国最大的产桃基地，有“京东绿谷”的美誉。全区土地面积948平方公里，耕地面积120平方公里。2011年，全区户籍人口396328人，其中农业人口199911人；全区辖14个镇、2个乡、2个街道办事处，272个村民委员会、30个社区居委会；2011年，全区完成地区生产总值135.8亿元，同比增长15.1%；农林牧渔业总产值完成34.4亿元，同比增长16.9%；工业总产值（现价）完成220.1亿元，同比增长15.1%；社会消费品零售额完成58.1亿元，同比增长17%；完成财政收入34.9亿元，同比减少13%；农民人均纯收入13387元，同比增长14.1%。

平谷区地方税务局位于平谷区林荫北街5号，机关内设14个科室、下设10个税务所，1个事业单位（机关后勤服务中心）、稽查局和工会。年末，全局共有干部职工269人，其中公务员247人，工勤人员22人；专科以上学历人数为228人，占全局总人数的84.8%，其中研究生7人，本科175人，专科46人；党员206人，团员30人。全区注册税务登记户数（正常户）为17170户，内资企业13058户(其中国有企业161户，集体企业276户，股份制合作企业410户，联营企业1户，有限责任公司8908户，股份有限公司68户，私营企业2130户，其他企业1104户)，个体工商户3976户，中外合资、中外合作和外商独资企业94户，港澳台合资、合作和独资企业42户。

【收入任务完成情况】 全年完成各项收入32.63亿元，同比增收6.36亿元，增长24.20%，其中代征残保金1664万元；完成地方一般预算收入24.23亿元，同比增收4.81亿元，增长24.75%，完成年初计划的116.48%；其中，完成区级地方一般预算收入12.51亿元，同比增收2.38亿元，同比增长23.53%，超额完成年初区下达的12%的指标，占区地方一般预算收入的69.17%。

【完善服务平台】 积极推进办税服务中心建设。按照标准化要求对符合条件的办税大厅进行环境改造。进行外网改版升级，提高网上办税效率；发挥短信平台、12366热线作用，进一步提高涉税咨询、涉税辅导、法规告知等工作效率。

【拓展服务范围】 每月向区、乡镇政府及有关部门通报收入进度、税源户变化信息，进行新政策解读，开展税源建设调研，为领导决策服务。进行纳税服务志愿者培训，扩大纳税服务志愿者队伍，志愿者的服务范围扩展到所有乡镇。

【突出服务重点】 服务乐谷建设，以国际桃花音乐节为契机，将行业特点与区域特色有机结合，开展多种形式的税收宣传活动。全年发放各类税收宣传资料2万份，发表新闻稿件80篇，录制税法资讯节目23期。

【提高服务质量】 调整税务所职能配置，25项涉税业务由全功能、标准化办税服务厅集中受理，并实现部分涉税业务的区域通办，降低纳税人办税成本。税务登记、契税征收等业务实现立等可取、一次办结。认真落实首问责任制和一次性告知制度，减少纳税人往返办税次数，有效降低纳税成本。

【推进信息管税】 主动获取系统外涉税信息，利用信息技术加强数据分析、比对，增强对小税种管理和发票管理的主动性。

【客观评价征管工作】 突出重点，进行征管质量考核；定期对征管状况进行监控分析，及时通报情况，明确整改重点。通过征管质量评价和绩效考核促进执法行为的规范和管理制度的落实。

【加强对外支付证明管理】 2011年，主要征管考核指标为登记率100%，征期内申报率、总申报率和入库率分别为98.93%、99.26%和99.85%，均较上年有所提高。

【掌握基础信息】 加强与平谷区大项目办公室联系，掌握施工项目及建设单位、承建单位信息，明确管辖税务所。

【全力做好服务】 班子成员亲自带队，采取上门走访、开通咨询专线等方式，宣传报验登记、代开发票、外出经营核销等办税要求，解决企业遇到的涉税问题。

【主动争取支持】 在平谷区建委的大力支持下，向建设单位发放《致固定资产投资项目建设单位的一封信》，取得建设单位配合，引导承建方依法纳税。

【建立局、所两级监管制度】 及时掌握工程造价及工程进度。全年代开发票7939份，入库税款9709万元。

【纳税评估工作】 加强调查研究，逐步调整纳税评估工作定位。成立课题组，探索建立《建筑业纳税评估操作实务与模型》，指导税务所日常评估。加强城市维护建设税、教育费附加比对、无税申报评估、汇算清缴有关事项评估等工作，查找税收征管薄弱点及纳税人办税中存在的普遍问题，提出加强征管的建议，进一步明确纳税人辅导培训重点，提高税源监控的针对性。

【税务稽查工作】 落实各项稽查制度，严格遵守稽查程序，发挥税务稽查“查处一案，规范一片”的作用，打击税收违法犯罪行为。加强打击发票违法犯罪活动的组织协调，落实“查账必查票、查案必查票、查税必查票”的工作要求。2011年，清理以前年度积案24件。稽查入库税款2287.5万元。

【税收政策管理】 加强税收政策宣传辅导，积极主动指导纳税人依法办理涉税事宜，提高纳税人对税收政策的认知度。积极参与经济结构调整，加大高新技术、文化创意、低碳经济等新兴战略产业的税政指导力度，支持中国乐谷、马坊物流园区等重点项目、重点行业、重点区域发展。围绕保障和改善民生，继续落实小型微利企业所得税税收优惠政策，扶持平谷区内小规模企业发展；落实税收优惠政策，扶持弱势群体，保障企业合法权益，做好代收工会经费的各项准备工作，促进社会和谐。全年减免各项税费1.03亿元。

【法制工作】 制定《平谷区地方税务局推进依法行政领导小组工作规则》，完善组织领导和制度建设。落实《政府信息公开条例》，通过网络、公告栏、办税手册等多种形式扎实推进政务公开。加大执法监督力度，认真落实审计意见，开展税收执法检查，做好北京市地税局执法督察项目的自查工作。落实税收执法责任制，对行政执法过错行为当事人进行责任追究。培养干部依法行政意识，将学习保密法、刑法、行政强制法等纳入党组中心组理论学习、公务员培训。

【党的建设】加强基层党组织建设，落实党建工作责任制。以纪念建党90周年为契机，开展学党史、唱红歌、表彰先进、参观展览、主题征文等活动，坚定党员的理想信念，激发群众的爱党热情。认真做好党组织和党员公开承诺工作、组织开展“党员政治生日”活动，推进创先争优活动深入健康开展。加强对工、青、妇、地方税务学会工作的指导，送温暖、送健康、送知识，营造和谐的工作氛围。在对职工张春雨捐款过程中，体现全局干部职工的爱心。

【领导班子建设】党组理论中心组带头学习胡锦涛总书记“七一”重要讲话和党的十七届六中全会精神，深入学习领会北京市地税局党组、平谷区委区政府的工作指导思想和工作要求，并以之指导地税工作实践。坚持民主集中制，发挥每个班子成员的长处，形成整体合力。深入调查研究，局领导牵头的3篇调研报告被北京市地税局、平谷区委调研刊物采用。领导班子成员带头遵纪守法，带头落实各项工作要求，认真坚持“爱岗敬业、忠于职守、依法行政、以德服人”的方针。

【干部队伍建设】把学习纳入目标管理考核和工作人员绩效考核之中，营造全员学习、鼓励学习的氛围。建立领导干部学习制度，统筹安排党组理论中心组学习、法制学习、业务学习，提高领导干部学习的系统性，发挥领导干部在学习型机关建设中的表率作用。加强业务培训。以公务员更新知识培训为契机，对全局干部进行注册税务师业务培训。搭建自学平台。在内网建立自学辅导知识库，设置“每日一练”题库，定期组织网上测评，为干部自主学习、每日必练提供支持。2011年，干部自发组成各种兴趣小组11个，154人次参加。

【日常管理】依据《北京市平谷区地方税务局工作人员效能评价办法（试行）》，逐级评价干部的工作绩效，引导干部遵纪守法、依法依规开展工作，履行职责。

【反腐倡廉工作】认真完成“做国家利益的忠诚卫士”反腐倡廉专题教育活动整改落实和总结验收阶段工作，实现人人都参与、人人受教育、人人有转变。认真落实党风廉政建设责任制，推进廉政风险防范管理，通过层层签订《党风廉政建设责任书》，组织参观反腐教育基地、观看反腐倡廉教育宣传片、参加廉政文化作品创作活动，提高干部廉洁从政意识，连续七年实现“双零”目标。继续开展“小金库”和公务用车专项治理。

【制度体系建设工作】 按照“职责清、情况明、数据准、要求严”的标准，进一步加强制度、机制建设，规范政务、业务流程。对建局以来的行政管理制度进行梳理，明确各具体事项的管理要求；根据北京市地税局有关要求，修订《内网管理办法》《网站维护管理办法》《考勤管理办法》等制度。针对新业务流程的要求，修订《走访服务制度》，建立《信息系统突发事件总体应急预案》《办税服务厅突发事件应急处理预案》，草拟《平谷区地方税务局处置突发性涉税检举事件应急预案》。制定存量房交易税收征管和计税价格争议处理工作流程、计税价格评估保密制度，用规范的工作流程和完善的制度保障工作落实。围绕“巩固工作基础，突出工作重点，提高工作质量”，对目标管理考核办法及细则进行修订。对税收管理员工作评价进行专题调研，修订工作人员绩效考核办法。

【先进表彰】 国家级表彰：第二税务所被中华全国总工会评为工人先锋号；第一税务所被中华全国妇女联合会评为2011年度全国巾帼文明岗。市级表彰：平谷区地税局被评为首都文明单位标兵、北京市节水型单位；第一税务所被评为北京市青年文明号、北京市三八红旗集体；金海湖税务所被评为首都绿化美化花园式单位。张秀娟被北京市总工会评为优秀职工之友；杜新育被授予北京市“孝星”称号。

【领导班子成员】 平谷区地方税务局党组书记：张忠良；局长：张秀娟（女）；副局长：朱庆丰（调研员）、王劲松、牛皖军、王敬丰；纪检组长：秦德海。

（胡岚峰）

房山区地方税务局

【概况】 房山区位于北京西南，是首都西南枢纽、友好产业新区、山水文化名城，是北京南部地区的重要空间和门户通道。总面积2019平方公里，辖28个乡镇、办事处，462个村，常住人口94.5万人。区府所在地良乡距北京市区仅20公里。京广、京原等多条铁路、京石高速、107、108国道等多条公路干线穿境而过。轨道交通房山线、京良路等多条直达市区的快速通道已经建成。

2011年全区地区生产总值417.7亿元。财政收入117.5亿元，同比下降30.3%。全区城镇居民人均可支配收入达到26956元，同比增长13.4%，农民人均纯收入达到13527元。同比增长13.5%，社会消费品零售额156.7亿元，同比增长16.5%。

房山区地方税务局地处房山区拱辰街道办事处，位于房山区拱辰大街1号，邮编102488。全局共有干部职工277人，其中大学专科以上学历258人，占全局总人数的93%，党员191名，占全局总人数的69%；团员15名，党、团员总数占全局总人数的74%。局内设置15个职能科室、1个稽查局、12个税务所和1个机关后勤服务中心。全区地方税收纳税人在册税务登记正常户为35071户。其中，国有企业261户，集体企业1113户，私营企业14415户，个体工商户12882户，个人合伙2户，联营企业10户，股份制企业660户，有限责任公司4371户，股份有限公司114户。

【税收收入】2011年，房山区地税局共入库各项收入46.44亿元，同比增收10.43亿元，增长29%。其中：完成地方一般预算收入39.76亿元，同比增收9.1亿元，增长29.7%。完成区级一般预算收入19.82亿元，同比增收3.13亿元，增长18.76%，占全区一般预算收入的比重达到57%（占房山片的75.1%）。其中：营业税累计完成199891万元，同比增收46694万元，增长30.48%；企业所得税完成54356万元，同比增收11890万元，增长28%；个人所得税累计完成46963万元，同比增收10359万元，增长28.3%；印花税完成3670万元，同比增收1184万元，增长47.63%；土地增值税入库70465万元，同比增收25284万元，增长55.96%。

【组织收入措施】房山区地税局在区委、区政府和北京市地税局的领导下，坚持以组织收入为中心，以学习实践“三敢精神”为载体，以服务区域经济发展和社会建设为主线，坚持依法治税、应收尽收的原则，采取有力措施克服不利因素的影响，确保地方税收的稳定增长，圆满完成年度收入任务，实现“十二五”的良好开局。收入完成呈以下特点：一是收入规模持续扩大，全年增收额首超10亿元。二是单月税收增减不均，累计收入保持稳定增长。三是五大税种增收过亿元，耕地占用税的减收是拉低总体增幅，营业税、企业所得税、个人所得税、土地增值税和契税增收额均在亿元以上，由于全年土地交易量的下降导致耕地占用税同比减收17505万元，拉低总体增幅4.9个百分点。

【业务流程应用】全面推进业务流程的应用，各环节责任更加明确，业务事项办理时限、标准、提交资料在全局进一步统一、规范，建立工作调度会机制，统一各科室工作下发时间，减轻基层和纳税人负担，完善双项分类管理，完成纳税人分类分级和管户调整工作，管理方式、岗位设置基本确立，各项配套制度进一步健全，试行效果良好。

【建立完善纳税评估制度】全面推行专项评估底稿制度和落实检查通报制度。对所有已结案评估案卷进行审核通报，纠正有问题案卷284份，全年完成纳税评估4768户次，评估有问题3125户次，评估有问题率为65.54%，评估补税2072.88万元。

【打击发票违法行为 】稽查局严厉打击发票买方市场，在检查实施环节实行“查账必查票”，对所查处的违规发票，一律不得税前扣除。加大对卖方市场的查处和打击的力度。年内，共计发现各类违规发票577份，补缴税款384.2万元、罚款106.29万元、加收滞纳金79.76万元。同时还配合房山区和朝阳区警方开展了北京市地税局打击发票办公室布置的关于5.18发票案的外调协查工作，已核实一户通过购买发票进行偷税的事实。

【新税收法规贯彻落实】针对个人所得税法、车船税法、地方教育附加以及房地产调控等税收新政策的施行，统一税收政策执行口径，为税收政策贯彻落实打好基础，房山区地税局开展12次干部培训会，组织纳税人税收政策培训宣传会41次，涉及5100余人次。同时，以税收政策执行情况评估为抓手，促进土地增值税清算工作，年内，查找土地增值税税收执行政策过程中存在疑点4514户次，经核实发现有问题3523户次，补缴税款及滞纳金833.18万元。

【加快完善服务厅建设】为调整优化办税服务厅功能。按照房山区的规划要求，1月24日，第一税务所迁址到区政府第三办公区，并对办税服务厅功能进行调整，完善办税服务厅软硬件建设，全年共受理涉税事宜15.5万件次，纳税人赠送锦旗三面、表扬信两封。

【预约服务系统上线运行】房山区地税局自行开发的预约服务系统上线试运行。纳税人可以通过网络、短信和电话三种方式实现对发票购领、发票兑奖、IC卡授权、代开普通发票、购买印花税票、缴纳零散税款六项日常业务的提前预约。该系统可以满足纳税人10个工作日内的预约服务，预约成功后，系统会自动提示办理相关业务所需材料等注意事项。

【提高移动办税质效】房山区地税局为解决偏远纳税人办税难问题，重新启动新的移动办税双轨运行模式，开展在十渡博物馆、张坊税务所、长沟税务所、琉璃河税务所、开发区税务所、河北税务所、房山区税务所七个地点的移动办税车服务，覆盖全区20个乡镇街道办事处。移动办税业务涉及纳税咨询、零散税源税款征税、印花税票销售、发票发售、发票兑奖、IC卡授权、表票供应、预约服务八项涉税业务。全年共办理涉税事宜1.1万户次。

【全面加强党的建设】房山区地税局按照构建“五位一体”党建工作格局和建设学习型党组织的工作要求，规范机关党委向党组汇报等制度，加强党的制度建设，以落实党组中心组理论学习为龙头，带动党员干部理论学习，夯实全体党员的理想信念，强化党的思想建设。通过开展“创先争优，从我做起”主题实践活动和建党90周年系列活动，党员干部的思想作风和工作作风得到提升，营造讲党性、重品行、作表率、学先进、赶先进的良好氛围。

【稳步增强两级班子建设】 房山区地税局以“爱岗敬业、忠于职守、依法行政、以德服人”为指引，加强两级班子建设。及时组织开展党的方针政策及形势学习，提高两级班子理论政治素养，坚持民主集中制，“三重一大”制度，按北京市地税局要求，处级班子召开民主生活会，开展述职述廉活动，落实处级领导干部收入申报和财产申报制度，结合科级干部述职述廉，组织对科级班子的考核，对任职试用期满的科级干部进行考核、转正。落实两级班子民主生活会制度，开展交流、谈心、批评和自我批评，处级领导深入基层开展调研，撰写调研报告10篇，与基层干部谈心50余人次。

【全面推进干部队伍建设】以文明创建活动为载体，结合双“十六字”学习活动，开展全局性的“三敢”精神大讨论活动，全局干部撰写总结260余篇，领导干部撰写调研11篇，刊发简报218期。通过开展“三级联创”“五联五建”“青年文明号”等争创活动把房山区地税局文明创建活动延伸到社会。全局上下形成奋勇争先、求真务实、爱岗敬业的良好氛围。继续依托“行政管理系统”深化能绩管理制度，完善目标管理考核和绩效考核体系，组织全员更新知识、“十二五”热点、修改或新颁布的各种税收法律法规等形式多样的培训，人均培训110课时。

【党风廉政和反腐败建设】 圆满完成“做国家利益的忠诚卫士”反腐倡廉专题教育活动整改落实和总结验收阶段工作。通过组织参观“房山区预防工程建设领域职务犯罪展览”、反面警示和正面典型教育、组织廉政防范回头看等形式，强化预防职务犯罪教育。围绕落实责任制和领导干部廉洁自律，认真组织学习党纪条规和文件15个，签订责任书，分解党风廉政建设任务，全面加强党风廉政制度建设。在规范行政管理权上注意把好选人关、政府采购关和税收执法关。加强“三公”经费管理，开展公务用车专项清理工作。在以往强化内、外部监督的基础上，重点强化党务公开，全面加强政风行风建设。从教育制度监督、改革纠风惩处等方面，形成有本局特色的党风廉政建设长效机制。

【领导班子成员】 房山区地方税务局党组书记、局长：万国喜；党组副书记、副局长：马强；副局长：谭巨科、王忠悟、梁鑫、翁筱玲（女，12月任）；纪检组长：安永刚。

（张丽莉）

昌平区地方税务局

【概况】昌平区位于北京市西北部，地处温榆河冲积平原和燕山、太行山支脉结合地带，东临顺义区，南与朝阳、海淀区毗邻，西与门头沟区和河北省怀来县接壤，北与延庆县、怀柔区相连。地势西北高、东南低，北倚军都山，南俯北京城，素有“京师之枕”的美誉。区内自然条件优越，拥有绵延百里的山前暖带，土地肥沃，资源丰富，山清水秀，环境、空气质量好，明陵、居庸关闻名遐迩，是和谐宜人的北京郊区。昌平辖区总面积1343.5平方公里，其中平原面积占40%，山区、半山区面积占60%，边界线总长261.46公里。年末，昌平区实现国内生产总值447.7亿元，同比增长12%，财政收入45.4亿元，同比增长27.5%，全社会固定资产投资412.57亿元，同比增长16%，社会消费品零售额249.98亿元，同比增长1.7%。常住人口173.8万人，户籍人口53.3万人。区下辖2个街道办事处、15个镇（地区办事处）和1个以企代镇行政单位（北企公司），304个行政村，177个社区居委会。昌平区地税局位于昌平区南环东路16号。

年末，昌平区地税局共设14个科，12个基层税务所，1个稽查局和1个机关后勤服务中心。全局人员总数为342人，其中，大学本科以上学历254人，占全局总人数74.27%；共产党员256人，占全局总人数的74.85%；共青团员4人，占全局总人数的1.17%；全局平均年龄41.6岁。年末，昌平区地税局共有正常税源户6.63万户。

【圆满完成税收收入任务】2011年昌平区地税局全年组织各项收入77.9亿元，同比增收14.16亿元，增幅22.22%。完成区级税收29.73亿元，同比增加6.56亿元，增幅28.31%。

【对外资企业开征城市维护建设税和教育费附加工作】自2010年12月1日起，对外资企业征收城市维护建设税和教育费附加，所属期为2010年12月1日至12月31日。2011年1月1日开始，昌平区地税局对外资企业开展多样式宣传活动，通过电话、短信等多种方式，对未缴纳企业积极开展催缴催报工作，确保外资企业正常缴纳城市维护建设税、教育费附加。

【首次使用POS机收缴个体工商户税款】 1月4日，昌平区地税局第三税务所正式启用POS机收缴个体工商户税款，纳税人无需往返银行，长时间排队等候缴税，比使用POS机前，效率提高一倍以上。纳税人可在窗口一站式完成申报、缴纳手续，显著减轻纳税人负担。

【首次在契税办理环节开通语音服务电话】 1月4日，昌平区地税局首次在契税办理环节开通语音服务电话，按契税办理业务不同，语音服务电话将纳税人分转至不同线路，对有关热点问题做出统一标准的解答。语音电话将纳税人需求有效分类，使需求与专项业务办理直接挂钩，同时过滤一部分批处理信息，减轻办税人员的负担。

【市区两级审计组到昌平区地税局检查指导工作】 2月14日上午，市、区两级审计组到昌平区地税局检查指导工作，并组织召开调研会。北京市审计局副局长王学芬、处长许志刚，北京市地税局审计处处长关小虎，昌平区审计局副局长刘会春及审计工作人员与昌平区地税局局长姚敬国，纪检组长谷秀敏及相关部门正职参加此次活动。会上，姚敬国介绍昌平区地税局的整体情况，北京市审计局讲明此次检查工作的背景和重点检查内容，关小虎提出具体要求。

【召开2011年税务工作会议】 2月16日，昌平区地税局召开2011年昌平区地方税务工作会议，北京市地税局党组成员、副局长吕兴渭和昌平区委常委、常务副区长朱光彤参加会议。会议传达北京市委常委、常务副市长吉林、北京市地税局局长王晓明、书记沈汝冰在2011年北京市地方税务工作会议上的讲话精神，北京市地税局党组书记、局长姚敬国代表昌平区地税局党组作题为《围绕中心、抓住根本、突出重点、奋力实现“十二五”昌平地税全面发展的良好开局》的年度工作报告。大会还正式启动昌平区地税局2011年“正形象、强作为、做优秀地税人”主题实践活动。会上，昌平区委常委、常务副区长朱光彤充分肯定昌平区地税局2010年的各项工作，同时对昌平区未来经济发展情况和昌平区“十二五”发展规划的相关内容进行介绍讲解，他鼓励全体昌平干部要充分认识昌平面临的经济大环境，再接再厉，创造新的佳绩。北京市地税局副局长吕兴渭作重要讲话，副局长吕兴渭在对昌平区地税局过去一年所取得的成绩表示充分肯定的同时，重点对昌平区地税局2011年如何进一步贯彻落实北京市地税局工作会精神，做好各项工作提出具体要求。

【反腐倡廉专题教育活动】 3月15日，昌平区地税局召开“做国家利益的忠诚卫士”反腐倡廉专题教育活动总结验收阶段动员部署会，会议传达北京市地税局京地税党〔2011〕28号文件精神，宣读本局总结验收阶段实施方案，党组书记、局长姚敬国就做好该阶段工作提出具体要求。

【民主评议基层科所工作】 自4月1

日起至年底，昌平区地税局全面启动民主评议基层科所工作，分为宣传发动、自查自纠、重点评议、面对面反馈、综合评价五个阶段，涉及廉洁自律情况、依法行政情况、服务质量情况、办事效率情况、管理效能情况、解决实际问题情况六个方面内容。

【业务知识学习测试工作】4月7日，昌平区地税局在各税务所和检查科范围内开展税收相关知识学习测试第一期，为期半年。学习以科室提出重点学习内容，各税务所自行组织学习为主要形式开展，每月前三周为学习自测阶段，最后一周为测试检验阶段。每期考试阅卷工作结束后，在全局范围内通报考试结果。全局12个税务所共有148人参加第一期测试，平均分为97.74，其中得分为100分的有81人，占参加考试总人数的54.73%。

【税法宣传】4月11日，昌平区地税局深入到“未来科技城”进行税法宣传活动。宣传活动由昌平区地税局副局长王治国带队，由业务科室及当地税务所组成的税法宣传小组，与部分企业领导进行座谈，了解情况，征求意见。活动中，税务干部为企业财务人员、办税人员以及部分管理层讲解有关税收政策。

【创立全市首个税收服务示范园】4月12日，昌平区地税局与昌平区国税局在北京青年创业示范园内，共同创立全市首个税收服务示范园，同时组建税收志愿服务队伍，实现专业税收服务力量与共青团组织优势资源平台深度结合。通过“一园一队”的服务模式，专业服务园内青年创业，建立联系人制度保障税企沟通、点对点服务实现政策对接、开辟办税绿色通道、提高服务效率等手段，为创业园企业提供优质高效税收服务。

【举办税收政策论坛活动】4月22日，昌平区地税局、昌平区国税局联合昌平科技园区管委会共同举办“聚焦税收热点，共促经济发展”税收政策论坛活动。此次论坛采取全开放式的交流形式。活动中税务人员与企业代表、企业代表与企业代表之间就众多具体税收问题进行面对面的交流，国地税税务人员就税收新政策及税收难点问题做专题讲解。企业代表还围绕税务部门如何改进纳税服务，规范执法提出很好的建议。

【税务所开通“统一通信”业务】昌平区地税局与联通北京市昌平区分公司合作，尝试在部分税务所应用中国联通“统一通信”业务，将短信平台建到所级，切实减轻基层税务所负担。可通过群发短信的方式将涉税业务事项告知纳税人，增加税务所与纳税人沟通的渠道，提高基层税务所为纳税人服务的效率和水平。同时制定整套制度措施进行管理和运维，确保信息、设备安全。此项工作先期在昌平所、园区所两个税务所进行试点。

【开展地方志税收篇编写工作】按照昌平区委区政府要求，昌平区地税局开展地方志税收篇编写工作，并于5月6日，召开第一次昌平区地方志税收部分史料编写工作协调会，昌平区地税局副局长钱富参会并对编写工作提出要求。会上成立地方志税收篇编写工作领导小组，并设立办公室。会议明确地方志税收部分编写目的、要求、体例及各部门职责，对部分史料由于单位内职能和权责调整后的归结整理部门进行明确，解决当前面临的疑难问题。

【召开“两个服务”工作领导小组会议】 5月17日，昌平区地税局召开“两个服务”工作领导小组会议暨第一次工作调度会，局长姚敬国、副局长钱富、纪检组长谷秀敏、各部门正职参加会议。会上，通报昌平区地税局成立服务基层服务纳税人工作领导小组、管理考核办法以及考核类、通报类指标设置等事项。结合北京市地税局近期工作安排，开展第一次工作调度，统筹安排部署5月份工作，共下派工作任务7项，会议安排4项，科室下所计划4项。

【庆祝中国共产党成立90周年】 7月1日上午，昌平区地税局组织干部观看中国共产党成立九十周年大会，听取胡锦涛总书记在庆祝中国共产党成立90周年大会上的重要讲话，并进行认真讨论。

【制定实施两项廉政制度】 7月1日起，昌平区地税局实施《廉政宣誓制度》与《科级领导干部廉政承诺制度》两项廉政制度。《廉政宣誓制度》针对新提拔或转任的领导干部及新录用的公务员或工作人员，包括廉政宣誓的对象、廉政宣誓时间、廉政宣誓的组织、廉政宣誓程序、廉政宣誓誓词五个方面的内容，激发宣誓人依法行政、廉洁奉公使命感和责任感与全心全意为纳税人服务的决心。《科级领导干部廉政承诺制度》要求每年签订一次廉洁从政承诺，承诺人需按照承诺书要求认真履行廉政承诺，主动接受监督，提高自我约束能力，同时在任职期内述职述廉时，对照承诺逐项检查，对个人履行情况开展批评和自我批评。

【辅导发票真伪鉴别工作】 8月3日，昌平区地税局到公安昌平区分局进行发票真伪鉴别相关政策的辅导，公安分局及其下属各单位的财务人员三十余人参加辅导。辅导中，昌平区地税局干部就地税发票真伪鉴别方法进行逐一讲解，并向区公安分局赠送北京市打击假发票专项工作光盘。

【举办反渎职犯罪教育专题讲座】 8月30日，昌平区地税局举办反渎职犯罪教育专题讲座暨参观展览活动。活动邀请昌平区人民检察院反渎职局的同志为全局干部做反渎职犯罪教育专题讲座。同时通过渎职侵权犯罪警示教育展，以图文并茂的形式，展出22个案例，进一步加深全体干部对渎职侵权案件危害性的认识。

【北京市昌平区地方税务学会成立】 8月31日，北京市昌平区地方税务学会成立，并召开成立大会。北京市地方税务学会会长徐志宏、昌平区民政局副局长杨廷龙、北京市地方税务学会副会长于燕平、北京市地方税务学会秘书长徐滨、昌平区地税局党组成员、学会筹备组成员及全体会员参加成立大会。会议选举出北京市昌平区地方税务学会第一届理事会、常务理事会和监事会成员。区民政局领导杨廷龙和北京市地方税务学会会长徐志宏为北京市昌平区地方税务学会进行揭牌。

【北部山区三镇税源切换调整】为配合昌平区北部山区三镇行政区划调整工作，9月30日，在所有涉及综合服务管理系统的业务工作结束后，昌平区地税局及时联系北京市地税局后台，开展北部山区行政区划调整税源户后台迁移切换工作。截至30日19时，税源户整体迁移切换、数据核实比对工作顺利完成。本次调整工作共涉及税源户2020户。其中，原长陵镇8村税源户482户划至延寿镇，原兴寿镇9村税源户243户迁移至延寿镇，原长陵镇22村税源户1295户迁移至十三陵镇。新设延寿镇税源户为725户，归属十三陵税务所管辖。

【第一税务所完成标准化服务大厅改建】9月30日至10月15日，昌平区地税局第一税务所利用16天时间，按照北京市地税局标准化、规范化服务大厅建设要求，完成服务大厅标准化的升级改建，并顺利通过北京市地税局“标准化服务厅”验收。

【举办2011年度公务员更新知识培训】11月7日—25日，昌平区地税局举办2011年度公务员更新知识培训。培训委托北京市国际税收研究会承办。培训分为三期，内容主要包括：当前税收新政策和税收发展、党风廉政建设与官德修养、科学发展观、心理解压与疏导等方面。党组副书记、副局长钱富同志出席开班仪式，做动员讲话并提出培训要求。

【开展“12·4”全国法制宣传日活动】12月2日，昌平区地税局开展“12.4”全国法制宣传日活动。活动紧紧围绕“深入学习宣传宪法，大力弘扬法治精神”这个主题，积极进行税法宣传。此次活动共发放宣传资料千余份，共接待纳税人咨询200余人次。

【组织开展《行政强制法》考试】12月20日，昌平区地税局组织局领导与全体干部一起，参加《行政强制法》考试。考虑到对正常工作影响，考试分为上、下午两场，采用闭卷方式进行。

【先进荣誉】国家级荣誉：昌平区地税局获得中央精神文明建设指导委员会办公室颁发的“全国精神文明建设工作先进单位”；昌平区地税局园区税务所和昌平区税务所获得中华全国妇联颁发的“全国巾帼文明岗”。市级荣誉：昌平区地税局获得市总工会颁发的“首都劳动奖状”；昌平区地税局获得北京市残疾人联合会及市人力资源和社会保障局联合颁发的“扶残助残先进集体”。

【领导班子成员】昌平区地方税务局党组书记、局长：姚敬国；党组副书记、副局长：钱富；副局长：康水利、王治国、赵永鑫（12月任）、丁振（12月任）；纪检组长：谷秀敏（女）。

（李静雯）

大兴区地方税务局

【概况】大兴区地方税务局原名大兴县地方税务局，于2001年4月30日大兴撤县升区后正式更名。原位于大兴区兴政街42号，于2002年10月1日迁入清源路11—1号。根据2010年2月北京市地方税务局关于印发《北京市大兴区地方税务局主要职责内设机构和人员编制规定》的通知，机关设14个科室；13个税务所；1个稽查局（科级），稽查局下设5个科；1个机关后勤服务中心（事业单位）。全局共有干部职工340人，平均年龄39.64岁，其中党员244人，团员13人，民主党派5人。具有大学本科及以上学历的274人。年末，在册税务登记户53944户。其中内资企业33848户，涉外企业508户，个体工商户18095户，其他企业1493户。内资企业中：国有企业280户，集体企业760户，股份合作企业1375户，联营企业17户，有限责任公司3450户，股份有限公司81户，私营企业27885户。涉外企业中：港澳台商投资企业271户；外商投资企业227户，外国企业10户。

【税收任务完成情况】2011年，大兴区地税局共组织各项税费收入68.9亿元，同比增加20.3亿元，增长41.9%；其中地方一般预算收入完成59.1亿元，同比增加18.1亿元，增长44.1%，完成北京市地税局下达年度计划指标58.8亿元的100.4%；区级收入完成31亿元，同比增加9.5亿元，增长44.2%，完成区级年度计划指标24.7亿元的125.6%，对区财政的贡献率达到75%。

【税政管理】年内，大兴区地税局在2010年度企业所得税汇算清缴工作中，汇缴5678户、实际应纳所得税额67686.42万元，同比增幅60.8%。加强与残联、财政及各税务所的协调配合，完成残保金代征任务7420万元，完成年度计划7050万元的105.25%，同比增长1248万元，残保金代征入库率100.28%。同时开展年所得12万元以上个人所得税的自行申报工作，年内有6165人进行申报，完成北京市地税局任务的137%。

【土地增值税清算】全年共征收土地增值税69900万元，完成清算项目28个，实现土地增值税的有效监督。严格落实普通住宅标准调整政策，稳步推进存量房评估试点工作，认真落实家庭唯一购房查询，严格执行差别化税收政策，共征收契税收入20672万元。积极落实房产税新政策，严格落实将地价计入房产原值征收房产税文件规定，召开专题培训会，详细解读文件精神，征期共对99户纳税人100块土地计入房产原值，征收房产税994万元。利用税源监控管理平台做好房土税数据比对工作，反复对平台数据进行查询统计与核实整理，核实疑似数据共计3676户，补录税源登记259户，修改税源登记1440户，补缴税款320户，税款1169万元。

【纳税评估】充分利用税收征管系统、发票管理系统等系统中的信息数据，加强整合、校验和分析。与上年同期、历史同期和行业指标比较分析，根据不同行业、不同财务核算制度、不同经营规模以及财务报表的勾稽关系比较分析，找出评估疑点，分析产生原因，从技术层、操作层提高工作效率。全年共组织实施纳税评估4034户次，组织各类税费及滞罚入库0.8亿元。同时，在纳税评估过程中注重结合辖区实际，加强对重点行业重点税种的税收预警值测算。如在房地产开发经营与开发业专项评估工作中，科学运用总体税负、流转税税负、主营业务收入与主营业务成本弹性及营业税计税收入与主营业务收入弹性等税收风险预警指标，有效提升评估准确度。

【征收管理】强化税务登记管理，登记率达到99.86%；申报率平均每月达到99.72%，入库率平均每月达到99.43%以上。与6个镇政府和2个房地产经纪公司签订委托代征协议，各代征单位累计代征房产税款1347.76万元，其中各街道、镇政府共代征房产税款376.62万元，房地产经纪公司代征房产税款971.14万元。在两个服务工作方面，确定“一组、一会、四个制度”的总体工作框架，先后召开9次工作调度会，印发9期《专题会议纪要》，制发3期《两个服务工作专刊》，有效整合调度各项工作，确保减负工作落到实处。在征管评查联动工作方面，制定《征管评查联动工作机制管理办法（试行）》，召开一次工作联席会，制发四份协办联系单，初步构建职责明确、信息共享、协调互动、统一高效的工作联动机制，形成以评查促管理、以管理助评查的良性互动关系。在税收征管状况监控分析工作方面，制定《大兴区地方税务局开展税收征管状况监控分析工作的实施方案》，分季度制发四次《大兴区地方税务局税收征管状况监控分析通报》，针对各项指标反映出的问题，及时查找原因，制定有效措施，切实提高征管工作质效。在税务档案管理方面，完成扫描类档案归集整理共计1024包。

【信息化管理】计算机设备管理工作形成以购置时间为主要标准、以运行状况为辅助标准的更新淘汰机制。完成主机房交换机、UPS、空调等设备的更新改造。通过做好技术支持、病毒防范、更新维护、网管监控、突发事件处理等工作，保证系统正常安全运行，进而保证日常工作及税收各项改革工作的顺利完成。按照《国务院办公厅关于进一步做好政府机关使用正版软件工作的通知》（国办发〔2010〕47号）和《北京市政府机关软件正版化专项检查整改工作方案》要求，及时购置部分正版Office软件，使本局正版Windows操作系统和正版Office软件的数量及杀毒软件的使用情况完全达到相关要求。完成部分税务所智能排队叫号和音视频监控系统的安装调试工作。开展针对各单位系统管理员的业务培训及全员系统应用培训和信息安全培训。

【纪检监察】 紧紧围绕党风廉政建设和反腐败工作的重点，全面落实党风廉政建设责任制，始终坚持领导干部“一岗双责”。认真开展贯彻落实《廉政准则》专项检查，层层签订廉政承诺书。先后对24名新任科级干部进行廉政谈话。对工程预算政府采购开展全程监督。邀请北京市原纪委常委刘经宇、大兴区检察院渎职局副局长赵铁英做反腐倡廉形势和预防职务犯罪讲座。在元旦、春节、五一、十一等敏感时间段前，利用主题教育、编发短信，开展廉政提醒，结合纪念建党90周年，开展主题党日等活动，增强廉政教育的针对性、实效性。廉政监督员通过实地走访服务大厅、电话暗访、召开纳税人座谈会等方式，进行外部评议，有力地促进政风行风建设。

【税收法制】 积极贯彻落实税收执法责任制，局长、主管副局长、所长三级签订2011年《税收行政执法责任书》，明确职责，层层落实。按照《对外合同合法性审核实施办法》，协助审核各类合同、协议32份，提出修改建议57条次，发挥法律支持服务作用。规范行政处罚，在2011年的区法制办案卷评查中，大兴区地税局被评为行政处罚满分卷。开展税收规范性文件清理工作，确保执法依据的准确。依托“12·4”全国法制宣传日，进行税企座谈，开展普法活动。组织全员依法行政培训和《行政强制法》考试，提高税务干部法律素养。根据《大兴区地税局领导干部离任审计管理办法》的规定，对19名科级正职领导干部（含主持工作副职）进行离任审计。组织全局33个单位开展“小金库”专项治理复查工作，复查面达到100%，上报自查报告表33份。根据北京市地税局工作要求及本局税收执法督察工作安排，以22项税收业务流程为重点，深入开展检查，规范执法行为。开展基建项目审计，规范建设工程管理，全年共审核基建项目7个，审计总资金292万余元。做好国际税收协定执行、对外支付税务证明等工作，提高国际税收综合管理水平。

【稽查检查】 2011年内，全局共立案检查191户，有问题173户，查补收入合计1679.26万元，其中：查补税款1392.63万元，滞纳金169.81万元，罚款116.82万元，入库收入合计1430.71万元，其中：查补税款1186.00万元，滞纳金143.02万元，罚款

101.69万元。科学周密组织年度税收专项检查工作，积极开展资本交易项目和广告业两行业的指令性检查，高收入者个人所得税、金融行业非居民企业和房地产、建筑安装业四行业指导性检查。严厉打击发票违法犯罪活动，一方面认真开展买方市场整治工作，对部分重点行业和重点企业发票使用情况重点检查，做到"查账必查票""查案必查票""查税必查票"；另一方面积极配合公安开展卖方市场整治工作，严厉打击印制、贩卖假发票的犯罪团伙、捣毁制假贩假窝点，共配合捣毁4个窝点。有序开展重点税源企业检查工作，对大企业集团涉及三级子公司内的联动稽查检查，促进企业提高纳税遵从度，防范重点税源企业税收监管失控和重大税收流失。以涉税举报为窗口，增强社会违法行为检举和监督，维护公平税收环境，维护社会稳定。

【党建工作】围绕"抓教育，强素质；抓治理，促转变；抓根本，上水平"的工作思路，组织党支部换届选举，加强支部书记指导帮带，形成"一会、双责、三评"工作机制。健全党支部工作制度，实现基层组织建设与目标管理考核、部门经费、干部职工评优评先"三挂钩"。加大基层党支部建设力度，配发电视机、DVD光碟和800余册学习书籍，先后拨付经费7.42万元支持各党支部开展党日活动。以"感怀党恩、弘扬传统、增强党性、促进党建"为重点，组织党员群众参加文化活动、公益活动和创先争优活动。

【领导班子成员】大兴区地方税务局党组书记、局长：冯守利；党组副书记、副局长：张景存；副局长：杨连波、赵百军、江聚祥、孔祥波、田凤霞（女）；纪检组长：孔军。

（祁　蕾）

密云县地方税务局

【概况】密云县位于北京市东北部，县城距北京市区65公里。全县共有17镇1乡、两个街道办事处。2011年，全县实现地方财政一般预算收入19.5亿元，同比增长25.2%；其中，税收形成财政收入15.3亿元，同比增长32.4%，占收入总量的78.6%。全年国税和地税实现税费收入51.2亿元，同比增长27.7%。完成工业总产值231亿元，同比增长24.5%；城镇居民人均可支配收入26652元，同比增长13.7%，农村居民人均纯收入12924元，同比增长13.9%。全县实现社会消费品零售额94.1亿元，同比增长13.7%。

密云县地方税务局位于密云县鼓楼东大街七号。年末，共设14个科室，1个机关后勤服务中心，1个稽查局（内设5个职能科室），9个税务所；全局干部职工260人，其中：研究生学历4人，研究生学位1人，大学本科学历180人，大学专科学历54人，专科以下学历22人；党员178人，占全局人数的69%，共青团员12人，占全人数的5%。年末累计正常登记户21411户，其中：国有企业180 户，集体企业282户，私营有限责任公司5750 户，其他有限责任公司3286户，个人独资企业316户、个体工商 9479户，股份合作企业240户，股份有限公司 61户，涉外企业232户，其他类型企业 1585 户。

【税收收入】 2011年，密云县地税局累计完成各项税费收入29.7亿元，同比增加6.9亿元，增长30.7%；完成地方一般预算收入（地方公共财政预算收入）23.3亿元，增收5.5亿元，增长30.5%，完成计划任务19.7亿元的118.3%。完成县级一般预算收入（县级地方公共财政预算收入）12.2亿元，同比增收3.1亿元，增长33.3%，完成计划任务12亿元的102.3%。对全县财政收入贡献率达到63%。

【个人所得税新法】 认真做好宣传、培训工作，调查核实纳税人工资薪金等基础数据，为新《个人所得税法》实施打下基础。局领导班子带队对重点企事业单位进行走访，了解新税法实施过程中企业的需求和存在问题，及时协调解决，为个税新税法实施提供保障。新税法实施使全县8.5万人免于缴纳个人所得税，减免税款1870万元。

【综合治税】 与密云县发改委协调解决县停车场使用发票等问题；与密云县财政局、公路局协调解决在县施工路桥企业发票代开、税务登记办理等问题；与密云县发改委、住建委、农委、财政局等部门协调制定《密云县建筑施工企业及房地产开发企业税收管理办法》。从而提高管理的规范化、精细化水平。

【委托代征】 增加6个个人出租房屋委托代征单位，使征收范围涵盖县域内96%左右的个人出租房屋。同时加强与街道办事处合作，强化税收协管员培训辅导，稳步提高委托代征个人出租房屋税收工作水平。2011年，代征个人出租房屋2246户次，代征税款371万元。分别是委托代征前2006年的22.5倍和24.7倍。2007—2011年，密云县个人出租房屋已累计代征6326户次，代征税款721万元。

【日常征管】 建立税收征管状况的分析与监控机制。成立密云县地税局征管状况分析监控工作领导小组，发布两期征管状况监控分析报告，并逐步完善相关办法和指标体系，通过税源状况分析与监控，规避征管风险，加强税收管理。深化税收管理员调查核实报告制度。

【优化流程】 以“简化考核、精简事项、简并报表”为目标，深入调研，在向北京市地税局请示汇报基础上，结合密云县实际，针对纳税人和基层干部普遍关心的普通发票核定事项制定调整措施。从而切实减轻基层负担，提高办税效率。针对北京市地税局税收业务流程的新增及修改，组织全员培训，进行重点讲解和说明，确保新流程有条不紊地顺利运行。

【评估稽查】 注重征管评查的有效衔接和密切配合，有效堵塞税收征管漏洞，增强税源监控力度。利用系统预警指标，进一步提高评估工作的针对性。以重点税源、重点行业、重点税种为中心，对近两年未评估、未稽查的重点纳税户进行评估。

【纳税服务】 转变纳税服务观念，充分发挥纳税服务移动车、残疾人办税绿色通道等作用，开展有特色和有针对性的纳税服务。加强办税服务大厅规范化建设，解决前后台业务衔接。完善网上办税平台。健全纳税服务机制。对重点企业项目，建立快捷高效的服务通道。

【制度管理】 从制度建设入手，将制度建设作为基础工作来抓，对全局各项制度文件进行全面清理，并分三阶段、七大类别对制度文件进行整理汇编。全年清理全文失效废止文件220件，部分失效64件，新制定制度6件。

【法制建设】 组织广大干部学习《行政处罚法》和《行政强制法》，在全局进行《宪法》和《征管法》法律知识测试；向全县18个乡镇、两个街道和法制办赠送《北京地方税务公报》，宣传税收法律知识；加强规范性文件清理，确保现行各类税收规范性文件与经济社会发展相适应，与上位法保持一致，与同位阶法相互协调；加强规避执法风险教育，聘请北京市地税局法律顾问王家本律师，结合案例给全局干部上了一堂生动的“如何规避执法风险，推进依法行政工作”讲座。

【三项建设】 发挥领导班子表率作用，坚持日常工作定期汇报，坚持重大工作靠前指挥；强化党组织战斗堡垒作用，以纪念建党90周年为契机，开展熟知党史、分层培训、表彰先进、参观实践、充实队伍、唱响红歌六大活动；激发干部队伍活力，用聘请好老师、选取好教材、制定好制度、提供好环境的“四好”方式开展知识更新培训；积极开展丰富多彩的文化活动。

【廉政建设】 做好专题教育活动总结验收工作，推进专题教育活动长效机制形成；做好党务公开工作，安装电子显示屏和“密云县地税局党务政务公开栏”，开办党务政务公开网站，开通党务公开热线电话，建立党务公开档案管理制度；开展亲情助廉活动，举办第四届“亲情助廉”新春联谊会；开展警示教育活动，组织干部观看警示教育专题片，参观反腐倡廉警示教育展览。开展民主评议基层科所工作，及时发现政风行风中存在的问题。

【平安地税】 制定《密云县地方税务局加强社会治安综合治理创建平安地税工作实施意见》，建立目标责任制，修订完善《“加强综合治理，创建平安地税”目标管理责任书》。

【和谐地税】 对退休老干部、困难职工、遗属、患重大疾病干部等群体进行慰问。组织干部职工进行健康体检和口腔保健，开展“全民健身、绿色出行健步走”活动。克服资金紧张困难，投资15万元，提高干部就餐标准。投资3.5万元为楼层开水器安装净水设备。投资40余万元完成水库培训中心网络设备、电源线路、厨房设备等整体改造，为稽查局迁址提供良好办公环境。

【先进表彰】 密云县地税局被北京市公安局授予2011年度北京市单位内部安保工作集体嘉奖；被北京市水务局评为北京市节水先进单位；在北京市地税系统庆祝建党90周年暨第八届文艺汇演中评为优秀组织奖；被县法制宣传教育领导小组评为密云县2006—2010年法制宣传教育先进集体；密云县地税局契税窗口、税务登记窗口被密云县行政服务中心评为绿色环境先锋岗；密云县地税局团委被共青团密云县委员会评为五四红旗团委。

【领导班子成员】 密云县地方税务局局长：赵增科；副局长：丁锦宁、张林头、姜学东、王宝军、刘文龙；纪检组长：李连武。

（刘　颖）

延庆县地方税务局

【概况】 延庆县位于北京市西北部，地处八达岭长城脚下，距市区73公里。东邻怀柔，南接昌平，西与河北省怀来县接壤，北与河北省赤城县相邻，辖域面积1992.5平方公里，人口27.8万人。2011年，延庆县以科学发展观为统领，加快转变经济发展方式，深入实施生态文明发展战略，全县经济社会发展实现新跨越，十二次党代会和十四届人代会确定的各项工作任务圆满完成，“十二五”实现良好开局，走出一条具有延庆特色的科学发展之路。2011年，延庆县共实现地区生产总值74.4亿元，同比增长20.7%；完成财政一般预算收入10.9亿元，同比增长71.6%；全社会固定资产投资达到62.3亿元，同比增长18.2%；社会消费品零售额达到72.3亿元，同比增长76.8%；实现城镇居民人均可支配收入25662元，同比增长18.9%，实现农民人均纯收入12925元，同比增长23.4%。

延庆县地方税务局位于延庆县庆园街4号，负责辖区内宣传、贯彻、实施有关地方税收工作的法律、法规及规章，负责编制辖区内地方税收计划并组织实施；负责依法实施征管范围内各种税、费的征收和管理工作，并对各种涉税违法、违规行为进行行政处罚，实施本辖区内税收政策咨询和纳税服务工作。延庆县地税局有干部职工220人（公务员196 人，工人24人），其中副处级以上干部8人，科级干部54人(正科级21人，副科级33人)，主任科员30人、副主任科员37人；全局干部职工中，有党员157人（含退休14人），有团员37人；下设14个职能科室，12个税务所，1个稽查局，1个机关后勤服务中心。

年末，延庆县地方税务局共有正常税源户14395户。其中按经济性质划分：国有企业158户，集体企业261户，私营企业1550户，有限责任公司1515户，股份制企业187户，外资企业62户，个体工商户9869户，其他企业751户；按征管行业划分：农林渔牧业601户，制造业589户，建筑业316户，交通运输仓储和邮政业340户，批发和零售业7175户，住宿和餐饮业1874户，金融业35户，房地产业122户，租赁和商业服务业304户，居民服务和其他服务业2447户。

【超额完成税收收入】2011年，延庆县地方税务局累计组织各项收入总计11.2亿元，同比增长31.4%，实现历史性新突破；完成地方公共财政预算收入9.2亿元；完成县级一般预算收入4.6亿元，占县级财政收入比重的57.3%，分别提前50天和47天完成市、县两级年度税收任务，为县域经济发展和社会事业进步提供了积极的财力保障。

【组织收入措施】为按时保质地完成市、县两级的组收任务，局内层层签订《组织收入工作责任书》，将收入计划指标落实到税种、税务所、税收管理员、乡镇政府和企业。健全税收收入预测分析长效机制，以税收分析会、基层调研、走访企业等形式，科学开展税收收入分析、预测工作，税务所、业务科室、县局三级税收预测体系初步形成。切实掌控区域税源发展趋势，分别将182户纳税50万元、35户纳税100万元税源列为县、市级重点户，进行精细化管理和实时管理，并建立112项重点工程台账，实行动态监控。

【全面强化依法行政】认真制定落实地税“六五”普法工作规划和《2011年度领导干部学法用法计划》，组织全员开展多种形式的普法教育及学法用法考试。积极参加延庆县“12·4”法制宣传日活动，与教委联合组织“法律进校园”税法知识讲座，全面营造普法宣传氛围。深入贯彻落实《全面推进依法行政实施纲要》，在全局范围内组织开展税收规范性文件清理工作。规范日常税收执法行为，历时两个月深入开展自查自纠，完成执法专项督察和交互检查工作。作为发改工委系统“法治延庆”建设试点单位，迎接“法治延庆”建设检查组的检查，试点建设成果受到好评并将在全县范围内得到进一步宣传推广。以第20个全国税收宣传月为契机，与延庆县交通局联合举办“税收服务新能源、建设绿色新北京”主题税收宣传活动，以新能源出租车为载体，进一步创新宣传形式，提升税收宣传效果。开展税收宣传品创意大赛作品征集展示活动，推行个性化税收政策宣传辅导，及时编发《新政策专刊》，组织业务答疑会、协调会、工作部署会，审慎做好新税法宣传贯彻和组织实施工作。

【搭建征管新格局】 延庆县地税局初步形成“专业所+区域所”设置，重点户与非重点户、有税户与无税户、个体户与非个体户区别管理以及按信誉等级划分ABCDE五级分类管理模式相结合的税源专业化管理新格局。进一步理顺“征、管、评、查”各环节业务衔接，明确专业所和区域所职责与管辖范围，完善货运重点行业管理和退税工作流程在加强日常申报征收管理的基础上，对198户50万元以上企业推行《财务会计报表》报送及“申报—税控—报表”数据比对工作，实现比对增收60余万元，全局共有网上申报户3790户，网上申报率达到100%，其中：CA数字证书用户3612户，占网上申报户的89.36%。

【不断优化纳税服务】 完善纳税服务措施，规范化服务厅建设初具规模。在加强Tax861网站维护更新，开展纳税服务礼仪、业务培训，制定纳服巡查、互查制度的基础上，全面落实北京市地税局关于规范化、标准化办税服务厅建设的要求，完成局机关办税服务厅的初步装修改造，更新服务设施，全面完善各项办税服务制度和流程。同时，为网上公布的14部纳税服务电话办理固话悦铃业务，并开通“4001-12366-1”统一业务咨询电话，满足纳税人“事前咨询、事中办税、事后援助、集约反馈”的需求，大幅改善纳税服务软、硬件环境，进一步提升纳税人满意度。

【全面发挥税政作用】 开展修改后的《个人所得税法》政策、企业所得税汇算清缴、企业所得税税源调查、新《车船税法》等培训13次。对减、免、退税的政策执行情况、审批时限等内容进行重点审查，共办理减免税审批49件，退税1132万元。圆满完成168户企业的2011年度企业所得税核定征收方式鉴定工作。年所得12万元以上纳税人自行申报达到1333人，个人所得税全员全额扣缴明细申报全年平均申报率为99.8%。全面推行财产与行为税税源监控管理平台应用。强化土地增值税预征工作，全年预缴土地增值税2125万元。积极落实地价计入房产原值计征收房产税政策。加大电动出租车试点运营税收政策支持力度，及时向北京市地税局请示明确相关政策，缓解企业的压力。代征残保金入库1120万元，同比增加130万元。

【提升评估稽查水平】着重理清“征、管、评、查”四环节衔接流程，积极开展评估检查试点工作，全年组织日常及专项纳税评估累计补缴税款、滞纳金193万元，开展城市维护建设税、教育费附加比对、饮食业和有税户自查评估辅导2750余户/次，督促自查补缴税款及滞纳金90余万元。创新推进“五反馈”机制，充分发挥“以查促管、以查促收、以查促查”的职能作用。全年累计检查结案135件，入库税款、滞纳金及罚款1718万元，清理上年积案23件，累计入库1614万元。在开展打击发票违法犯罪活动中，一起涉案金额高达1000万元的案件被北京市地税局评为精品案例，检查岗位干部范云霞同志被税务总局授予“2010年度税务系统打击发票违法犯罪活动”先进个人，陈志永同志被地税系统授予“稽查能手”荣誉称号。

【领导班子建设】坚持落实党组会、局长办公会、党组理论中心组（扩大）学习会和民主生活会制度。严格执行“三重一大”制度和“四化”的用人方针，规范议事规则，科学酝酿制定机构改革和人员调整工作方案，有力确保后期机构改革和人员调整工作的顺利开展。全面落实“一岗双责”，在原局长分工不变的基础上，健全、推进局长联系税务所制度的落实。持续推进科、所级班子建设：确立准任期制，本着“工作需要、量才选用”的原则，先后对33名科级领导干部进行岗位调整。与对外经济贸易大学联合举办两期科级领导干部更新知识培训班，全面提升全体科级领导干部的理论素养、知识水平和业务能力。有3名科级正职通过公开遴选和任职提拔走上处级领导岗位，进一步为市、县及援疆工作培养输送人才。

【党风廉政建设】结合建局17年来未发生一起违法违纪行为的特点，将廉政建设的重点转向深化廉政风险防范管理和有效预防职务犯罪及渎职侵权犯罪上，组织开展“机关效能查改提高”活动；巩固建立红、橙、黄“三色预警”管理机制；加强“两权”监督，加大对过错责任的追究力度；开展《廉政准则》执行情况专项检查；组织党风党纪、法律法规、廉政警示及典型示范教育，全面巩固反腐倡廉专题教育活动成果。深入推进民主评议政风行风和“群众满意的基层站、所（窗口单位）”创建活动，在北京市地税局组织的明察暗访中，得到北京市地税局督导组的好评，并在县政风行风评议工作中，名列47个被评行政、事业及窗口服务单位的第一名和社会综合满意度的第七名。

【行政管理】健全管理制度，财务科学化、规范化管理有效实施，不断提升财务管理工作的科学化、规范化水平，面向全局34个部门严格落实“小金库”专项治理自查工作，确保不走过场、不留死角，未发现违规问题。完成系统平台建设和运维工作，并积极搭建自主信息查询系统平台，实现全局用户与数据库间的直接交互，提升数据查询利用率。深入落实“平安北京”建设的各项要求，加大技防设施整改建设力度，强化内部自查和全员安全教育，加强饮食卫生及食品安全监督，切实从维护安全稳定的大局出发，保障税收中心工作的顺利开展。

【领导班子成员】延庆县地方税务局局长：于欣杰；副局长：王竺（女）、吴永茂、张发伍、陈来滨；纪检组长：王乃君（女）。

（沈文涛）

北京市地方税务局燕山分局

【概况】燕山地区位于北京市西南郊房山区境内，距离市中心52公里，辖区面积40平方公里，常住人口有10万多人，所辖星城、迎风、向阳、东风四个街道。2011年燕山地区实现工业总值834亿元、实现财政收入8.5亿元，同比增加29%。社会消费品零售额为10.1亿万元，同比增长15.6%。

北京市地方税务局燕山分局是主管北京市燕山地区地方税收工作的行政机关，全局共设有13个科室所，1个机关后勤中心，1个稽查局，有干部职工91人，其中党员51人，研究生3人，本科学历67人，大专15人。2011年，燕山分局在北京市地税局党组和燕山工委、办事处的正确领导下，深入贯彻落实科学发展观，认真落实北京市地税局党组“解放思想，加快转变，夯实基础，依法行政”和燕山工委、办事处“努力争当‘三化两区’建设排头兵”的工作目标，圆满地完成了全年各项工作任务。

年末，燕山地区登记管辖户共计4201户，其中国有企业29户，集体企业59户，股份制企业116户，联营企业2户，有限责任公司559户，股份有限公司13户，港、澳、台商投资企业1户，外商投资企业3户，个体工商户2690户，私营企业594户，其他125户。

【组织收入工作】2011年，燕山分局以依法征税为原则，合法行政为保障，加强学法为基础，坚持依法征税、应收尽收，坚决不收过头税，坚决防止和制止越权减免税，坚决落实税收优惠政策的组织收入原则，着力加强组织收入工作机制建设，制定《预测准确率考核管理办法》，促进分局每月预测准确率平均超过97%，在全市名列前茅。

【收入完成情况】2011年，分局完成地方公共财政预算收入12.6亿元，同比增收1739万元，增长1.4%；完成各项税费收入13.6亿元，同比增长4.24%；完成区级收入8.7亿元。圆满实现“十二五”开局之年“开门红”。

【加强法治建设】分局认真开展各项法制工作，加强法治环境建设。年初调整依法行政工作领导小组成员，并制定《依法行政工作计划》，为依法行政奠定基础。深入清理税收规范性文件，共清理现行有效文件215件，废止失效文件46件，并对清理结果进行公告。组织全局4个税务所20多名一线干部进行培训，促进依法行政水平不断提高。全年还开展法制培训会4次，培训170余人次。认真开展执法检查工作，抽取检查案卷4826卷，有问题率0.1%，较2010年下降6.7%。扎实推进政务公开，公开政府信息99条。

【发挥税政职能】超额完成2010年度年所得12万元以上个人所得税申报和明细申报工作，在北京市地税局考核中成绩优秀。圆满完成燕化公司土地使用税基数核实工作，解决了历史遗留问题。做好残保金的代征工作，审核率、入库率均超过北京市地税局下达的两率的指标。全力推进新个人所得税法在燕山地区的实施工作。组织千户企业参加培训辅导，确保培训覆盖面“百分百”。办税服务厅采取7项措施确保新法宣传及时、贯彻顺畅。开展再就业税收优惠政策的落实、存量房评估试点、新车船税法的宣传贯彻、工会经费代征、地方教育附加的开征等多项政策准备工作，保证了每一项税收政策贯彻到基层，落实到纳税人。

【优化纳税服务】2011年度燕山分局纳税人综合满意度为95.9%，连续3年在全系统排名第一。分局召开纳税人满意度暨征询纳税人意见评析会，对调查结果做详细分析，认真总结经验、查找不足。召开纳税人座谈会15次，广泛征求纳税人意见和建议。召开燕山地区2011—2012年度纳税信用A级企业授牌大会，弘扬依法纳税的良好风气。对外网9个模块，35个栏目内容进行集中清理、更新及日常维护，及时发布税收政策和更新文件，方便纳税人使用。在全国第20个税收宣传月中，走进石化新材料科技产业基地开展政策宣传，丰富宣传内容。

【提升征管质量】制定征管业务月汇报会制度，每月对登记率、入库率等考核指标和重点工作完成情况进行通报，进一步夯实税务所工作基础。加强征管“四率”考核力度，2011年“四率”考核均达到北京市地税局规定的标准分值。开展

274户“待登记户”清理工作，保证登记信息的准确。

【规范办税服务厅建设】一是对业务流程环节与职责部门进行调整，使办税服务厅办理事项达到了176项，实现“一窗通办”。二是制定并完善20余项管理办法，切实提高工作规范化程度。三是合理划分办税区域，并明确各区域标识，方便纳税人识别。四是进行硬件设施升级改造，提升工作效率，更好地预防执法风险。4月21日，燕山分局办税服务厅顺利通过北京市地税局验收并召开全系统观摩现场会，得到各级领导高度肯定。多个兄弟单位先后到燕山分局办税服务厅进行实地参观，促进规范化服务厅建设经验交流。

【评估稽查】筛选近几年未评估过的行业和企业为评估对象，力争做到专项评估覆盖地区所有行业。2011年累计完成纳税评估360户，预警核实率100%，有问题率36 %，补缴税款、滞纳金和罚款共计116.66万元。全年稽查任务落实率100%，累计实施稽查检查43户，查补收入120万元，同比增长135%。

【党的建设】完善《党组议事规则》等一整套党建工作制度。开展丰富活动迎接建党90周年。组织开展“三敢”精神大讨论，深入推进创先争优工作。分阶段开展胡锦涛总书记“七一”重要讲话和党的十七届六中全会精神学习，提升党员干部党性修养和政治觉悟。在党建责任制检查验收中，燕山工委组织部对分局党建工作给予高度肯定。

【领导班子建设】坚决落实“三重一大”决策制度和实施办法，全年召开局党组会22次，研究各类议题165项。认真落实领导干部年度学法计划，局领导班子全年学习《行政强制法》等法律法规材料12篇，有力提升班子成员依法行政能力。

【干部队伍建设】开展全局岗位轮换工作，使部门人员结构更加合理，税务所等税收一线的力量得到有效加强。开展近两年首次副科级干部民主推荐工作，储备一批责任心强、年纪轻、文化素质高的青年后备干部。组织公务员更新知识及健康讲座等培训辅导10余次，累计参加800多人次。充实图书馆书籍，方便干部职工借阅，组织登山等文体活动15次，促进干部身心健康。通过开展庆“七一”摄影展，“庆祝建国62周年”刺绣展等展现干部才艺。积极开展捐赠棉衣棉被献爱心，慰问离退休老干部等关怀活动。

【党风廉政建设】认真总结“做国家利益的忠诚卫士”专题教育活动，巩固教育活动成果。按照查找风险精准化、防范措施制度化、实时监督科控化、规范管理考核化的“四化”标准开展廉政风险防范“回头看”活动。制定《廉政风险防范管理考核办法》，不断加强惩防体系建设。

【民主评议基层科所】顺利通过民主评议基层科所督导组检查。地区纠风办认为分局在网上评议、举报热线、明察暗访、来信来访4条渠道反映情况中评价优异，实现“零投诉”，北京市纠风工作督导组对分局加强政风行风建设工作也给予高度肯定和表扬。

【完善考核机制】 对照北京市地税局新的考核办法重新修订燕山分局各项考核标准，定期召开考核通报会议，确保考核成绩优秀。进一步完善工作签报制度，加强对重大项目的资金管理，认真开展“小金库”专项治理复查工作，真正做到情况明、数据准。强化公文管理，在公文传阅过程中无一差错，无泄密事件发生。落实“平安地税”要求，层层签订安全工作责任书，切实做到要求严。配合燕山地区创建“国家卫生区”活动，不断提升后勤服务保障能力。

【先进表彰】 首都精神文明建设委员会授予燕山分局“首都文明单位”称号。获得北京市精神文明建设标兵单位，北京市党员干部远程教育示范站点的荣誉称号。

【领导班子成员】 北京市地方税务局燕山分局党组书记、局长：王炜；党组副书记、副局长：缴荫龙；副局长：田贵远、杜新立、安庆宪；纪检组长：李广生。

（吴　凡）

北京市地方税务局北京西站分局

【概况】 北京西客站作为亚洲第一大站，一直以来担负着首都北京门户和交通大动脉枢纽的重要使命，最高客运能力可达每日113对列车。北京西站占地面积50万平方米，总体建设体现了时代精神、古都风貌和民族特色，西客站工程是“八五”重点工程，于1993年开始动工建设，1996年1月21日开通运营。西站地区是由西城、海淀、丰台三个区划分出来的独立管理区域，在北京市委、市政府的正确领导下，边学、边干、边总结，逐渐形成地区管委会综合协调、职能部门各司其职、企事业单位积极参与的共抓共建共创的管理模式。地区的治安、交通、市容、环境逐步规范，地区社会稳定，经济持续发展，取得可喜的成就。

北京市地方税务局北京西站分局于1996年1月20日正式成立，为北京市地方税务局派出机构，是依法在北京西站地区实施国家税收征收管理的行政执法机关。

年末，北京西站分局共有正常户875户，其中个体工商户375户，股份合作企业10户，股份有限公司5户，国家机关、社会团体和事业单位15户，其他有限责任公司81户，国有和集体企业135户，私营独资合伙企业14户，私营有限责任公司238户，外资企业2户。

年末，共有干部职工61名。其中：硕士及研究生学历9人，占总人数14.7 %；本科学历46人，占总人数75%；大专学历4人，占总人数6.55%；大专以下学历2人，占总人数3.28%。共有党员42名，占总人数的68.85%。

【圆满完成税收收入任务】 2011年北京西站分局累计入库各项税费收入2.7亿元，同比增加3884万元，增长16.72 %；地方一般预算收入完成2.3亿元，同比增加3684万元，增长18.98%；完成年度计划指标2亿元的115.47%。

【深化税源管理】 一是扩大重点税源监控范围。重新调整确定市级重点税源企业18户、局级重点税源企业50户，将重点税源企业由87%增长到93%。二是深化税收分析。每月征期结束后进行税收入库情况、税收增减因素分析，提高分析的时效性。加强经济税收关联度分析，宏观上关注经济指标变化，分析其对税收收入的影响，微观上利用纳税申报数据、企业生产经营及财务数据，分析企业生产经营变动情况，动态把握企业税源总量、质量及其结构。三是加强税源管理。选取两个行业子目作为下户调查的重点，将此行业经营的一般规律、获利手段、途径和核算方式，涉及的税收要素、征管和税收政策的管理建议等内容进行归纳整理，形成管理员工作手册，为日常税源管理积累经验和素材。四是提供数据支持。编制完成《1996—2010年税收数据手册》，既方便基层查阅，服务领导决策，提高工作效率，也为科学掌握地区税源变化规律提供重要的依据。

【落实税收政策】 一是贯彻落实修改后的《个人所得税法》。制订工作方案，将工作任务分解到部门，明确工作职责和工作要求，责任落实到人，形成一级抓一级，层层抓落实的工作局面。二是开展企业所得税汇算清缴工作。通过对申报数据的后台查询、筛选，有针对性地联合税务所对应享受优惠政策的纳税人进行政策宣传。享受企业所得税减免税优惠政策18户，减免税额56.15万元。三是落实一系列税收优惠政策。其中，享受残疾个人所得税工资薪金所得减免14人，减免税额0.5万元。

【发挥评估作用】 一是针对居民服务和其他服务业、批发和零售业、无税申报企业开展专项评估工作。二是强化入库力度，对专项执法督察检查中发现的土地增值税进行补征。三是全年对126户企业开展纳税评估，其中应补缴税款的13户，占14.3%，共计补缴税款和滞纳金41.97万元。

【强化稽查检查】 一是实施税务检查。开展专项税务检查19户，查补税款

24.34万元、滞纳金0.01万元、罚款12.28万元，已全部足额入库。二是联合公安、国税、工商等地区职能部门，开展“打击发票犯罪清理整治行动”，捣毁贩卖假发票、私刻假公章的窝点，收缴各类假发票51593份。三是完善协查工作制度，强化协查责任，坚持做到所协查案件，件件有落实，案案有回复。协查工作质效得到显著提高，回复率达到100%。

【推进依法行政】 一是开展业务流程监管工作。对20项实际发生业务的项目进行检查，涉及相关卷宗1704卷（次），检查其中827卷（次），发现并整改问题12个。二是开展专项执法督察。对北京市地税局规定项目进行专项督察，涉及案卷902卷，检查271卷，检查比例30%，发现并整改问题13个。通过各项执法督察，及时地发现在贯彻实施各业务流程中的问题，有效地进行督促整改，提高依法行政水平。三是清理规范性文件。按照北京市地税局统一部署，共清理规范性文件1364个，其中分局全文废止或失效的文件70个，部分废止或失效的文件48个，有条款修改的文件11个。对文件清理结果在分局外网进行公告，方便纳税人查阅。

【创新服务举措】 一是落实提醒、预约、咨询、跟踪、政策、征询服务，通过开展“提醒服务”，北京西站分局的登记率和申报率均达100%；通过 “预约服务”和“跟踪服务”，为纳税人送票上门，解决企业携带大量现金不方便和用车困难等许多实际问题；通过“咨询服务”和“政策服务”加大税收政策宣传力度，利用电话解答、申报控制提醒、纳税人邮箱发送、服务大厅显示屏告知等多种手段，让纳税人了解新的税收政策；通过“征询服务”，了解纳税人服务需求及建议，及时调整、完善服务措施。二是完善“即时服务”内容。修订《新办企业办税指南》《纳税人填报资料示范表样》等资料，为纳税人办理即时涉税事宜提供简明的辅导材料。三是开展 “分类服务”。通过走访代征代售企业和送发票上门的企业，了解需求，征求意见建议。此外，针对新办企业和个体工商户开展分类辅导，进一步提高涉税辅导的针对性、有效性。四是加强纳税服务制度建设，提升规范化管理水平。印发《西站分局办税服务厅管理办法》《西站分局办税服务厅应急预案》《西站分局办税服务厅信息发布管理办法》《西站分局办税服务厅工作规范》等工作制度。通过健全完善制度机制，提高管理效能。五是完善办税服务厅硬件建设，改善办税环境。合理划分办税服务厅功能区域，在北京市地税局统一配备硬件的基础上，增添服务监控系统，进一步提升服务质量。

【加强党的建设】 一是加强党建工作制度建设。选举产生第一届北京西站分局党总支，扎实抓好基层党建工作，制定《西站分局党总支、支部工作规范》，明确和细化各项党务工作制度的落实，督促和规范党务工作的管理，提高工作效率，增强支部活力，使基层党组织工作得到大力加强，初步形成一级抓一级、一级带一级的工作格局。二是开展纪念建党90周年系列活动。参观重点纳税企业，举行党史知识考试、擂台赛等专题活动，以“党史天天读”的形式普及党史知识，截至12月31日已刊发175期。三是深入学习贯彻十七届六中全会精神。按照“党组中心组、党总支和党支部、各部门”三个层面，采取集中与自学相结合的方式深刻领会精神，并刊发学习十七届六中全会特刊5期。四是推进精神文明创建工作。开展送温暖、税警民共建、“绿色家园，人人共建”等系列活动。全年共刊出《西站分局精神文明创建简报》47期，《西站分局平安单位创建简报》9期。

【强化班子建设】 一是坚持“一把手”是党建工作的第一责任人，党组副书记是直接责任人的工作原则。贯彻民主集中制，加强思想政治建设，落实《党组中心组理论学习计划》，年内，组织召开党组中心组理论学习9次。二是党组成员深入基层开展专题调研，听取工作汇报，指导基层工作，了解干部需求。坚持学以致用、用以促学相结合，完成重点调研5篇，实现成果转化1篇。三是加强科级领导班子能力素质建设。经过调整考评等程序，调整科级领导干部8人，3名副科级领导干部走上科级领导岗位。四是严格落实“三重一大”等各项工作制度，确保决策的民主化、科学化。

【推进干部队伍建设】 一是开展轮岗交流，促进干部成长。调整涉及9个部门，共调整人员18名，其中一般干部10名，通过岗位轮换，为干部成长创造条件，搭建平台。二是健全考核制度，加强日常监督。印发《北京市地方税务局北京西站分局管理考核细则》，明确职责、任务、方法、标准，把“软”任务变为“硬”指标，做到工作有标准、检查有内容、考核有尺度、奖惩有依据，不断推动工作制度化、标准化、经常化。三是重视教育培训，提高干部素质。制定教育培训工作管理办法，结合实际情况开展更新知识培训和财务会计、稽查检查等专业技能培训，共计开展各种形式、不同内容的培训14次，培训科目14个，累计参加培训人数476人次。

【党风廉政建设】 一是继续开展“做国家利益的忠诚卫士”专题教育活动，较好地完成整改落实和总结验收阶段工作。通过开展清理小金库、公务用车问题专项治理等工作，从源头上加强管理，转变作风。二是全面落实党风廉政工作责任制，层层签订党风廉政责任书。把党员领导干部学习贯彻落实《廉政准则》情况，作为2011年党风廉政建设责任制、干部考核、民主评议、述职述廉的重要内容。三是针对服务态度、办事效率、廉政勤政、检查承诺等方面，开展廉政信件回访工作。从183份廉政回访信件中，未发现北京西站分局干部有不廉洁行为。四是先后两次"面对面"征求纳税人的意见和建议，防止执法随意性和不廉洁行为的发生。共计征询183人次，征求意见建议24条。

【先进表彰】北京市地方税务局北京西站分局荣获北京市交通安全委员会颁发的"北京市2011年度交通安全先进单位"；北京西站分局荣获北京西站地区社会治安综合治理委员会颁发的"平安示范单位"称号；吴佳、哈德录荣获北京西站地区社会治安综合治理委员会颁发的2011年度北京西站地区社会治安综合治理先进个人；经萍被评为北京市"三八"红旗奖章先进个人。

【领导班子成员】北京市地方税务局西站分局局长：刘义；副局长：徐坡、何建忠、张燕萍（女）；纪检组长：王英杰（女）。

（李林慧）

北京市地方税务局开发区分局

【概况】北京经济技术开发区位于北京东南亦庄地区，是北京市唯一同时享受国家级经济技术开发区和国家高新技术产业园区双重优惠政策的国家级经济技术开发区。北京经济技术开发区于1992年开始建设。1994年8月25日，被国务院批准，北京经济技术开发区范围内的七平方公里被确定为中关村科技园区亦庄科技园。2007年1月5日，北京市人民政府批复《亦庄新城规划（2005—2020年）》，明确指出以北京经济技术开发区为核心功能区的亦庄新城是北京东部发展带的重要节点和重点发展的新城之一。

开发区分局于1994年12月15日正式成立。年末，共有干部职工95人，其中干部90名，职工5名；党员63名，占总体人数的66%；团员6名，占总体人数的6.3%。干部中具有研究生以上学历的占3.3%，大专及本科学历的占96.7%。全局设办公室、税政管理科、征收管理科、纳税评估科、收入核算科、法制科、人事教育科、监察科八个科室，第一税务所、第二税务所、第三税务所、隆庆街税务所、东区税务所五个税务所和一个稽查局（内设立案审理科、税务监察科）。

年末，开发区分局税务登记的正常纳

税户共有4936户，其中内资企业3771户，港澳台投资企业188户，外商投资企业510户，外国企业5户，个体经营404户，其他58户。

【圆满完成全年收入任务】2011年，开发区分局共完成各项税费收入65.06亿元，同比增长43.81%，完成地方公共财政预算收入51.4亿元，同比增长47.5%。

【组织收入措施】一是进一步分解落实年度收入任务。在认真分析、总结2001—2010年收入任务计划分解和任务完成实际情况的基础上，对开发区分局2011年的总收入和地方公共财政预算口径分别进行测算，将年度收入任务按税种进行分解，按部门进行落实，形成任务明确，责任到位、措施有力的收入任务管理格局。二是不断提高收入预测能力。为进一步了解税源、掌握税基，根据北京市地税局对预测准确率考核的相关要求和开发区分局实际情况，调整对各部门报送预测数据的要求，设计《收入影响因素反馈预测报告表》；通过深入开展税收分析预测和税源分析，加强重点税源监控，开展税收调查等行之有效的工作，巩固“税收税源分析找原因，税收收入预测看趋势，重点税源监控找问题”的工作模式，提高预测准确性，全年预测准确率达到95%以上。三是注重静态税源管理与动态税源监控工作的融合。通过对已存在的数据的分析，及时掌握区域税源的整体情况和发展态势；对税源的动态信息进行逐级监控，对企业的发展现状进行预测、统计和分析，掌握各行业税源的发展变化规律。

【强化税政管理】一是在制定工作方案，强化内部学习，开展外部培训的基础之上，认真做好企业所得税汇算清缴工作；二是积极做好年个人所得12万元以上纳税人自行申报工作，成立领导小组，制订了工作方案，并通过行之有效的“政策宣传三步走”等形式，切实提高纳税人自行申报的主动性和积极性。2011年，全区自行申报共计16300人，圆满完成工作任务；三是对辖区内21户自开票货运企业的管理部门进行职责调整，实行专人管理，理顺工作程序，提高工作效率；四是为确保修改后《个人所得税法》平稳实施，在加强内外部培训的同时，充分利用媒体和网络资源加大宣传力度，及时、多途径告知纳税人新政策，确保纳税人在新法实施后能够正确地履行纳税义务；五是全面贯彻落实残保金代征工作要求，在加强组织领导和信息互换的同时，强化宣传力度，通过申报事项告知专栏、免费邮箱、温馨提示信函、专管员催缴等方式向驻区企业发出征缴通告。2011年，残保金入库5741万元，保证代征工作的圆满完成；六是配合北京市地税局做好《车船税法》实施前的相关准备工作，深入代收代缴单位开展调研，结合征管实际提出建议；在日常征管中，注意加大对代收代缴单位的监管力度，依托信息化手段，提高税收分析精确度；七是稳步推进存量房交易税收征管工作。主动与房地产开发企业沟通联系，上门辅导政策。在服务大厅增设咨询台，妥善应对存量房申报工作，顺利实现新旧政策的平稳过渡；八是联合开发区国税局、科技局，通过召开辅导会等方式，对开发区200多户高新技术企业深度解读个人所得税、企业所得税等相关税收优惠政策，切实做好中关村“1+6”政策的落实工作；九是完善制度，强化执行。重点对开发区分局减、免、退税进行规范，认真核对资料，对适用政策严格把关，确保纳税人权益得到保障。全年共受理退税224笔，金额2576万元；十是加强与区工会的联系与沟通，为2012年工作经费代征工作奠定基础。

【强化法治观念】 一是以落实领导干部学法用法为重点，进一步规范分局全员学法用法工作，通过购置相关书籍组织自学、集中观看辅导光盘、参加北京市地税局辅导讲座等形式，对分局处科两级领导和全体干部开展依法行政学习培训，为全面提升分局依法行政意识和水平奠定基础；二是按北京市地税局工作要求，组织开展规范性文件备案备查工作，切实做到有件必备、有错必纠。组织开展税收规范性文件清理工作，及时公布清理结果；三是强化税收执法监督。结合北京市地税局2011年税收执法督查工作要求，研究制定开发区分局税收执法督查实施方案并整理归纳督查要点，通过对企业注销清算、普通发票管理情况等六个方面的执法督查，以及对查出问题的全面整改，进一步强化税收执法严肃性，有效规范税收执法行为。

【加强税法宣传】 一是在做好日常税法宣传的基础上，通过开展税收宣传进社区、进园区和发送手机宣传短信等多种形式，把有关重要涉税事项、新的税收政策等第一时间告知纳税人，努力在开发区营造良好的依法诚信纳税的氛围。为扎实有效地开展好全国第20个税收宣传月活动，开发区分局紧紧围绕“税收·发展·民生”这一主题，在《亦庄时讯》开辟宣传专栏，制作大型税收宣传公益广告牌等，有效增强税收宣传的社会效应；二是本着优化版面、更新内容、明确职责的原则，对开发区分局网页管理权限进行调整，对网页内容进行优化整合，强化对信息更新工作的管理，为纳税人查阅提供便利；三是开展全方位培训。根据开发区分局年初工作计划，针对纳税人的实际需求，分别对新办企业、原有企业以及重点税源企业等进行政策培训辅导。

【优化纳税服务】 一是落实处科两级领导干部走访制度，不断完善帮扶企业长效机制。围绕纳税服务、重点税收事项以及新政策的实施等情况，积极开展走访活动，面对面为企业答疑解惑，第一时间把税收政策送到企业手中；二是设立专门的个人完税凭证开具窗口，提高个人所得税完税凭证开具的工作效率；三是联合开发区国税局开展纳税信用等级评定工作，共评选出41家纳税信用A级企业，并积极做好相关企业的后续服务工作。

【依法规范税收业务】 一是狠抓“四

率”指标。将“四率”指标纳入分局目标责任制考核，按月通报完成情况，全年，分局各月指标均达到或优于北京市地税局考核标准；二是继续做好税收征管业务流程在分局的贯彻落实，进一步规范全局日常征管工作。针对工商营业执照中登记注册类型变化较大、核心征管系统中未做相应调整、日常工作中容易产生混淆的实际情况，分局参照北京市地税局文件的相关规定，制作《企业登记注册类型对照表》，提高分局税源户登记信息的准确率；三是加强横向沟通，细化征收管理。通过和国税局进行信息交换，取得区内缴纳增值税个体工商户核定税额的信息，保证对缴纳城市维护建设税、教育费附加、个人所得税纳税人核定工作的顺利开展。

【纳税评估】 全年共对330户纳税人实施纳税评估和评估辅导，入库税款共计877.95万元。其中，通过税种关联性比对、税款同期比对、税控信息比对、财产登记信息比对、零申报提示、亏损提示等方式，扩大对重点税种日常监控的纵深度，有力推动日常评估的开展。对重点行业、重点税源和重点涉税事项进行“延伸评估”，取得显著成效。

【稽查检查】 积极开展年度专项检查、税收检举和发票协查等项工作，通过对21户企业开展立案税务检查，共查补税款421.25万元。集中开展未结案件清理工作，部分疑难案件得到有效清理，全年共清理22件，占应清理案件的81.48%。

【打击发票违法犯罪工作】 加大与公安、国税等部门协调配合，对发票违法犯罪行为进行强有力的打击。积极探索反避税调研式检查工作，并取得显著的成效，查补税款281.5万元。

【优化行政管理】 加强公文规范运行的管理，认真做好政府信息公开和保密工作。对现有行政、政务制度进行梳理，为下一步优化政务流程，建立健全规范、配套、高效、易行的行政办公制度体系奠定基础。依法规范财务管理，严格执行财政预算。积极做好办公楼维修改造的前期准备工作，成立组织领导机构，研究制定《实施方案》，向北京市财政申请预算资金并已获得批复，为下一步维修改造工作的顺利进行创造条件。

【“小金库”专项治理】 根据北京市地税局2011年“小金库”专项治理工作的部署和要求，圆满完成分局“小金库”全面自查工作，并顺利通过北京市地税局检查。

【信息化建设】 加大信息化管理力度，及时评估网络与信息系统的安全状况，查找薄弱环节和安全隐患，提高对系统内各设备运转状况的掌控能力。配合北京市地税局完成《个人所得税法》修改后的信息系统应急预案的制定和落实工作，保证在新法推行阶段信息系统的安全稳定运行。

【安全保障工作】 召开开发区分局安全工作会，签订安全责任书，确保安全责任得到分解落实；开展系统的消防安全知识讲座，有效强化分局全体干部“预防为主、防消结合”的意识；对分局的消防、视频监控设备进行必要的检修和更新，在分局楼内外加装8个视频监控，最大限度地消除安全隐患。

【党的建设】 一是按照北京市地税局机关党委部署，成立党总支，建立开发区以分局党组成员联系基层党支部为主要内容的党建工作格局，对充分发挥党支部的战斗堡垒作用和党员的先锋模范作用起到了推动作用；二是不断加强党员的党性修养和党性观念。开展包含“感悟红色历史、坚定理想信念”在内的多种形式的主题党日活动，激发广大干部的爱国情怀；三是扎实有序开展创先争优活动。结合分局工作实际，组织开展“三诺”工作，自觉履职，主动接受广大群众的监督；认真开展点评工作和民主评议党员工作，积极做好问题的整改，确保创先争优活动取得实效。

【领导班子建设】 一是认真贯彻北京市地税局党组对处级班子建设方面的要求，通过组织班子成员定期集中学习、中心组（扩大）理论学习等方式，狠抓能力和作风建设，班子成员的政策理论水平、知识能力水平、管理决策水平得到提高，班子的凝聚力、战斗力得到提升，领导核心作用得到进一步发挥。二是坚持党组工作八项制度和“三重一大”决策制度，提高分局领导班子科学、民主、依法决策能力，班子的整体合力得到进一步增强。三是注重并加强对中层领导干部的培养和使用，严格要求、大胆使用，使中层干部队伍的作用得到进一步发挥，确保各项工作得到有效落实。

【干部队伍建设】 一是注重推进全员培训。采取脱产学习、在职培训、专题讲座等形式，多渠道提升干部知识能力水平，干部队伍的整体素质得到显著提高；二是坚持严格审核晋升人员资格条件，按照民主推荐、民主测评、个别谈话、组织考察、提出考察建议并提交党组讨论的程序，2011年共完成16人次的晋升、转正、初次任职，有3名年轻同志被提拔到领导岗位；三是开展丰富多彩的党团工会活动。连续13年开展为河北省阳原县一所小学捐资助学活动、与大兴区魏善庄大狼垡村共同开展城乡共建活动、持续开展的送温暖活动，提高大家的社会责任感、集体归属感和工作热情；四是加强文明创建工作。继续加强青年文明号建设，2010年隆庆街税务所被评为市级“青年文明号”，为了继续保持这一荣誉，税务所在干部队伍管理上出真招、重实效，较好地完成各项工作任务。2011年初，开发区分局第一税务所在获得北京市妇联“巾帼文明岗”的基础上，又荣获全国妇联“巾帼文明岗”称号。分局连续九年被开发区评为“文明单位”，被首都文明委评为“首都文明单位”。

【反腐倡廉建设】 一是认真贯彻北京市地税局党风廉政建设的部署和要求，以落实党风廉政建设责任制为牵引，通过建立一级抓一级、层层抓落实的责任体系，积极探索廉政风险防范管理的新办法，为分局各项任务的顺利完成起到保驾护航的作用；二是认真抓好“做国家利益的忠诚卫士”反腐倡廉专题教育活动的组织和落实。按照北京市地税局的总体安排部署和要求，认真查找出分局在思想、组织、作风、制度和廉政五个方面11个问题，有针对性地制定26条整改落实措施，并认真抓好措施的有效落实和工作的总结验收，期间共编发活动专刊100期，保证活动的顺利开展，为建立反腐倡廉教育长效机制奠定坚实基础；三是认真开展《廉政准则》贯彻执行情况专项检查工作。组织党员领导干部认真填写《北京市地方税务局党员领导干部遵守〈廉政准则〉承诺书》，分局8名处级党员干部和全体科级领导干部从四个方面做出承诺，对分局贯彻执行情况开展全面的自查自纠。从专项检查情况看，分局各级领导干部都能较好的执行《廉政准则》，没有发现违反规定的问题；四是积极开展民主评议基层科所工作。组织各部门围绕廉政建设、依法办事、服务环境、履职效率、管理效能、服务效果六项评议内容进行自查，并针对自身存在的问题制定改进措施，召开特约监察员和纳税人代表座谈会。大家对分局廉政建设、纳税服务、依法办事等方面都给予充分肯定；五是加强廉政宣传教育。分别采取党组中心组党风廉政建设专题学习扩大会和全局大会等形式，深入学习贯彻党的十七届六中全会精神和胡锦涛总书记在中纪委六次全会上的讲话等重要文件精神。同时利用“三个一”的载体加强廉政文化建设和经常性廉政教育，即年初一本廉政台历、每半月一期《警钟常鸣》电子专刊、节日一条廉政短信；六是全面实行廉政勤政反馈单制度，强化社会监督。全年共收回反馈单46份，均未发现问题。

【领导班子成员】北京市地方税务局开发区分局局长：王炯宁；副局长：史保华、徐京来、刘凤彬；纪检组长：扈寒梅（女）。

（王　磊）

北京市地方税务局第一稽查局

【概况】北京市地方税务局第一稽查局是北京市地方税务局的直属单位，负责对北京市行政区域内地方税务机关管辖的内资企事业单位和个人实施税务检查工作。办公地址位于北京市朝阳区裕民路12号院C3座。全局设15个科室，2011年底共有干部职工129人，其中本科以上学历111人，占干部职工总人数的86%，中共党员98人，占干部职工总人数的76%。

2011年，在北京市地税局党组的正确领导下，第一稽查局党组坚决按照北京市地税局提出的“解放思想、加快转变、夯实基础、依法行政”的总体要求，较好地实现2011年初提出的加强思想认识、坚持依法行政、落实“三个建设”、夯实工作基础、抓好工作作风五个方面的转变，推动全局各项工作的顺利开展，一是始终坚持正确的工作指导思想。二是十分重视思想政治建设和组织建设，确保各项工作部署落到实处。三是强调以人为本的队伍建设和人员管理理念。四是紧紧抓住基础性的制度建设不放，比较圆满地完成各项工作任务。

【打击涉税违法行为】 在严格执行总局《税务稽查工作规程》、北京市地税局新的稽查制度的基础上，全年查处大要案、专项检查、举报案件共101件，定性偷税案件3件，查补500万元以上5件，查补税款、滞纳金、罚款共计23806.54万元，入库总额22597.74万元，入库率94%。

【全面清理遗留案件】 按照北京市地税局统一部署的清理积案工作要求，下大力气对历史遗留案件进行全面、系统的清理。2011年，第一稽查局需清理的各类案件共174件，有些案件遗留时间跨度长（从建局至今），有些原因复杂多样，工作任务繁重。在清理积案工作过程中，各相关科室及时沟通、协调，相互协作，有效配合，形成合力，共同实施清理工作。全年清理案件121件，占需清理案件总数的69%。

【承担多项重大案件检查】 2011年，共新承办中纪委等上级交办重大案件19件；按照北京市地税局工作部署，做好“打击发票违法犯罪活动”，对27户房地产发票使用情况做重点检查；对专项检查的16户广告业和13户高收入者个人所得税（含反避税案件3户）案件实施立案检查；对2户资本性交易专项检查案件进行立案部署。

【落实北京市地税局组收工作部署】 2011年底，北京市地税局党组紧急下达组织收入任务，局党组高度重视，把组织收入任务提高到“保发展、惠民生”的高度全力开展，成立由“一把手”负总责，各科室各司其职的领导小组。在北京市地税局稽查处、征管处、法制处、收入规划核算处的直接指导下，执行、案管、法制、税政等部门落实责任，克服各种困难，坚持依法行政，一次性组织欠税收入7200万元入库，为全市组织收入任务圆满完成做出贡献。

【加强依法行政】 第一稽查局始终把依法行政、依法稽查列入重要议事日程，把提高依法行政、依法稽查能力与水平作为加强稽查管理的重要内容。一是结合本局实际情况，制定全面推进依法行政工作的方案和配套措施；健全组织机构，成立由党组书记、局长为组长的全面推进依法行政工作领导小组，推进本局依法行政工作。二是按照年初计划有序开展执法督查，其中日常执法督查检查案件49户，自查案件70户，接受抽查案件10户。在检查过程中，认真查错纠弊，对发现问题全部落实整改并总结通报。配合北京市政府法制办抽查案卷工作，借阅案卷150余卷次，在2011年度市级行政执法部门行政处罚案卷现场抽查工作中，本局送检案卷（冶金工业信息标准研究院）被评为优秀案卷。三是配合北京市地税局完成税务行政复议案件2件，组织完成税务行政处罚听证工作1件。在受理听证和进行复议答辩的过程中，对内加强部门间的协调，有效组织相关科室做好听证、复议的准备、执行和事后工作，对外加强与北京市地税局处室的沟通和协调请示，及时上报和反馈相关情况。四是坚持所有的工作必须在法律框架内完成。为确保税款执行任务顺利完成，整合力量成立税收执行小组，在没有先例可循的情况下，依据有关法规政策，拓宽工作思路，寻找新的方式方法，保证税款及时足额入库。

【梳理业务流程】 成立以局领导为核心的优化业务流程领导小组，确定业务流程梳理的指导思想和基本原则，制定科学、系统、详实的梳理工作方案，调动全局稽查干部参与其中。历时一年，完成分层次的税务稽查业务流程图，形成以“四环节七会”为稽查主体，以《税务稽查管理工作办法》《税务稽查案件管理办法》《税务稽查会议管理办法》和《税务稽查督察督办管理办法》为业务管理核心的稽查管理制度体系，并最终形成《税务稽查业务流程管理手册》，成为第一稽查局税务稽查业务工作操作与管理最基础的应用工具。

【补充、完善《管理手册》的相关制度】 针对新业务流程运行中反馈的问题，及时对《管理手册》进行补充、完善。先后制发相关通知，进一步明确工作要求，并对部分文书的填制要求进行补充规范。做到《管理手册》理论指导与稽查办案实践的有机统一，确保制度建设达到系统、完整的总体要求。

【政务流程梳理】 成立由局领导牵头的优化政务流程工作领导小组，按照统一领导，分工负责的工作原则，对60余项政务制度进行整理。

【加强党的建设】 成立党总支和以科室为主体的10个党支部，充分发挥党支部的战斗堡垒作用和党员的先锋模范作用。健全共青团组织，完成共青团组织换届选举工作。先后开展创先争优评选、党员评议、观看纪念建党九十周年影片等纪念建党九十周年系列活动。

【加强领导班子建设】 切实抓好“三会一课”制度、落实“三重一大”制度和工作机制，进一步健全领导科学决策工作机制、建立领导与干部定期沟通机制，及时解决干部职工反映集中的问题，不断增强领导班子的公信力、领导力和创新力。

【干部队伍建设】 认真稳妥地进行干部选拔任用工作，为干部搭建成长平台。局党组严格执行《党政领导干部选拔任用工作条例》和有关规定，认真贯彻民主集中制，经过深入调研、充分酝酿，在广泛征求群众意见的基础上制订《第一稽查局2011年科级领导干部选拔任用工作方案》，选拔一批政治素质好、工作有业绩、事业心强、有思路、肯投入、群众威信较高的优秀干部。全局科级领导干部平均年龄从原来的42.4岁降低到38.8岁，进一步实现干部年轻化，取得良好成效，并积累许多有益的经验。

【慎重合理使用干部】 圆满进行干部岗位调整。干部队伍是推动地税事业科学发展的主体力量。第一稽查局党组坚持以人为本，遵循干部成长规律，关心干部合理需求，注重干部全面发展，激发干部队伍活力。对60名干部进行轮岗，占全局干部的47%。这次干部调整，是第一稽查局近十年来规模最大的一次，对全局的公务员队伍建设、廉政建设及稽查业务等工作的开展起到促进作用。

【重视思想政治建设】 第一稽查局党组认真安排多项思想政治教育活动，不断提高全体人员的思想政治觉悟和工作热情，努力在全局形成奋发努力和积极向上的工作氛围和完成各项任务的思想基础。组织召开"践行北京精神，我为地税建设建言献策"座谈会，引导青年爱岗敬业，创先争优，发挥才干，认真践行以"爱国、创新、包容、厚德"为主要内容的"北京精神"。涌现出一批工作上爱岗敬业、忠于职守、廉洁奉公、顾全大局，默默无闻，无私奉献，刻苦钻研业务，提高工作技能，生活上关心同事、热心帮助他人的同志。

【夯实廉政基础】 以"加强反腐倡廉建设，筑牢稽查工作的廉政防线"为重点，扎实推进"做国家利益的忠诚卫士"反腐倡廉专题教育活动，较好地完成各项廉政建设工作任务。完成对专题教育活动整改落实阶段进行查摆问题及制定整改措施情况工作的总结和通报。组织召开总结验收阶段工作部署会，为下一步专题教育活动向创先争优活动的全面转化创造有利条件。

【强化廉政机制建设】 针对不同岗位进行全面风险排查和风险提示，梳理各环节廉政风险点38条，编制廉政风险识别、防控一览表8张。建立干部廉政档案，形成干部考核、使用的重要参考依据。充分发挥外聘特约监察员的作用，试行监督前置，加强外部监督。召开2011年纳税人座谈会，征询纳税人对第一稽查局工作的意见和建议。

【领导班子成员】 北京市地方税务局第一稽查局局长：孙长海；副局长：李强、贾玲（女）、汪沛、李森林、但启明（3月任）。

（李　旸）

北京市地方税务局第二稽查局

【概况】北京市地方税务局第二稽查局负责北京区域范围内外商投资企业、外国企业和个人税务检查工作，以及北京市涉税大要案及北京市地税局交办案件的查处工作，具有独立的执法主体资格。办公地理位置在朝阳区裕民路12号院C3座。内设办公室、人事教育科、监察科、案件管理科、业务科、税政科、审理科、执行科，第一至第六税务稽查科14个部门。全局共有干部职工116名，其中：公务员105名，工勤人员9名，合同制工人2名；有硕士研究生4人，本科生96人，大专生9人，大学本科以上学历占全局总人数的86%；党员85人（含预备党员2人），团员3人，民主党派1人，党员占全局总人数的73%。

【稽查办案成效显著】2011年，第二稽查局紧密围绕稽查办案中心工作，上下一心，团结协作，尤其是在大要案的查办过程中，各部门抽调精兵强将，加强协调配合，全力组织保障，出色地完成全年的稽查任务。2011年共查办案件247件，结案148件，查补收入7.34亿元，入库3.9亿元，查补收入创历年新高。查办的案件中，查补收入亿元以上案件2件，千万至亿元9件，500万至1000万元3件，50万至500万元28件。

【实现专业稽查职能】2011年集中优势资源，抽调业务骨干，成立专案组，全力保障上级交办重大案件和高案值案件的查办。重大案件审理委员会多次研究案情，专案组多方外调、搜集证据、艰苦攻关，成功查办“山水文园”“华恩”等两件案值均近2亿元的大案和“406”偷税案等有较大影响的重大案件。全年共查办上级交办重大案件48件，举报督办案件25件，其中查办案值千万元以上案件11件，税、滞、罚合计5.66亿元，占总查补收入的77%，圆满完成上级交办的重大案件查办任务。

【加大假发票打击力度】按照北京市地税局部署，第二稽查局对发票违法犯罪行为保持高压态势，要求所有检查组做到“查账必查票、查案必查票、查税必查票”。对所有专项检查案件被查单位的发票领购、开具和取得情况进行抽样检查；对于企业用于列支的大额发票，检查人员分别到国税局、地税局相关部门进行协查，鉴定发票真伪；对于涉及外埠发票的，通过发协查函和派专人外调的方式确定发票真伪。通过对发票的严格检查，共查处假发票1917份，涉及票面金额6.63亿元，补税9000余万元，加收滞纳金、罚款1.12亿元，有力震慑发票违法犯罪行为。

【加强企业所得税稽查】 2011年，结合专项检查工作，第二稽查局加强企业所得税检查培训力度，聘请专家教授先后开展“企业所得税与会计报表”“广告业专项检查”等4期企业所得税专项培训，培训267人次，合计2056学时。全年共查补企业所得税5.27亿元，占全部查补收入的72%，首次超过营业税，成为查补第一大税种，成功将以前的检查“难点”变为“亮点”。

【积极开展积案清理】 认真贯彻北京市地税局集中清理未结案件工作要求，对涉及第二稽查局的163件案件进行认真梳理，制定实施方案，迅速展开工作。已结案119件，有2件正在执行中，其他案件均因情况特殊无法结案，按时限、保质量完成上级机关的工作要求。

【落实税收政策】 加强税政支持，利用办公平台 “税政问题请示与答复”模块、召开税政问题研讨会等形式，及时解决办案过程中出现的税政问题。对税政难点、热点组织培训、考试，提高稽查人员政策水平。对于疑难问题，积极请示，努力协调，为稽查办案提供有力的税收政策支持。

【做精做细案件审理】 采取召开例会强化审理人员责任意识、制作并发出《案卷审理修改单》、加强对《报审案件自核单》审核、完善审理工作台账、对案卷突出问题进行培训和加强审理问题通报等措施，细化审理工作，有效促进案件查办质量和案卷质量的提升。

【加大清欠力度】 加强同银行、公安、工商、法院、征管税务机关的联系，采取调查企业账户、强制扣缴税款、发协查函、联合执法等多种手段，对中证房地产开发有限公司等7户企业进行欠税清理，清缴税款4800余万元，为国家挽回了经济损失。

【应用电子查账软件】 实现电子账务稽查系统与核心征管系统的衔接，通过与核心征管系统的数据比对，提高案件查办效率，增强稽查人员对案件的把握和分析能力。多次组织电子账务稽查软件应用培训，并应用查账软件查办35件案件，形成信息化稽查案例10篇，积累了信息化稽查工作经验。

【完善执法体系】 2011年，第二稽查局不断完善稽查案件会议管理模式，实施审定会、审议会、审理会管理制度，对重大案件审理委员会成员进行调整，所有业务科室科长和监察科长均为审理委员会成员，保障稽查办案的全过程公开透明，执法程序和执法标准更加统一规范。全年共召开“三审会”88次，其中审理会31次，审理案件84件次；审议会26次，审议案件51件次；审定会31次，审定案件98件次。“三审会”制度的有效执行，对提高案件的查办质量、规范执法行为、统一执法尺度起到积极作用。

【加强税收执法检查】扎实开展全国税收执法督察工作，对196个案件的900余个案卷进行了集中检查。认真开展日常执法检查，对73个行政处罚案卷进行检查，重点检查法律适用、检查程序、调查取证、文书使用等情况。就执法督察和执法检查中发现的105个问题，及时组织相关责任人员和责任科室进行整改，分别对稽查一线和管理科室开展培训，巩固检查成果，进一步规范分局稽查执法行为，提高稽查案卷质量。深入开展稽查管理制度专项执法检查工作，调取查看各环节《工作台账》、与核心征管系统数据进行比对、按比例随机抽取部分案卷检查，确保稽查管理制度得到有效落实。

【认真开展听证和复议工作】根据被查纳税人提出的申请，于7月和11月，举行两个案件的税务行政处罚听证会，进一步听取当事人的意见，充分体现稽查执法的公正性和透明度，维护税法尊严，促进行政处罚效率的提高。年末，“406”案件当事人对第二稽查局做出的处理决定提出复议申请，经多次检查事实认定、法律适用和工作程序，整理证据资料，确保行政复议的顺利进行。听证、复议工作的认真开展，正确履行稽查办案的法律程序，切实保障纳税人的合法权益。

【加强党的建设】2011年初，第二稽查局进行党总支换届，调整党支部设置。新的总支和支部成立后，在北京市地税局机关党委的领导下，第二稽查局党组对党建工作提出“三同步”的要求，即加强党建基础建设，建立健全党员信息库和党支部基础数据，做到党建工作的同步组织覆盖；完善党员日常管理，培养好入党积极分子，做到对入党积极分子的同步人员梳理；总支建立党团活动室，支部建立党员活动阵地，做到两级组织同步建立阵地。在党总支的带领下，各支部在工作中充分发挥战斗堡垒作用，分局党总支还被市直机关工委和北京市地税局机关党委评为“先进基层党组织”。

【加强领导班子建设】注重加强班子建设，坚持民主集中制原则，坚持理论联系实际，落实“三重一大”制度。全年开展12次党组理论中心组扩大学习，及时传达党的路线方针政策和北京市地税局机关党委的各项要求，将学习型领导班子与学习型党组织建设有机地结合在一起。为适应领导班子的大幅调整，使班子成员迅速进入状态，第二稽查局党组以加强能力培养为重点，重新明确工作分工，班子成员深入基层，联系群众，广泛调研，发扬“敢于担当、敢于碰硬、敢于创新”的精神，带领全局干部圆满完成各项工作任务。

【加强干部队伍建设】第二稽查局党员人数占全局干部的80%以上，发挥党员干部的先锋模范作用，是充分增强干部队伍凝聚力，带动整个干部队伍不断提高的有效途径。2011年继续深入开展创建“党员示范岗”活动。党总支将11个支部的承诺制成展板，在各支部公开；各支部也利用展板，建立各自的党建阵地；党员按各自的岗位职责公开承诺，接受群众监督。建党90周年之际，总支开展“创先争优，从我做起”主题党日活动，对创建活动评选出的9名“党员示范岗标兵”进行表彰，在干部队伍中营造出积极向上、乐于奉献的工作氛围。

【开展廉政教育】认真抓好《党员领导干部廉洁从政若干准则》的贯彻落实，结合双“十六字”工作要求，研究制定《第二稽查局党员领导干部廉洁从政行为准则》和《税务稽查人员行为准则》，指导和规范领导干部和稽查干部的言行。在工作中，领导班子带头落实“八个严禁”“52个不准”要求，依法行政，廉洁自律，领导班子和领导干部依法行政能力和廉洁从政意识明显增强。深入开展廉政教育活动，通过组织观看警示教育片、邀请北京市地税局监察处领导进行专题讲座、参观廉政教育基地等形式，筑牢稽查人员思想防线，为完成好全年工作任务提供思想保障。

【民主评议基层科所工作】成立民主评议科所工作领导小组，制订《民主评议基层科所工作实施方案》，先后组织召开三次科所长会议，做好各阶段任务的督促落实。研究制定“文明执法规范用语”，规范稽查人员在接听电话、电话咨询、下户检查、接待来访、联系下户五个场景的服务用语18条，提高稽查人员文明执法水平。组织召开特约监察员座谈会，委托特约监察员组织召开纳税人座谈会，广泛征求纳税人和监察员对第二稽查局工作的意见和建议，并在稽查工作中认真加以改进。

【加强制度机制建设】进一步梳理业务流程，规范各项工作。成立优化业务流程领导小组，根据稽查工作发展需要，先后修订第二稽查局《税务稽查案件管理办法》《重大案件审理会制度》《审定会制度》《审议会制度》《调查取证实施办法》《税收执法检查工作制度》《计算机设备管理办法》等十余项工作制度，制定《电子账务稽查系统使用管理办法》。在制度修订完善过程中，注重加强对制度合法性的审查，确保各项制度合法合规。

【实现科技创新】为保证各项工作制度落实到位，加强各部门工作的统筹协调，第二稽查局全面使用推广集16大板块、41个子模块、30项刚性流程、85种文档类别和8大类提醒功能于一体的“第二稽查局综合办公平台”。通过对综合办公平台的深入应用，使本局50余项管理制度全部运用信息化手段运行实施，进一步强化协同办公能力，取得信息传递顺畅、政令执行畅通、沟通协调便利、政务流程清晰直观的实际效果，行政管理水平得到有效提升。

【加强督查督办】修订本局《考核管理办法》，强化对各项工作制度执行力的考核。制定全局性工作情况通报制度，加强对折子工程、局长办公会决议、《信息周刊》领导批示意见的督查督办，确保政令畅通。信息、调研、外宣工作水平进一步提高，公文运转高效顺畅，档案管理不断规范，财务制度执行严格，后勤保障能力得到提升，为稽查办案中心工作顺利开展提供有力保障。

【领导班子成员】北京市地方税务局第二稽查局党组书记、局长：郭筑明；党组副书记、副局长：鲍秋苓（女）；副局长：杨肖东、刘桂森、张慧秋、姜欣。

（杜　鹃）

北京市地方税务局第一直属分局

【概况】北京市地方税务局第一直属分局是北京市地方税务局的直属单位，于2010年8月31日开始组建。办公地址位于北京市朝阳区裕民路12号院C3座。年末，共有干部18人。其中本科以上学历18人，中共党员10人。根据北京市地税局赋予的工作职责，第一直属分局主要从事开展大企业服务与管理工作。负责协助国家税务总局开展定点联系企业所属在京成员单位的服务与管理工作；确定第一直属分局定点联系企业范围；为定点联系企业提供个性化纳税服务，引导符合条件的定点联系企业建立健全税收风险内控机制；负责开展定点联系企业税收风险管理，针对税收风险进行纳税评估，对高风险定点联系企业向稽查部门提出稽查建议。

【细化工作职责】通过学习借鉴、调查研究、召开专题会议，针对每项工作认真进行研究和讨论，起草完成《第一直属分局主要工作职责（讨论稿）》，内容包括三项主要职责和二十条具体工作任务，并根据实际情况撰写《第一直属分局主要工作职责（讨论稿）的起草说明》。根据机构设置安排，研究局内各个科室的工作事项，筹备工作有序开展。

【明确工作任务】 认真贯彻落实年初工作会议确定的工作任务和工作要求，在北京市地税局主管局长的指导下对第一直属分局的工作进行认真研究，对大企业管理、数据管理与应用和税源管理三部分工作内容进行规划，提出工作方案，确定时间进度，保证各项工作的有序开展。

【制定试点工作方案】 根据国家税务总局《关于实施大企业税收专业化管理试点工作的意见》（国税发〔2011〕105号）的要求，将北京市地方税务局作为开展税源专业化管理试点工作单位之一。为做好税源专业化管理工作，起草《北京市地方税务局第一直属分局大企业管理试点方案》，进一步明确大企业管理的工作方向。

【积极参与税务总局大企业司各项工作】 参与国家税务总局组织的“中石化集团风险测评”工作，对石油石化行业进行风险点梳理，参与撰写《中国石油化工集团部分企业税收自查工作实施方案》；参与国家税务总局关于美国麦当劳、诺西公司、好又多集团等个案问题的处理工作；参加国家税务总局《大企业税收服务和管理规程》模板修改及业务需求编写工作；承办大企业司在京召开的“部分省市大企业税收管理工作”座谈会；参加全国税务系统税收分析高级研修班的学习。

【对税源专业化管理的调研工作】 赴安徽、江苏两省国地税局进行学习交流，了解税源专业化管理和大企业管理工作情况并撰写《北京市地方税务局赴安徽江苏两省国地税局学习考察报告》，考察报告得到北京市地税局主要领导的重要批示；开展部分大企业的座谈，形成《大企业税收专业化服务与管理的思考》调研报告；与北京市地税局征管处、个人所得税处、科技处等处室进行工作交流，了解数据管理与信息化建设方面的情况，加强对税源数据管理与应用的研究。局内以调研内容为重点召开两次全员参与的业务研讨会，提高全局干部对税源专业化管理工作的理解和认识水平。

【基础工作】 研究起草《党组议事规则（试行）》《局长办公会议制度（试行）》《第一直属分局科级及以下非领导职务公务员转任和职务晋升工作规定（试行）》《工作人员考勤办法》和《突发事件应急预案（试行）》等多个涉及组织管理、人事管理、安全管理的规章制度，从机制上约束权力运行，以制度管人管事，进一步提高依法依规行政的水平。选取北京市税收收入前50家企业相关数据，为选取第一直属分局定点联系企业做好准备；查询、整理总局45家定点联系企业在京成员机构情况，统计2010年度北京市纳税10万元以上企业名单，分重点行业查询2010年大额入库企业，从中选出前100名企业，涉及11个重点行业，分别建立台账，为税源数据的分析应用工作进行数据积累。

【领导班子建设】针对各自职责在工作上有所侧重；加强班子管理，确定民主议事的规则和程序，全年召开12次党组会、23次局长办公会，坚持按照民主集中制的要求，对“三重一大”事项进行民主讨论、民主决策；按照北京市地税局部署坚持进行党组中心组学习，努力提高班子成员理论素养、科学决策水平和依法行政的能力。

【支部建设】成立党支部，以支部活动促进党建工作。开展讲党课、七一党员进军营、创先争优党员承诺、点评党员查摆不足等教育意义丰富的支部活动，发挥党支部战斗堡垒作用。同时，积极推选优秀共产党员参加地税系统巡回演讲活动，发挥共产党员先锋模范作用。

【加强政治思想教育】一方面根据工作实际开展理论学习、业务培训和工作研讨，另一方面开展丰富多彩的工会小组活动。每月给干部集体过生日，看望生病干部，体现组织关怀，凝聚人心。

【干部选拔任用】积极做好干部的推举遴选和非领导职务晋升工作。本局一名干部经分局党组推荐通过遴选程序走上区县副处级领导岗位；按照《第一直属分局科级及以下非领导职务公务员转任和职务晋升工作规定（试行）》的规定，6名干部通过推荐、测评和考察程序，晋升为上一级非领导职务。

【做好行政保障】积极协调相关上级单位、部门，共同完成分局的办文、办会、办事。参与马甸办公区装修改造工作的前期准备工作，为改造工程出谋划策，保证办公区装修改造稳步推进。积极与后勤、物业、信息、财务等相关处室协调沟通，做好财务管理、计算机配备、办公用品领用、车辆使用、公文流转等日常工作，保障全局各项工作顺利开展。

【开展廉政教育】在北京市地税局的统一部署下，开展好“做国家利益的忠诚卫士”专题教育活动总结阶段的各项工作。组织全体干部学习《廉洁从政若干准则》；领导干部严格按照《关于领导干部报告个人有关事项的规定》的要求申报个人事项；与每名干部签订《党风廉政责任书》；节假日前进行廉政警示，警钟长鸣。

【领导班子成员】北京市地方税务局第一直属分局党组书记、局长：陈侠（女）；副局长：邵强、文竞（女）、崔彤阳（3月任）。

（丁　峰）

北京市地方税务局第二直属分局

【概况】 根据《北京市人民政府办公厅关于印发北京市地方税务局主要职责内设机构和人员编制规定的通知》（京政办发〔2009〕67号）及按市编办《关于调整市地税局部分直属机构有关事项的函》（京编办行〔2009〕211号），北京市地方税务局涉外分局更名为北京市地方税务局第二直属分局，经北京市地税局党组2010年8月29日第29次会议研究决定，筹建北京市地方税务局第二直属分局。第二直属分局为北京市地税局下设的主管全市外国企业、北京市地税局指定管辖的企业和部分外籍个人地方税收征管工作的直属机构。办公地址在北京市朝阳区裕民路12号院C3座（北京市地税局马甸办公区）。年末，有筹建人员10人，其中党员9名，团员1名，均为大学本科及大学本科以上学历。

【明确工作任务】 按照北京市地税局提出的“抓源头、抓根本、抓基础”的要求，年初明确工作方向和工作任务，即：面临分局班子新、队伍新、工作新的实际情况，切实解放思想，加快转变，夯实基础，依法行政，全面完成组建的基础性工作，做好交接的预案准备工作，尝试开展业务的探讨和调研工作，强化培训，提高素质，大力加强党的建设、领导班子建设和干部队伍建设。

【细化工作职责】 通过学习借鉴、调查研究、召开专题会议，针对每项工作认真进行研究和讨论，起草完成《第二直属分局主要工作职责（讨论稿）》，内容包括三项主要职责和八条具体工作任务，根据机构设置安排，研究分局各个科（室）、所的工作事项。

【制定工作方案】 根据细化的工作职责，第二直属分局根据市编办的批复，按照精简、效能、规范的原则，本着优化内设机构、明确部门职责、确定人员编制的要求，拟定第二直属分局的“三定”工作方案。

【制定应急预案】 为确保与原涉外分局的各项交接工作平稳、有序、高效、顺畅，实现工作不断、秩序不乱、标准不降，从而达到让上级机关满意、让纳税人满意、让税务干部满意的标准，分局根据实际情况，制定交接应急预案。

【做好行政保障】在北京市地税局确定第二直属分局的办公地址后，积极与北京市地税局相关部门进行协调，与设计单位进行沟通，进行实地测量，并从分局的机构编制和人员编制实际出发，综合考虑工作职能要求，提出分局的办公和服务用房设计需求，完成办公用房的装修改造设计及办公设备的初期配置，上报设备配置需求及预算。

【加强制度建设】筹建期间按轻、重、缓、急，逐步进行制度建设工作。在制度建设的过程中，参考北京市地税局、兄弟局及外单位的各项制度范例，依据分局的实际工作范围和职能，拟定《党组工作规则》《“三重一大”决策制度实施办法》《勤政廉政规定》等九项工作制度。

【优化业务流程】通过参加系统办税服务厅规范化建设工作经验介绍会、走访参观12个办税服务厅，汲取兄弟单位的先进经验和做法，并结合分局“三定”工作方案（草案），全面整合税务所涉税业务，推进税务所工作的专业化进程，探讨集中服务资源，打造“一窗式”办税服务厅。针对《北京市地方税务局税收业务流程指导手册》中的259个业务事项，逐项进行梳理、讨论，明确办税服务厅的工作职责及受理业务事项，细化大厅办理业务事项的各流转环节，力求形成前台对外、后台配合、相互支持的工作格局，拟定适合第二直属分局的《办税服务厅建设工作实施方案》。

【研究税源专业化管理】按照税源专业化管理的思路，尝试开展数据分析进而查找税收风险。调取2010年全年原涉外分局管户个人所得税明细申报数据，选取1个月份数据作为分析样本，依据不同的原则进行排序和筛选，同时运用不同的统计分析方法，寻找数据中存在的共性特征及差异特征，为税源管理专业化奠定数据分析工作基础。

【探索反避税工作】以《纳税调整实施办法》为基础，进行反避税的先期学习、培训和调研。逐步扩大外延面，收集相关的书籍、文章及法律法规条文，着重学习和理解避税与反避税最为基础的定义和概念，制作成课件，并进行系统的学习和培训。

【抓好三个建设】按照北京市地税局党组的总体工作部署，开展党的建设、领导班子建设和干部队伍建设，充分发挥党组织战斗堡垒作用和共产党员先锋模范作用，为组建工作奠定思想基础和组织基础。认真贯彻落实关于加强三个建设。精心部署，认真落实，开展制度建设，抓好党的组织建设，党支部实行党务公开，确保“公开形式标准化、公开内容规范化和公开工作制度化”目标的实现。认真做好党员领导干部报告事项和自查工作。

【开展反腐倡廉专题教育活动】认

真贯彻落实《关于实行党风廉政建设责任制的规定》，开展“做国家利益的忠诚卫士”专题教育活动总结阶段的各项工作。组织全体干部学习《廉洁从政若干准则》；领导干部严格按照《关于领导干部报告个人有关事项的规定》的要求申报个人事项；与每名干部签订《党风廉政责任书》。

【启动科级非领导职务晋升】按照中组部《党政领导干部选拔任用条例》的工作程序和工作要求，结合北京市地税局相关规定及第二直属分局拟订的《科级非领导职务晋升暂行办法(草案)》，对2名干部符合任职条件，经分局党组研究决定，启动科级非领导职务的晋升工作。

【党建工作】 以纪念建党九十周年为契机，抓学习，建设学习型党组织，回顾党史，全体党员自觉带头学习党的基础理论知识，强化党员政治理论素养；严格落实“三会一课”等制度，推动组织建设，和谐工作氛围，促进组建工作的顺利开展；抓活动，以活动为载体，以活动促工作，促进全体党员创先争优积极，开展《党史天天读》、重温入党誓词等活动，加强党支部的组织、思想、作风、制度和党风廉政建设，增强党组织的凝聚力和战斗力。

【强化业务培训】紧密结合业务工作实际，制订培训工作计划，开展基础培训工作。先后举办国际税收、反避税、公文知识等培训，保证每两周组织一次培训会。与第一直属分局共同组织税收业务培训班，聘请北京市地税局相关处室领导讲解热点税收问题及政策。通过培训，更新知识，开拓视野，干部的业务素质得以提高。

【坚持民主集中制】按照符合科学发展观的要求，领导班子带头学习民主集中制理论，加强民主集中制教育，提高班子成员贯彻执行民主集中制的自觉性，带头坚持集体领导的原则，带头发扬党内民主。一是积极坚持民主集中制的各项制度，先后制定《党组工作规则》《“三重一大”决策制度实施办法》《局长办公会管理制度》等相关制度。二是在人事制度中，严格遵守票决制度；对干部的核职、晋职、考核、评比等项工作，坚持集体讨论，集体票决，严格各项程序，不出差错，切实提高干部群众的公信度和满意度。三是认真开好民主生活会。会前认真准备，采取多种形式，广泛征求全体干部和群众对领导班子及成员的意见和建议，根据提出的问题制定整改措施。在民主生活会中，班子成员深刻剖析，对批评与自我批评的意见及建议，进行认真的思考，这些都将作为改进工作、提高自身素质的重要依据，有力地推动各项工作的开展。

【领导班子成员】北京市地方税务局第二直属分局党组书记、局长：薛礼；党组副书记、副局长：徐媛（女）；副局长：向丽（女）、陈鑫。

（王国军）

社会团体

北京市国际税收研究会

【概况】 北京市国际税收研究会主要负责北京市国际税收学术研究工作，是经北京市社会团体登记管理机关核准登记的民间、群众性学术团体，办公地点设在朝阳区安苑东里三区1号。研究会现有理事186人，常务理事79人，团体会员99个，个人会员4人。本会下设分支机构2个：办税人员分会和学术委员会；下设办公机构6个：秘书处、理论调研部、宣传培训部、咨询开发部、对外联络部、信息资料中心。2011年末驻会工作人员23人，其中在职人员5人（包括1名处级干部、1名科级干部和3名司机），税务系统离退休人员13人，外聘人员5人。

2011年，按照市局党组的部署，围绕科学发展主题，服务加快转变经济发展方式主线，紧密结合北京市税收工作实际，深入扎实地开展理论调研，认真做好税法宣传、培训、国内外学术交流等工作，较好地完成各项工作任务。

【开展理论调研】 根据中央关于“个税改革”的精神，结合北京税收实际，经多次集体研讨，撰写论文《关于个人所得税税制改革建议》，在中国国际税收研究会在青岛举办的“综合与分类相结合的个人所得税研究报告”专家评审会上做专题发言。此篇论文被刊载在2011年第4期“研究要报”，供中央有关领导决策参考。6月1日的《中国税务报》刊载此篇文章的节选。撰写《关于个人所得税改革的建议》，论文从现有实际情况出发，为完善个人所得税制提出建议。在中国国际税收研究会在广州召开的“关于促进居民收入合理分配”理论研讨会上进行汇报交流。

【统一城乡税制的国际借鉴研究】 撰写《积极逐步推进城乡税制统一》《统一城乡税制的几点意见》两篇论文，认为统一城乡税制，需在统筹城乡经济发展的前提下进行。一是税收政策上实施“多予少收”方针；二是努力降低农业税收负担；三是调低农产品初加工和生活必需食品的税率；四是对农口国有企业、龙头企业享受所得税优惠政策，扩大为小微企业享受这项优惠；五是对乡、镇、村投资开设的，或农民创业开办的小型基础设施企业、农业科技创新企业、农业服务企业、福利企业给予“二免三减”的税收优惠支持；六是提高土地出让金用于农业收入的比例；七是充分发挥税收调节功能，实施有减有增的政策；八是提高减免优惠税款的使用效益。

【论文交流与研究】 10月15日研究会主办“统一城乡税制国际借鉴研究”课题研讨会。中国国际税收研究会、国家税务总局研究所、《涉外税收》编辑部、西南财经大学财税学院和来自北京、黑龙江、上海、广西、云南、南京六个国际税收研究会，共十家单位的领导、专家、学者和财税领域的专业人士20多人出席会议。会议围绕议题的综合报告和10篇论文开展交流和讨论。中国国际税收研究会副秘书长高世星做总结。

【群众性理论调研】 根据中国国际税收研究会理论调研工作安排，结合北京实际情况，研究会研究确定“促进居民收入合理分配”“加强非工薪收入税源监控”“鼓励新兴产业发展”“税收征管问题”四个群众性重点调研课题。全市四个理论调研小组组长单位大兴区、密云县、石景山区地方税务局、开发区分局，都分别召开开题会，拟定调研提纲，明确责任分工，确认完稿时间。并从11月起陆续召开结题会，汇报交流调研成果，讨论修改调研报告，总结理论调研工作经验。在各组长单位的努力下，各单位密切协作，结合本区县实际情况，有针对性地积极进行调研，撰写论文。中国人民大学、中央财经大学、首都经贸大学的安体富、刘桓、梁俊娇、丁芸、毛夏鸾五位专家教授，亲自参加开题会、结题会，在会议上畅所欲言，发挥指导作用，有效地推动调研工作的深入开展。经过各课题组的积极努力，四个课题组完成25篇重点课题论文。

【调研课题研讨暨表彰大会】 在8月召开的工作会议上，中国人民大学、首都经贸大学、丰台区地税局、东城区地税局分别作大会交流发言。会上宣读优秀理论调研员和获奖论文名单。中国国际税收研究会高世星副秘书长在会上充分肯定研究会的理论调研工作，并提出殷切期望。孙振刚会长做大会总结。

【全国国际税收理论经验交流会】 在中国国际税收研究会在广州召开的国际税收研究会经验交流会上，研究会作“组建理论调研队伍，推进科研‘精品战略’”的发言，受到大会表彰和与会人员的认可。在中国国际税收研究会第七次国际税收优秀科研成果评选中，本会《加强减税政策管理，为扩大内需保增长服务》《鼓励我国企业境外投资的若干建议》获特别奖；《发挥税收职能作用，遏制房价过快上涨的建议》获集体二等奖。

【《国际税收参考》】 2011年，研究会着重做好对世界各国税收最新动态、税制改革变化、实际征管措施的施行等信息的译文收集、编审选稿、内容编版、版面设计、出版发行等工作。共编辑发行《国际税收参考》十二期，登载各类税讯

375篇，字数19.1万。为了更贴近实际税收工作，将《国际税收参考》从分类内容上适当进行了归并调整，在刊物内容编排上更加注重及时性、现实性、针对性和税收理论的专题性研究与探究。增加便于读者参考的国际税收经验和部分税收的专题介绍；把有关税讯进行综合归纳，分别对世界部分国家的“环境税政策”“银行税政策”“资源税政策”“关于对捐赠的税务处理”“香港税制介绍”和“逃税对经济增长的影响”等内容集中专题编译反映，推进理论研究服务于税收实际工作理念的实践，更加贴近和满足不同层次的读者对最新税收形势变化的综合性信息需求。

【参加亚太地区纳税人联盟年会】 4月下旬，办税人员分会组织有关人员参加在泰国首都曼谷举行的“亚太地区纳税人协会联盟2011年度年会”活动。会议主题是“加强亚太地区纳税人组织间的交流与合作，促进各级纳税人组织开展更积极的工作，获得更多公众信任与关注”。通过参加这一会议，广泛学习来自亚太地区的十二个国家和地区的十三个纳税人组织工作的经验，研究会代表在大会上介绍中国尊重和维护纳税人权益，建立和谐征纳关系的有关情况。

【对台湾税务代理情况考察交流】 为进一步了解台湾地区税务代理人制度，增进与台湾地区的行业交流，本会组织会员代表一行七人，于12月5日至14日对台湾税务代理情况进行考察。考察期间访问台北市税务代理人协会，了解台北市会计公会、台北市税务代理人协会的基本情况。双方就相互关心的问题进行深入交流，并就事务所之间开展合作达成初步意向。

【税法宣传】 在总结经验和存在问题的基础上，重新构思编写2011年专用培训教材；重新调整并确定师资队伍。在5月召开的各培训点主要负责人会议上，对全年培训工作组织形式等方面提出新的要求。对参加培训人员制定严格管理制度，确保培训质量。全年组织全市培训各类办税人员约三千余人。从7月开始，为1651名持有会计证书的会计人员进行培训，相关资料全部录入数据库中。其中，举办三期提高会计人员专业业务知识的培训班，涉及的专业业务知识包括“财务会计与税务会计的差异”“涉税会计操作实务”“新企业会计准则与新《企业所得税法》的差异与操作”等内容；其他人员参加办税人员继续教育培训班。

【地税系统公务员培训工作】 在北京市地税局有关处室和参加培训的区、县局党组的大力支持与协助下，共举办48期公务员知识更新培训班，系统内十八个区、县地税局（直属分局）4633名处级以下公务员分别参加内容、形式各有特色的、为期一周的培训。注重培训内容的系统性、时效性，分层次进行不同内容的培训；进一步充实和加强讲课教师队伍的选配，保证教师队伍的系统化、多样化、高层化；进一步增加培训授课课件；周密安排部署。

【开展业务交流活动】 紧紧依靠企业和税务中介界别组核心组，根据界别组不同特点和大家共同关心的问题，对2011年的活动内容在广泛征求会员意见的基础上进行组织。

一是组织企业会员和中介机构会员就多家会员单位提出的境外投资企业境外资金回返过程中遇到的实际税收问题，组织由德勤会计师事务所牵头，由北京控股、联想（中国）集团和中航油集团三家大型企业会员和京都、尤尼泰、金华融、华信诚等多家税务师事务所参加的专题研究组，先后进行五次研讨。研讨中还邀请中国国际税收研究会、北京市国税局、北京市地税局的有关领导同志参加。撰写《境外投资企业有关境外资金返程中的税收问题及国际借鉴研究课题综合报告》，此报告得到有关方面的重视。

二是座谈征集对个人所得税法修正案意见。本会分别召开税务中介单位和企业会员座谈会，广泛征集意见。参会人员既有世界四大会计师事务所的高管，又有北京市大型企业集团的财务处长，参会人员结合在工作中遇到的各种税收问题，就如何简化税制，实行综合与分类相结合，实行月度预缴、年终汇算清缴等问题提出建议，并及时报送全国人大法制委员会。其中提出的“工薪所得超额累进税率初始第一级最低税率由5%降为3%”，与全国人大个人所得税法修正案相一致。

三是举办企业所得税汇算清缴业务交流会。会议邀请北京市地方税务局企业所得税处的有关同志，就大家提出的四大类、二十一项、五十三个企业所得税汇算清缴业务相关问题，与会员进行深入的交流沟通。与会人员一致认为，通过税务机关对相关政策的权威解读，可以更好地贯彻企业所得税的相关政策，提高广大纳税人对税法的遵从度。税务机关主管处室认为，这种交流形式能更多地了解纳税人在执行税收政策时存在的问题，使政策能更好地落到实处。

【研究会第三届第二次理事会】 北京市国际税收研究会第三届第二次理事会议于3月1日召开。会议报告2010年工作情况、建会十周年的工作体会及2011年工作安排；通报了财务收支情况；通过《关于调整增补理事、常务理事建议》和《关于审议接纳团体新会员建议》。会议由孙振刚会长主持。北京市地税局党组副书记、局长王晓明，中国国际税收研究会副秘书长高世星，北京市社科联学会部主任王彦京到会并作重要讲话。北京市地税局副巡视员王勇生参加会议。来自北京市地税系统、大学、机关、企业以及税务中介组织的120余名理事参加会议。

【领导班子成员】 北京市国际税收研究会会长：孙振刚；副会长：金兴、郝如玉、米建国、安体富、刘桓、雷振刚、徐华；监事长：左金玲（女）；秘书长：金宝福。

（康乃清）

北京市地方税务学会

【概况】北京市地方税务学会（Beijing Local Taxation Institute，BLTI），是由北京市地方税务局、企事业单位和财税工作者自愿联合发起成立，经北京市民政局核准登记的非营利性社会团体法人。本会下设秘书处、调研部、业务部、培训部。2011年末驻会工作人员17人。办公地点设在朝阳区裕民路12号院C3座。

学会宗旨：认真学习马克思列宁主义、毛泽东思想、邓小平理论和江泽民"三个代表"重要思想，坚持党的四项基本原则和改革开放的路线、方针、政策，自觉遵守国家宪法、法律、法规，遵守社会道德风尚，以促进首都经济建设为目标，服务于北京市地方税收事业，研究探讨税制改革，加强地方税收理论建设，增进中外税收领域学术交流，为推进首都经济持续稳定健康发展，充分发挥学会作为税务部门与纳税人之间的桥梁和纽带作用。

学会业务范围：学习宣传党的路线、方针、政策和国家、北京市关于地方税收、财政的政策法规，为首都经济发展服务；指导区县地税局、分局设立的学会组织依法照章开展工作；组织和联系地方税务、财政、经济、教育和学术界开展有关地方税收政策、理论、制度和管理方式的研究和探讨；研究探索地方税收遇到的新情况、新问题，提出解决的意向意见和办法，及时向业务主管部门传递信息及推荐研究成果，凡属比较完善可行的调研报告、论文向相关媒体、刊物推荐，进行宣传交流；开展与税收工作相关的社会服务工作。接受业务主管部门以及纳税单位、个人委托，开展地方税收宣传、咨询、学术研究、人员培训、编辑专业书刊等业务活动；加强与国内和全市各有关学会、协会的协作和交流，促进地方税收管理水平的提高；有组织、有计划地与国外税收研究机构建立联系，开展国际间和友好城市间的学术交流活动；总结交流地方税收管理的经验，组织评议全市地方税收学术研究成果。

【全系统调研工作】上半年，学会组织各区县局、分局税收理论调研员召开调研工作总结大会，总结上年调研工作的主要成绩，对各单位报送的调研报告进行评优表彰，布置2011年调研工作任务。

各区县局、分局的调研工作在各单位领导的大力支持下，开展得有声有色。全系统广大干部在促进首都积极发展、为纳税人服务的过程中，结合税收工作实际，潜心研究，认真思考，深刻总结，撰写服务主题主线、税制改革、征管实践具有重要作用的调研报告180篇，学会从中选出33篇评为优秀调研报告。这些调研报告内容丰富，涉猎广泛，特色鲜明。其中有些具有理论研究的前瞻性、指导性；有些具有仿效借鉴的可操作性；有些对首都经济、区域经济、行业经济发展提出针对性强的建设性意见。学会已将这些优秀调研报告汇编成书，供大家学习参考。

【开展重点调研】 学会坚持一手抓群众性调研工作，积极推进地税系统整体调研工作水平，一手抓围绕地税工作中心开展重点调研，配合解决地税工作面对的重点课题。3月，学会根据地税系统的中心工作，确定两个重点调研课题，即《评估在税收征管中的运用——问题与建议》《增值税改革对北京市税收收入的影响研究》。2011年12月15日，学会召开重点调研课题的结题会，由学会专家组和市地税局有关业务主管部门参加，对两个重点调研报告进行评审、总结。结题会后，学会将两份调研报告报送市地税局领导和主管业务处室，这两个调研成果受到广泛好评和市局领导的表扬。

【培训工作】 培训部为做好培训工作，广泛开展调研，征求广大会员对培训工作的意见建议。通过问卷调查，共征得7个方面33条建议。培训部参考大家的意见建议，调整培训工作计划，提高培训工作质量。举办两次会员单位的税收业务培训。一是企业所得税汇算清缴业务培训。学会请市局企业所得税处负责同志进行讲座，详细讲述税务机关对企业所得税汇算清缴工作的相关政策，解答大家在实际操作中的具体问题，提高纳税人员的业务水平。这次培训的参训率达到100%。二是举办“税制改革与企业应对”培训讲座。讲座主要是为帮助会员了解掌握中国税制改革的发展，启发会员正确理解税制改革带来的税收政策变化，指导会员正确按照税收法律法规调整处理好企业涉税业务工作。企业会员40余人参加培训，培训讲座的主讲老师是国际税务咨询协会会长、总会计师协会税务会计师专家委员会委员、中央财经大学教授张美中。讲座特点是深入浅出，通俗易懂，改革与企业、国家与企业、法规与操作结合紧密，参训人员普遍反映“好听、好懂、好记”，受到广泛好评。

为普遍提高地税系统内各区县局理论调研员的素质水平，学会专门举办一次理论调研员培训班，邀请市局研究室的负责同志针对如何制订调研计划、如何撰写调研报告等调研工作中的实际问题进行讲座，理论与实践结合、授课与互动结合，取得较好的培训效果。

【为纳税人政策服务】 学会业务部继续与北京市地税局纳税服务中心合作，开办网上税收新政策月综述栏目。业务部每月将税收新政策、新变化及时在网上发布，向纳税人广泛宣传，并认真总结开办几年来的经验，努力改进提高综述栏目的水平，以最大限度的满足广大纳税人的需求。开办至今已累计编辑70期，访问总量累计有37万人次，平均月访问量为5416人次，受到纳税人的欢迎。

学会按照以行业编辑税收政策汇编的长期计划，2011年编辑“金融、保险业地方税收政策解读”一书。学会坚持每季编辑发行会刊，积极反映北京市地税系统和学会的工作动态，刊登北京市经济工作的重大事件和信息，社会关注的税收热点问题，税收业务指南，以及地税系统和会员单位的调研成果。去年共发布本市经济工作和税收工作信息100余条，调研报告9篇，约19.8万字。

【学会第二届第二次理事大会】 4月18日，学会按照章程规定，召开第二届第二次理事大会。会长徐志宏做《解放思想求实创新 全面推进学会建设科学发展》的工作报告，向大会报告学会2010年工作以及2011年学会的工作安排，监事会向大会报告学会依法开展活动和财务管理的情况；会议审议通过关于学会理事、常务理事、副会长等人事变动的议案。北京市地税局副巡视员刘宝忠同志出席大会并作重要讲话。全体理事和各区县局、分局学会（研究会）的特邀代表共130余人参加大会。

【学会年审】 根据北京市社会团体管理办公室年检规定，学会于4月按照要求向北京市社团办提交各项年检报告、资料以及学会依法开展各项活动的报告，顺利通过2010年年度审验。

【学会自身建设】 学会始终高度重视自身组织建设和驻会干部队伍的素质建设，尽管近两年来学会组织由于各种因素造成会员变化快、变动多，驻会干部不断增加的情况，学会能够及时根据情况变化，严格按照组织程序进行调整。人员增加为学会增添了力量，学会及时细化工作分工和业务分设，使学会的组织结构更加科学，工作基础建设更加扎实。

【组织建设情况】 学会第二届理事会共有理事128人，常务理事 49人。2010年由于部分理事、常务理事工作调整调动等原因，人员有较大变化。学会及时按照程序在第二届第二次理事大会上进行调补，共调补理事42人，占总数的33%，调补常务理事10人，占总数的20%，另外补选两位副会长。学会根据工作需要，增设办公室、培训部等两个部门，使学会建制成为一室三部，有力地保障学会工作的正常进行。

【提高驻会干部队伍素质】 认真开展“做国家利益的忠诚卫士”的活动。北京市地税局党组根据全系统思想组织建设的需求，深入开展“做国家利益的忠诚卫士”的活动，前后历时1年半的时间。学会按照市局党组的要求，认真制订活动计划，认真实施落实，认真组织活动，认真总结提高。通过开展“做国家利益的忠诚卫士”专题教育活动，使全体干部提高了反腐倡廉的思想认识，深刻感到廉政建设是一项长期艰巨的历史任务，每个共产党员和国家干部都要自觉维护党和人民的利益，端正党风，不断改进思想作风和工作作风，把实现“五型机关”建设目标作为自己的责任。

【加强党支部建设】 学会高度重视党支部建设，认真落实市局机关党委的组织工作计划，自觉坚持各项组织制度。2011年是中国共产党成立90周年大庆之年，学会党支部组织全体党员学习胡锦涛同志在庆祝中国共产党成立90周年大会上的重要讲话，以及《人民日报》社论和《中国共产党历史》等重要文件文章，大家对党的光荣历史、执政地位和党领导中国人民开创新的辉煌事业的历史责任有了更加深刻的理解，信念更加坚定。

学会党支部认真组织开展“创先争优、从我做起”的主题实践活动和“双学双比双提高”宣传教育活动；认真学习杨善洲同志的先进事迹；组织全体党员参观“没有共产党就没有新中国”这首红歌的诞生地和白乙化烈士纪念馆；积极参加地税系统庆祝建党90周年文艺汇演活动。通过这些丰富多彩的学习、参观、教育活动，使广大党员思想境界得到升华，党性修养不断提高。

【领导班子成员】 北京市地方税务学会会长：徐志宏；副会长：范云军、王天麟、路俊霞（女）、韩风岐、于燕萍（女）；秘书长：徐滨；监事长：杨玉杰。

（侯燕玲）

大事记

北京市地方税务局大事记（2011年）

1月

1月1日 根据《北京市小客车数量调控暂行规定》（北京市人民政府令第227号）及其实施细则的规定，北京市地方税务局开始对申请小客车指标的非本市户籍个人缴纳个人所得税情况进行审核。全年累计审核购车申请8.9万人次。

1月7日—8日 北京市地方税务局召开2011年工作第三阶段务虚会。会议听取了分口务虚情况、2010年工作完成情况、2011年重点工作，以及党的建设、领导班子建设、队伍建设问题和解决措施。局长王晓明强调，2011年工作务虚会体现了市局党组坚持从实际出发，坚持群众路线，坚持集体领导与分工负责相结合，围绕主题主线，自觉服务首都经济社会发展大局的工作思路。过去的两年是北京地税事业发展极不平凡的两年，新一届北京市地税局党组在北京市委、市政府和国家税务总局的正确领导下，深入贯彻落实科学发展观，坚持从实际出发，带领全系统干部职工克服前所未有的困难和压力，始终坚持一手抓依法组织收入保增长，一手抓稳定队伍谋发展，正本清源，强基固本，全面推进2009年治标，2010年标本兼治并取得阶段性成果，为2011年综合治理、重在治本做好了充分准备，全面完成了各项工作任务。北京市地税局党组着力抓了三件大事。一是端正指导思想。按照科学发展观要求确立符合地税实际的工作指导思想和一系列工作原则、目标、任务、措施、要求，从源头上纠正王纪平等人思想、组织、作风上脱离实际的假大空，广大干部思想作风、精神面貌有了质的转变。二是全面完成组织收入任务。顶住国际金融危机严重冲击和经济增速放缓带来的组织收入压力，克服王纪平、苏文权、任依娜等人累积性违纪违法行为造成的破坏性危害，加强征管，优化服务，确保了税收收入平稳较快增长，为首都经济社会发展提供了坚实财力保障。三是维护稳定，促进和谐。全心全意相信群众，依靠群众，凝聚人心，稳定队伍，树立正确的选人用人导向，增强党组织的凝聚力、战斗力和执行力，为全面完成各项工作奠定了组织保证。要实现综合治理、重在治本的目标，真正做到收好税、带好队、执好法、服好务，关键在两个方面：一要全面贯彻依法行政基本准则，在征管评查、减免缓退、票证管理、纳税服务的各领域、各环节、全过程，严格依法办事。二要全面加强和改进党的建设、领导班子建设、干部队伍建设，充分发挥党组织战斗堡垒作用和共产党员先锋模范作用，为实现地税事业科学发展提供强大的思想政治和组织保障。

1月10日 北京市纪委印发《中共北京市纪委关于给予王纪平开除党籍处分的决定》（京纪〔2011〕1号）：经市纪委常委会讨论并报市委批准，决定给予王纪平开除党籍处分。

1月10日 北京市监察局印发《北京市监察局关于给予王纪平行政开除处分的决定》（〔2011〕京监决字第1号）：经北京市监察局局长办公会议讨论并报市政府批准，决定给予王纪平行政开除处分。

1月13日 在北京市纠风办、市经济信息化委组织召开的2010年度北京市政务网站考评工作总结大会上，北京地税网站再次被评为优秀政务网站。

1月13日 北京市总工会、北京市地税局联合印发《北京市总工会、北京市地方税务局关于印发〈北京市工会经费（筹备金）税务代收试点工作管理办法〉的通知》（京工发〔2011〕4号）。

1月13日 北京市总工会、北京市地税局联合印发《北京市总工会、北京市地方税务局关于印发〈北京市工会经费（筹备金）税务代收试点工作催缴管理办法〉的通知》（京工发〔2011〕5号）。

1月14日 北京市地方税务局召开北京市工会经费（筹备金）税务代收试点推广工作动员部署会议。

1月17日—18日 北京地方税务局党组书记沈汝冰主持召开党组会议，研究2011年北京地方税务工作会议材料、举办北京市地税局机关2011年春节联欢会、贯彻落实全市组织部长会议精神、贯彻实施《关于领导干部报告个人有关事项的规定》和《关于对配偶子女均已移居国（境）外的国家工作人员加强管理的暂行规定》、为赵岩等3名同志办理退休手续、李广生同志试用期满考核、晋国常和曲建华同志改任同级非领导职务等事项，审议并原则通过《北京市地方税务系统2010年度考核奖励工作方案》。

1月20日 北京市地方税务局、北京市国家税务局联合召开2011年重点税源监控部署培训会。

1月22日—24日 北京市政府召开2011年北京市地方税务工作会议。北京市委常委、常务副市长吉林出席会议并作重要指示。北京市政府副秘书长刘志主持会议。北京市地税局局长王晓明作题为《全面贯彻落实科学发展观 解放思想 加快转变 夯实基础 依法行政 为首都经济社会又好又快发展做出新贡献》的工作报告。局领导沈汝冰、郝硕博、王京华、任军、吴鼎、吕兴渭、卜祥来、王勇生、刘宝忠分别就分管工作讲话。大会进行了分组讨论。会议确定了2011年工作指导思想为，深入贯彻落实科学发展观，围绕科学发展主题，服务加快转变经济发展方式主线，为国聚财、为民收税，增强五种意识，坚持综合治理、重在治本，以依法治税、组织收入为中心，解放思想，加快转变，夯实基础，依法行政，大力加强党的建设、领导班子建设和干部队伍建设，加快建设五型机关，圆满完成全年各项工作任务，努力做到三个满意，为首都经济社会又好又快发展做出新贡献。北京市地税局局长王晓明在会议结束时强调，打破错误的习惯需要勇气和胆识，建立正确的规则需要智慧和方法。要针对过去一个时期王纪平等人造成的相当程度上决策不科学、制度不完善、机制不健全、基础不扎实、监督不到位、是非没标准的突出问题，推进制度机制规则程序建设，强化对税收执法权和行政管理权运行重点岗位和关键环节的监督制约，确保权力运行不出轨、干部队伍不出事。北京市地税局全体局领导，北京市地税局各处室、直属单位副处级以上干部，各区县局、分局副处级以上领导干部、办公室主任，国际税收研究会、地方税务学会秘书长参加会议。

1月24日 北京市地方税务局召开2011年个人所得税工作会议。副局长任军到会并讲话。

1月26日 北京市地方税务局机关举办离退休干部春节团拜会。局领导王晓明、沈汝冰、王勇生出席会议。

1月27日 北京市地方税务局局长王晓明到门头沟区地税局斋堂税务所、王平税务所、办税服务厅、北京市地税局档案处、税务博物馆筹备处慰问，了解组织收入、区域经济社会发展、队伍建设、干部工作和生活等情况，向奋战在一线的干部职工致以节日的亲切问候和良好祝愿，并向全系统干部职工及家属拜年。北京市地税局局长王晓明强调，在新的一年工作中，一要进一步增强从事税务工作的使命感、责任感和荣誉感，继续保持良好的精神状态，切实发挥税收职能作用，为区域经济社会发展服好务。二要把依法行政基本准则全面贯彻落实到征管评查、减免缓退、票证管理、纳税服务各个领域、各个环节和全过程。着力夯实基础工作，用好的制度管权、管人、管事、管资产。以更高的标准做好纳税服务工作，努力实现既让纳税人依法纳税，又让纳税人感到满意。三要加强领导班子自身建设，认真贯彻民主集中制，增进团结，增强凝聚力。四要从一点一滴做起，真正关心爱护干部职工，同时注重教育引导，加强培训，规范流程，提高干部能力素质。五要紧密结合各自实际，认真抓好2011年全市地方税务工作会议精神传达学习、贯彻落实工作，围绕主题主线，早计划、早安排、早部署、早落实，切实收好税、带好队、执好法、服好务。六要落实责任，加强检查，确保安全稳定不出问题。

1月28日 北京市地税局机关举办“祥和快乐庆新春，健康平安迎兔年”主题春节联欢会。

1月30日 北京市地方税务局召开2011年地方一般预算收入计划分配会议。

1月31日 北京市地方税务局局长王晓明主持召开第1次局长办公会议，研究北京市地税局机关班车运行、贯彻落实全市公共安全电视电话会议精神等事项，审议并原则通过2010年绩效管理奖发放方案、北京市地税局机关和干部培训中心离退休人员增加补贴及干部培训中心在职人员核增绩效工资方案。

1月31日 北京市地方税务局党组书记沈汝冰主持召开党组会议，研究程立龙等3名同志试用期满考核等事项，审议并原则通过2010年北京市地税局局领导班子和领导干部年度考核和干部选拔任用“一报告两评议”工作安排、对区县党政领导班子和其他市级党政工作部门年度考核测评工作的建议。

2月

2月11日 北京市总工会、中国人民银行营业管理部和北京市地税局联合印发《北京市总工会 中国人民银行营业管理部 北京市地方税务局关于印发〈北京市工会经费（筹备金）税务代收试点工作国库收缴管理办法〉的通知》（京工发〔2011〕14号）。

2月11日—12日 北京市地方税务局召开2011年纳税评估工作会议。北京市地方税务局副局长任军到会并讲话。

2月14日 北京地税系统正式签订的第一个双边预约定价安排执行协议（中、丹双边预约定价安排）在朝阳区地税局顺利完成调整补税，补缴入库营业税7.76万元。

2月17日 根据《北京市人民政府办公厅关于贯彻落实国务院办公厅文件精神进一步加强本市房地产市场调控工作的通知》（京政办发〔2011〕8号）的规定，市地税局开始对申请购房的非本市户籍个人缴纳个人所得税情况进行审核。全年累计审核购房申请3.3万人次。

2月21日 北京市地方税务局党组书记沈汝冰主持召开党组会议，通报北京市第十届纪律检查委员会第七次全体会议精神，研究“做国家利益的忠诚卫士”反腐倡廉专题教育活动整改落实阶段情况、调整具有中专和高中学历“快退休”人员晋升科级职务上报审批方式、执行市监察局对王纪平和彭英斌给予行政开除处分决定、李世英同志考察情况、为武京华同志办理退休手续等事项，审议并原则通过《2011年党建和思想政治工作主要工作和重点项目》《中共北京市地方税务局党组关于成立党建工作指导小组及其办公室的通知》《中共北京市地方税务局党组中心组2011年理论学习计划》《中共北京市地方税务局机关委员会换届工作方案》。会议指出，“做国家利益的忠诚卫士”反腐倡廉专题教育活动是有成效的，全系统广大干部对身边集中爆发的累积性违纪违法案件，对作为政府职能部门和执法单位应履行的职责，对过去工作中存在的不规范行为，在不同层面、不同程度上有了一定认识，以往错误的惯性思维和不良习惯逐步纠正，思想认识逐渐统一，是非标准逐渐明确，依法行政、依法办事的意识逐渐增强，精神面貌和工作状态发生了积极变化。

2月21日 北京市地方税务局局长王晓明主持召开第2次局长办公会议，研究北京市地税局2010年度绩效管理考评情况及下一步工作安排、2011年全系统换发税务服装工作安排及相关建议、变更北京市地方税务局银行开户许可证及预留印鉴、向国家税务总局推荐2009—2010年度全国青年文明号、昌平六区灾备中心机房屋顶漏水维修方案等事项，审议并原则通过《北京市地方税务局专题会议制度（试行）》。

2月21日—22日 北京市地方税务局召开2011年纳税服务工作专业会议。北京市地税局副局长吕兴渭到会并讲话。

2月22日 全国人民代表大会常务委员会预算工作委员会副主任姚胜、国家税务总局副局长王力一行就个人所得税改革问题到北京市地税局进行调研。

2月22日—23日 北京市地方税务局召开2011年征管系列工作会议。北京市地税局副局长吕兴渭到会并讲话。

2月24日 北京市地方税务局召开2011年法制暨国际税务管理工作会议。北京市地方税务局卜祥来总经济师到会并讲话。

2月24日 北京市地方税务局机关工会被北京市总工会评为2010年度重点工作考核先进单位。

2月24日—25日 北京市地方税务局召开2011年北京市地方税务局收入规划核算部门专业会议。局领导沈汝冰、吕兴渭到会并讲话。

2月24日 北京市地方税务局召开2011年全系统办公室工作会议。党组书记、副局长沈汝冰到会并讲话。

2月25日 北京市地税局召开2011年调研工作会议。北京市地方税务局总经济师卜祥来到会并讲话。

2月26日 北京市地方税务局党组书记沈汝冰主持召开党组会议，传达中央有关精神和2月26日上午全市领导干部会议精神，研究部署全国“两会”期间市地税局维护安全稳定工作。

2月28日 北京市地方税务局召开2011年财务工作会议。北京市地方税务局副局长吕兴渭到会并讲话。

3 月

3月1日 根据《国家税务总局关于进一步做好个人所得税完税凭证开具工作的通知》（国税发〔2010〕63号）的要求，

全市启用新版《中华人民共和国个人所得税完税证明》。

3月1日 北京市地方税务局召开北京市国际税收研究会第三届第二次理事会议。北京市地税局局长王晓明、中国国际税收研究会副秘书长高世星、北京市社科联学会部主任王彦京到会并讲话。

3月2日 北京市地方税务局党组书记沈汝冰主持召开党组会议，研究赵鲁平等5名同志职务调整、庄祁玮同志主持工作、崔彤阳和郎培东同志任职、李宏等3名同志任前公示情况、为金燕齐同志办理退休手续等事项，审议并原则通过对区县党政领导班子、市级党政工作部门领导班子年度考核的评价意见。

3月2日 北京市地方税务局印发《北京市地方税务局关于印发〈2011年税收规范性文件清理工作方案〉的通知》（京地税法〔2011〕25号）。

3月2日 北京市地方税务局召开2011年北京市地方税务局营业税管理工作会议。北京市地税局总经济师卜祥来做“关于依法行政的几个问题”专题讲座，北京市地方税务局副巡视员北京市地税局总经济师刘宝忠到会并讲话。

3月2日—3日 北京市地方税务局召开2011年税务稽查工作会议。北京市地税局副局长郝硕博到会并讲话。

3月3日 北京市地方税务局印发《北京市地方税务局关于成立工会经费管理处的通知》（京地税人〔2011〕31号），成立工会经费管理处。

3月4日 北京市地方税务局召开2011年企业所得税工作会议。北京市地税局副局长王京华到会并讲话。

3月4日 北京市地方税务局党组印发《中共北京市地方税务局党组关于成立党建工作指导小组及印发相关工作职责的通知》（京地税党〔2011〕23号）。

3月9日 北京市地方税务局局长王晓明主持召开第3次局长办公会议，研究2010年折子工程完成情况及2011年折子工程、马甸办公区办公用房改造调整方案、物业管理建议和2011年物业招标需求、2011年有奖发票布奖方案。

3月9日 北京市地方税务局党组书记沈汝冰主持召开党组会议，研究推荐“扶残助残”先进集体和先进个人、下发新东城区地税局和新西城区地税局处级干部职务任免通知、申报2011年公务员招录计划、税控安全运维服务等事项，审议并原则通过《北京市地方税务局领导班子2010年述职报告》。

3月9日 北京市地方税务局召开2011年地方税工作专业会议。北京市地税局副局长王京华到会并讲话。

3月9日 北京市地税局党组印发《中共北京市地方税务局党组关于做好“做国家利益的忠诚卫士”反腐倡廉专题教育活动总结验收阶段工作的通知》（京地税党〔2011〕28号），要求全系统各单位全面客观、实事求是地总结评价专题教育活动成果，进一步推进综合治理、重在治本。

3月14日 北京市地方税务局发布《北京市地方税务局关于取消税务登记证工本费有关问题的公告》（2011年第1号）。

3月14日 北京市地方税务局发布《北京市地方税务局关于北京市地方税务局涉外税务分局集中管辖的纳税人适用城市维护建设税税率问题的公告》（2011年第2号）。

3月14日 北京市地方税务局局长王晓明主持召开第4次局长办公会议，通报确保“两会”期间安全稳定、召开区县局工作会和处室专业会等情况，研究2010年度考核奖励建议。

3月14日 北京市地方税务局党组书记沈汝冰主持召开党组会议，研究杜云涛同志任前公示情况、王岩等4名考察对象任职、向北京市委组织部报送公开选拔职位等事项。

3月16日 北京市地方税务局发布《北京市地方税务局关于发布〈企业所得税核定征收鉴定操作规程〉的公告》（2011年第3号）。

3月16日 北京市地方税务局召开2011年度工会经费税务代收工作会议。副局长王京华，市总工会副书记、副主席曾繁新出席会议。

3月16日 北京市地方税务局印发《北京市地方税务局关于进一步加强企业跨区县迁移管理有关事项的补充通知》（京地税征〔2011〕39号）。

3月17日 北京市地方税务局、北京市住房城乡建设委联合发布《北京市地方税务局、北京市住房和城乡建设委员会关于进一步加强房地产市场调控有关税收问题的公告》（2011年第5号）。

3月18日 北京市地方税务局发布《北京市地方税务局关于发布个人所得税完税凭证索取指引的公告》（2011年第4号）。

3月22日 北京市地方税务局局长王晓明主持召开第5次局长办公会议，研究减轻基层负担有关建议，审议并原则通过《北京市地方税务局管理考核办法》、北京市地税系统开展第20个全国税收宣传月活动方案。会议强调，近两年来，新一届北京市地税局党组坚持依法、精简、高效的原则，在梳理“三定”职责基础上，开展优化业务流程和精简涉税资料、优化业务考核等基础工作，有效落实了“两个减负”要求。会议决定，根据国家税务总局要求，为加强对纳税服务、落实“两个减负”、优化税收业务流程精简涉税资料后续工作、区县局和分局管理考核等工作的统筹领导，将北京市地税局优化税收业务流程精简涉税资料工作领导小组更名为北京市地方税务局服务基层、服务纳税人工作领导小组，王晓明、沈汝冰同志任领导小组组长，北京市地税局其他局领导任副组长。

3月24日 北京市地方税务局召开2011年北京市地税系统审计工作会议。北京市地税局总经济师卜祥来到会并讲话。

3月28日 北京市地方税务局局长王

晓明主持召开第6次局长办公会议，研究组织收入工作、离退休干部处工作等事项。会议强调，组织收入工作要突出围绕科学发展主题，服务加快转变经济发展方式主线，充分考虑较为复杂的经济形势，加强对宏观经济形势的把握，增强大局意识、责任意识和政治敏锐性，统筹考虑改革、发展、稳定各项工作，加强收入动态分析，及时采取有效措施，为北京市委、市政府和国家税务总局决策服好务。坚持依法征税，应收尽收，坚决不收过头税，坚决制止和防止越权减免税，坚决落实各项税收优惠政策的组织收入原则。继续加强税收政策的有效宣传和落实，增强“始于纳税人需求、基于纳税人满意、终于纳税人遵从”意识。按照年初工作会议要求，在税收工作各领域、各环节、全过程全面推进依法行政，进一步加强和改进党的建设凝聚人心，加强和改进领导班子建设做好表率，加强和改进干部队伍建设提高素质。

3月30日　北京市地方税务局、北京市公安局、市国税局等15个成员单位联合召开2010年打击发票违法犯罪活动工作总结会暨2011年工作部署会议。

3月30日　北京市地方税务局、北京市国税局联合召开转让定价工作会议，正式启动国税局、地税局联合办理国家税务总局交办的一起转让定价调整特案。该案为北京地税系统办理的第一起反避税案件。

3月31日　北京市地方税务局印发《北京市地方税务局2011年全面推进依法行政工作要点》（京地税法〔2011〕49号）。

3月31日　2010年度年所得12万元以上纳税人自行申报纳税工作结束，全市申报人数累计59.4万人，同比增加12万人，增幅25.3%。

4月

4月1日　北京市地方税务局、北京市国税局联合丰台区委、区政府举办“总部经济企业”座谈会，拉开北京市税收宣传月序幕。北京市地税局局长王晓明主持会议，丰台区区长崔鹏介绍总部基地概况，市国税局局长吴新联作总结讲话。

4月1日　北京市地方税务局在Tax861网站推出纳税服务承诺与流程梳理同步公开网页，将纳税人发起的186个事项的文件依据、办税程序、办理时限等内容对外公开，并进行为期一个月的开放式调查，共有26000人参与了网上调查。《北京日报》对此进行了相关报道。

4月1日　国家税务总局国际税务司、北京市国税局、北京市地税局联合举办支持企业“走出去”税收政策宣讲会。国家税务总局总经济师张志勇，北京市国税局局长吴新联、总经济师马志云，北京市地税局副局长任军和36家“走出去”企业的代表出席会议。

4月7日 北京市地方税务局党组副书记王晓明主持召开党组会议，通报北京市委组织部有关事项通知，研究赵仲田同志考察情况、为李世英同志办理退休手续、印制2010年度个人所得税完税证明等事项。会议传达了北京市委组织部通知：沈汝冰同志住院治疗期间，由王晓明同志主持北京市地税局党组全面工作，履行党组书记职责。会议强调，要从严管理、从严要求，教育引导广大干部做到“爱岗敬业、忠于职守、廉洁奉公、顾全大局”，特别是领导干部和领导机关要“依法行政、以德服人”走在全系统前面，敢于破解难题，敢于碰硬。全面贯彻落实年初工作会确定的各项任务，按照“职责清、情况明、数据准、要求严”的标准，坚持从实际出发，着眼于夯实基础工作，着眼于制度建设，着眼于机制建设，全面贯彻依法行政，加强和改进党的建设、领导班子建设、干部队伍建设，继续推进“优化发展环境，共创和谐地税”。

4月8日 北京市地方税务局印发《北京市地方税务局关于进一步减轻基层工作负担问题的通知》（京地税征〔2011〕52号）。

4月13日 北京市地方税务局印发《北京市地方税务局关于修订〈北京市地方税务局管理考核办法〉的通知》（京地税基〔2011〕56号）。

4月15日 北京市地方税务局、北京市国税局、中关村科技园区管委会共同编写《中关村国家自主创新示范区科技创新创业企业税收优惠政策辅导手册》，并印制2万册免费发放纳税人。

4月18日 《北京日报》在头版报眼位置以《25个办税事项实现集中受理》为题，刊登北京市地税局关于办税服务厅规范化建设的新闻。

4月19日 北京市地方税务局参加2011年度首都之窗网站群工作年会并在会上做经验介绍。

4月20日 北京市投资促进局、北京市国税局、北京市地税局、北京外商投资企业协会联合举办税收政策解读会。北京市投资促进局局长周卫民、副局长周旭，北京市国税局副局长胡军，北京市地税局总经济师卜祥来出席会议。

4月20日 北京市地方税务局会同市财政局、北京市国税局、北京市科委、中关村管委会联合召开中关村示范区税收及高新技术企业认定政策宣传月启动大会。北京市副市长苟仲文出席会议。

4月22日 北京市地方税务局联合北京市公安局、北京市国税局在全市范围内开展以“打击发票违法犯罪行为，构建首都和谐经济秩序”为主题的打击发票违法犯罪宣传活动。

4月22日 北京市地税局机关党委印发《中共北京市地方税务局机关委员会关于在北京市地税局机关各级党组织和党员中开展公开承诺活动的通知》（京地税机党通〔2011〕20号）。

4月25日 北京市地方税务局党组副书记王晓明主持召开党组会议，研究为赵仲田、刘秀梅和郑玉清同志办理退休手续、陈来滨同志任延庆县地税局党组成员、何利民同志改任同级非领导职务、免去孙雪英同志信息中心副主任职务、李龙江同志兼任信息中心主任、撤销北京税务档案博物馆筹备处、选派一名副局级后备干部交流任职、2011年内部预算及三代手续费预算安排等事项。会议强调，要按照“职责清、情况明、数据准、要求严”的标准，坚持从实际出发，夯实基础工作，加强制度建设。要坚持原则，依法理财，细化要求，明确标准，健全权力运行的监督制约机制，严肃财经纪律，规范资金使用行为。要增强预算执行透明度和刚性约束，加强对各单位“一把手”和预算管理人员的宣传、辅导和培训，严格执行《预算法》《会计法》《政府采购法》等法律法规以及财政部门工作要求。要明确责任，规范管理，在重点规范本级预算管理的同时，加强对区县局的指导，使部门预算和财务管理各项工作真正经得起历史检验。

4月25日 北京市地方税务局局长王晓明主持召开第7次局长办公会议，研究工会经费代收试点工作、《北京市地方税务局“十二五”时期干部教育培训规划纲要》、更新改造干部培训中心地下供暖设施等事项，审议并原则通过《北京市地方税务局2011年民主评议基层科所工作计划》。

4月29日 北京市地方税务局召开民主评议基层科所工作动员部署电视电话会议。

4月29日 北京市地方税务局党组副书记王晓明主持召开党组会议，研究邓晓艳、王旋、张丽萍同志任职、曹佳等4名符合晋升科级非领导职务人员进行考察等事项。会议强调，近期各位局领导要认真学习《人民日报》关于做好新形势下群众工作的社论，结合地税工作实际，把群众路线更加自觉地贯穿到税收工作的各个方面。要不断加强领导班子建设、干部队伍建设，按照党管干部的原则，积极推进干部培养、交流和选拔，在关心、爱护干部的同时，注重严格管理；要加强党的建设，抓好思想政治工作、群众工作、党风廉政工作，坚决抵制不良之风，敢于破解难题，敢于碰硬；要抓好业务工作，按照年初工作会的各项要求，切实做到依法行政；要坚定不移地继续推进“优化发展环境，共创和谐地税”，把广大干部职工的智慧和力量凝聚起来，风正劲足干事业，一心一意谋发展。

5 月

5月1日 北京市财政局、北京市地税局联合印发《北京市财政局、北京市地方税务局关于调整个人独资企业和合伙企业投资者个人所得税核定征收方式鉴定工作的通知》(京财税〔2011〕625号)。

5月4日 北京市地税局机关团委组织团员青年在李大钊烈士陵园开展“缅怀革命先烈，坚定理想信念”纪念“五四”运动92周年主题教育活动。

5月9日 北京市地方税务局党组副书记王晓明主持召开党组会议，研究邓晓艳、王旋和张丽萍3名同志任前公示情况、落实市委组织部干部交流“三个一百”工作、选派北京市地税局机关年轻干部到基层锻炼、落实“三定”方案清理历史遗留问题、为岳平安同志办理退休手续、编制《北京市“十二五”时期地方税收规划纲要》等事项。会议强调，编制《北京市“十二五”时期地方税收规划纲要》，要牢牢把握科学发展主题和加快转变经济发展方式主线，坚持从地税实际出发，立足于履行政府职能部门作用，服务首都经济社会发展，总结、提炼新一届北京市地税局党组按照科学发展观要求提出的工作指导思想和一系列工作原则、目标、任务、措施、要求，不断夯实基础工作，加快制度机制建设，全面贯彻依法行政，加强和改进党的建设、领导班子建设、干部队伍建设，继续推进“优化发展环境，共创和谐地税”，加快建设五型机关，努力做到三个满意，真正经得起实践和历史的检验。

5月9日 北京市地方税务局局长王晓明主持召开第8次局长办公会议，听取关于全国国际税收工作会议情况的汇报。

5月9日—27日 北京市地方税务局举办北京市地税局机关科级（含科级以下）干部“增强岗位能力”培训班，共263人参加培训。

5月16日 北京市地方税务局局长王晓明主持召开第9次局长办公会议，审议并原则通过关于调整北京市存量房交易计税价格和享受优惠政策普通住房价格标准的请示、2011年北京市地税局“小金库”专项治理工作方案。

5月17日 北京市地方税务局召开全系统“小金库”专项治理工作部署电视电话会议。北京市地税局党组成员、纪检组长吴鼎到会并讲话。北京市地方税务局总经济师卜祥来主持会议。

5月17日 北京市地方税务局发布《北京市地方税务局关于完善拆迁补偿减免税管理工作的公告》（2011年第7号）。

5月19日 北京市地方税务局组织收看北京市依法行政工作电视电话会议。北京市地税局局长王晓明、总经济师卜祥来出席会议。

5月25日 北京市地方税务局召开2011年残保金代征工作电视电话会议。北京市地税局副局长王京华到会并讲话。

5月25日 北京市地方税务局印发《北京市地方税务局关于印发〈北京市地税系统2011年税收执法督察工作方案〉的通知》（京地税审〔2011〕75号）。

5月26日 北京市地方税务局党组副

书记王晓明主持召开党组会议，研究纪念建党90周年系列活动、贯彻北京市依法行政工作会议和国务院、全国税务系统依法行政工作会议精神、局领导听取各自联系区县局和分管处室上半年工作情况、沈汝冰和吕兴渭同志病休期间局领导分工调整、曹佳等4名同志晋升科级非领导职务考察情况、为张琪同志办理退休手续、转发北京市委组织部和北京市人力社保局《关于加强我市基层公务员队伍建设有关问题的通知》《2011年市级机关事业单位接收安置军转干部岗位信息表》等事项，审议并原则通过《北京市地方税务局市局机关绩效管理暂行办法》《北京市地方税务局市局机关绩效管理专项考评实施细则》、2011年考试录用公务员面试工作方案、2010年绩效管理奖发放方案。

5月31日 北京市地方税务局直属机关工会召开第三届会员代表大会。局领导郝硕博、王京华、任军、吴鼎、刘宝忠出席会议。

6月

6月8日 北京市地方税务局印发《北京市地方税务局关于贯彻落实国家税务总局开展以税收资金安全为重点的税收会计检查工作的通知》（京地税收〔2011〕77号）。

6月13日 北京市地方税务局印发《北京市地方税务局关于印发〈北京市地方税务局市局机关绩效管理暂行办法〉的通知》（京地税办〔2011〕82号）。

6月13日—24日 北京市地方税务局举办基层税务所长培训班。

6月14日 北京市地方税务局完成北京市2011—2012年度纳税信用A级企业国地税联合评定工作，本期共联合评定出纳税信用A级企业3305户。

6月14日 北京市地方税务局机关党委组织所属41个党总支（支部）书记，到平北抗日战争烈士纪念馆，开展“弘扬革命传统，发挥领航作用”主题党日活动。局领导吴鼎、王勇生、刘宝忠出席活动。

6月15日 北京市地方税务局印发《北京市地方税务局关于印发〈北京市地方税务局外事工作管理办法〉的通知》（京地税办〔2011〕87号）。

6月16日 北京市地方税务局会同市政府法制办、市财政局组织召开车船税实施办法立法准备工作会议。

6月18日 北京市地方税务局党组副书记王晓明主持召开党组会议，研究推荐王勇生同志为北京市注册税务师协会第三届理事会副会长候选人、为康和凤和张丽萍同志办理退休手续、北京市地税局机关庆祝建党90周年大会安排等事项，审议并原则通过《北京市地方税务局关于解决信息化项目历史遗留问题的请示》、北京市地税局机关2010—2011年度先进基层党组织及优秀共产党员名单。会议强调，解决信息化项目历史遗留问题要遵循“依法依规、尊重历史、积极稳妥、分类处理、确保安全”的原则，对合法经营行为依法进行保护，对招投标结果依法履行。要从中深刻汲取教训，以此为契机，推进优化政务流程完善管理制度，夯实基础工作，严格依法行政。对今后信息化项目的建设，要坚持从实际出发，科学论证，依法、科学、民主决策，严格履行审批程序，依法组织实施。

6月22日 北京市残联、北京市地税局、北京市财政局联合组织召开北京市2011年残保金审核征缴启动仪式暨培训工作会议。

6月22日—23日 北京市地方税务局党建工作指导小组举行“党在我心中”——北京市地方税务系统纪念建党90周年巡回演讲活动。

6月24日 北京市地方税务局召开庆祝中国共产党成立90周年大会。北京市地税局局领导王晓明、郝硕博、任军、吴鼎、卜祥来、王勇生、刘宝忠出席会议。会后举行了“党在我心中”主题演讲和“颂歌献给党”红歌会。

6月27日 北京市直属机关工会下发《北京市直属机关工会关于北京市地方税务局直属机关工会第三届会员代表大会选举结果的批复》（京直工复字〔2011〕35号）。

6月29日 北京市地方税务局举行庆祝中国共产党成立90周年文艺汇演。

6月30日 北京市地方税务局党组副书记王晓明主持召开党组会议，研究推荐一名副巡视员人选、向北京市政府汇报信息化项目历史遗留问题等事项。

6月30日 北京地税系统上半年累计完成各项税费收入1474.6亿元，同比增收318.5亿元，增长27.5%；完成地方一般预算收入1137.6亿元，同比增收237.3亿元，增长26.4%，完成全年地方一般预算收入任务1795亿元的63.4%，占全市财政收入的比重为68.8%。

7月

7月1日 北京市地方税务局通过小红帽发行股份有限公司，开展为本市1780户市级重点纳税单位投递《北京地方税务公告》的试行工作。

7月1日 北京市总工会、北京市地税局联合印发《北京市总工会、北京市地方税务局关于做好工会经费（筹备金）税务代收扩大试点和全面推广工作的通知》（京工发〔2011〕56号），自2011年7月1日起，将工会经费（筹备金）税务代收试点范围扩大到东城区、西城区、朝阳区、门头沟区、顺义区行政辖区。

7月5日 北京市地方税务局党组副书记王晓明主持召开党组会议，研究推荐延庆县地税局为全国文明单位候选单位、市委组织部2011年选派博士生到北京市地税局挂职锻炼人选、北京市地税局公选处级职位面试测评情况等事项，审议并原则通过《中共北京市地方税务局党组关于学习贯彻〈胡锦涛同志在庆祝中国共产党成立90周年大会上的讲话〉的通知》《北京市地方税务局关于开展清理和规范庆典、研讨会、论坛活动工作的实施方案》《北京市地方税务局公务用车问题专项治理工作实施方案》。

7月11日 北京市地方税务局印发《北京市地方税务局关于扩大委托银行代征个体工商户有关税费范围的通知》（京地税征〔2011〕96号）。

7月15日 北京市地方税务局召开团员大会进行机关团委换届选举。北京市地方税务局副巡视员王勇生出席会议。

7月21日 北京市残疾人工作委员会召开北京市残疾人事业工作会议暨自强与助残先进表彰大会。北京地税系统推荐的北京市扶残助残先进集体西城区地方税务局，北京市扶残助残先进个人西城区地方税务局金融街税务所李红艳同志受到表彰。

7月22日 北京市地方税务局党组副书记王晓明主持召开党组会议，研究王学梅和华聪2名同志免职、为林永康、王瑞龙和张玉崑3名同志办理退休手续、牛杰同志改任领导职务考察、执行《关于加强我市基层公务员队伍建设有关问题的通知》（京组发〔2010〕15号）相关安排等事项，审议并原则通过《北京市地方税务局关于推进所属事业单位实施绩效工资工作的意见》《北京市地方税务局干部培训中心绩效工资考核分配办法》。

7月29日 北京市地方税务局党组副书记王晓明主持召开党组会议，研究2011年拟录用48名公务员情况、信息中心副主任职位公开选拔考察情况、牛杰同志任职、落实市委组织部干部交流“三个一百”工作、张永业和高卫平同志任前公示情况等事项。

8月

8月1日 北京地税系统办理完成第一起非居民享受税收协定待遇申请审批。

8月5日 按照国家税务总局对某集团公司全国性转让定价调查调整工作部署，北京地税所辖企业转让定价调整正式结案，调整补税入库345万元。该案为北京地税系统首例办结的反避税案件。

8月5日 在北京市经济信息化委召开的“市民主页”工作推进部署会暨“2010年信息北京十大应用成果”发布会上，北京市地税局被北京市信息化工作领导小组评为2010年度电子政务专项应用突出单位和安全保障突出单位。

8月5日 北京市地方税务局党组副书记王晓明主持召开党组会议，研究何利民同志作为兼任西城区地方税务学会会长人选、牛杰同志任前公示情况等事项，传达学习刘淇、郭金龙同志在北京市2011年上半年经济形势分析会上的讲话、报告，传达学习钱冠林、冯惠敏同志在全国税务系统干部队伍和党风廉政建设工作会上的讲话。会议强调，全系统要认真学习北京市委、市政府和国家税务总局领导讲话，领会其精神实质，把思想认识统一到会议部署上来，深入贯彻落实科学发展观，围绕主题主线，自觉服从、服务于首都经济社会发展大局，进一步增强责任感、紧迫感，坚定信心，真抓实干，勇于创新，奋发有为，发扬敢于担当、敢于碰硬、敢于创新的“三敢”精神，全力以赴完成全年各项税收任务，确保“十二五”开好局、起好步，不断推进“优化发展环境，共创和谐地税”。实践证明，北京市地税局党组年初工作会的各项部署，符合中央、北京市委和国家税务总局要求，符合地税系统实际，关键在勇于担当，不等不靠，坚定不移抓好落实。各单位要对照年初工作部署和折子工程认真自查，总结1—7月工作完成情况，查找存在的不足和问题，明确下半年重点工作。

8月10日 北京市委印发《中共北京市委关于沈汝冰、杨文俊同志职务变动的通知》（京委〔2011〕432号）：市委决定，免去沈汝冰同志中共北京市地方税务局党组书记职务。北京市委建议，杨文俊同志任北京市地方税务局副巡视员；免去沈汝冰同志北京市地方税务局副局长职务，待市政府正式发出通知后，再对外公布。

8月15日 北京市政府印发《关于杨文俊、沈汝冰同志职务任免的通知》（京政任〔2011〕178号）：市人民政府2011年8月15日第100次常务会议决定，杨文俊任北京市地方税务局副巡视员；免去沈汝冰的北京市地方税务局副局长职务。

8月15日 北京市地方税务局党组副书记王晓明主持召开党组会议，研究高明和李秀荣同志考察情况，对宋勇军等22名符合晋升科级非领导职务人员进行考察、贯彻落实京组发〔2011〕24号、25号文件，审议并原则通过《北京市地方税务局开展〈中国共产党党员领导干部廉洁从政若干准则〉贯彻执行情况专项检查工作实施方案》、2011年北京市地方税务系统领导干部会议安排和王晓明同志在会议上的讲话。会议强调，对干部的教育管理要常抓不懈，在关心干部、凝聚队伍，为其提供和谐发展环境的同时，从严管理、严格要求，使其学法、知法、懂法、守法，慎独、慎微、慎言、慎行，真正做到依法履职、严格自律。要扎实推进优化政务流程工作，不断加强基础、制度、机制建设。

8月15日 北京市地方税务局局长王晓明主持召开第10次局长办公会议，研究贯彻落实《中华人民共和国车船税法》、1—7月北京市地方税收完成情况。

8月17日 北京市地方税务局召开2011年北京市地方税务系统领导干部会议。会议传达了北京市2011年上半年经济形势分析会、全国税务系统干部队伍和党风廉政工作会议精神，通报了1—7月全市地方税收完成情况。北京市地方税务局局长王晓明作重要讲话。会议强调，要全面贯彻中央精神和北京市委、市政府及国家税务总局决策部署，扎实做好全年工作，坚定不移地抓落实：一是在解放思想上狠抓落实；二是在加快转变上狠抓落实；三是在夯实基础上狠抓落实；四是在依法行政上狠抓落实。会议对后5个月的重点工作任务进行了部署：一是加强组织收入工作，确保完成全年收入任务；二是深入推进依法行政，依法合规开展各项工作；三是发挥税政职能作用，服务首都加快转变经济发展方式；四是优化纳税服务，构建和谐征纳关系；五是加强税源监控分析，提高税收征管水平；六是加强党的建设、领导班子建设和干部队伍建设，进一步激发干部队伍活力。北京市地税局局领导、全系统副处级以上领导干部参加会议。

8月17日 北京市地方税务局印发《北京市地方税务局关于开展〈中国共产党党员领导干部廉洁从政若干准则〉贯彻执行情况专项检查工作的通知》（京地税监〔2011〕118号）。

8月22日 北京市地方税务局党组副书记王晓明主持召开党组会议，研究高明和李秀荣同志任前公示情况。

8月22日 北京市地方税务局局长王晓明主持召开第11次局长办公会议，研究贯彻实施修改后的《个人所得税法》《北京市地方税务局税收政策贯彻落实管理暂行办法》等事项，审议并原则通过《北京市地方税务局2011年二季度考核情况通报》《北京市地方税务局"以奖代补"管理办法（试行）》、北京市地方税务局公务卡制度改革工作方案。

8月23日 国家税务总局副局长王力就贯彻实施修改后《个人所得税法》工作到北京检查指导工作。北京市地方税务局局长王晓明、总经济师卜祥来出席会议。

8月23日 北京市地方税务局、市财政局、市发展改革委、市交通委运输局召开会议，研究出租车司机个人所得税核定征收标准调整方案。

8月24日 北京市地方税务局党组副书记王晓明主持召开党组会议，研究全系统贯彻实施修改后的个人所得税法工作。会议强调，贯彻实施修改后的《个人所得税法》，是当前税务机关的一项重要政治任务，距离新税法实施只有一周，时间紧，任务重，各单位、各部门要讲政治、讲大局，把此项工作作为头等大事来抓，统一思想，加强领导，全面动员，狠抓落实，全力以赴确保国务院提出的今年给老百姓办的实事不折不扣得到落实，让广大纳税人成为改革的受益者，为首都经济又好又快发展和社会和谐稳定贡献力量。要加大培训和宣传工作力度，加强舆情监测，制订应急预案，确保新税法平稳实施。

8月26日 北京市地税局就贯彻实施修改后的《个人所得税法》工作情况向市政府进行书面报告，并联合市财政局就出租车司机个人所得税定额调减工作向市政府进行专题请示。

8月27日 北京市地方税务局局领导

带领分管处室负责人分赴各自联系的区县局、分局就修改后的《个人所得税法》的实施准备工作开展督查指导。

8月29日 北京市地方税务局发布《北京市地方税务局关于调整个体工商户个人所得税核定征收标准的公告》（2011年第10号）。

8月29日—30日 北京市地方税务局首次举办北京地税系统全体青年文明号负责人培训班。

8月30日 北京市地方税务局组织召开落实修改后的个人所得税法新闻发布会和在Tax861网站开展网上在线答疑活动。北京市地税局副局长郝硕博出席新闻发布会，总经济师卜祥来参加网上在线答疑活动。

8月31日 北京市地方税务局发布《北京市地方税务局关于调整出租汽车经营单位出租车驾驶员个人所得税定额的公告》（2011年第12号）。

8月31日 北京市委印发《中共北京市委关于刘江平同志任职的通知》（京委〔2011〕487号）：市委决定，刘江平同志任中共北京市地方税务局党组书记。北京市委建议，刘江平同志任北京市地方税务局副局长，待市政府正式发出通知后，再对外公布。

9 月

9月1日 北京市地方税务局召开全系统电视电话会议，部署贯彻实施修改后的个人所得税法宣传工作。

9月1日 北京市政府印发《关于刘江平同志任职的通知》（京政任〔2011〕187号）：市人民政府2011年9月1日第101次常务会议决定，刘江平任北京市地方税务局副局长。

9月1日 北京市地方税务局党组副书记王晓明主持召开党组会议，传达刘淇书记对近期部分媒体报道北京地税有关人士答复征收“月饼税”一事的重要指示精神，研究部署相关工作。

9月2日 北京市地方税务局、北京市国税局、北京市人力社保局联合发布《北京市地方税务局、北京市国家税务局、北京市人力资源和社会保障局关于支持和促进就业有关税收政策实施问题的公告》（2011年第13号），明确促进就业税收优惠政策的审批范围、审批期限、审批部门、资格认定、纳税人应提交的资料以及管理要求。该公告于2011年1月1日起实施。

9月7日 北京市地方税务局与市总工会签订工会经费（筹备金）委托代收协议书。

9月9日 北京市地方税务局召开北京市地方税务局领导干部会议。北京市委常委、常务副市长吉林出席会议并作重要讲话。北京市委组织部副部长刘春锋主持会议并宣布市委、北京市政府关于刘江平同志任中共北京市地方税务局党组书记、北京市地方税务局副局长的决定。王晓明、刘江平同志讲话。会后，王晓明同志汇报了北京市地税局前8个月工作完成情况和后4个月重点工作安排。吉林同志给予充分肯定，并要求增强政治意识、大局意识、忧患意识，积极发挥税收职能作用，为首都经济社会发展作出新贡献。北京市地税局全体局领导，北京市地税局各处室、直属单位副处级以上领导干部，各区县局、分局主要负责人，国际税收研究会、地方税务学会秘书长参加会议。

9月15日—29日 北京市地方税务局举办新录用大学生和军队转业干部专业知识部分初任培训。

9月20日 北京市地方税务局局长王晓明主持召开第12次局长办公会议，研究推进贯彻落实《中华人民共和国车船税法》（以下简称《车船税法》）准备工作、贯彻落实《车船税法》工作任务分解表、税收规范性文件清理工作、2011年度体检工作安排等事项。会议强调，贯彻落实《车船税法》时间紧迫、责任重大，涉及广大纳税人切身利益，易引起社会关注和热议，关系到首都改革发展稳定大局。全系统要按照国家税务总局总体工作部署，认真总结、借鉴贯彻实施修改后的个人所得税法工作的好经验、好做法，牢固树立一盘棋思想，增强大局意识、责任意识、忧患意识，下先手棋，打主动仗，倒排工期，扎实推进各项准备工作，确保《车船税法》平稳过渡实施。要制订应急预案，加强内外沟通配合，加强宣传培训，加强舆情监测，确保万无一失。要进行全员动员，统一口径、统一步调、统一标准、统一要求，领导机关和领寻干部要走在前面。

9月20日 北京市地方税务局党组书记刘江平主持召开党组会议，研究陈侠等13名处级领导干部试用期满考核、2010年度军转干部定职、为徐滨和高卫平同志办理退休手续、贯彻落实市人力社保局绩效管理奖金按月发放工作会议精神相关安排、筹备召开“为民服务创先争优”视频会等事项，审议并原则通过《北京市地方税务局党组会讨论任免干部票决实施办法（试行）》。会议强调，要大力宣传全系统创先争优的好经验、好做法和涌现的先进典型，凝聚人心，鼓舞士气，引导广大干部争做“爱岗敬业、忠于职守、廉洁奉公、顾全大局”的国家利益忠诚卫士，增强队伍凝聚力、战斗力。

9月22日 北京市地方税务局召开北京市地税系统“为民服务、创先争优”活动视频会议。会议由北京市地税局副局长吕兴渭主持，北京市地税局党组书记、副局长刘江平作重要讲话，局领导王京华、任军、吴鼎、王勇生、刘宝忠、杨文俊出席会议。

9月26日 北京市地方税务局发布《北京市地方税务局关于公布现行有效的税收规范性文件目录（第一批）的公告》（2011年第14号）和《北京市地方税务局关于公布全文失效废止和部分失效废止的税收规范性文件目录的公告》（2011年第

15号），14号公告为北京地税系统首次发布现行有效的税收规范性文件目录。

9月27日 全市地税税务登记户数量突破百万户，成为继浙江、广东、江苏、山东、四川之后又一管户数量突破“百万户”的省市。

9月28日 北京市地方税务局召开北京市地方税务局贯彻落实车船税法动员工作视频会议。会议由北京市地税局副局长任军主持，北京市地税局总经济师卜祥来传达国家税务总局北京市地税局副局长丘小雄在全国地税局“一把手”财产行为税工作座谈会上的重要讲话精神，北京市地税局副局长王京华代表北京市地税局党组做动员工作讲话。

10 月

10月8日 北京市地方税务局印发《北京市地方税务局关于做好存量房评估试点工作的通知》（京地税地〔2011〕143号）。

10月9日 北京市地方税务局印发《北京市地方税务局关于推进税源与征管状况监控分析一体化工作的通知》（京地税征〔2011〕142号）。

10月12日 北京市地方税务局召开进一步落实中关村示范区试点税收政策工作会议。局领导王京华、任军出席会议。

10月14日 北京市政府第131次专题会议审议并原则通过《北京市财政局 北京市地方税务局关于贯彻车船税法的请示》。北京市地方税务局局长王晓明、副局长王京华参加会议。

10月14日 北京市财政局、北京市国家税务局、北京市地方税务局、北京市科委、中关村管委会联合印发《北京市财政局、北京市国家税务局、北京市地方税务局、北京市科学技术委员会、中关村科技园区管理委员会关于进一步落实中关村国家自主创新示范区企业所得税试点政策的通知》（京财税〔2011〕2207号）。

10月17日 北京市地方税务局党组书记刘江平主持召开党组会议，研究调整北京市地方税务局局长分工、接收安置军转干部工作、处理陈占生信访问题、机关党委换届、修改《北京市地方税务局机关推进党的基层组织实行党务公开工作实施办法》等事项，审议并原则通过中共北京市地方税务局机关第二次代表大会议程、工作报告、领导讲话及相关材料，市地税局2012年部门预算安排。会议强调，要以改革创新精神，全面推进机关党的思想、组织、作风、制度和反腐倡廉建设，加强领导、落实责任、完善制度，充分发挥党建工作在推动发展、服务群众、凝聚人心等方面的重要作用，为完成税收中心工作提供坚强的政治、思想和组织保证。

10月17日 北京市地方税务局局长王晓明主持召开第13次局长办公会议，研究贯彻全国税收征管和科技工作会议精神、参加北京市基本医疗保险工作、《北京市地方税务局税收政策贯彻落实工作规程（试行）》等事项。

10月20日—21日　北京市地方税务局召开中共北京市地方税务局机关第二次代表大会。会议听取和审议了北京市地税局第一届机关党委书记王勇生所作的《中国共产党北京市地方税务局机关第一届委员会工作报告（含纪委工作报告）》，选举产生了中共北京市地方税务局机关第二届委员会和机关纪律检查委员会。北京市直机关工委副书记杜顺成，北京市地方税务局局长王晓明、北京市地税局党组书记刘江平到会并讲话。

10月26日　北京市地方税务局党组印发《中共北京市地方税务局党组关于深入学习贯彻党的十七届六中全会精神的通知》（京地税党〔2011〕86号）。

10月31日　北京市地方税务局局长王晓明主持召开第14次局长办公会议，研究贯彻党的十七届六中全会精神、年底前组织收入、全面启动优化政务流程完善管理制度工作、印刷品定点供应商招标、贯彻落实金税三期工程广域网项目实施暨税务系统信息化日常管理工作视频会议精神、成立涉税舆情工作领导小组等事项，审议并原则通过《北京市地方税务局普通发票简并票种统一式样工作实施方案》。会议强调，各级领导干部要发挥表率作用，保持奋发有为、昂扬向上的精神状态，继续解放思想，加快转变，夯实基础，依法行政，按照年初工作会部署，全力以赴做好年底收尾工作，确保全年各项任务圆满完成。要坚定理想信念，自觉锤炼党性，增强大局意识、责任意识，老老实实做人，踏踏实实做事，真正依法履职，做到“爱岗敬业，忠于职守，依法行政，以德服人”。要倡导脚踏实地、真抓实干的工作作风，沉下心研究工作，沉下身调查情况，沉下力解决问题。要着力夯实基础工作，对分管工作努力做到“职责清、情况明、数据准、要求严”。

11月

11月7日　北京市地方税务局局长王晓明主持召开第15次局长办公会议，研究地方教育附加开征准备工作、贯彻实施修改后《中华人民共和国资源税暂行条例》工作意见、年底组织收入等事项，审议并原则通过《北京市地方税务系统公文处理实施办法》及配套文件。会议强调，要牢固树立全局一盘棋思想，统筹考虑今年税收政策密集调整的叠加效应，加强监测舆情，周密组织，分工协作，处理好内外部工作关系，确保新政策及时有效执行，维护首都改革发展稳定大局。

11月8日　北京市地方税务局党组印发《中共北京市地方税务局党组关于印发〈北京市地方税务局机关推进党的基层组织实行党务公开工作实施办法〉的通知》（京地税党〔2011〕89号）。

11月9日　北京市地方税务局局长王

晓明主持召开第16次局长办公会议，传达近期北京市委、市政府和国家税务总局对年底组织收入工作的新任务和新要求，研究年底前组织收入、全面启动优化政务流程完善管理制度工作、汇总年底落实税收优惠政策退税情况、年底党风廉政建设责任制检查、筹备全系统思想政治工作会议等事项。会议强调，全系统要坚决贯彻落实北京市委、市政府和国家税务总局对年底前组织收入工作的决策部署，落实责任制，一级抓一级，努力完成全年收入任务。要按照北京市委、市政府和国家税务总局确定的新任务、新要求，进一步摸清底数，统筹协调，依法组织，科学合理，把全年税收计划分解下达到各单位、各部门。各位局领导要对所联系的区县局、分局实行包干，强化指导、督促、检查，狠抓工作落实。

11月11日　北京市地方税务局召开2011年组织收入工作会议。北京市地税局副局长吕兴渭主持会议，北京市地税局总经济师卜祥来代表北京市地税局党组讲话，统一部署年底前组织收入工作。

11月14日　北京市地方税务局印发《北京市地方税务局关于印发〈北京市地方税务局税收业务流程管理办法（试行）〉的通知》（京地税征〔2011〕153号）。

11月14日　北京市地方税务局局长王晓明到朝阳区地税局调研，听取了酒仙桥税务所、小关税务所、第三税务所和检查三科收入情况汇报。北京市地方税务局局长王晓明强调，关于年底的工作，一要统一思想，全力以赴，坚决落实北京市委、市政府决策部署，坚持依法征税、应收尽收，不收过头税，努力完成好组织收入工作任务，绝不辜负北京市委、市政府对我们的期望。二要统筹兼顾，突出组织收入这个中心，处理好各项工作之间的关系，圆满完成全年各项工作任务。全市地税干部要坚持立足岗位，把各项基础工作做好。领导干部要带头发扬敢于担当、敢于碰硬、敢于创新的精神，做到爱岗敬业、忠于职守、依法行政、以德服人。要倡导脚踏实地、真抓实干的工作作风，克服浮躁情绪，沉下心研究工作，沉下身调查情况，沉下力解决问题，把心思和精力用在干事业上，创造实实在在的工作成绩。要狠抓工作落实，定下来的事情就要抓紧抓实、一抓到底，言必行、行必果，确保政令畅通。

11月15日　北京市地税局党组印发《中共北京市地方税务局党组关于开展2011年落实党风廉政建设责任制、推进惩防体系任务完成情况专项检查的通知》（京地税党〔2011〕90号）。

11月16日　北京市地方税务局组织新分配大学生、军转干部共计168人参加全国税收执法资格统一考试，158人成绩合格，通过率94%。

11月17日　北京市地方税务局印发《北京市地方税务局关于成立政务公开工

作领导小组的通知》（京地税办〔2011〕156号）。

11月17日 北京市地方税务局召开全面推进优化政务流程完善管理制度工作会议。局领导刘江平、吕兴渭、卜祥来、杨文俊出席会议。

11月18日 北京市地方税务局印发《北京市地方税务局关于全面推进优化政务流程完善管理制度工作的意见》（京地税办〔2011〕158号）。

11月21日 北京市总工会、北京市地税局联合印发《北京市总工会、北京市地方税务局关于印发〈北京市工会经费（筹备金）税务代收工作管理办法〉的通知》（京工发〔2011〕70号）。

11月21日 北京市总工会、北京市地税局联合印发《北京市总工会、北京市地方税务局关于印发〈北京市工会经费（筹备金）税务代收工作催缴管理办法〉的通知》（京工发〔2011〕71号）。

11月21日 北京市地方税务局、北京市住房城乡建设委、北京市财政局联合召开实施存量房计税价格与普通住房标准联动调整相关工作专题会议。

11月22日 北京市财政局、北京市地方税务局、北京市住房城乡建设委联合印发《北京市财政局、北京市地方税务局、北京市住房和城乡建设委员会关于加强存量房交易税收征管工作的通知》（京财税〔2011〕418号）。

11月22日 北京市住房城乡建设委、北京市地税局联合印发《北京市住房和城乡建设委员会、北京市地方税务局关于公布本市享受优惠政策普通住房平均交易价格的通知》（京建法〔2011〕22号），将本市享受优惠政策普通住房平均交易价格调整为按照全市住房平均交易价格结合区位调整系数确定，并公布北京市享受优惠政策普通住房平均交易价格和区位调整系数。

11月23日 北京市地方税务局党组书记刘江平主持召开党组会议，研究2012年信息化项目、开发区分局办公楼维修改造项目、13名处级领导干部试用期满正式任职、白永海同志考察情况、为张永业等4名同志办理退休手续、高海娜等17名借调人员调入北京市地税局机关、区县局副处级干部民主推荐工作等事项，通报税务系统行政执法类公务员管理试点工作部署会议情况及北京市地税局实施方案。会议强调，区县局副处级干部选拔任用工作涉及面广、人数多、影响大，北京市地税局、区县局党组要继续坚持民主集中制，集体领导，坚持党管干部原则，坚持“四化”方针和“德才兼备、以德为先”用人标准，坚持民主、公开、竞争、择优，坚持正确的选人用人导向，坚持群众路线，广泛听取各方面意见，落实干部群众的知情权、参与权、选择权和监督权。要把三年来干部选拔任用调整工作中行之有效的思路、原则、标准、方法运用到这次干部选拔任用工作中，保证三个阶段工作前后衔接、标准一致，体现公开、公平、公正、透明、科学、规范。

11月23日 北京市地方税务局召开2011年存量房评估试点工作启动部署电视电话会议。北京市地税局副局长王京华到会并讲话。

11月23日 北京市地方税务局印发《北京市地方税务局关于印发〈北京市地方税务局税务行政调解工作规则〉的通知》（京地税法〔2011〕165号）。

11月23日 北京市地方税务局局长王晓明主持召开第17次局长办公会议，研究存量房交易计税价格和普通住房税收优惠政策联动调整、贯彻实施《中华人民共和国行政强制法》《税务行政处罚管理办法（试行）》、落实市人力社保局会议精神、发放2011年部分绩效管理奖金等事项。

11月25日 北京市地方税务局召开北京市工会经费（筹备金）税务代收全市推广工作动员部署会议。

11月28日 北京市总工会、中国人民银行营业管理部与北京市地税局联合印发《北京市总工会 中国人民银行营业管理部 北京市地方税务局关于印发〈北京市工会经费（筹备金）税务代收工作国库收缴管理办法〉的通知》（京工发〔2011〕74号）。

11月28日 北京市地方税务局发布《北京市地方税务局关于修订“指定企业印制发票”和“印制有本单位名称的发票”行政许可程序规定的公告》（2011年第16号）。

11月29日 北京市地方税务局召开全市提高营业税起征点工作部署电视电话会议。

11月29日 在由《电子政务》杂志社、电子政务理事会举办的政府网站集约化建设与精品栏目管理经验交流大会上，北京地税网站“办税服务”栏目被评为“2011年中国政府网站在线办事类精品栏目”。

11月30日 北京市地方税务局局长王晓明主持召开第18次局长办公会议，研究部署近期重点工作。会议强调，临近年底，各单位、各部门要统筹兼顾、突出重点、合理安排、有序推进，发扬“三敢”精神，按照职责清、情况明、数据准、要求严的要求，强化基础工作，全力确保完成全年各项工作任务。领导干部要依法履职，恪尽职守，主动作为，真抓实干，敢于担当，认真贯彻执行民主集中制，自觉维护班子集中、团结、统一。

11月 北京市地方税务局编写《文化创意产业税收优惠政策汇编》，并印制1万册，免费发放纳税人。

12月

12月1日 北京市地方税务局召开北京市地税系统行政强制法培训视频会议。

12月1日 北京市地方税务局召开税源专业化管理工作专题会议。北京市地税局副局长吕兴渭到会并讲话。

12月2日 北京市地方税务局党组书

记刘江平主持召开党组会议，研究贯彻落实北京市深入推进廉政风险防控管理工作大会精神、贯彻落实北京市违规公务用车清理纠正动员部署会议精神、区县局副处级干部考察对象、周上序等5名同志职务调整、白永海同志任前公示情况等事项。会议强调，本次区县局副处级干部选拔任用工作，是2009年以来全系统干部选拔任用调整交流总体工作部署中的第三阶段，是前两个阶段实践证明行之有效的工作思路、原则、程序、标准、方法的延续。要与前两个阶段工作前后衔接、保持一致，严格考察标准，规范考察程序，保证考察质量，体现公开、公平、公正、透明、科学、规范。北京市地税局、区县局两级党组要继续坚持干部选拔任用各项规定，坚持群众路线，树立正确的选人用人导向，落实干部群众的知情权、参与权、选择权和监督权，最大限度地团结群众，凝聚人心，广纳人才，把基层干部的作用发挥出来，把基层干部的积极性激发出来，实现让税务工作者满意。

12月2日 北京市地方税务局印发《北京市地方税务局关于印发〈北京市地方税务局“六五”法制宣传教育工作规划〉的通知》（京地税法〔2011〕168号）。

12月5日 北京市地方税务局局长王晓明主持召开第19次局长办公会议，研究部署全系统2012年工作务虚会有关事宜。会议决定，分层次、分阶段召开2012年工作务虚会。务虚会的主要任务是，认真学习贯彻党的十七届六中全会精神和即将召开的中央经济工作会议、北京市委全会精神，围绕主题主线，践行为国聚财、为民收税宗旨，坚持从实际出发，切实落实2008年底以来北京市地税局党组按照科学发展观要求提出的符合地税实际的工作指导思想和一系列工作原则、目标、任务、措施、要求，并在实践中继续解放思想、与时俱进，不断丰富和发展，总结经验，查找不足，分析形势，统一思想，形成共识，全面总结2011年工作，科学谋划2012年工作思路与工作安排。

12月5日 北京市地方税务局印发《北京市地方税务局关于召开全系统2012年工作务虚会的通知》（京地税研〔2011〕171号）。

12月8日 北京市地方税务局直属机关工会被北京市总工会授予“北京市模范职工之家”称号。

12月15日 北京市地方税务局党组书记刘江平主持召开党组会议，研究为陆海英和白永海同志办理退休手续、区县局第一批副处级干部考察对象任职、陈同荫等4名同志任职等事项。会议强调，研究的92名副处级干部考察对象，体现了2009年以来北京市地税局党组贯彻中央、北京市委选拔任用干部的原则、标准、程序、要求，坚持德才兼备、以德为先和民主、公开、竞争、择优原则，立足当前、着眼长远，充分考虑基层实际，重年龄而不唯年龄，重学历而不唯学历，注重群众公认、能力强、能担当区县局建设与发展重任的干部，树立选人用人的公信力和正确导向。

12月16日 北京市地方税务局党组书记刘江平主持召开党组会议，传达学习中央经济工作会议精神和刘淇书记在全市领导干部会上的讲话，研究区县局第二批副处级干部考察对象任职、31名处级领导干部任职试用期满考核等事项。会议强调，要准确把握明年工作稳中求进总基调，将传达、学习、贯彻会议精神与地税实际紧密结合，继续围绕主题主线，贯彻落实科学发展观，坚持解放思想、实事求是、与时俱进，不断丰富和发展2008年底以来北京市地税局党组按照科学发展观要求提出的符合地税实际的工作指导思想和一系列工作原则、目标、任务、措施、要求，正确引导当前全系统正在召开的务虚会，贯彻落实好中央和市委要求，为开好2012年工作会做好准备。

12月20日—21日 北京市地方税务局召开2011年度企业所得税汇算清缴工作会议。北京市地税局副局长王京华到会并讲话。

12月23日 在北京市2011年住房保障工作总结大会上，北京市地方税务局地方税管理处被评为“北京市2011年住房保障工作先进集体”。

12月23日 北京市地方税务局党组书记刘江平主持召开党组会议，传达学习北京市委十届十次全会精神，研究钱丽换等91名同志任前公示情况、陈同荫等4名同志任前公示情况、推荐首都绿化美化先进集体和积极分子等事项，审议并原则通过2012年上半年考试录用公务员计划安排。

12月26日 北京市地方税务局、北京市财政局、北京市国家税务局联合发布《北京市地方税务局、北京市财政局、北京市国家税务局关于地方教育附加征收管理若干问题的公告》（2011年第18号）。

12月27日 北京市地方税务局召开营业税改征增值税试点工作准备会议。北京市地税局副局长吕兴渭、副巡视员刘宝忠出席会议。

12月28日 北京市地方税务局召开北京市地方税务系统税务所长座谈会。北京市地税局领导班子全体成员、部分处室主要负责人、各区县局、分局212名所长出席会议。会议分三组围绕如何发挥税务所职能、如何提高依法行政工作水平、如何完善纳税服务体系、如何做好基层“三个建设”等方面进行了座谈。北京市地方税务局局长王晓明代表北京市地税局党组衷心感谢全体税务所长和全系统税务干部为组收任务的圆满完成做出的贡献，并要求全系统再接再厉，按照市委十届十次全会提出的各项工作要求和全国税务工作会议精神，认真履行税务部门基本职能，强化基础，认真做好业务流程和政务流程梳理工作。全面加强基层建设，北京市地税局机关要全心全意服务基层，关心基层税务所，为切实实现两个减负作表率。全系统要坚决贯彻依法行政，以“北京精神”为指引，进一步优化环境，促进和谐地税发展，努力实现三个满意。

12月28日 北京市国家税务局、北京市地方税务局联合发布《北京市国家税务局 北京市地方税务局关于企业资产损失所得税税前扣除有关问题的公告》（公告〔2011〕16号）。该公告自2011年1月1日起施行。

12月28日 北京市地方税务局、北京市国家税务局、北京市财政局、中国人民银行营业管理部联合印发《北京市地方税务局 北京市国家税务局 北京市财政局 中国人民银行营业管理部关于做好城市维护建设税、教育费附加、地方教育附加征收管理工作有关问题的通知》（京地税地〔2011〕178号），自2012年1月1日起将国税机关代开发票零散税源的城市维护建设税、教育费附加和地方教育附加委托国税局进行代征。

12月29日 北京市地方税务局组织召开2012年地方教育附加开征工作动员部署视频会议。北京市地税局副局长王京华到会并讲话。

12月29日 北京市地方税务局召开贯彻车船税法2012年征收工作部署视频会议。北京市地税局副局长王京华到会并讲话。

12月29日 北京市编制委员会办公室下发《关于同意市地税局调整部分内设机构并增加行政编制的函》（京编办行〔2011〕309号），同意北京市地税局将在法制处加挂牌子的国际税务管理处独立设置，在人事处加挂牌子的保卫处独立设置。

12月29日 北京市地方税务局局长王晓明主持召开第20次局长办公会议，传达学习全国税务工作会议和全国税务系统依法行政工作会议精神，研究2012年北京市地方税务工作会议筹备工作、2012年车船税征收和地方教育附加开征下一步工作建议、关于免征小型微型企业发票工本费的工作建议、关于北京市地税局机关绩效管理年终考评“领导评价”专项考评的工作建议等事项，审议并原则通过关于免征首钢总公司北京地区钢铁业停产企业房产税和城镇土地使用税的意见。会议强调，2011年以来，各项税收政策密集调整，涉及面广，影响大，各单位、各部门牢固树立全局一盘棋思想，增强大局意识、责任意识，努力做到早计划、早安排、早部署、早落实，确保了新政策及时有效执行。

12月30日 中央政治局委员、中共北京市委书记刘淇在《北京市地方税务局关于圆满完成2011年地方一般预算收入任务的报告》上批示：“晓明同志：对北京地税局2011年的工作成绩表示祝贺。向全系统的同志们表示感谢并祝新年快乐。”

12月30日 北京市地方税务局局长王晓明主持召开第21次局长办公会议，研究北京市地税局官方微博筹备、营业税起征点调整等事项，审议并原则通过关于中日青年交流中心2011—2013年房产税减免问题的意见。

12月30日 北京市地方税务局发布《北京市地方税务局关于修订耕地占用税纳税申报表和耕地占用税减免申报表的公告》（2011年第19号）。

12月30日 北京市地方税务局发布《北京市地方税务局关于征收2012年度车船税的公告》（2011年第21号）。

12月31日 北京市地方税务局局领导班子全体成员参加2011年终全北京市综合经济部门电视电话会议，北京市地税局局长王晓明汇报了北京市地税局2011年工作完成情况和2012年工作设想。北京市委副书记、北京市长郭金龙对综合经济部门广大干部职工表示衷心的感谢和亲切的慰问，充分肯定了2011年全市综合经济部门各项工作，对做好2012年工作提出了明确要求。北京市委常委、常务副市长吉林主持会议。

12月31日 北京市地方税务局党组书记刘江平主持召开党组会议，研究31名处级领导干部试用期满正式任职、北京市地税局机关和直属事业单位副处级干部考察对象等事项。

12月31日 北京市地方税务局局长王晓明主持召开第22次局长办公会议，审议并原则通过《北京市地方税务局局务会议制度（试行）》。

12月31日 北京市地方税务局、北京保监局联合发布《北京市地方税务局、中国保险监督管理委员会北京监管局关于发布〈北京市保险机构代收代缴机动车车船税工作管理办法〉的公告》（2011年第20号）。

12月31日 北京市地方税务局贯彻实施中关村国家自主创新示范区（以下简称示范区）试点税收政策，协助相关部门全年认定示范区内高新技术企业880家，高新技术企业研发费用加计扣除政策、高新技术企业职工教育经费税前扣除政策共惠及示范区内269户企业，减免企业所得税3855.78万元。

12月31日 全系统各区县局、分局完成税务档案归档工作，共归档70194卷，2668箱盒。

12月31日 全年全系统批量发放2010年度个人所得税完税证明443万份，纳税人个人自行到税务机关申请开具个人所得税完税证明37万份。

12月31日 北京市地方税务局发布《北京市地方税务局关于免征小型微型企业发票工本费的公告》（2011年第22号）。

12月31日 北京地税系统2011年累计完成各项税费收入2666.6亿元，同比增收561.7亿元，增长26.7%；完成地方公共财政预算收入2083.9亿元，同比增收444.8亿元，增长27.1%，对全市财政收入贡献率达到69.3%，为全市财政收入突破3000亿元大关作出突出贡献。

统计资料

北京市地方税务局各项税费收入完成情况表（2011 年）

单位：万元

项目	年度计划	本期累计收入				
		本期累计	同期累计	占年度计划（%）	比上年同期累计	
					增减额	增减（%）
各项税费收入合计	23010000	26666227	21048933	115.9	5617294	26.7
其中：中央级		5487184	4379586	115.1	1107598	25.3
地方级		21179043	16669347	116.1	4509696	27.1
地方一般预算收入	17950000	20838620	16390616	116.1	4448004	27.1
国家税务总局口径税收收入	20720000	24053860	18829448	116.1	5224412	27.8
1. 营业税	9370000	10715082	8554046	114.4	2161036	25.3
2. 企业所得税	1830000	2105154	1731769	115.0	373385	21.6
其中：中央级		1294543	1069830	114.4	224713	21.0
3. 个人所得税	5900000	6812667	5362694	115.5	1449973	27.0
其中：中央级		4087600	3217616	115.5	869984	27.0
4. 资源税	3000	3444	3666	114.8	–222	–6.1
5. 固定资产投资方向调节税			563		–563	–100.0
6. 城市维护建设税	1170000	1467372	848033	125.4	619339	73.0
7. 房产税	900000	994011	838256	110.5	155755	18.6
8. 印花税	330000	396733	321352	120.2	75381	23.5
9. 城镇土地使用税	162000	160693	161283	99.2	–590	–0.4
10. 土地增值税	900000	1212901	858569	134.8	354332	41.3
11. 车船税	155000	185803	149217	119.9	36586	24.5
12. 耕地占用税	90000	115661	101853	128.5	13808	13.6
13. 契税	1270000	1361716	1342746	107.2	18970	1.4
14. 教育费附加	530000	675953	389797	127.5	286156	73.4
15. 文化事业建设费	202000	241727	194352	119.7	47375	24.4
其中：中央级		105041	92140	109.4	12901	14.0
16. 税务部门其他罚没收入		2177	2047		130	6.4
17. 外商投资企业土地使用费	12000	11396	12171	95.0	–775	–6.4
18. 残疾人就业保障金	186000	203737	176519	109.5	27218	15.4

北京市地方税务局各项税费收入分单位完成情况表（2011年）

单位：万元

项目	序号	各项税费收入				
		本期	同期	增减额	增减（%）	比重（%）
合计	1	26666227	21048933	5617294	26.7	100.0
东城	2	2919278	2519238	400040	15.9	11.0
西城	3	4785365	3683585	1101780	29.9	18.0
朝阳	4	5998262	4677752	1320510	28.2	22.5
海淀	5	5149520	4138989	1010531	24.4	19.3
丰台	6	1119755	839564	280191	33.4	4.2
石景山	7	451259	329884	121375	36.8	1.7
门头沟	8	274806	183212	91594	50.0	1.0
燕山	9	136238	130690	5548	4.2	0.5
昌平	10	779006	637393	141613	22.2	2.9
通州	11	641060	532071	108989	20.5	2.4
顺义	12	1190361	894490	295871	33.1	4.5
大兴	13	689026	485648	203378	41.9	2.6
房山	14	464449	360108	104341	29.0	1.7
怀柔	15	339649	286433	53216	18.6	1.3
密云	16	297643	227731	69912	30.7	1.1
平谷	17	326298	262716	63582	24.2	1.2
延庆	18	111675	84984	26691	31.4	0.4
开发区	19	650670	452456	198214	43.8	2.4
西站	20	27117	23232	3885	16.7	0.1

北京市地方税务局税务登记户数（2011 年）

税务登记户经济类型情况表

户数及比重 经济类型	户数	比重
私营企业	416934	40.66%
个体工商户	311549	30.38%
有限责任公司	179833	17.54%
外资企业	32440	3.16%
其他经济	26879	2.62%
股份合作企业	24936	2.43%
集体企业	14996	1.46%
国有企业	12179	1.19%
股份有限公司	5201	0.51%
联营企业	418	0.04%
合计	1025365	100.00%

税务登记户按产业分布情况表

产业结构	征管行业	户数	比重
第一产业	农林渔牧业	23560	2.30%
第二产业	采掘业	452	0.04%
	制造业	45714	4.46%
	电力、煤气及水的生产和供应业	965	0.09%
	建筑业	28251	2.76%
第二产业小计		75382	7.35%
第三产业	交通运输、仓储及邮电通信业	24074	2.35%
	信息传输计算机服务和软件业	15611	1.52%
	批发和零售业	399582	38.97%
	住宿和餐饮业	47609	4.64%
	金融业	5759	0.56%
	房地产业	21991	2.14%
	租赁和商业服务业	144738	14.12%
	科学研究技术服务和地质勘察业	91627	8.94%
	水利环境和公共设施管理业	1826	0.18%
	居民服务和其他服务业	118891	11.59%
	教育	6832	0.67%
	卫生社会保障和社会福利业	4088	0.40%
	文化体育和娱乐业	36008	3.51%
	公共管理和社会组织	7753	0.76%
	国际组织	34	0.00%
第三产业小计		926423	90.35%
合 计		1025365	100.00%

各区县税务登记户分布情况表

户数排名	区县局	税务登记户数	占全市总户数比重
1	朝阳	185993	18.14%
2	海淀	176193	17.18%
3	丰台	96843	9.44%
4	西城	76043	7.42%
5	昌平	72089	7.03%
6	通州	70235	6.85%
7	东城	60094	5.86%
8	大兴	53943	5.26%
9	顺义	38354	3.74%
10	房山	38212	3.73%
11	石景山	32728	3.19%
12	怀柔	31851	3.11%
13	密云	22399	2.18%
14	门头沟	21588	2.11%
15	平谷	17526	1.71%
16	延庆	14400	1.40%
17	涉外	6489	0.63%
18	开发区	5267	0.51%
19	燕山	4200	0.41%
20	西站	918	0.09%
合计		1025365	100%

北京市税务登记户划分区域功能表

功能区域	税务登记户数	功能区域	税务登记户数
首都功能核心区	136137	城市功能拓展区	491757
东城	60094	朝阳	185993
西城	76043	海淀	176193
		丰台	96843
		石景山	32728
全年累计税收收入（万元）	7704643	全年累计税收收入（万元）	12718796
城市发展新区	282300	生态涵养发展区	97764
通州	70235	门头沟	21588
顺义	38354	平谷	17526
大兴	53943	怀柔	21851
昌平	72089	密云	22399
房山	38212	延庆	14400
开发区	5267	*	*
燕山	4200		
全年累计税收收入（万元）	4550810	全年累计税收收入（万元）	1350071

北京市地方税务局局领导名单

局长、党组副书记	王晓明
党组书记、副局长	刘江平（8月任）
党组书记、副局长	沈汝冰（女，8月免）
党组成员、副局长	郝硕博
党组成员、副局长	王京华（女）
党组成员、副局长	任　军
党组成员、纪检组长	吴　鼎
党组成员、副局长	吕兴渭
总经济师	卜祥来
党组成员、副巡视员	王勇生
副巡视员	刘宝忠
副巡视员	杨文俊（8月任）

北京市地方税务局各处室、直属事业单位、区县局、分局、社会团体、群众团体主要负责人名单

市局各处室

办公室主任	周上序（12月任）
法制处处长	施　宏（12月任）
研究室主任	常海龙
营业税管理处处长	范力军
企业所得税管理处处长	张　翅
个人所得税管理处处长	肖慧宗
地方税管理处处长	钱剑兰（女）
残保金管理处处长	李海燕
工会经费管理处	姜松霞（女，3月任）
征收管理处处长	陆　坤
收入规划核算处处长	张亚平
税务稽查处（税务违法案件举报中心）处长	杨晓东
纳税评估处处长	刘振声
纳税服务处	施　宏
档案处处长	邹永欣（女）
科技信息处处长	杨　涛
计划财务处处长	关小虎（12月任）
宣传教育处副处长	庄祁玮（3月主持工作）
基层工作处处长	沈永奇
人事处处长	董雪涛
保卫处处长	王立水
审计处处长	周上序（12月兼）

机关党委办公室主任	高学江
离退休干部处处长	张　康
中共北京市纪委驻北京市地税局纪检副组长	吕新利
北京市监察局驻北京市地税局监察处处长社保金管理处（筹备）	刘安乐
北京税务博物馆筹备处处长	李宗定（12月免）
《税务志》编纂委员会办公室主任	宋榜捷

直属事业单位

票证管理中心主任	王宝明
纳税服务中心主任	李宗定（12月任）
信息中心（信息系统运营维护中心）主任	孙雪英（女，4月不再主持工作）
	李龙江（4月兼）
信息系统安全保障中心主任	李龙江
《北京地方税务公报》编辑部副主任	于军海
机关后勤服务中心主任	杨玉杰
老干部活动中心和干部培训中心党组书记	李建十
老干部活动中心和干部培训中心主任	矫卫建

各区县局、分局

东城区地方税务局党组书记	秦龙生
东城区地方税务局局长	刘春林
西城区地方税务局党组书记	邢　军
西城区地方税务局局长	李玉庆
朝阳区地方税务局局长	陈合庄
海淀区地方税务局局长	杜军利
丰台区地方税务局局长	金志雄
石景山区地方税务局局长	张兴明
门头沟区地方税务局局长	吴鲁平
通州区地方税务局局长	朱兴有

顺义区地方税务局局长	张天生
怀柔区地方税务局局长	韩　松
平谷区地方税务局党组书记	张忠良
平谷区地方税务局局长	张秀娟（女）
房山区地方税务局局长	万国喜
昌平区地方税务局局长	姚敬国
大兴区地方税务局局长	冯守利
密云县地方税务局局长	赵增科
延庆县地方税务局局长	于欣杰
北京市地方税务局燕山分局局长	王　炜
北京市地方税务局北京西站分局局长	刘　义
北京市地方税务局开发区分局局长	王炯宁
北京市地方税务局第一稽查局局长	孙长海
北京市地方税务局第二稽查局局长	郭筑明
北京市地方税务局第一直属分局	陈　侠（女）
北京市地方税务局第二直属分局	薛　礼

社会团体

北京市国际税收研究会会长	孙振刚
北京市地方税收学会会长	徐志宏

群众团体

北京市地方税务局直属机关工会主席	王勇生
北京市地方税务局直属机关工会副主席	牛　杰（女）

北京市地方税务局机构、人员统计情况

北京市地方税务系统机构统计表

（2011 年）

单位：个

类别 项目	合计	北京市地方税务局					
		市局机关处室	区、县局	直属分局	事业单位	税务所	稽查局
机构	307	27	16	7	10	228	19
说明	1. 本表各项统计数截止到 2011 年 12 月 31 日。 2. 27 个市局机关处室中包括：23 个内设机构、3 个其他机构（机关党委办公室、离退休干部处、工会）和 1 个派驻机关（驻局纪检组、監察处）。 3. 直属分局包括：第一稽查局、第二稽查局、开发区分局、西站分局、燕山分局、第一直属分局、第二直属分局。 4. 事业单位包括：信息中心、信息系统安全保障中心、信息系统运营维护中心、票证管理中心、纳税服务中心、机关后勤服务中心、《北京地方税务公报》编辑部、干部培训中心、老干部活动中心、税务档案资料管理中心。 5. 市局机关处室变更情况：2011 年 5 月 11 日，经市局党组研究决定，撤销市局机关临时机构税务博物馆筹备处。 2011 年 12 月 29 日，依据北京市机构编制委员会办公室《关于同意市地税局调整部分内设机构并增加行政编制的函》（京编办行〔2011〕309 号），国际税务管理处和保卫处独立设置。						

北京市地方税务系统人员基本情况统计表

（2011 年）

单位：人

项目 类别	实有人数合计	性别		民族		文化程度						学位		政治面貌				年龄结构					
		男	女	汉	其他	研究生	大学	大专	中专	高中技校职高	初中以下	博士	硕士	共产党员	共青团员	民主党派	无党派或群众	30岁以下	31岁至35岁	36岁至45岁	46岁至54岁	55岁至59岁	60岁以上
合计	7405	4179	3226	7035	370	366	5351	1271	132	212	73	14	350	5049	283	45	2028	978	1010	2887	2257	273	0
干部	6920	3737	3183	6565	355	366	5270	1127	98	56	3	14	350	4911	280	44	1685	968	991	2721	2013	227	0
工人	485	442	43	470	15	0	81	144	34	156	70	0	0	138	3	1	343	10	19	166	244	46	0

北京市地方税务局区县局、分局机构设置情况统计表
（2011 年）

单位：个

单位	机关科室	税务所	稽查局	稽查局下设科	事业单位	合计
东城区地税局	18	23	1	11	1	54
西城区地税局	18	21	1	11	1	52
朝阳区地税局	14	15	1	6	1	37
海淀区地税局	15	18	1	5	1	40
丰台区地税局	14	13	1	5	1	34
石景山区地税局	14	10	1	4	1	30
门头沟区地税局	14	10	1	5	1	31
房山区地税局	15	12	1	5	1	34
通州区地税局	14	11	1	5	1	32
顺义区地税局	15	16	1	6	1	39
昌平区地税局	14	12	1	5	1	33
大兴区地税局	14	14	1	5	1	35
平谷区地税局	14	10	1	5	1	31
密云县地税局	14	9	1	5	1	30
怀柔区地税局	14	8	1	5	1	29
延庆县地税局	14	12	1	5	1	33
燕山分局	9	4	1	2	1	17
开发区分局	8	5	1	2		16
北京西站分局	7	2	1	2		12
第一稽查局	16					16
第二稽查局	16					16
第一直属分局						
第二直属分局						
合 计	291	228	19	99	17	654